에듀윌과 함께 시작하면,
당신도 합격할 수 있습니다!

대학 진학 후 진로를 고민하다 1년 만에
서울시 행정직 9급, 7급에 모두 합격한 대학생

다니던 직장을 그만두고
어릴 적 꿈이었던 경찰공무원에 합격한 30세 퇴직자

용기를 내 계리직공무원에 도전해
4개월 만에 합격한 40대 주부

직장생활과 병행하며 7개월간 공부해
국가공무원 세무직에 당당히 합격한 51세 직장인까지

누구나 합격할 수 있습니다.
시작하겠다는 '다짐' 하나면 충분합니다.

마지막 페이지를 덮으면,

에듀윌과 함께
공무원 합격이 시작됩니다.

누적판매량 240만 부* 돌파!
51개월* 베스트셀러 1위 공무원 교재

7·9급공무원 교재

기본서
(국어/영어/한국사)

기본서
(행정학/행정법총론/운전직 사회)

단원별 기출&예상 문제집
(국어/영어/한국사)

단원별 기출&예상 문제집
(행정학/행정법총론/운전직 사회)

기출문제집
(국어/영어/한국사)

기출문제집
(행정학/행정법총론/운전직 사회
/사회복지학개론)

9급공무원 교재

기출 오답률 TOP 100
(국어+영어+한국사 300제)

기출PACK
공통과목(국어+영어+한국사)
/전문과목(행정법총론+행정학)

실전동형 모의고사
(국어/영어/한국사)

실전동형 모의고사
(행정학/행정법총론)

봉투모의고사
(일반행정직 대비 필수과목
/국가직·지방직 대비 공통과목 1, 2)

지방직 합격면접

7급공무원 교재

PSAT 기본서
(언어논리/상황판단/자료해석)

PSAT 기출문제집

민경채 PSAT 기출문제집

기출문제집
(행정학/행정법/헌법)

군무원 교재

기출문제집
(국어/행정법/행정학)

파이널 적중 모의고사
(국어+행정법+행정학)

경찰공무원 교재

기본서
(경찰학)

기본서
(형사법)

기본서
(헌법)

기출문제집
(경찰학/형사법/헌법)

실전동형 모의고사
2차 시험 대비
(경찰학/형사법/헌법)

합격 경찰면접

계리직공무원 교재

※ 단원별 문제집은 한국사/우편상식(우편일반)/금융상식(예금일반+보험일반)/컴퓨터일반으로 구성되어 있음.

기본서
(한국사)

기본서
(우편상식_우편일반)

기본서
(금융상식_예금일반+보험일반)

기본서
(컴퓨터일반)

단원별 문제집(한국사)

기출문제집
(한국사+우편·금융상식+컴퓨터일반)

소방공무원 교재

기본서
(소방학개론/소방관계법규
/행정법총론)

단원별 기출문제집
(소방학개론/소방관계법규
/행정법총론)

기출PACK
(소방학개론+소방관계법규
+행정법총론)

(ebook)파이널 적중 모의고사
(소방학개론/소방관계법규
/행정법총론)

국어 집중 교재

매일 기출한자(빈출순)

매일 푸는 비문학(4주 완성)

영어 집중 교재

빈출 VOCA

매일 3문 독해(4주 완성)

빈출 문법(4주 완성)

기출판례집(빈출순) 교재

행정법

헌법

형사법

단권화 요약노트 교재

국어 문법 단권화 요약노트

영어 단기 공략
(핵심 요약집)

한국사 흐름노트

행정학 단권화 요약노트

행정법 단권화 요약노트

더 많은
공무원 교재

1초 합격예측
모바일 성적분석표

1초 안에 '클릭' 한 번으로 성적을 확인하실 수 있습니다!

활용 GUIDE

실시간 성적분석 방법!

STEP 1
QR 코드 스캔

▶

STEP 2
모바일 OMR 입력

▶

STEP 3
자동채점 & 성적분석표 확인

STEP 1

QR 코드 스캔

- 교재의 QR 코드를 모바일로 스캔 후 에듀윌 회원 로그인
- QR 코드 하단의 바로가기 주소로도 접속 가능

STEP 2

모바일 OMR 입력

- 회차 확인 후 '응시하기' 클릭
- 모바일 OMR에 답안 입력
- 문제풀이 시간까지 측정 가능

STEP 3

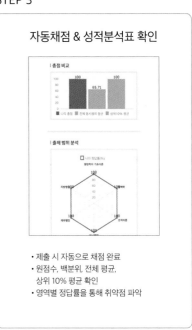

자동채점 & 성적분석표 확인

- 제출 시 자동으로 채점 완료
- 원점수, 백분위, 전체 평균, 상위 10% 평균 확인
- 영역별 정답률을 통해 취약점 파악

친구 추천하고
한 달 만에 920만원 받았어요

2021년 2월 1달간 실제로 리워드 금액을 받아가신
*a*o*h**** 고객님의 실제사례입니다.

에듀윌 친구 추천 이벤트

💵 **친구 1명 추천할 때마다**   ♻️ **추천 참여 횟수**

현금 10만원 | 무제한 반복

 에듀윌 친구 추천   검색   친구 추천 이벤트

※ 추천 참여 횟수 무제한 ※ 해당 이벤트는 예고 없이 변경되거나 종료될 수 있습니다.

계리직 단원별 문제집 3회독 플래너

PART	CHAPTER	1회독			2회독			3회독		
I. 예금 (예금일반)	금융경제 일반	☐	월	일	☐	월	일	☐	월	일
	금융회사와 금융상품	☐	월	일	☐	월	일	☐	월	일
	저축과 금융투자에 대한 이해	☐	월	일	☐	월	일	☐	월	일
	예금업무 일반사항	☐	월	일	☐	월	일	☐	월	일
	전자금융	☐	월	일	☐	월	일	☐	월	일
	우체국금융 일반현황	☐	월	일	☐	월	일	☐	월	일
	우체국금융 상품	☐	월	일	☐	월	일	☐	월	일
	우체국금융 서비스	☐	월	일	☐	월	일	☐	월	일
	내부통제 및 리스크관리	☐	월	일	☐	월	일	☐	월	일
	기타사항	☐	월	일	☐	월	일	☐	월	일
II. 보험 (보험일반)	보험일반 이론	☐	월	일	☐	월	일	☐	월	일
	생명보험 이론	☐	월	일	☐	월	일	☐	월	일
	보험윤리와 소비자보호	☐	월	일	☐	월	일	☐	월	일
	생명보험과 제3보험	☐	월	일	☐	월	일	☐	월	일
	보험계약법(인보험편)	☐	월	일	☐	월	일	☐	월	일
	우체국보험 일반현황	☐	월	일	☐	월	일	☐	월	일
	우체국보험 상품	☐	월	일	☐	월	일	☐	월	일
	우체국보험 모집 및 언더라이팅	☐	월	일	☐	월	일	☐	월	일
	우체국보험 계약유지 및 보험금 지급	☐	월	일	☐	월	일	☐	월	일
	리스크관리 및 자금운용 등	☐	월	일	☐	월	일	☐	월	일

3회독 플래너 활용TIP

1. 문제풀이 전 3회독 플래너에 학습 계획을 세워보세요.
2. 계획한 날짜에 맞춰 단원별 문제집을 회독했다면, 해당 날짜에 ☑ 표시하세요.

계리직 단원별 문제집 취약문제 체크

PART	CHAPTER	복습이 필요한 문항 번호	연계학습
I. 예금 (예금일반)	금융경제 일반		18~38p
	금융회사와 금융상품		39~64p
	저축과 금융투자에 대한 이해		65~96p
	예금업무 일반사항		98~122p
	전자금융		123~143p
	우체국금융 일반현황		144~148p
	우체국금융 상품		149~159p
	우체국금융 서비스		160~169p
	내부통제 및 리스크관리		170~180p
	기타사항		182~199p
II. 보험 (보험일반)	보험일반 이론		224~233p
	생명보험 이론		234~254p
	보험윤리와 소비자보호		255~269p
	생명보험과 제3보험		271~283p
	보험계약법(인보험편)		284~296p
	우체국보험 일반현황		297~303p
	우체국보험 상품		304~415p
	우체국보험 모집 및 언더라이팅		416~428p
	우체국보험 계약유지 및 보험금 지급		429~438p
	리스크관리 및 자금운용 등		439~443p

취약문제 체크 활용TIP

1. 문제풀이 후 복습이 필요한 문항 번호를 기록하고, 반복회독을 통해 복습 문항의 수를 줄여보세요.
2. 기본서 연계학습을 위해 제시된 에듀윌 계리직 기본서 페이지를 참고하여 부족한 개념을 보충하세요.

처음에는 당신이 원하는 곳으로
갈 수는 없겠지만,
당신이 지금 있는 곳에서
출발할 수는 있을 것이다.

– 작자 미상

설문조사에 참여하고 스타벅스 아메리카노를 받아가세요!

에듀윌 계리직공무원 단원별 문제집을 선택한 이유는 무엇인가요?
소중한 의견을 주신 여러분들에게 더욱더 완성도 높은 교재로 보답하겠습니다.

참여 방법	QR코드 스캔 ▶ 설문조사 참여(1분만 투자하세요!)
이벤트 기간	2023년 2월 17일~2024년 3월 31일
추첨 방법	매월 1명 추첨 후 당첨자 개별 연락
경품	스타벅스 아메리카노(tall size)

에듀윌
계리직공무원

단원별 문제집

금융상식(예금일반·보험일반)

양을 줄이고 범위를 정한 뒤 부단히 반복하면,
합격을 이루어 낼 수 있습니다.

미치면 이기고 지치면 진다.
미친 듯이 즐겁게 공부하자.

적을 알고 나를 알아야 백전백승이다.
출제경향(범위, 깊이)을 파악하자.

반복학습이 기적을 만든다.
수험생에게 필요한 것은 노력, 끈기, 승부욕이다.

금융상식(예금일반·보험일반)은 우체국 업무에 필요한 사전 지식을 습득하는 과목입니다. 따라서 잘하면 잘할수록
실무에서 많은 도움이 되는 과목입니다.

좋은 점수를 받기 위해서는 먼저 출제경향을 잘 파악하고, 우선순위를 정하여 출제빈도가 높은 부분 위주로 세밀하
게 공부해야 합니다. 더불어 반복학습을 꾸준히 한다면 학습분량에 대한 부담이 줄어 들고 높은 점수를 받을 수 있을
것입니다.

이 시간에도 합격을 위해 최선을 다하고 있는 수험생을 위하여, 적어도 금융상식(예금일반·보험일반)이라는 과목에
서만큼은 확실한 합격의 믿음을 줄 수 있도록 심사숙고하면서 다음의 내용을 고려하여 집필했습니다.

첫째, 2023년 1월 17일 최신 학습자료 수정 내용 완벽반영!

2023년 1월에 게시된 학습자료 수정 내용을 충분히 반영한 기출문제와 예상문제로 구성되어 있습니다.

둘째, 문제적용력과 실전감각을 높이는 문제풀이

문제적용력을 쌓을 수 있도록 '기출문제'와 '예상문제'를 수록하였습니다. 2022년 5월 14일 시행된 최신 기출문제까지 수록하였으며, 출제경향에 기반하여 기초부터 심화까지 단계별 학습이 가능한 예상문제를 다양하게 수록하였습니다.

셋째, 모의고사로 최종점검까지!

충분히 문제풀이 연습을 한 후, 실전동형 모의고사 3회분을 풀어봄으로써 시험 전 최종 마무리와 실력 점검까지 할 수 있도록 하였습니다.

본 교재를 통해서 수험기간을 줄이고, 효율적으로 학습할 수 있기를 바랍니다. 또한 합격이라는 기쁨이 함께하기를 진심으로 기원합니다.

이 책이 나올 때까지 주위의 많은 분들의 사랑과 도움이 있었다는 사실을 오래도록 기억하며 그분들께 감사의 말씀을 전합니다. 아울러 좋은 교재 출간을 위해 노력하신 에듀윌 임직원 분들께도 감사의 마음을 전합니다.

교재와 강의에 대한 수험생들의 큰 사랑과 믿음에 항상 깊은 감사함과 책임감을 느낍니다.
다시 한번 모두의 합격을 기원하겠습니다.
힘내시고 파이팅하세요!

저자 박상규

구성과 특징

STRUCTURE

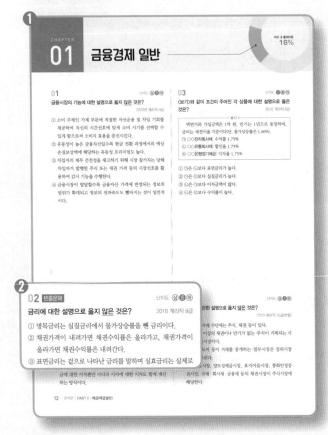

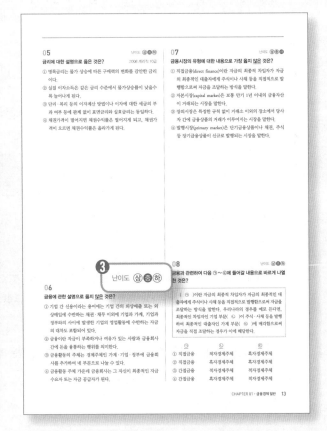

❶ 기출&예상문제
출제경향 분석에 기반하여 수록한 기출&예상문제

❷ 빈출문제
시험 전 꼭 풀어봐야 하는 빈출개념 체크

❸ 난이도
출제 문제의 난이도에 따라 기초~심화 단계별 학습 가능

무료 합격팩 실전동형 모의고사 3회분

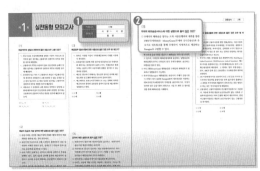

❶ 적정시간 제시
회차별 난이도에 기반한 적절한 문제풀이 시간 제시

❷ 출제경향에 맞춘 문항
전 9회 출제경향을 분석하여 실제 시험과 같은 최상의 실전 문항으로 구성

❶ 챕터별 키워드 & 취약영역 체크
문제풀이 후 챕터별로 틀린 개수를 파악하여 취약영역을 진
단하고, 챕터별 키워드로 부족한 이론을 점검

❷ 개념 카테고리
개념을 바로 확인할 수 있는 기본서 카테고리와 키워드 수록

❸ 정답&오답해설
틀린 문제까지 정확히 짚어보는 상세한 정·오답해설

❹ 함께 보는 이론
함께 보면 도움이 되는 심화 이론 수록

3회독 플래너

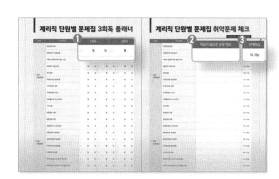

❶ 3회독 플래너
문제풀이 전 학습 계획을 세우고, 계획한 날짜에 맞춰 학습
진행 상황을 체크

❷ 취약문제 체크
복습이 필요한 문항 번호를 기재하여 반복회독 진행

❸ 기본서 연계학습
기본서 페이지를 연계하여 부족한 개념 바로 확인

차례

CONTENTS

PART I
예금
(예금일반)

		문제편	해설편	빈출도
CHAPTER 01	금융경제 일반	12	4	★★
CHAPTER 02	금융회사와 금융상품	18	7	★★
CHAPTER 03	저축과 금융투자에 대한 이해	25	12	★
CHAPTER 04	예금업무 일반사항	30	14	★★
CHAPTER 05	전자금융	40	19	★
CHAPTER 06	우체국금융 일반현황	44	21	★
CHAPTER 07	우체국금융 상품	47	23	★★★
CHAPTER 08	우체국금융 서비스	52	26	★★
CHAPTER 09	내부통제 및 리스크관리	58	29	★
CHAPTER 10	기타사항	62	30	★

PART II
보험
(보험일반)

		문제편	해설편	빈출도
CHAPTER 01	보험일반 이론	70	38	★
CHAPTER 02	생명보험 이론	73	39	★★
CHAPTER 03	보험윤리와 소비자보호	80	42	★
CHAPTER 04	생명보험과 제3보험	83	44	★
CHAPTER 05	보험계약법(인보험편)	86	46	★★
CHAPTER 06	우체국보험 일반현황	91	50	★
CHAPTER 07	우체국보험 상품	93	51	★★★
CHAPTER 08	우체국보험 모집 및 언더라이팅	103	58	★
CHAPTER 09	우체국보험 계약유지 및 보험금 지급	106	60	★
CHAPTER 10	리스크관리 및 자금운용 등	110	62	―

실전동형 모의고사

		문제편	해설편
제1회	실전동형 모의고사	114	65
제2회	실전동형 모의고사	120	69
제3회	실전동형 모의고사	126	72

시험 출제경향

ANALYSIS

PART	CHAPTER	출제비중	기출키워드
I. 예금 (예금일반)	금융경제 일반	51%	금융시장, 장내 파생상품, 금리, 우체국예금·보험
	금융회사와 금융상품		금융상품, 예금보험제도
	저축과 금융투자에 대한 이해		증권투자·주식투자 및 채권투자
	예금업무 일반사항		상속제도, 입금과 지급, 예금, 예금거래업무, 예금거래약관
	전자금융		텔레뱅킹, 신용카드
	우체국금융 일반현황		우체국금융, 우체국예금·보험에 관한 법률
	우체국금융 상품		체크카드, 예금상품
	우체국금융 서비스		포스트페이, 해외송금, 노란우산공제, 전자금융, 제휴서비스
	내부통제 및 리스크관리		금융실명거래, 금융거래정보
	기타사항		자금세탁방지, 종합과세
II. 보험 (보험일반)	보험일반 이론	49%	위험관리와 보험
	생명보험 이론		생명보험계약 관계자, 월적립식 저축성 보험, 현금흐름방식, 보험료 계산, 보험료
	보험윤리와 소비자보호		역선택
	생명보험과 제3보험		보험용어, 생명보험 상품의 종류
	보험계약법(인보험편)		고지의무, 법적 성질, 보험계약, 보험 관련 세금, 생명보험계약
	우체국보험 일반현황		우체국보험적립금, 보험의 역사, 보험의 특징
	우체국보험 상품		보장개시일, 연금보험상품, 우체국 보험상품, 연금저축보험 수령 시 세제, 보험관련세제, 보장성 보험
	우체국보험 모집 및 언더라이팅		우체국보험 청약서비스, 보험계약
	우체국보험 계약유지 및 보험금지급		환급금 대출, 보험료 납입, 보험료 할인율, 보험계약유지
	리스크관리 및 자금운용 등		

PART

I

예금(예금일반)

CHAPTER 01   금융경제 일반

CHAPTER 02   금융회사와 금융상품

CHAPTER 03   저축과 금융투자에 대한 이해

CHAPTER 04   예금업무 일반사항

CHAPTER 05   전자금융

CHAPTER 06   우체국금융 일반현황

CHAPTER 07   우체국금융 상품

CHAPTER 08   우체국금융 서비스

CHAPTER 09   내부통제 및 리스크관리

CHAPTER 10   기타사항

출제비중 **51%**

※전 9회 시험(2022~2008)을 기준으로 출제비중을 산출
하였습니다.

01

난이도 상 **중** 하

금융시장의 기능에 대한 설명으로 옳지 <u>않은</u> 것은?

2022 계리직 9급

① 소비 주체인 가계 부문에 적절한 자산운용 및 차입 기회를 제공하여 자신의 시간선호에 맞게 소비 시기를 선택할 수 있게 함으로써 소비자 효용을 증진시킨다.

② 유동성이 높은 금융자산일수록 현금 전환 과정에서의 예상 손실보상액에 해당하는 유동성 프리미엄도 높다.

③ 차입자의 재무 건전성을 제고하기 위해 시장 참가자는 당해 차입자가 발행한 주식 또는 채권 가격 등의 시장선호를 활용하여 감시 기능을 수행한다.

④ 금융시장이 발달할수록 금융자산 가격에 반영되는 정보의 범위가 확대되고 정보의 전파속도도 빨라지는 것이 일반적이다.

02 빈출문제

난이도 상 **중** 하

금리에 대한 설명으로 옳지 <u>않은</u> 것은?

2018 계리직 9급

① 명목금리는 실질금리에서 물가상승률을 뺀 금리이다.

② 채권가격이 내려가면 채권수익률은 올라가고, 채권가격이 올라가면 채권수익률은 내려간다.

③ 표면금리는 겉으로 나타난 금리를 말하며 실효금리는 실제로 지급받거나 부담하게 되는 금리를 뜻한다.

④ 단리는 원금에 대한 이자만 계산하는 방식이고, 복리는 원금에 대한 이자뿐만 아니라 이자에 대한 이자도 함께 계산하는 방식이다.

03

난이도 **상** 중 하

〈보기〉와 같이 조건이 주어진 각 상품에 대한 설명으로 옳은 것은?

2016 계리직 9급

┤ 보기 ├

액면가와 가입금액은 1억 원, 만기는 1년으로 동일하며, 금리는 세전이율 기준이다(단, 물가상승률은 1.60%).
ⓐ ○○전자회사채: 수익률 1.75%
ⓑ ○○유통회사채: 할인율 1.75%
ⓒ ○○은행정기예금: 이자율 1.75%

① ㉠은 ㉡보다 표면금리가 높다.

② ㉠은 ㉢보다 실질금리가 높다.

③ ㉡은 ㉠보다 이자금액이 많다.

④ ㉡은 ㉢보다 수익률이 높다.

04

난이도 상 **중** 하

금융시장에 관한 설명으로 옳지 <u>않은</u> 것은?

2010 계리직 10급(변형)

① 직접금융거래 수단에는 주식, 채권 등이 있다.

② 만기 1년 이상의 채권이나 만기가 없는 주식이 거래되는 시장은 자본시장이다.

③ 딜러, 브로커 등이 거래를 중개하는 점두시장은 장외시장으로 분류된다.

④ 기업어음시장, 양도성예금시장, 표지어음시장, 통화안정증권시장, 국채·회사채·금융채 등의 채권시장이 주식시장에 해당한다.

05

난이도 ⑨⑧⑨

금리에 대한 설명으로 옳은 것은?

2008 계리직 10급

① 명목금리는 물가 상승에 따른 구매력의 변화를 감안한 금리이다.

② 실질 이자소득은 같은 금리 수준에서 물가상승률이 낮을수록 늘어나게 된다.

③ 단리·복리 등의 이자계산 방법이나 이자에 대한 세금의 부과 여부 등에 관계 없이 표면금리와 실효금리는 동일하다.

④ 채권가격이 떨어지면 채권수익률은 떨어지게 되고, 채권가격이 오르면 채권수익률은 올라가게 된다.

06

난이도 ⑨⑧⑨

금융에 관한 설명으로 옳지 <u>않은</u> 것은?

① 기업 간 신용이라는 용어에는 기업 간의 외상매출 또는 외상매입에 수반하는 채권·채무 이외에 기업과 가계, 기업과 정부와의 사이에 발생한 기업의 영업활동에 수반하는 자금의 대차도 포함되어 있다.

② 금융이란 자금이 부족하거나 여유가 있는 사람과 금융회사 간에 돈을 융통하는 행위를 의미한다.

③ 금융활동의 주체는 경제주체인 가계·기업·정부에 금융회사를 추가하여 네 부문으로 나눌 수 있다.

④ 금융활동 주체 가운데 금융회사는 그 자신이 최종적인 자금 수요자 또는 자금 공급자가 된다.

07

난이도 ⑨⑧⑨

금융시장의 유형에 대한 내용으로 가장 옳지 <u>않은</u> 것은?

① 직접금융(direct finance)이란 자금의 최종적 차입자가 자금의 최종적인 대출자에게 주식이나 사채 등을 직접적으로 발행함으로써 자금을 조달하는 방식을 말한다.

② 자본시장(capital market)은 보통 만기 1년 이내의 금융자산이 거래되는 시장을 말한다.

③ 장외시장은 특정한 규칙 없이 거래소 이외의 장소에서 당사자 간에 금융상품의 거래가 이루어지는 시장을 말한다.

④ 발행시장(primary market)은 단기금융상품이나 채권, 주식 등 장기금융상품이 신규로 발행되는 시장을 말한다.

08

난이도 ⑨⑧⑨

금융과 관련하여 다음 ㉠ ~ ㉢에 들어갈 내용으로 바르게 나열한 것은?

> (㉠)이란 자금의 최종적 차입자가 자금의 최종적인 대출자에게 주식이나 사채 등을 직접적으로 발행함으로써 자금을 조달하는 방식을 말한다. 우리나라의 경우를 예로 든다면, 최종적인 차입자인 기업 부문(㉡)이 주식·사채 등을 발행하여 최종적인 대출자인 가계 부문(㉢)에 매각함으로써 자금을 직접 조달하는 경우가 이에 해당한다.

	㉠	㉡	㉢
①	직접금융	적자경제주체	흑자경제주체
②	직접금융	흑자경제주체	흑자경제주체
③	간접금융	적자경제주체	적자경제주체
④	간접금융	흑자경제주체	적자경제주체

직접금융과 간접금융에 대한 설명이다. ㉠, ㉡에 들어갈 내용을 바르게 연결한 것은?

> • (㉠)은 금융기관 이외의 경제주체가 발행하는 채무증서로, 최종적인 차입자가 발행하는 금융자산을 말한다.
> • (㉡)은 최종적인 차입자에게 자금을 공급하여 본원적 증권을 구입하게 하는 한편, 자신에 대한 청구권(정기예금증서 등)을 발행하여 최종적인 대출자로부터 자금을 조달함으로써 최종적인 차입자와 대출자를 중개한다.

	㉠	㉡
①	제2차 증권	금융중개기관
②	제2차 증권	직접금융기관
③	본원적 증권	금융중개기관
④	본원적 증권	직접금융기관

금융에 대한 설명으로 다음 ㉠, ㉡에 들어갈 내용을 바르게 연결한 것은?

> • (㉠)은 금융중개기관이 자신에 대해서 발행하는 청구권을 간접증권 또는 제2차 증권(Secondary security)이라 하며, 금융중개기관이 대출자와 차입자 간에 자금융통을 매개하는 방식이다.
> • 금융중개기관이 금융자산의 종류를 다양화함으로써 차입자의 금융자산 발행의 (㉡)을 인하하고 대출자가 보유하는 금융자산의 한계효용을 높여 저축과 투자를 활발하게 하여 보다 효율적인 자금배분을 실현하게 되는 것이다.

	㉠	㉡
①	간접금융	한계비용
②	간접금융	금융효용
③	직접금융	금융비용
④	직접금융	한계비용

금리에 대한 설명으로 옳지 <u>않은</u> 것은?

① 수익률은 할인금액을 채권가격으로 나눈 비율을 말하고, 할인율은 이자금액을 채권가격으로 나눈 비율을 말한다.

② 명목금리는 물가 상승에 따른 구매력의 변화를 감안하지 않은 금리이며, 실질금리는 명목금리에서 물가상승률을 뺀 금리이다.

③ 2,000만 원을 연 10%의 금리로 예금할 경우 연 복리 방식으로 2년 후 만기에 받게 되는 원금과 이자의 합계액은 2,420만 원이다.

④ 1,000만 원짜리 채권을 100만 원 할인된 900만 원에 산 후 1,000만 원을 받은 경우 수익률은 11.1%이다.

금리의 종류에 관한 내용으로 옳지 <u>않은</u> 것은?

① 물가변동을 고려하느냐 안하느냐에 따라 실질금리와 명목금리로 구분할 수 있다.

② 예를 들어 1년 만기 정기예금의 금리가 연 5%이고 물가상승률이 연 5%라고 하면 실질금리는 2%인 결과가 된다.

③ 표면금리가 동일한 예금이자라도 복리·단리 등의 이자계산 방법이나 이자에 대한 세금의 부과 여부 등에 따라 실효금리는 달라진다.

④ 채권수익률은 채권 가격의 변동과 반대방향으로 움직인다.

13

난이도 상⑧하

환율에 대한 내용으로 가장 옳은 것은?

① 환율은 외화의 수요와 공급에 따라 결정되는데, 경상수지흑자가 늘어나면 환율은 하락한다.

② 우리나라는 '미화 1달러에 몇 원'식으로 외국 화폐 1단위에 상응하는 원화 가치를 환율로 표시하는 외국통화표시법을 사용하고 있다.

③ 우리나라의 경우 고정환율제도를 채택하고 있으며, 환율이 외환시장에서의 수요와 공급에 따라 결정된다.

④ 환율이 하락하면 원화 가치가 하락하고 환율이 상승하면 원화 가치가 올라간다.

14

난이도 상⑧하

금리 결정요인에 대한 내용으로 옳지 <u>않은</u> 것은?

① 자금 수요는 주로 가계소비, 기업투자 등에 영향을 받고 자금 공급은 가계의 저축, 한국은행의 통화정책 등에 영향을 받는다.

② 통상 자금에 대한 수요가 늘면 금리는 상승하고, 반대로 자금 공급이 늘어나면 금리는 하락한다.

③ 경기 전망이 좋아지면 이익 증가를 예상한 기업의 투자가 늘어나 돈에 대한 수요가 증가하고 금리는 올라간다.

④ 물가가 내릴 것으로 예상되면 돈을 빌려주는 사람은 같은 금액의 이자를 받는다 하더라도 그 실질가치가 떨어지므로 더 높은 금리를 요구하게 되어 금리는 상승한다.

15

난이도 상⑧하

금리에 대한 설명으로 옳지 <u>않은</u> 것은?

① 금융회사들 간 단기 자금거래가 주로 이루어지는 콜시장에서 형성되는 금리를 콜금리라고 한다.

② 채권수익률은 채권의 종류나 만기에 따라 국공채, 회사채 수익률 등 매우 다양하게 존재한다.

③ 만기가 1년을 초과하는 장기금리에는 국공채, 회사채, 금융채 등의 수익률이 포함된다.

④ 채권수익률은 채권가격의 변동과 동일한 방향으로 움직이는데, 채권가격이 오르면 채권수익률도 오르고 채권가격이 떨어지면 채권수익률도 내려간다.

16

난이도 상⑧하

금융시장에 대한 내용으로 옳지 <u>않은</u> 것은?

① 금융시장이란 자금 공급자와 자금 수요자 간에 금융거래가 조직적으로 이루어지는 장소를 말한다.

② 금융시장에서 말하는 '장소'란 재화시장처럼 특정한 지역이나 건물 등의 구체적 공간으로, 자금의 수요와 공급이 유기적으로 이루어지는 추상적인 공간을 제외한다.

③ 금융거래가 이루어지기 위해서는 이를 매개하는 수단이 필요한데 이러한 금융수단을 금융자산 또는 금융상품이라고 한다.

④ 금융시장에서 자금 수요자는 주로 기업이며, 자금 공급자는 주로 개인이다.

17

난이도 ⑨중⑥

금융거래에 대한 설명으로 옳지 <u>않은</u> 것은?

① 직접금융거래수단으로는 예금, 대출 등이 대표적이며, 간접 금융거래수단에는 주식, 채권 등이 있다.

② 금융거래는 자금 공급자로부터 자금 수요자로 자금이 이동 하는 형태에 따라 직접금융거래와 간접금융거래로 나뉜다.

③ 직접금융거래는 자금 수요자가 자기명의로 발행한 증권을 자금 공급자에게 교부하고 자금을 직접 조달하는 거래를 의미한다.

④ 간접금융거래는 은행 등과 같은 금융중개기관을 통해 자금 공급자에서 자금 수요자로 자금이 이전되는 거래를 의미한다.

18

난이도 ⑨중⑥

경제활동을 하는 경제주체에 대한 내용이다. 이와 관련하여 〈보기 1〉과 〈보기 2〉의 내용이 가장 적절하게 연결된 것은?

┤ 보기 1 ├

ㄱ. "(   )"은 생산요소의 공급주체로서 생산요소인 노동, 자본, 토지를 제공하며, 그 결과로 얻은 소득을 소비하거 나 저축한다.

ㄴ. "(   )"은 생산의 주체로서 노동, 자본, 토지라는 생 산요소를 투입하여 재화와 용역(서비스)을 생산하며, 그 결과로 창출한 생산량이 투입량을 초과하면 이윤(profit) 을 얻는다.

ㄷ. "(   )"은 규율(regulation)과 정책(policy)의 주체로 서 가계와 기업이 경제행위를 하는 방식을 규율하고 정 책을 수립·집행하며 그에 필요한 자금을 세금 등으로 징 수하거나 지출한다.

ㄹ. "(   )"은 국외자로서 국내부문의 과부족을 수출입 을 통하여 해결해 준다.

┤ 보기 2 ├

㉠ 정부부문   ㉡ 기업부문
㉢ 해외부문   ㉣ 가계부문

	ㄱ	ㄴ	ㄷ	ㄹ
①	㉡	㉣	㉠	㉢
②	㉢	㉡	㉣	㉠
③	㉣	㉡	㉠	㉢
④	㉣	㉡	㉠	㉢

19

난이도 ⑨중⑥

국민경제와 금융의 연결에 대한 설명으로 옳은 것을 모두 고른 것은?

┤ 보기 ├

ㄱ. 1년간의 국민총생산량(생산국민소득) = 지출국민소득 = 분배국민소득이며, 이를 '국민소득 3면 등가의 법칙'이라 고 한다.

ㄴ. 국민경제의 순환은 일정한 시간의 흐름상에서 나타나는 유동적인 경제활동을 의미하므로 스톡(stock)의 개념이지 플로우(flow)의 개념은 아니다.

ㄷ. 기업 간 신용이란 "자금이 부족하거나 여유가 있는 사람과 금융회사 간에 돈을 융통하는 행위"를 의미한다. 경제의 순환은 자금의 융통, 즉 금융을 매개로 하여 이루어진다.

ㄹ. 금융활동의 주체로는 경제주체인 가계·기업·정부에 금 융회사를 추가하여 네 부문으로 나눌 수 있다.

① ㄱ, ㄹ   ② ㄱ, ㄴ
③ ㄴ, ㄷ   ④ ㄷ, ㄹ

20

난이도 ⑨중⑥

경제활동을 하는 경제주체에 대한 내용이다. 이와 관련하여 〈보기 1〉과 〈보기 2〉의 내용이 가장 적절하게 연결된 것은?

┤ 보기 1 ├

ㄱ. 금융은 그런 불확실성이나 위험을 적절히 분산시키거나 해소할 수 있는 수단을 제공한다.

ㄴ. 금융은 여유자금을 가진 사람에게는 투자의 수단을 제공 하고 자금이 필요한 사람에게는 자금을 공급해준다.

ㄷ. 금융은 안전하고 편리한 지급·결제 시스템을 구축하여 이용자들의 원활한 거래를 지원하고 있다.

ㄹ. 금융은 여웃돈이 있는 사람들의 돈을 모아서 돈이 필요 한 사람들에게 이전해주는 자금의 중개기능을 수행한다.

┤ 보기 2 ├

㉠ 개인 간 자금거래 중개
㉡ 거래비용의 절감
㉢ 가계에 대한 자산관리수단 제공
㉣ 자금의 효율적 배분
㉤ 금융위험 관리수단 제공

	ㄱ	ㄴ	ㄷ	ㄹ
①	㉤	㉣	㉡	㉢
②	㉤	㉡	㉣	㉠
③	㉤	㉣	㉡	㉠
④	㉤	㉤	㉡	㉠

21

난이도 (상)(중)(하)

금융시장의 유형에 대한 설명으로 옳지 <u>않은</u> 것은?

① 보통 만기 1년 이내의 금융자산이 거래되는 시장을 단기금융시장이라고 하며, 만기가 1년 이상의 채권이나 만기가 없는 주식이 거래되는 시장을 장기금융시장이라고 한다.

② 단기금융시장에는 콜시장, 양도성예금증서시장, 환매조건부채권매매시장, 통화안정증권시장 등이 있다.

③ 장기금융시장은 주로 기업, 금융기관, 정부 등이 장기자금을 조달하는 시장으로 자본시장이라고도 한다.

④ 단기금융시장은 통화정책 이외에도 다양한 요인에 의해 영향을 받기 때문에 통화정책과의 관계가 장기금융시장에 비해 간접적이고 복잡하다.

22

난이도 (상)(중)(하)

금융시장의 유형에 대한 설명으로 옳지 <u>않은</u> 것은?

① 거래소시장은 시장참가자의 특정 금융상품에 대한 매수매도 주문이 거래소에 집중되도록 한 다음 이를 표준화된 거래규칙에 따라 처리하는 조직화된 시장이다.

② 장외시장은 거래소 이외의 장소에서 당사자 간 금융상품의 거래가 이루어지는 시장을 말하며, 직접거래시장과 딜러·브로커 등이 거래를 중개하는 점두시장으로 구분된다.

③ 우리나라의 경우 채권은 대부분 거래소시장에서 거래되고 있으며 콜, 양도성예금증서, 기업어음 등 단기금융상품뿐 아니라 외환 및 외환파생상품, 금리 및 통화 스왑 등의 파생금융상품 등도 대부분 거래소시장에서 거래된다.

④ 장외시장은 주로 증권회사를 매개로 거래가 이루어지는데, 증권회사는 매도나 매수를 원하는 투자자와 반대 거래를 원하는 상대방을 연결시켜 거래를 중개한다.

23

난이도 (상)(중)(하)

금융시장의 유형에 대한 설명으로 옳지 <u>않은</u> 것은 모두 몇 개인가?

> ㄱ. 우리나라의 경우 콜시장, 기업어음시장, 양도성예금증서시장, 환매조건부채권매매시장, 표지어음시장, 통화안정증권시장 등이 장기금융시장에 해당한다.
> ㄴ. 우리나라의 경우 기업어음시장, 양도성예금시장, 표지어음시장, 통화안정증권시장, 국채·회사채·금융채 등의 시장이 주식시장에 해당한다.
> ㄷ. 우리나라의 채무증서시장에는 유가증권시장, 코스닥시장, 코넥스시장, K-OTC시장 등이 있다.
> ㄹ. 주식은 채권보다 기업부도 발생에 따른 위험이 더 크며, 주식은 채무증서보다 자산가치의 변동성이 크다.
> ㅁ. 한국거래소에서는 주식, 채권, 상장지수펀드(ETF), 상장지수증권(ETN) 및 파생상품 등을 모두 거래하고 있다.

① 없음　　　　　　　② 1개

③ 2개　　　　　　　④ 3개

24

난이도 (상)(중)(하)

금융시장의 기능에 대한 설명으로 옳지 않은 것을 모두 고른 것은?

> ㄱ. 주식은 채무증서보다 자산가치의 변동성이 작다.
> ㄴ. 금융시장은 금융거래의 만기에 따라 단기금융시장과 장기금융시장, 금융거래의 단계에 따라 채무증서시장과 주식시장, 금융수단의 성격에 따라 발행시장과 유통시장, 금융거래의 장소에 따라 거래소시장과 장외시장 등으로 구분할 수 있다.
> ㄷ. 유동성은 금융자산의 환금성을 말한다. 투자자는 환금성이 떨어지는 금융자산을 매입할 경우에는 동 자산을 현금으로 전환하는 데 따른 손실을 예상하여 일정한 보상, 즉 유동성 프리미엄을 요구하게 된다.
> ㄹ. 금융시장이 발달하면 금융자산의 환금성이 높아지고 유동성 프리미엄이 높아짐으로써 자금수요자의 차입비용이 증가하게 된다.

① ㄴ, ㄹ　　　　　　② ㄱ, ㄴ, ㄷ

③ ㄱ, ㄴ, ㄹ　　　　④ ㄱ, ㄴ, ㄷ, ㄹ

해설편 ▶ P.4

CHAPTER

02 금융회사와 금융상품

파트 내 출제비중
13%

01

난이도 상(중)하

장내파생상품에 대한 설명으로 옳은 것을 모두 고른 것은?

2022 계리직 9급

> ㄱ. 주가지수옵션 매수자의 이익은 옵션 프리미엄에 한정되고 손실은 무한정인 반면, 매도자의 손실은 옵션 프리미엄에 한정되고 이익은 무한정이다.
> ㄴ. 풋옵션의 매도자는 장래의 일정 시점 또는 일정 기간 내에 특정 기초자산을 정해진 가격으로 매도할 수 있는 권리를 가진다.
> ㄷ. 옵션 계약에서는 계약이행의 선택권을 갖는 계약자가 의무만을 지는 상대방에게 자신이 유리한 조건을 갖는 데 대한 대가를 지불하고 계약을 체결하게 된다.
> ㄹ. 계약 내용이 표준화되어 있고 공식적인 거래소를 통해 매매되는 선물거래에는 헤징(hedging) 기능, 현물시장의 유동성 확대기여, 장래의 가격정보 제공 기능 등이 있다.

① ㄱ, ㄴ   ② ㄱ, ㄷ
③ ㄴ, ㄹ   ④ ㄷ, ㄹ

02

난이도 상(중)하

금융투자상품에 대한 설명으로 옳지 <u>않은</u> 것은?

2019 계리직 9급

① 수입업자는 선물환 매입계약을 통해 환율변동에 따른 환리스크를 헤지(Hedge)할 수 있다.
② 투자자의 원본 결손액에 대해 불법행위로 인한 손해 여부를 입증해야 하는 책임은 금융투자업자에게 있다.
③ 풋옵션의 경우, 기초자산 가격이 행사가격 이하로 하락함에 따라 매수자의 이익과 매도자의 손실이 무한정으로 커질 수 있다.
④ 상장지수증권(ETN)은 외부수탁기관에 위탁되기 때문에 발행기관의 신용위험이 없고 거래소에 상장되어 실시간으로 매매가 이루어진다.

03 빈출문제

난이도 상(중)하

「예금자보호법」에서 정한 예금보험제도에 대한 설명으로 옳은 것은?

2019 계리직 9급

① 은행, 보험회사, 종합금융회사, 수협은행, 외국은행 국내지점은 보호대상 금융회사이다.
② 외화예금, 양도성예금증서(CD), 환매조건부채권(RP), 주택청약저축은 비보호 금융상품이다.
③ 서울시가 시중은행에 가입한 정기예금 1억 원은 5천만 원 한도 내에서 예금자보호를 받는다.
④ 금융회사가 예금을 지급할 수 없게 되면 법에 의해 금융감독원이 대신하여 예금을 지급하는 공적 보험제도이다.

04

난이도 상(중)하

우체국예금 · 보험에 관한 설명으로 옳은 것은?

2012 계리직 10급

① 우체국예금은 「예금자보호법」에 의하여 원리금 전액이 지급보장된다.
② 우체국보험은 보험을 효율적으로 운영하고 위험을 적절하게 분산하기 위하여 재보험에 가입할 수 있다.
③ 우체국예금 · 보험은 사업에 대한 건전성을 유지할 수 있도록 금융위원회의 정기검사를 받아야 한다.
④ 우체국예금은 「한국은행법」 제28조 제13호에 따라 금융통화위원회가 정하는 기준의 범위 내 이자율을 금융위원회와 협의하여야 한다.

05

난이도 상 중 하

〈보기〉의 금융상품 중 우체국예금에서 취급하고 있는 것을 모두 고른 것은?

2010 계리직 10급(변형)

┤ 보기 ├

ㄱ. MMDA(Money Market Deposit Account)
ㄴ. MMF(Money Market Fund)
ㄷ. CD(Certificate of Deposit)
ㄹ. CMA(Cash Management Account)
ㅁ. ELD(Equity Linked Deposit)

① ㄱ, ㄴ
② ㄱ, ㄴ, ㄹ
③ ㄴ, ㄷ, ㄹ
④ ㄷ, ㄹ, ㅁ

06

난이도 상 중 하

다음에서 설명하고 있는 금융상품으로 옳은 것은?

2008 계리직 10급

종합금융회사 고객의 예탁금을 어음 및 국·공채 등에 운용하여 그 수익을 고객에게 돌려주는 실적배당 금융상품으로서, 예탁금에 제한이 없고 수시 입출금이 가능한 상품

① CMA(Cash Management Account)
② CD(Certificate of Deposit)
③ RP(Re-purchase Paper)
④ MMDA(Money Market Deposit Account)

07

난이도 상 중 하

금융상품별 가입(발행)대상, 특징 및 「예금자보호법」에 의한 보호 여부에 관한 내용으로 옳지 않은 것은?

2008 계리직 10급(변형)

	상품명	가입(발행) 대상	특징	「예금자보호법」에 의한 보호 여부
①	주가지수연동 정기예금(ELD)	제한 없음	이율이 주가 지수에 연동	비보호
②	저축예금	개인	수시입출금식	보호
③	정기적금	제한 없음	목돈 마련에 적합	보호
④	양도성 예금증서(CD)	제한 없음	무기명 양도 가능	비보호

08

난이도 상 중 하

금융회사와 관련된 내용으로 옳지 않은 것은?

① 여신전문 금융회사는 신용카드사, 시설대여(리스)사, 할부금융사, 신기술사업금융업사 등 여신을 전문으로 하는 금융회사들이 해당한다.
② 비은행금융회사 중 상호저축은행은 예금보험공사에서 보호하는 금융회사에 해당한다.
③ 자산운용회사는 금융투자회사로서 집합투자기구인 펀드를 관리하는 펀드매니저가 있는 회사이다.
④ 은행의 고유업무에는 채무보증, 어음인수, 상호부금, 보호예수 등이 있다.

09

난이도 상 ⓒ 하

금융회사의 종류에 대한 설명으로 가장 옳은 것은?

① 특수은행은 「은행법」을 적용받으면서 은행업무를 핵심업무로 취급하고 있는 금융회사들이다.

② 특수은행으로는 한국산업은행, 한국수출입은행, 중소기업은행, 농협은행, 수협은행, 한국주택금융공사 등이 있다.

③ 신용카드, 시설대여(리스), 할부금융 그리고 신기술사업 금융업은 고객으로부터 예금업무를 취급하는 금융기관이다.

④ 상호금융은 조합원에 대한 여수신을 통해 조합원 상호간 상호부조를 목적으로 운영된다.

10

난이도 상 ⓒ 하

금융상품의 종류에 대한 내용으로 옳지 <u>않은</u> 것은?

① 저축상품은 수익성보다는 안전성과 유동성이 높은 금융상품으로 목적에 따라 보통예금, 정기적금, 정기예금 등으로 나눌 수 있다.

② 변모하는 금융환경 속에서 각 금융회사들은 고객 유치를 위해 주식이나 채권은 물론 펀드 등 투자성이 있는 다양한 형태의 직·간접투자 상품들도 계속 출시·판매하고 있다.

③ 금융투자상품 중 원금을 초과하여 손실이 발생할 가능성이 있는 것에는 주식, 채권, 펀드 등이 있고, 원금까지만 손실이 발생할 가능성이 있는 것으로 파생상품 등이 있다.

④ 보험은 질병, 재해, 사망 등 각종 사고와 같은 위험에 대비한 보장을 받기 위해 가입하는 금융상품으로 생명보험, 상해·질병보험 그리고 손해보험 등이 있다.

11

난이도 상 ⓒ 하

금융투자회사의 유형에 대한 설명으로 옳지 <u>않은</u> 것은?

① '자산운용회사'는 펀드를 만들고 운용하므로 투자 수익률은 자산운용회사의 역량에 따라 편차가 크다.

② '증권회사'는 자본시장에서 주식, 채권 등 유가증권의 발행을 주선하고 발행된 유가증권의 매매를 중개하는 것을 주요 업무로 하고 있다.

③ '자금중개회사'는 2명 이상의 투자자로부터 모은 돈으로 채권, 주식 매매 등을 통해 운용한 후 그 결과를 투자자에게 배분하여 주는 회사이다.

④ '투자자문회사'는 투자자로부터 주식, 펀드, 채권 등 금융투자상품 등에 대한 투자일임업이나 투자자문업을 주로 하는 금융회사를 말한다.

12

난이도 상 ⓒ 하

「자본시장과 금융투자업에 관한 법률」에 대한 내용으로 옳은 것은?

① 「자본시장과 금융투자업에 관한 법률」에는 자본시장과 관련한 금융투자업을 투자매매업, 투자중개업, 집합투자업, 투자일임업, 투자자문업, 투자분석업, 신탁업의 7가지 업종으로 구분하고 이 업종 중 전부 또는 일부를 담당하는 회사를 금융투자회사라고 부른다.

② 「자본시장과 금융투자업에 관한 법률」에는 금융투자상품의 개념에 대한 포괄적인 규정, 금융업에 관한 제도적 틀을 금융기능 중심으로 재편, 투자자보호제도 강화 등의 내용을 담고 있다.

③ 2인 이상에게 투자를 권유하여 모은 금전 등을 투자자 등으로부터 일상적인 운영지시를 받지 않으면서 운용하고 그 결과를 투자자에게 배분하여 귀속시키는 것을 영업으로 하는 것은 '투자자문업'에 해당한다.

④ 처음에 투자한 원본의 손실가능성이 없는 상품을 금융투자상품이라고 하며 은행의 예금이 대표적인 반면, 비금융투자상품은 원본의 손실 가능성이 있는 금융상품을 의미한다.

13

난이도 (상)(중)(하)

금융상품 중 입출금이 자유로운 상품에 대한 내용으로 옳지 않은 것은?

① 저축예금은 보통예금처럼 예치금액, 예치기간 등에 아무런 제한이 없고 입출금이 자유로우면서도 보통예금보다 높은 이자를 받을 수 있는 예금이다.

② CMA의 가입대상은 신용상태가 양호한 개인, 자영업자(신용평가 결과 평점이 일정 점수 이상인 자)로 제한되며, 모든 은행에 걸쳐 1인 1계좌만 거래할 수 있다.

③ MMF는 고객의 돈을 모아 주로 CP(기업어음), CD(양도성예금증서), RP(환매조건부채권), 콜(call) 자금이나 잔존만기 1년 이하의 안정적인 국·공채로 운용하는 실적배당상품이다.

④ 시장금리부 수시입출금식예금(MMDA)은 시장실세금리에 의한 고금리가 적용되고 입출금이 자유로우며 각종 이체 및 결제 기능이 가능한 단기상품이다.

14

난이도 (상)(중)**(하)**

금융상품 중 입출금이 자유로운 상품을 바르게 나열한 것은?

① 가계당좌예금, 정기적금, 정기예탁금

② 시장금리부 수시입출금식예금(MMDA), 정기예금, 보통예금

③ 정기예금, 가계당좌예금, 단기금융상품펀드(MMF)

④ 가계당좌예금, 어음관리계좌(CMA), 단기금융상품펀드(MMF)

15

난이도 (상)(중)(하)

자본시장법상 금융투자업의 종류에 대한 내용이다. 이와 관련하여 〈보기 1〉과 〈보기 2〉의 내용이 가장 적절하게 연결된 것은?

┤ 보기 1 ├

ㄱ. 금융회사가 고객으로 하여금 금융투자상품을 매도·매수하거나 증권을 발행·인수 또는 권유·청약·승낙하는 것

ㄴ. 금융회사가 자기자금으로 금융투자상품을 매도·매수하거나 증권을 발행·인수 또는 권유·청약·승낙하는 것

ㄷ. 투자자로부터 금융상품에 대한 투자판단의 전부 또는 일부를 일임 받아 투자자별로 구분하여 자산을 취득·처분 그 밖의 방법으로 운용하는 것을 영업으로 하는 것

ㄹ. 2인 이상에게 투자를 권유하여 모은 금전 등을 투자자 등으로부터 일상적인 운영지시를 받지 않으면서 운용하고 그 결과를 투자자에게 배분하여 귀속시키는 것을 영업으로 하는 것

┤ 보기 2 ├

㉠ 투자매매업	㉡ 투자중개업
㉢ 집합투자업	㉣ 투자자문업
㉤ 투자일임업	㉥ 신탁업

	ㄱ	ㄴ	ㄷ	ㄹ
①	㉠	㉡	㉢	㉥
②	㉡	㉠	㉤	㉢
③	㉡	㉣	㉢	㉤
④	㉠	㉡	㉣	㉥

16

난이도 (상)**(중)**(하)

MMDA, MMF, CMA에 대한 비교 내용으로 옳은 것은?

	구분	MMDA	MMF	CMA
①	취급 금융회사	종금사, 증권사	은행, 증권사	은행
②	예금자 보호	보호	비보호	종금사만 보호
③	이율	실적배당	확정금리 (차등)	실적배당
④	이체 및 결제	불가능	가능	가능

17

난이도 상 **중** 하

대체로 펀드 이름의 마지막 부분에는 알파벳이 표기되어 있다. 이러한 펀드들을 종류형 펀드 또는 멀티클래스펀드라고 부른다. 이와 관련하여 〈보기 1〉과 〈보기 2〉의 내용이 가장 적절하게 연결된 것은?

┤ 보기 1 ├

ㄱ. 일정 기간 내에 환매시 후취수수료가 부과, 판매가능성 이 낮은 장기투자에 적합
ㄴ. 선취, 후취 판매수수료가 없으나 연간보수가 높은 펀드, 단기투자에 적합
ㄷ. 선취, 후취 판매 수수료가 모두 부과되는 펀드
ㄹ. 가입시 선취판매수수료가 부과되며 환매가능성이 있지 만 장기투자에 적합

┤ 보기 2 ├

㉠ A클래스	㉡ B클래스
㉢ C클래스	㉣ D클래스
㉤ F클래스	㉥ S클래스

	ㄱ	ㄴ	ㄷ	ㄹ
①	㉠	㉡	㉢	㉣
②	㉡	㉢	㉤	㉥
③	㉡	㉠	㉢	㉣
④	㉡	㉢	㉣	㉠

18

난이도 상 **중** 하

금융상품에 대한 설명으로 옳지 <u>않은</u> 것은?

① 주택청약종합저축은 국민주택 등을 공급받기 위해 가입하는 저축으로 무주택, 세대주 여부 및 연령에 관계 없이 1인 다수계좌 가입이 가능하다.
② 가계당좌예금은 가계수표를 발행할 수 있는 개인용 당좌예금이며 무이자인 일반 당좌예금과는 달리 이자가 지급되는 가계우대성 요구불예금이다.
③ 주가지수연동정기예금(ELD)은 원금을 안전한 자산에 운용하여 만기 시 원금은 보장되고 장래에 지급할 이자의 일부 또는 전부를 주가지수(KOSPI 200지수, 일본 닛케이 225지수 등)의 움직임에 연동한 파생상품에 투자하여 고수익을 추구하는 상품이다.
④ 환매조건부채권(RP)은 금융회사가 보유하고 있는 국채·지방채 등 채권을 고객이 매입하면 일정 기간이 지난 뒤 이자를 가산하여 고객으로부터 다시 매입하겠다는 조건으로 운용되는 단기금융상품이다.

19

난이도 상 **중** 하

펀드의 유형에 대한 설명으로 옳지 <u>않은</u> 것은?

① 환매가 가능한 개방형 펀드와 환매가 원칙적으로 불가능한 폐쇄형 펀드, 추가입금이 가능한 추가형 펀드와 추가입금이 불가능한 단위형 펀드, 불특정 다수인을 대상으로 모집하는 공모형 펀드와 소수(49인 이하)의 투자자들로부터 자금을 모집하는 사모형 펀드가 있다.
② 투자대상에 따라 주식, 채권에 투자하는 증권펀드, 부동산에 투자하는 부동산펀드, 금·구리와 같은 상품에 투자하는 실물펀드, 다른 펀드에 투자하는 재간접펀드, 선박이나 도로 등 특수자원에 투자하는 특별자산펀드 등이 있다.
③ 자산의 50% 이상을 주식에 투자하면 주식형 펀드, 채권에 50% 이상 투자하면 채권형 펀드, 주식 및 채권 투자 비율이 각각 50% 미만이면 혼합형 펀드이다.
④ 주식형 펀드는 투자대상 주식의 특성에 따라 가치형 펀드, 배당형 펀드, 섹터형 펀드, 인덱스 펀드 등으로 나눌 수 있다.

20

난이도 상 **중** 하

펀드의 유형에 대한 설명으로 옳지 <u>않은</u> 것은?

① 일반적으로 펀드의 클래스는 선취형 판매수수료를 받는 A클래스, 후취형 수수료를 받는 B클래스, 판매수수료 없이 판매보수만 받는 C클래스 등으로 나뉜다.
② 상장지수펀드(ETF)는 특정한 지수의 움직임에 연동해 운용되는 인덱스 펀드의 일종으로 거래소에 상장되어 실시간으로 매매된다.
③ 주가지수연계펀드(ELF)는 펀드형 상품으로 증권사에서 판매하는 ELS와 유사한 부분이 많다.
④ 하이일드펀드는 KOSPI 200지수와 같은 지표를 따라가도록 설계한 펀드를 말한다.

21

난이도 (상)(중)(하)

장내파생상품과 구조화상품에 대한 설명으로 옳지 않은 것은?

① 파생상품은 기초자산의 가치 변동에 따라 가격이 결정되는 금융상품을 말하며, 그 상품의 가치가 기초자산의 가치 변동으로부터 파생되어 결정된다.

② 옵션계약은 장래의 일정 시점을 인수·인도일로 하여 일정한 품질과 수량의 어떤 물품 또는 금융상품을 사전에 정한 가격에 사고팔기로 약속하는 계약이다.

③ 선물계약은 쌍방이 모두 계약 이행의 의무를 지는 반면, 옵션계약은 계약당사자 중 일방이 계약 이행의 선택권을 갖고 상대방은 그 권리 행사에 대한 계약 이행의 의무만을 진다.

④ 구조화금융상품은 예금, 주식, 채권, 대출채권, 통화, 옵션 등 당초의 자산을 가공하거나 혼합하여 만들어진 새로운 상품을 말한다.

22

난이도 (상)(중)(하)

「예금자보호법」에 따른 예금보험제도에 대한 설명으로 옳지 않은 것은?

① 예금보험공사에서 보호하는 금융회사는 은행, 증권투자매매·중개업을 인가받은 회사, 보험회사, 상호저축은행, 종합금융회사, 한국은행 등이다.

② 농협은행 및 수협은행 본·지점의 예금은 은행처럼 「예금자보호법」에 따라 예금자 원금과 소정의 이자를 포함하여 1인당 5천만 원까지 보호된다.

③ 농·수협 지역조합의 예금은 「예금자보호법」에 따른 보호대상이 아니라 각 중앙회가 자체적으로 설치, 운영하는 상호금융예금자보호기금을 통하여 보호된다.

④ 신용협동조합과 새마을금고도 각 신용협동조합중앙회에 설치된 예금자보호기금과 「새마을금고법」에 따라 새마을금고 중앙회에 설치된 예금자보호준비금에 의해 1인당 5천만 원까지 예금을 보호한다.

23

난이도 (상)(중)(하)

양도성예금증서(CD)에 대한 설명으로 옳지 않은 것은?

① 정기예금에 양도성을 부여하여 은행이 무기명 할인식으로 발행한다.

② 은행에서 발행된 증서를 직접 살 수도 있고 증권회사에서 유통되는 양도성예금증서를 살 수도 있다.

③ 이자 지급은 액면금액에서 이자를 미리 차감하는 방식(할인식)으로 이루어진다.

④ 중도해지가 가능하고 예금자보호대상에서 제외된다.

24

난이도 (상)(중)(하)

선물과 옵션에 대한 내용으로 옳지 않은 것은?

① 유럽식 옵션은 옵션의 만기일에만(on expiration date) 권리를 행사할 수 있는 형태의 옵션이다.

② 선물콜옵션을 행사하면 선물매수포지션이 생기고 선물풋옵션을 행사하면 선물매도포지션을 받게 된다.

③ 주가지수옵션의 결제방법은 반대매매, 최종결제, 현금결제이고, 주가지수선물의 결제방법은 반대매매, 권리행사 또는 권리 포기, 현금결제이다.

④ 주가지수선물은 매도자, 매수자의 이익과 손실이 무한정이지만 주가지수옵션은 매수자의 손실은 프리미엄에 한정되나 이익은 무한정하다.

25

ELD와 ELS에 대한 설명으로 옳은 것은?

① ELD는 정기예금으로 기간 내 중도해지가 불가능하다.

② ELS는 원금보장형으로 설계되었더라도 중도해지 시에는 투자원금의 손실이 발생할 수 있다.

③ ELD와 ELS 모두 주가지수의 움직임에 따라 만기 시 원금손실이 발생할 수 있다.

④ 두 상품 모두 원금보장형으로 설계된 경우 예금자보호대상이다.

27

ELD, ELS, ELF에 대한 비교 내용으로 옳은 것은?

구분	ELD	ELS	ELF
① 판매회사	투자매매업자	투자매매업자	은행
② 운용회사	투자매매업자	은행	은행
③ 상품성격	예금	유가증권	펀드
④ 투자형태	유가증권 매입	정기예금 가입	펀드가입

26

상장지수펀드(ETF)와 인텍스펀드의 비교 내용으로 옳은 것은?

구분	상장지수펀드(ETF)	인덱스펀드 (Index fund)
① 특징	일반펀드 가입과정과 동일	주식처럼 상장되어 거래
② 거래	일반펀드와 같은 가입·환매체계를 거침	환금성이 뛰어나고 거래비용 발생
③ 운용	환매요청 시 추적오차가 발생할 수 있음	운용자는 환매 등에 신경을 쓰지 않음
④ 투자비용	액티브펀드보다 낮은 비용 발생	ETF보다 높은 보수를 책정

28

주가지수선물과 주가지수옵션의 비교 내용으로 옳은 것은?

구분	주가지수선물	주가지수옵션
① 이익과 손실	매수자, 매도자의 이익과 손실이 무한정	매수자의 손실은 한정, 이익은 무한정/ 매도자의 이익은 한정, 손실은 무한정
② 결제방법	반대매매, 권리행사 또는 권리포기, 현금결제	반대매매, 최종결제, 현금결제
③ 증거금	매도자만 필요	매수자, 매도자 모두 필요
④ 권리의무	매수자는 권리만 가지고, 매도자는 의무를 지님	매수자, 매도자 모두 권리와 의무를 지님

해설편 ▶ P.7

01

난이도 상 중 하

증권투자 또는 증권분석에 대한 설명으로 옳은 것을 모두 고른 것은?

2022 계리직 9급

ㄱ. 무상증자와 주식배당은 주주들의 보유 주식 수가 늘어나고, 주주의 실질 재산에는 변동이 없다는 점에서 유사하다.

ㄴ. 전환사채(CB)나 신주인수권부사채(BW)는 보유자에게 유리한 선택권이 주어지기 때문에 다른 조건이 동일하다면 일반사채에 비해 높은 금리로 발행된다.

ㄷ. 우선주와 채권은 회사경영에 대한 의결권이 없고, 법인이 우선주 배당금 또는 채권 이자 지급 시 비용처리를 할 수 없다는 공통점이 있다.

ㄹ. 이자보상배율이 높으면 이자 비용을 충당하기에 충분한 영업이익이 있다는 뜻이고 이자보상배율이 1보다 작다면 기업이 심각한 재무적 곤경에 처해 있다고 볼 수 있다.

① ㄱ, ㄷ   ② ㄱ, ㄹ

③ ㄴ, ㄷ   ④ ㄴ, ㄹ

02

난이도 상 중 하

주식투자 및 채권투자의 주요내용에 대한 설명으로 옳은 것을 모두 고른 것은?

2021 계리직 9급

ㄱ. 신종자본증권은 대부분 발행 후 5년이 지나면 투자자가 채권에 대해 상환을 요구할 수 있는 풋옵션이 부여되어 있다.

ㄴ. 채권의 가격은 시장금리 및 발행기관의 신용변화에 영향을 받아 변동하게 되며, 다른 요인들이 모두 동일하다면 채권은 잔존기간이 짧아질수록 가격의 변동성이 증가한다.

ㄷ. 유상증자는 기업의 재무구조를 개선하고 타인자본에 대한 의존도를 낮출 수 있는 반면, 무상증자는 회사와 주주의 실질재산에는 변동이 없다. 유·무상증자 권리락일에는 신주인수권 가치만큼 기준 주가가 하락한 상태에서 시작하게 된다.

ㄹ. 2021.3.9.(화)에 유가증권시장에서 매입한 주식(전일종가 75,000원)의 당일 중 최소 호가 단위는 100원이며, 주중에 다른 휴장일이 없다면 2021.3.11.(목) 개장 시점에 증권계좌에서 매입대금은 출금되고 주식은 입고된다.

① ㄱ, ㄴ   ② ㄱ, ㄹ

③ ㄴ, ㄷ   ④ ㄷ, ㄹ

03

저축과 투자에 대한 설명으로 옳지 않은 것은?

① 저축기간과 금리와의 관계를 설명하는 '72의 법칙'은 복리로 계산하여 원금이 두 배가 되는 시기를 쉽게 알아볼 수 있는데 '72÷금리=원금이 두 배가 되는 시기(년)' 공식으로 계산할 수 있다.

② 지속적으로 물가가 상승하는 인플레이션이 있으면 똑같은 돈으로 구입할 수 있는 물건이 줄어들기 때문에 화폐 가치가 하락한다.

③ 우리나라에서는 원칙적으로 이자소득을 포함한 금융소득에 대해서 분리과세를 통해 금융회사가 일률적으로 14%(지방소득세를 포함하면 15.4%)를 원천징수하고 나머지를 지급한다.

④ 리스크에 대한 보상으로 증가하는 기대수익률을 리스크 프리미엄이라고 하는데, 투자의 기대수익률은 무위험수익률에 리스크 프리미엄을 뺀 값과 같다.

04

주식과 채권의 비교 내용으로 옳지 않은 것은?

① 주식의 소유자인 주주는 채권 소유자와 달리 주주총회에서 의사결정에 참여할 수 있다.

② 주식의 발행은 타인자본의 증가를 가져오지만 채권은 자기자본인 부채의 증가를 수반한다.

③ 채권이 주식화된 대표적인 예로는 전환·신주인수권부·교환사채 등 각종 주식관련 사채와 이익참가부사채가 있으며, 투자자는 확정이자보다 주식으로의 전환을 통한 소득에 더 관심을 갖는다.

④ 주식이 채권화된 예로는 우선주(이익참가부우선주)가 있는데, 투자자는 의결권보다 배당에 더 관심을 갖는다.

05

우선주와 채권의 비교 내용으로 옳지 않은 것은?

① 우선주는 채권과 주식의 특성을 모두 가진 증권인데, 투자자에게 매년 확정 배당금을 지급함으로써 만기가 무한한 채권과 유사하며 우선주의 시장가격의 증감은 발행주체의 수익성보다 시장이자율과 더욱 밀접한 관련이 있다.

② 우선주는 회사 경영과 관련된 의결권을 투자자에게 부여하지 않는다는 점에서는 채권과 유사하지만 투자자에게 배당금을 지급하지 못하는 경우에도 파산하지 않는다는 점에서는 주식의 특성을 갖는다.

③ 미지급 배당금이 있다면 기업은 보통주 배당금 지급 전에 비누적적 우선주 보유자에게 우선 지급해야 한다.

④ 채권발행 주체의 이자비용은 법인세를 감소시키는 효과가 있지만 우선주와 보통주의 배당금은 법인세를 차감한 순이익에서 지급되므로 회사의 입장에서 법인세 감면효과가 없다.

06

주식투자에 대한 내용으로 옳지 않은 것은?

① 기업공개란 주식회사가 신규발행 주식을 다수의 투자자로부터 모집하거나 이미 발행되어 있는 대주주 등의 소유 주식을 매출하여 주식을 분산시키는 것을 말한다.

② 유상증자는 기업이 신주를 발행하여 자본금을 증가시키는 것으로 재무구조를 개선하고 타인자본에 대한 의존도를 낮추는 대표적인 방법이다.

③ 자익권과 공익권 등 일반적인 성격을 갖는 주식을 보통주라고 하며, 각 주식은 평등한 권리내용을 가진다.

④ 발행된 주식의 거래가 이루어지는 시장을 주식 발행시장(Primary market)이라고 하며, 우리나라의 주식 발행시장은 유가증권시장, 코스닥시장, 코넥스시장, K-OTC시장 등으로 구분된다.

07

채권투자에 대한 설명으로 옳지 않은 것은?

① 채권은 정부, 지방자치단체, 공공기관, 특수법인 또는 주식회사가 불특정 다수의 투자자를 대상으로 비교적 장기에 걸쳐 대규모 자금을 조달할 목적으로 발행하는 일종의 차용증서인 유가증권이다.

② 채권은 발행유형에 따라 국채, 지방채, 특수채, 금융채, 회사채로 분류된다.

③ 채권은 만기유형에 따라 단기채, 중기채, 장기채로 분류된다.

④ 채권은 이자 지급방법에 따라 이표채, 할인채, 복리채로 분류된다.

08

특수한 형태의 채권에 대한 내용으로 옳지 않은 것은?

① 채권은 시간이 경과하면서 장기채권에서 중기채권으로 다시 단기채권으로 바뀌게 되며, 기간이 짧아져감에 따라 다른 요인들이 모두 동일하다면 채권가격의 변동성은 감소한다.

② 전환사채는 보유자가 자신에게 유리할 때에만 전환권을 행사하여 추가적인 수익을 꾀할 수 있는 선택권이 주어지기 때문에 다른 조건이 동일하다면 일반사채에 비해 낮은 금리로 발행된다.

③ 신주인수권부사채는 보유자에게 유리한 선택권이 주어지기 때문에 다른 조건이 같다면 일반사채에 비해 낮은 금리로 발행된다.

④ 교환사채의 경우에는 발행회사의 주식을 보유하게 되는 반면에 전환사채의 경우는 발행회사가 보유 중인 타 회사의 주식을 보유하게 된다는 점에서 차이가 있다.

09

증권분석에 대한 설명으로 옳지 않은 것은?

① 증권분석의 기법으로는 크게 기본적 분석과 기술적 분석이 있다.

② 기본적 분석에는 경제분석, 산업분석, 기업분석으로 이어지는 환경적 분석과 재무제표를 중심으로 기업의 재무상태와 경영성과를 평가하는 재무적 분석이 포함된다.

③ 상향식 분석은 과거의 증권가격 및 거래량의 추세와 변동패턴에 관한 역사적인 정보를 이용하여 미래 증권가격의 움직임을 예측하는 분석기법이다.

④ 공시정보, 경영실적정보, 지배구조 및 경영권 등 기업정보는 결과적으로 주가 등에 반영된다.

10

증권분석에 대한 설명으로 옳지 않은 것을 모두 고른 것은?

ㄱ. 이자보상배율이 1보다 작다면 이자비용을 커버하기에 충분한 영업이익이 있다는 뜻이다.

ㄴ. 유동성지표가 높을수록 단기부채를 상환하기 위한 유동자산 또는 당좌자산이 부족하다는 뜻이다.

ㄷ. 주가장부가치비율(PBR)은 주식가격을 1주당 순이익(EPS)으로 나눈 값으로 기업이 벌어들이는 주당이익에 대해 증권시장의 투자자들이 어느 정도의 가격을 지불하고 있는가를 뜻한다.

ㄹ. 주가이익비율(PER)은 시장가치를 나타내는 주가를 장부가치를 보여주는 주당순자산(BPS)으로 나눈 비율로, 주당 가치 평가 시 시장가격과 장부가치의 괴리 정도를 평가하는 지표이다.

① ㄴ, ㄹ

② ㄱ, ㄴ, ㄷ

③ ㄱ, ㄴ, ㄹ

④ ㄱ, ㄴ, ㄷ, ㄹ

11

난이도 (상)(중)(하)

금융투자에 대한 설명으로 ㉠, ㉡에 들어갈 내용을 바르게 나열한 것은?

> • (㉠) = 무위험수익률 + 리스크 프리미엄
> • (㉡) = 총 투자액 ÷ 자기자본

	㉠	㉡
①	투자수익률	기대수익률
②	기대수익률	투자 레버리지
③	비체계적 위험	체계적 위험
④	체계적 위험	투자 레버리지

12

난이도 (상)(중)(하)

금융투자를 위한 투자위험관리 및 투자자 보호장치에 대한 설명으로 옳지 않은 것은?

① 분산투자를 통해 위험을 줄일 수 있는 부분은 분산가능 위험 또는 체계적 위험이라고 하고, 분산투자로도 그 크기를 줄일 수 없는 부분은 분산불가능 위험 또는 비체계적 위험이라고 한다.

② 지렛대를 의미하는 레버리지(Leverage) 투자는 기대수익률을 더욱 높이기 위해 투자위험을 오히려 확대하는 전략이다.

③ 「자본시장과 금융투자업에 관한 법률」상 투자자 보호장치로 설명의무 미이행이나 중요사항에 대한 설명의 허위·누락 등으로 발생한 손실은 금융투자회사에게 배상책임이 부과된다.

④ 표준투자권유준칙상 판매 프로세스는 방문 목적 확인 및 투자자의 구분 → 투자권유 희망 여부 파악 → 투자권유 희망 시 투자권유 절차(설명의무, 관련 서류의 교부 등) 순이다.

13

난이도 (상)(중)(하)

주식과 채권의 비교 내용으로 옳은 것은?

	구분	주식	채권
①	가격변동위험	작다	크다
②	존속기간	발행회사와 같이하는 영구증권	기한부증권 (영구채권 제외)
③	자본조달 방법	타인자본	자기자본
④	권리	이자수령 권리	배당받을 권리

14

난이도 (상)(중)(하)

다음 주어진 내용을 전제로 한 투자수익률과 연간보유기간수익률(연율화)에 대한 설명으로 옳은 것은? (복리를 적용하여 계산)

> 3개월 전에 10,000원에 매입한 주식을 오늘 10,900원에 매도하고 이 주식을 보유하는 기간 동안 200원의 배당금을 받았다.

	투자수익률	연간보유기간수익률
①	9%	44%
②	10%	51.81%
③	11%	44%
④	11%	51.81%

15

난이도 **상**중하

일반적인 형태의 채권과 달리 계약조건이 변형된 특수한 형태의 채권이 등장하여 다양한 목적으로 발행되고 있다. 이와 관련하여 〈보기 1〉과 〈보기 2〉의 내용이 가장 적절하게 연결된 것은?

보기 1

ㄱ. 채권과 주식의 중간적 성격을 가지고 있어 하이브리드채권으로 불리기도 한다.

ㄴ. 금융회사가 보유 중인 자산을 표준화하고 특정 조건별로 집합하여 이를 바탕으로 증권을 발행한 후 유동화자산으로부터 발생하는 현금흐름으로 원리금을 상환하는 증권이다.

ㄷ. 발행 당시에 제시된 일정한 조건이 성립되면 만기 전이라도 발행회사가 채권자에게 채권의 매도를 청구할 수 있는 권리, 즉 조기상환권이 있거나, 채권자가 발행회사에게 채권의 매입을 요구할 수 있는 권리, 즉 조기변제요구권이 부여되는 사채이다.

ㄹ. 회사채의 형태로 발행되지만 일정기간이 경과된 후 보유자의 청구에 의하여 발행회사가 보유 중인 다른 주식으로의 교환을 청구할 수 있는 권리가 부여된 사채이다.

보기 2

㉠ 전환사채	㉡ 신주인수권부사채
㉢ 교환사채	㉣ 옵션부사채
㉤ 변동금리부채권	㉥ 자산유동화증권
㉦ 주가지수연계채권	㉧ 물가연동채권
㉨ 신종자본증권	㉩ 후순위채권

	ㄱ	ㄴ	ㄷ	ㄹ
①	㉠	㉥	㉢	㉣
②	㉨	㉥	㉣	㉢
③	㉨	㉣	㉡	㉢
④	㉣	㉤	㉨	㉢

해설편 ▶ P.12

01

난이도 상 중 **하**

현행 상속제도에 대한 설명으로 옳은 것은? 2022 계리직 9급

① 상속은 사망한 시점이 아니라 사망한 사실이 가족관계등록부에 기재된 시점에서 개시된다.

② 피상속인에게 어머니, 배우자, 2명의 자녀, 2명의 손자녀가 있을 경우 배우자의 상속분은 1.5/3.5이다.

③ 친양자입양제도에 따라 2008년 1월 1일 이후에 입양된 친양자는 친생부모 및 양부모의 재산을 모두 상속받을 수 있다.

④ 유언의 방식 중 공정증서 또는 자필증서에 의한 경우에는 가정법원의 유언검인심판서를 징구하여 유언의 적법성 여부를 확인하여야 한다.

02

난이도 **상** 중 하

예금주의 사망 시 적용되는 상속제도에 대한 설명으로 옳지 않은 것은? 2019 계리직 9급

① 친양자 입양제도에 따라 입양된 친양자는 법정혈족이므로 친생부모 및 양부모의 예금을 상속받을 수 있다.

② 예금주의 아들과 손자는 같은 직계비속이지만 아들이 손자보다 선순위로 상속받게 된다.

③ 특정유증의 경우, 수증자는 상속인 또는 유언집행자에 대하여 채권적 청구권만을 가진다.

④ 협의 분할 시 공동상속인 중 친권자와 미성년자가 있는 경우, 미성년자에 대하여 특별대리인을 선임하여 미성년자를 대리하도록 해야 한다.

03

난이도 상 중 **하**

예금의 입금과 지급 업무에 대한 설명으로 옳지 않은 것은? 2018 계리직 9급

① 기한부 예금을 중도해지하는 경우, 반드시 예금주 본인의 의사를 확인하는 것이 필요하다.

② 금융기관은 진정한 예금주에게 변제한 때에 한하여 예금채무를 면하게 되는 것이 원칙이다.

③ 송금인의 단순착오로 인해 수취인의 계좌번호가 잘못 입력되어 이체가 완료된 경우, 언제든지 수취인의 동의 없이도 송금액을 돌려받을 수 있다.

④ 금융기관이 실제 받은 금액보다 과다한 금액으로 통장을 발행한 경우, 실제 입금한 금액에 한하여 예금계약이 성립하고 초과된 부분에 대하여는 예금계약이 성립하지 않는다.

04

난이도 상 **중** 하

우체국예금에 대한 설명으로 옳은 것은? 2016 계리직 9급(변형)

① 예금의 종류와 종류별 내용 및 가입대상 등에 관하여 필요한 사항은 과학기술정보통신부장관이 정하여 고시한다.

② 약관의 조항은 우체국과 예금주 사이에 개별적으로 합의한 사항에 우선한다.

③ 사고 · 변경사항 신고 철회는 예금주 본인이 우체국에 서면으로 제출한 때에 한하여 가능하다.

④ 듬뿍우대저축에 대한 질권 설정은 사전에 우체국에 통지하고 동의를 받아야 한다.

05

난이도 상 중 하

금융회사의 예금거래업무에 관한 설명으로 옳은 것은?

2010 계리직 10급

① 예금계약은 예금자가 금전의 보관을 위탁하고 금융회사가 운용하다가 추후 금전을 반환하는 소비대차계약이다.

② 양도성예금증서는 그 증권의 점유자에게 지급하면 정당한 권리자 여부에 관계 없이 금융회사는 면책된다.

③ 점외수금의 경우, 지점장(우체국장)은 영업점으로 돌아와 수납직원에게 금전을 넘겨주고 그 수납직원이 이를 확인한 때 예금계약이 성립한다.

④ 공동대표이사와 거래 시 공동대표 1인이 다른 어느 1인에게 모든 업무를 포괄적으로 위임하는 것은 유효하다.

06 빈출문제

난이도 상 중 하

예금거래약관에 대한 설명으로 옳지 <u>않은</u> 것은?

2008 계리직 10급

① 약관의 의미가 불명확한 때에는 고객에게는 유리하게, 작성자에게는 불리하게 해석하는 것이 원칙이다.

② 약관은 해석자의 주관에 의할 것이 아니라 객관적 합리성에 입각하여 해석되어야 하며, 시간·장소·거래상대방에 따라 달리 해석되어서는 아니 된다.

③ 개별적인 예금상품의 특성에 따라 세부적인 내용을 약관이나 특약의 형식으로 정하고 있다.

④ 예금계약에 대해서는 예금거래기본약관을 우선 적용하고 예금 종류별 약관, 당해 예금상품의 약관을 차례로 적용하는 것이 원칙이다.

07

난이도 상 중 하

예금계약의 법적 성질에 대한 내용이다. 이와 관련하여 〈보기 1〉과 〈보기 2〉의 내용이 가장 적절하게 연결된 것은?

┤ 보기 1 ├

ㄱ. 계약당사자의 일방이 미리 작성하여 정형화해 둔 일반거래약관에 따라 체결되는 계약을 말한다

ㄴ. 금융회사는 상인이므로 금융회사와 체결한 예금계약의 법적 성질을 말한다.

ㄷ. 수취인이 보관을 위탁받은 목적물의 소유권을 취득하여 이를 소비한 후 그와 같은 종류·품질 및 수량으로 반환할 수 있는 특약이 붙어 있는 것을 내용으로 하는 계약이다.

┤ 보기 2 ├

㉠ 소비임치계약

㉡ 상사계약

㉢ 부합계약

	ㄱ	ㄴ	ㄷ
①	㉢	㉠	㉡
②	㉢	㉡	㉠
③	㉠	㉡	㉢
④	㉡	㉠	㉢

08

난이도 상 중 하

예금계약에 관한 내용으로 옳지 <u>않은</u> 것은?

① 보통예금·저축예금은 반환기간이 정하여지지 않아 언제든지 입출금이 자유로우며 질권 설정이 금지되어 있지만 금융기관이 승낙하면 양도는 가능하다.

② 정기예금은 예치기간이 약정된 금전소비임치계약이다.

③ 당좌예금은 각종 금융거래에 수반하여 발생하는 미정리예금·미결제예금·기타 다른 예금종목으로 처리가 곤란한 일시적인 보관금 등을 처리하는 예금계정으로, 각각의 대전별로 그 법적 성격이 다르다.

④ 정기적금은 월부금을 정해진 회차에 따라 납입하면 만기일에 금융기관이 계약액을 지급하겠다는 계약으로, 가입자는 월부금을 납입할 의무가 없다.

09

난이도 (상)(중)(하)

예금계약의 성립시기에 관한 내용으로 옳지 않은 것은?

① 예금거래기본약관에 현금입금의 경우, 예금계약은 금융회사가 금원을 받아 확인한 때에 성립하는 것으로 규정하고 있다.
② 증권류에 의한 입금 중 타점권 입금의 경우 예금거래기본약관은 양도설의 입장을 취하여 증권으로 입금했을 때 금융회사가 그 증권을 교환에 돌려 부도반환시한이 지나고 결제를 확인했을 때에 예금계약이 성립한다고 규정하고 있다.
③ 현금에 의한 계좌송금의 경우에는 예금원장에 입금기장을 마친 때에 예금계약이 성립하며, 증권류에 의한 계좌송금의 경우에는 증권류의 입금과 같은 시기에 예금계약이 성립한다.
④ ATM에 의한 입금의 경우 예금계약이 성립하는 시기는 고객이 확인버튼을 누른 때라고 보는 것이 통설이다.

11

난이도 (상)(중)(하)

예금계약의 법적 성질과 법적 구조에 관한 내용으로 옳은 것을 모두 고른 것은?

> ㄱ. 예금계약을 요물소비임치계약으로 보는 견해에 의하면 예금의사의 합치와 요물성의 충족이 있으면 예금계약이 성립한다고 한다.
> ㄴ. 금융회사는 상인이므로 금융회사와 체결한 예금계약은 상사임치계약이고 따라서 예금 채권은 3년의 소멸시효에 걸린다.
> ㄷ. 상사계약이란 계약당사자의 일방이 미리 작성하여 정형화해 둔 일반거래약관에 따라 체결되는 계약을 말한다.
> ㄹ. 당좌예금은 어음·수표의 지급 사무처리의 위임을 목적으로 하는 위임계약과 금전소비임치계약이 혼합된 계약이다.

① ㄱ, ㄴ   ② ㄱ, ㄹ
③ ㄴ, ㄷ   ④ ㄷ, ㄹ

10

난이도 (상)(중)(하)

증권류의 입금 처리 시 금융회사의 선관주의 의무를 위반한 경우에 해당하지 않는 것은?

① 금융회사가 과실로 지급제시기일에 제시하지 못하였거나 교환 회부할 수 없는 증권을 입금받아 입금인이 소구권을 상실한 경우
② 파출수납 시 증권류의 교환 회부를 부탁받고 당일에 교환에 회부하지 않아 입금인에게 손해가 발생한 경우
③ 부도사실을 추심의뢰인에게 상당한 기일이 지나도록 통지하지 않은 경우
④ 금융회사가 백지를 보충하지 않아 입금인에게 손해가 발생한 경우

12

난이도 (상)(중)(하)

약관에 의한 계약이 성립되었다고 하기 위한 계약편입 요건으로 옳지 않은 것은?

① 약관을 계약의 내용으로 하기로 하는 합의가 있어야 한다.
② 약관의 내용을 명시하여야 하고 명시의 정도는 고객이 인지할 가능성을 부여하면 족하다.
③ 계약의 성질상 대량·신속하게 업무를 처리하여야 하는 경우에도 중요내용의 설명의무를 다하여야 한다.
④ 계약 시 약관을 고객이 원하는 수단 중 하나로 선택한 후 교부하여야 한다.

13

난이도 ⑤⑥⑦

다음은 약관의 해석원칙에 관한 내용이다. ㉠, ㉡에 들어갈 원칙으로 옳은 것은?

> • (㉠)은 약관은 해석자의 주관이 아니라 객관적 합리성에 입각하여 해석되어야 하며, 시간, 장소, 거래상대방에 따라 달리 해석되어서는 안 된다는 원칙이다.
> • (㉡)은 약관의 의미가 불명확한 때에는 작성자인 기업 측에 불이익이 되고 고객에게는 유리하게 해석되어야 한다는 원칙이다.

	㉠	㉡
①	개별약정우선의 원칙	작성자불이익의 원칙
②	개별약정우선의 원칙	객관적 · 통일적 해석의 원칙
③	객관적 · 통일적 해석의 원칙	작성자불이익의 원칙
④	객관적 · 통일적 해석의 원칙	개별약정우선의 원칙

14

난이도 ⑤⑥⑦

우체국 예금거래 기본약관에 대한 내용으로 옳지 <u>않은</u> 것은?

① 우체국은 이 약관을 창구에 놓아두고, 예금주는 영업시간 중 언제든지 이 약관을 볼 수 있고 또한 그 교부를 청구할 수 있다.

② 현금으로 입금한 경우 예금이 되는 시기는 우체국이 이를 받아 확인한 때이다.

③ 이자는 10원을 단위(10원 미만 절사)로 약정한 예치기간 또는 예금이 된 날(자기앞수표 · 가계수표는 입금일)로부터 지급일 전날까지의 기간에 대하여 과학기술정보통신부장관이 정한 이율로 계산한다.

④ 예금주가 예금을 양도하거나 질권 설정하려면 사전에 우체국에 통지하고 동의를 받아야 하나, 입출금이 자유로운 예금은 동의 없이 질권 설정할 수 있다.

15

난이도 ⑤⑥⑦

우체국 예금거래 기본약관에 대한 내용으로 옳지 <u>않은</u> 것은?

① 전산통신기기 등을 이용하거나 거래정보 등의 제공 및 금융거래명세 등의 통보와 관련하여 우체국이 책임질 수 없는 사유로 계좌번호, 비밀번호 등의 금융정보가 새어나가 예금주에게 손해가 생겨도 우체국은 그 책임을 지지 않는다.

② 우체국이 주민등록증 등 실명확인증표로 주의 깊게 실명을 확인하거나 실명전환한 계좌는 예금주가 실명확인증표 또는 서류의 위조 · 변조 · 도용 등을 한 경우, 이로 인하여 예금주에게 손해가 생겨도 우체국은 그 책임을 지지 않는다.

③ 우체국은 약관을 변경하고자 할 때에는 변경약관 시행일 2개월 전에 두 달간 우체국과 인터넷 홈페이지에 게시하여 예금주에게 알린다.

④ 우체국과 예금주 사이에 개별적으로 합의한 사항이 약관 조항과 다를 때는 그 합의사항을 약관에 우선하여 적용한다.

16

난이도 ⑤⑥⑦

제한능력자와의 예금거래에 대한 설명으로 옳지 <u>않은</u> 것은?

① 금융회사가 미성년자에게 예금을 지급한 후에 법정대리인이 예금계약을 취소하게 되면 금융회사는 손해를 입게 된다.

② 제한능력자는 법정대리인의 동의를 얻어 직접 법률행위를 하거나 법정대리인이 제한능력자를 대리하여 그 행위를 할 수 있다.

③ 미성년자가 법정대리인의 동의 없이 법률행위를 한 때에는 법정대리인은 미성년자의 법률행위를 취소할 수 있다.

④ 피성년후견인은 원칙적으로 행위능력이 없어 직접 법률행위를 하는 것이 허용되지 않고, 법정대리인이 대리하여서만 법률행위를 할 수 있다.

17

난이도 상 중 하

법정대리의 경우 대리관계 확인 시 필요한 서류에 대한 내용으로 옳은 것은?

	구분	대리인	확인서류
①	미성년자	친권자, 후견인	후견등기부
②	피성년후견인	후견인	가족관계등록부, 기본증명서
③	부재자	부재자 재산관리인	가족관계등록부, 기본증명서
④	사망자	유언집행자, 상속재산관리인	사망자의 유언, 법원의 선임심판서

18

난이도 상 중 하

대리인과의 거래에서 임의대리인과 법정대리인의 대리관계에 대한 확인방법으로 옳지 않은 것은?

① 임의대리인인 경우에는 통장상의 인감이 날인되거나 인감증명서 또는 본인서명사실확인서가 붙어 있는 본인의 위임장 및 대리인의 주민등록증에 의하여 진정한 대리인인지 여부 및 대리권의 범위를 확인하여야 한다.

② 피성년후견인 및 피한정후견인의 법정대리인인 후견인은 가족관계등록부로 그 대리권을 확인한다.

③ 부재자의 법정대리인인 재산관리인은 법원의 선임심판서로 그 대리권을 확인한다.

④ 사망자의 법정대리인인 유언집행자 또는 상속재산관리인은 사망자의 유언이나 법원의 선임심판서로 그 대리권을 확인한다.

19

난이도 상 중 하

외국인과의 예금거래에 대한 설명으로 옳지 않은 것은?

① 외국인과의 예금거래의 성립과 효력은 당사자 간에 준거법에 관한 합의가 없으면 행위지의 법률에 따른다.

② 예금거래에 관하여 외국법에 따르기로 합의하는 일은 거의 없으므로 결국 우리나라법이 적용된다.

③「외국환거래법」상의 외국인은 거주자와 비거주자를 구분하여 제한하고 있다.

④ 거주 외국인과 비거주 외국인 모두 금융회사와의 원화예금 거래는 자유이다.

20

난이도 상 중 하

법인과의 예금거래에 대한 설명으로 옳지 않은 것은?

① 법인이란 자연인이 아니면서 법에 의하여 권리능력이 부여되어 있는 사단 또는 재단을 말한다.

② 법인은 그 설립의 근거가 되는 법률에 따라 권리능력이 제한되는 경우가 많다.

③ 법인과의 예금거래는 그 대표자 또는 그로부터 대리권을 수여받은 대리인과 하여야 한다.

④ 실무상 금융기관이 법인과 예금거래를 하려면 진정한 대표자인지 여부와 대리인의 대리권의 존부나 대리권의 범위 등을 확인하는 것이 관행이다.

21

난이도 상 중 하

회사와의 예금거래에 대한 설명으로 옳지 않은 것은?

① 주식회사와 유한회사의 대표권은 대표이사가 갖고, 합명회사와 합자회사는 업무집행사원이 회사를 대표하고 업무집행권을 가진다.

② 당좌거래와 같이 회사의 신용상태와 행위능력 등이 특히 문제되는 경우에는 법인등기사항전부증명서와 인감증명 등을 징구하며 법인의 존재 여부와 대표자를 엄격하게 확인할 필요가 있다.

③ 외국회사의 대표자로 등기된 자는 법인등기사항전부증명서를 징구하여 한국 내의 예금자와 예금거래 가능하며 등기가 이루어지지 않은 외국회사라도 당좌계좌 개설이 허용된다.

④ 공동대표이사 제도는 회사의 대표자가 독단 또는 전횡으로 권한을 남용하는 것을 방지하기 위하여 여러 사람의 대표자가 공동으로서만 대표권을 행사할 수 있도록 하는 제도로서 예금거래도 공동으로 하는 것이 원칙이다.

22

난이도 상 중 하

법인 또는 법인격 없는 단체와의 거래에 대한 설명으로 옳지 않은 것은?

① 법인은 관념적인 존재에 불과한 것이므로 현실적인 법률행위는 그 대표기관에 의하여 이루어진다.

② 법인격 없는 사단과 거래 시「부가가치세법」에 의한 고유번호를 부여받은 경우에는 그 대표자와 예금거래를 하면 되고, 이와 같이 개설된 예금은 대표자 개인예금으로 처리된다.

③ 법인격 없는 재단은 그 실체파악이 어려운 점,「금융실명거래 및 비밀보장에 관한 법률」상 실명확인방법을 구체적으로 정하지 않은 점 등을 고려하면 대표자 개인명의로 거래할 수밖에 없다.

④ 법인격을 인정하지 않고 구성원 사이의 계약관계로 보고 있는 조합과 예금거래를 하기 위해서는 조합원 전원의 이름으로 하는 것이 원칙이나 각 조합원의 위임을 받은 조합대표자와 거래를 할 수 있다.

23

난이도 상 중 하

예금거래에 대한 설명으로 옳지 않은 것은?

① 국가나 지방자치단체와의 예금 거래행위의 법적 성질에 대해 통설은 사법관계로 본다.

② 통상 법인격 없는 사단의 예금거래자의 표시는 '○○○입주자대표회의 회장 ○○○'로 표시하고, 그 예금의 귀속관계는 사단구성원 전원의 총유에 속하게 된다.

③ 법인격 없는 재단은 권리능력이 있고 법인격 없는 사단과 같은 구성원이 있으므로 그 예금의 귀속관계는 준총유나 준합유의 관계가 될 수 있다.

④ 통상 조합의 경우 예금거래자의 표시는 '○○조합 조합장 ○○○'로 표시하고, 그 예금의 귀속관계는 조합원 전원의 준합유에 속하게 된다.

24

난이도 상 중 하

예금의 입금에 대한 내용으로 옳지 않은 것은?

① 입금 의뢰액보다 실제 확인된 금액이 적은 경우에 입금 의뢰액대로 예금계약이 성립함을 주장하기 위해서는 입금자가 그 입금 의뢰액을 입증할 책임을 부담한다.

② 현금의 확인을 유보하는 의사 없이 예금통장 등을 발행한 경우에 부족액이 발생하면 금융회사가 입증책임을 부담한다.

③ 금융회사가 실제로 받은 금액보다 과다한 금액으로 통장 등을 발행한 경우, 통장에 기재된 금액으로 예금계약이 성립한다.

④ 직원이 입금조작을 잘못하여 착오계좌에 입금하고 정당계좌에 자금부족이 발생한 경우에는 금융기관의 과실에 의한 채무불이행으로 되어 그 손해를 배상하여야 한다.

25

난이도 상 중 하

수표입금 시 확인해야 할 사항으로 옳지 않은 것은?

① 지급 제시기간 내에 수표가 제시될 수 있는지 확인하여야 한다.

② 선일자 수표인지 여부를 확인하여야 한다.

③ 수표요건을 구비하였는지를 확인하여야 한다.

④ 특정횡선수표인 경우에는 입금인이 우체국과 계속적인 거래가 있는 거래처인지 여부를 확인하여야 한다.

26

난이도 상 중 하

계좌송금에 대한 내용으로 옳지 않은 것은?

① 입금 의뢰인이 수납 금융회사에 대하여 송금할 금액을 입금하면서 예금주에게 입금하여 줄 것을 위탁하고 수납 금융회사가 이를 승낙함으로써 성립하는 위임계약이다.

② 착오송금이 발생한 경우 송금인은 수취인의 동의 없이도 자금을 돌려받을 수 있다.

③ 「금융실명거래 및 비밀보장에 관한 법률」에 의거하여 실명확인을 하여야 한다.

④ 입금 의뢰인은 수임인인 수납 금융회사 및 수납 금융회사의 위임을 받은 예금 금융회사가 위임사무를 종료하기 전에는 언제든지 위임계약을 해지하고 계좌송금 철회를 할 수 있다.

27

난이도 상 중 하

예금의 지급 업무에 대한 내용으로 옳은 것을 〈보기〉에서 모두 고른 것은?

| 보기 |

ㄱ. 예금통장이나 증서를 소지하고 있다는 사실만으로도 소지인이 금융회사에 예금의 반환을 청구할 수 있다.

ㄴ. 예금채권은 원칙적으로 지명채권이므로 진정한 예금주에게 변제한 때에 한하여 금융회사는 예금채무를 면하게 되는 것이 원칙이다.

ㄷ. 예금채권은 예금주가 금융회사에 나와서 이를 수령한다는 점에서 지참채무이다.

ㄹ. 무기명예금을 지급하여야 할 장소는 원칙적으로 계좌개설 영업점이다.

① ㄱ, ㄴ

② ㄴ, ㄷ

③ ㄴ, ㄹ

④ ㄷ, ㄹ

28

난이도 상 중 하

예금을 지급한 경우의 면책 근거에 대한 내용으로 옳지 않은 것은?

① 예금계약은 소비임치계약이므로 수취인인 금융회사는 자기 재산과 동일한 주의의무를 다하여 임치물을 보관하였다가 이를 반환하여야 한다.

② 양도성예금증서(CD)와 같은 유가증권은 그 증권의 점유자에게 지급하면 그 소지인이 정당한 권리자인지 여부에 관계 없이 금융회사는 면책된다.

③ 예금거래는 대량·반복적이므로 금융회사가 일일이 그 청구권자가 진정한 예금주인지 여부를 조사하여야 한다면 신속한 예금업무 처리가 불가능하다.

④ 금융회사가 채권의 준점유자에 대한 변제, 영수증 소지자에 대한 변제, 상관습, 예금거래기본약관의 면책의 요건을 구비한 자에게 예금을 지급한 경우에는 이를 수령한 자가 진정한 권리자인지 여부에 관계 없이 그 지급이 유효하고 금융기관은 면책되는 것으로 규정하고 있다.

29

금융회사가 예금지급에 관하여 면책을 주장하기 위해 갖추어야 할 요건으로 옳은 것을 〈보기〉에서 모두 고른 것은?

┌─────────── 보기 ───────────┐
ㄱ. 채권의 준점유자에 대한 변제일 것
ㄴ. 인감 또는 서명이 일치할 것
ㄷ. 비밀번호가 일치할 것
ㄹ. 금융회사가 선의·무과실일 것
└─────────────────────────┘

① ㄱ, ㄴ
② ㄱ, ㄷ
③ ㄱ, ㄴ, ㄹ
④ ㄱ, ㄴ, ㄷ, ㄹ

30

예금 지급 시 유의사항에 대한 설명으로 옳지 않은 것은?

① 청구인이 예금청구서의 금액·청구일자 등을 잘못 기록한 때에는 두 줄을 긋고 새로 쓰도록 한다.
② 예금의 귀속에 관하여 다툼이 있는 경우에는 진정한 예금주가 누구인지에 관하여 소송의 결과 등을 통해 확인한 후 지급하여야 한다.
③ 기한부예금이나 적금을 중도해지하는 경우 반드시 본인의 의사를 확인하는 것이 필요하다.
④ 사고신고 여부 등을 확인하여야 하며, 사고신고를 지연하여 예금주에게 손해를 입힌 경우에는 그 손해를 배상하여야 한다.

31

예금의 지급에 대한 설명으로 옳지 않은 것은?

① 폰뱅킹에 의한 자금이체신청이 채권의 준점유자에 대한 변제로서 금융기관의 주의의무를 다하였는지를 판단함에 있어서는 자금이체 시의 사정만을 고려하여 면책된다.
② 편의지급이란 무통장 지급·무인감 지급 등과 같이 약관이 정하는 예금지급 절차를 따르지 않은 지급을 말한다.
③ 편의지급 시 예금주에게 지급한 경우에는 변제의 효과가 발생하나 종업원 등과 같은 예금주 아닌 제3자에게 지급한 경우에는 면책될 수 없다.
④ 금융기관은 부당이득의 법리에 따라 과다지급된 금액에 대하여 예금주에게 부당이득반환 청구권을 행사하여 잘못 지급된 금액의 반환을 청구할 수 있다.

32

예금주 사망과 관련된 내용으로 옳지 않은 것은?

① 상속인은 사망한 자의 유언에 따라 결정되며(유언상속), 유언이 없을 경우 법률에 정해진 바에 따라 상속인이 결정된다(법정상속).
② 예금주가 유언 없이 사망한 경우에는 법정상속이 이루어지게 되는데, 가족관계등록사항별 증명서를 징구하여(필요 시 제적등본 징구) 상속인을 확인하면 되고, 유언상속의 경우에는 유언서의 내용을 확인하되 자필증서·녹음·비밀증서에 의한 경우에는 법원의 유언검인심판을 받은 유언검인심판서를 징구하여야 한다.
③ 상속인은 상속의 개시가 있음을 안 날로부터 3개월 내에 상속을 포기할 수 있다.
④ 예금주가 사망한 경우 정기적금 처리 시 상속인이 포괄적으로 예금주의 지위를 승계하므로 일반 상속재산의 지급절차에 의하면 되고, 다만, 적금 적립기간 중 예금주가 사망하고 공동상속인 중 1인이 적금계약을 승계하기 위해서는 상속인 1인의 동의가 필요하다.

33 난이도 상 중 하

예금채권의 양도와 질권 설정에 관한 내용으로 옳지 않은 것은?

① 예금주가 양도금지 특약을 위반하여 예금을 다른 사람에게 양도한 경우, 그 양도는 무효이고 은행(우체국)에 대하여 대항할 수 없다.

② 예금을 양도하기 위해서는 양도인과 양수인 사이에 예금양도계약 및 은행(우체국)의 승낙이 있어야 한다.

③ 우체국이 양도승낙의 신청을 받은 경우에는 당해 예금에 가압류·압류 등이 있는지 확인한다.

④ 예금채권에 대한 질권의 효력은 그 예금의 이자에는 영향을 주지 않는다.

34 난이도 상 중 하

예금거래의 상대방에 대한 내용으로 옳지 않은 것은?

① 대리권의 발생 원인으로는 본인의 수권행위에 의하여 생기는 법정대리와 법률의 규정에 의하여 생기는 임의대리가 있다.

② 외국인이라도 거주자이면 금융회사와의 원화예금거래는 자유이다.

③ 법인과의 예금거래는 그 대표자 또는 그로부터 대리권을 수여받은 대리인과 하여야 한다.

④ 등기가 이루어지지 않은 외국회사는 계속적 거래를 할 수 없다.

35 난이도 상 중 하

예금거래 상대방에 대한 내용으로 옳지 않은 것은?

① 제한능력자는 단독으로 유효한 법률행위를 하는 것이 제한되는 자로서 이에는 미성년자·피성년후견인·피한정후견인이 있다.

② 당좌예금거래는 어음·수표의 지급사무를 위임하는 계약이므로 제한능력자의 단독거래가 허용된다.

③ 대리권의 발생원인으로는 본인의 수권행위에 의하여 생기는 임의대리와 법률의 규정에 의하여 생기는 법정대리가 있다.

④ 외국인과의 예금거래의 성립과 효력은 당사자 간에 준거법에 관한 합의가 없으면 행위지의 법률에 따른다.

36 난이도 상 중 하

예금의 입금과 지급에 대한 내용으로 옳지 않은 것은?

① 금융회사가 실제로 받은 금액보다 과다한 금액으로 통장 등을 발행한 경우에는 예금주의 동의 없이 예금주의 계좌에서 초과입금액을 인출할 수 있다.

② 직원이 입금조작을 잘못하여 착오계좌에 입금하고 정당계좌에 자금부족이 발생한 경우의 잘못된 입금은 착오에 기인한 것이므로 착오계좌 예금주 동의 없이 취소하여 정당계좌에 입금할 수 있다.

③ 착오송금액은 법적으로 송금인의 예금이기 때문에 송금인은 수취인의 동의 없이 자금을 돌려 받을 수 있다.

④ 지명채권은 원칙적으로 채무자가 채권자의 주소지에서 변제하는 것이 원칙이고, 무기명채권은 변제 장소의 정함이 없으면 채무자의 현영업소를 지급장소로 하며, 영업장소가 여러 곳인 때에는 거래를 한 영업소가 지급장소이다.

37

난이도 ⓢ중ⓗ

「예금자보호법」에 계좌번호 착오 등의 사유로 송금인 실수로 잘못 송금한 건에 대해 금융기관을 통해 반환 신청하였으나, 반환받지 못하는 경우 착오 송금액을 예금보험공사가 대신 찾아주는 '착오송금 반환지원제도'가 신설되었다. 이에 대한 설명으로 옳지 <u>않은</u> 것을 모두 고른 것은? (2023년 1월 1일 이후 발생한 착오송금을 기준으로 풀이)

> ㄱ. 신청대상은 착오송금 수취인으로부터 미반환된 1만 원 이상 1천만 원 이하의 착오송금이다.
> ㄴ. 대상조건은 착오송금시 먼저 금융회사를 통해 수취인에게 반환을 요청하여야 하며, 미반환된 경우(금융회사의 반환청구절차 결과 '반환거절' 또는 '일부반환' 종결)에만 예금보험공사에 반환지원 신청이 가능하다.
> ㄷ. 신청가능기간은 착오송금일로부터 2년 이내 신청가능하다.
> ㄹ. 반환지원 신청절차는 예금보험공사 본사 상담센터 방문 신청 시에만 가능하다.

① ㄴ, ㄷ, ㄹ   ② ㄱ, ㄷ, ㄹ

③ ㄱ, ㄴ, ㄹ   ④ ㄱ, ㄴ, ㄷ, ㄹ

38

난이도 ⓢ중ⓗ

예금에 대한 체납처분압류와 「민사집행법」상 강제집행의 경합 시 공탁 가능여부와 관련하여 집행공탁 가능한 것을 모두 고른 것은?

> ㄱ. 「민사집행법」 압류 vs 「국세징수법」 압류
> ㄴ. 「국세징수법」 압류 vs 「국세징수법」 압류
> ㄷ. 「국세징수법」 압류 vs 준용기관 압류
> ㄹ. 준용기관 압류 vs 준용기관 압류
> ㅁ. 「민사집행법」 압류 vs 준용기관 압류

① ㄱ, ㄷ   ② ㄱ, ㅁ

③ ㄱ, ㄴ, ㄹ   ④ ㄴ, ㄷ, ㄹ

해설편 ▶ P.14

01

난이도 상 중 **하**

전자금융에 관한 설명으로 옳은 것은? 2010 계리직 10급(변형)

① 우체국 CD/ATM 무매체거래 고객은 별도의 신청 없이 타은행의 무매체거래를 이용할 수 있다.

② 현금카드의 위조, 도난 그리고 ID, 비밀번호 등의 도용에 따른 각종 금융사고를 예방하고자 금융거래 시 본인 확인수단으로 생체인식기술이 이용되기도 한다.

③ 생체인식 수단은 크게 접촉식과 비접촉식으로 구분할 수 있는데 접촉식의 주요 생체인식 수단은 홍채, 손바닥 정맥이며 비접촉식의 주요 생체인식 수단은 지문, 손가락 정맥이다.

④ 전자금융으로는 우체국 경조금배달서비스를 이용할 수 없다.

02

난이도 상 **중** 하

카드 종류별 특징에 대한 설명으로 옳은 것은? 2008 계리직 10급

① 선불카드는 법에서 정한 발급 한도의 제한이 없다.

② 직불카드 사용금액은 후불결제방식으로 결제된다.

③ 선불카드는 카드에 저장된 금액 내에서만 이용이 가능하다.

④ 직불카드는 할부구매, 현금서비스 및 현금인출이 불가능하다.

03

난이도 상 중 **하**

전자금융에 대한 설명으로 옳지 않은 것은?

① 전자금융거래란 금융기관 등이 전자화된 접근 매체를 이용하여 자동화된 방식으로 금융거래를 하는 것을 의미한다.

② 전자화된 장치와 접근 매체를 통해 금융거래가 가능한 비대면·비서면성은 전자금융거래의 가장 큰 특징이라고 할 수 있다.

③ 고객 입장에서는 비장표로 거래되는 특성상 금융거래에 필요한 종이 사용량이 크게 감소하여 관리비용과 거래 건당 처리비용을 크게 낮출 수 있는 것이 전자금융의 특징이다.

④ 전자금융의 이면에는 IT시스템 장애로 금융서비스가 중단됨으로써 발생할 수 있는 운영리스크와 이로 인한 금융기관의 평판리스크 등이 과거에 비하여 중요해졌다.

04

난이도 상 **중** 하

전자금융의 발전과정에 대한 내용으로 옳지 않은 것은?

① 1970년대부터 은행에서 자체 본·지점 간에 온라인망을 구축하여 그동안 수작업으로 처리하던 송금업무나 자금정산 업무 등을 전산으로 처리할 수 있게 됨으로써 금융기관의 업무전산화가 본격적으로 시작되었다.

② 1980년대 후반 금융권역별로 개발한 금융기관들이 구축한 자동화된 업무시스템을 상호연결하여 금융·네트워크(금융공동망)를 형성하여 공동망 서비스를 제공하게 되었다.

③ 우리나라에서는 1999년 7월부터 인터넷뱅킹서비스가 제공되어 일부 선진국들에 비해 다소 늦었음에도 불구하고 매우 빠른 성장 속도를 보여주고 있다.

④ 우리나라의 이동통신(모바일) 산업은 2009년 후반부터 이동전화 가입고객 수가 유선전화 가입자 수를 초과하였고 모든 연령층으로 이용고객이 확대되면서 폭발적인 성장을 하였다.

05

난이도 상⦿하

인터넷뱅킹 이용 시 보안매체에 대한 내용으로 옳지 <u>않은</u> 것은?

① 보안매체란 계좌이체 및 상품 가입 등 전자금융거래 시 기존의 비밀번호 이외에 보안용 비밀번호를 추가 입력하는 보안수단으로 금융거래 시 사고를 예방한다.

② 보안카드란 보안용 비밀번호를 추가로 사용하기 위한 카드로서, 카드에 30개 또는 50개의 코드번호와 해당 비밀번호가 수록되어 있어 거래 시마다 무작위로 임의의 코드번호에 해당하는 비밀번호를 입력한다.

③ OTP(One Time Password)란 전자금융거래의 인증을 위하여 이용고객에게 제공되는 일회용 비밀번호 생성 보안매체이다.

④ 전자형 OTP는 PC와 휴대폰을 연동한 2채널 인증이며, 실물형 OTP와 동일하게 발급 받은 금융기관 외 다른 금융기관에서도 사용 가능하다.

06

난이도 상중⦿

인터넷뱅킹과 모바일뱅킹에 대한 설명으로 옳지 <u>않은</u> 것은?

① 인터넷뱅킹은 PC와 인터넷을 매체로, 모바일뱅킹은 휴대전화와 스마트기기를 매체로 거래되는 전자금융서비스로, 통신료는 모두 금융기관이 부담한다.

② 인터넷뱅킹은 저비용, 실시간성, 멀티미디어화, 쌍방향성, 글로벌화라는 기본 특성을 가지고 있다.

③ 인터넷은 금융상품 및 서비스에 대해 금융기관 간 비교가 가능해짐에 따라 다양한 금융서비스와 상품에 대한 수요가 높아지고, 시장이 금융기관 중심에서 고객 중심으로 재편되었다.

④ 모바일뱅킹의 등장은 금융과 통신의 대표적인 서비스 융합 사례로 주목받았으며, CD/ATM서비스나 인터넷뱅킹과 달리 매체의 특성상 장소의 제약을 받지 않고 자유롭게 이용할 수 있다는 점에서 U-Banking 시대의 시작을 알리는 전자금융서비스로 인식되었다.

07

난이도 상⦿하

체크카드와 선불카드에 대한 내용으로 옳지 <u>않은</u> 것은?

① 하이브리드 체크카드는 계좌 잔액이 부족한 상태에서 잔액을 초과하여 승인 신청이 되면 신청금액 전액이 신용카드로 결제되며, 부여 가능한 최대 신용 한도는 30만 원이다.

② 하이브리드 신용카드는 회원이 지정한 일정 금액 이하의 거래는 체크카드로 결제되고, 초과 거래는 신용카드로 결제되는 카드로 기존의 신용카드 회원에게 체크결제서비스를 부가하는 형태이다.

③ 선불카드 구매 시 현금, 체크카드 및 신용카드를 사용하며 유효기간은 대부분 발행일로부터 3년이고(연회비 있음), 개인 신용카드로 구매 및 충전할 수 있는 이용 한도는 1인당 월 최대 100만 원(선불카드 금액과 상품권 금액 합산)이다.

④ 기명식 선불카드는 최고 500만 원까지 충전할 수 있고, 무기명식 선불카드는 최고 50만 원까지 충전금액을 제한하고 있다.

난이도 **상**(중)(하)

CD/ATM 제공 서비스에 대한 설명으로 옳지 <u>않은</u> 것을 모두 고른 것은?

> ㄱ. 현금 입출금 업무는 고객이 다른 은행 CD/ATM을 이용하여 예금잔액 범위 내에서 현금을 인출하거나 자신의 계좌에 입금하는 서비스이다. 현재 1회 인출한도(100만 원 이내) 및 1일 인출한도(1,000만 원 이내)는 금융위원회의 전자금융감독규정이 정한 한도금액 내에서 예금계좌 개설은행이 정하여 운영한다.
> ㄴ. CD/ATM의 계좌이체 기능을 이용한 전화금융사기 사건의 증가로 인한 피해를 최소화하기 위하여 최근 1년간 CD/ATM을 통한 계좌이체 실적이 없는 고객에 한하여 1일 및 1회 이체한도를 각각 100만 원으로 축소하였다.
> ㄷ. 계좌이체는 고객이 CD/ATM을 이용하여 거래은행 내 계좌이체를 하거나 거래은행의 본인계좌로부터 다른 은행의 본인 또는 타인계좌로 자금을 이체할 수 있는 서비스이다. 1회 이체가능금액(1,000만 원 이내) 및 1일 이체가능금액(5,000만 원 이내)은 금융위원회의 전자금융감독규정이 정한 한도금액 내에서 각 은행이 정하여 운영하고 있다.
> ㄹ. 전화금융사기 피해 방지를 위해 수취계좌 기준 1회 100만 원 이상 이체금액에 대해 CD/ATM에서 인출 시 입금된 시점부터 30분 후 인출 및 이체가 가능하도록 하는 지연인출제도가 시행되고 있다.

① ㄴ, ㄷ, ㄹ
② ㄱ, ㄷ, ㄹ
③ ㄱ, ㄴ, ㄷ
④ ㄱ, ㄴ, ㄷ, ㄹ

난이도 **상**(중)(하)

「여신전문금융업법」에서는 카드를 대금 결제 방법에 따라 신용카드, 직불카드, 선불카드로 분류하고 있다. 이와 관련하여 〈보기 1〉과 〈보기 2〉의 내용이 가장 적절하게 연결된 것은?

> ┤ 보기 1 ├
> ㄱ. 회원이 지정한 일정금액 이하의 거래는 체크카드로 결제되고, 초과 거래는 신용카드로 결제된다.
> ㄴ. 계좌 잔액범위 내에서는 체크카드로 결제되고 잔액이 소진되면 소액 범위 내에서 신용카드로 결제된다.
> ㄷ. 고객이 카드사에 미리 대금을 결제하고 카드를 구입한 후 카드에 저장된 금액 내에서만 이용할 수 있는 카드로서 최근 인기를 얻고 있는 기프트카드가 대표적인 것이라고 할 수 있다.
> ㄹ. 은행 또는 카드사가 제휴한 은행에 입출금이 자유로운 통장을 소지한 개인 및 기업회원을 대상으로 발급 가능하며, 최근에는 증권사나 종금사의 CMA를 결제계좌로 하는 발급도 활발하다.

> ┤ 보기 2 ├
> ㉠ 신용카드　　　　　　㉡ 선불카드
> ㉢ 체크카드　　　　　　㉣ 직불카드
> ㉤ 하이브리드 체크카드　㉥ 하이브리드 신용카드

	ㄱ	ㄴ	ㄷ	ㄹ
①	㉤	㉥	㉣	㉢
②	㉤	㉥	㉢	㉠
③	㉥	㉤	㉢	㉠
④	㉥	㉤	㉡	㉢

10

카드 종류별 내용으로 옳지 <u>않은</u> 것은 모두 몇 개인가?

> ㄱ. 체크카드가 Visa, Master 등 해외사용 브랜드로 발급된 경우에는 해외에서 물품구매 및 현지통화로 예금인출도 가능하다.
>
> ㄴ. 체크카드는 할부 및 단기카드대출(현금서비스) 이용이 가능하다.
>
> ㄷ. 기명식 선불카드는 최고 500만 원까지 충전할 수 있다. 발급 이후에 양도가 가능하다.
>
> ㄹ. 무기명식 선불카드의 경우 양도 가능하므로 뇌물 등의 수단으로 악용되는 것을 방지하기 위해 「여신전문금융업법 시행령」 및 선불카드 표준약관에서 충전 금액 한도를 최고 50만 원으로 제한하고 있다(단, 「재난 및 안전관리 기본법」에 따른 재난에 대응하여 국가 또는 지방자치단체가 지원금을 지급하기 위해 발행하는 경우 최고 300만 원). 발급 이후에 양도가 불가능하다.

① 1개   ② 2개

③ 3개   ④ 4개

11

전자금융 채널에 대한 설명으로 옳지 <u>않은</u> 것은?

① 인터넷뱅킹은 PC 전용선 또는 인터넷을 통해 은행의 호스트 컴퓨터 등과 연결하고 인터넷을 활용하여 이용하는 금융서비스이다.

② 모바일뱅킹 서비스는 고객이 휴대전화나 스마트기기 등을 수단으로 무선인터넷을 통해 금융기관의 사이트에 접속하여 금융서비스를 이용할 수 있는 전자금융서비스이다.

③ 생체인식 인증수단 중 비접촉식의 주요 생체인식 수단은 지문, 손가락 정맥이며, 접촉식은 홍채, 손바닥 정맥이 있다.

④ 스마트폰뱅킹이란 태블릿PC나 스마트폰으로 무선인터넷(LTE, 5G, WIFI 등)을 이용하여 시간과 장소에 상관 없이 편리하게 뱅킹서비스, 상품가입, 자산관리 등을 이용할 수 있는 금융서비스이다.

해설편 ▶ P.19

06 우체국금융 일반현황

파트 내 출제비중
4%

01

난이도 상 **중** 하

우체국금융에 대한 설명으로 옳은 것은?

2022 계리직 9급

① 1905년부터 우편저금, 우편환과 우편보험을 실시하였다.

② 1982년 12월 제정된 「우체국예금 · 보험에 관한 법률」에 의거하여 1983년 1월부터 금융사업이 재개되었다.

③ 우체국의 금융업무에는 우체국예금, 우체국보험, 주택청약저축, 신탁, 펀드판매 등이 있다.

④ 우체국예금의 타인자본에는 예금을 통한 예수부채와 채권의 발행 등을 통한 차입부채가 있다.

02

난이도 **상** 중 하

「우체국예금 · 보험에 관한 법률」과 동법 시행령 · 시행규칙에 관한 내용으로 옳은 것은?

2021 계리직 9급

① 연 면적의 100분의 20을 우정사업에 직접 사용하고 나머지는 영업시설로 임대하고자 하는 업무용 부동산은 우체국 예금자금으로 취득할 수 있다.

② 우체국 예금자금은 금융기관 또는 재정자금에 예탁하거나 1인당 2천만 원 이내의 개인 신용대출 등의 방법으로도 운용한다.

③ 우체국은 예금보험공사에 의한 예금자보호 대상 금융기관의 하나이지만, 특별법인 이 법에 의해 우체국예금(이자 포함)과 우체국보험계약에 따른 보험금 등 전액에 대하여 국가가 지급 책임을 진다.

④ 우체국 예금자금으로 「자본시장과 금융투자업에 관한 법률」에 따른 파생상품 거래 시 장내파생상품 거래를 위한 위탁증거금 총액은 예금자금 총액의 100분의 20 이내로 한다.

03

난이도 상 **중** 하

「우체국예금 · 보험에 관한 법률 시행규칙」의 '거래중지계좌'에 대한 내용 중 옳지 않은 것은?

① 체신관서는 요구불예금계좌의 잔액이 1만 원 미만으로서 1년 이상 계속하여 거래가 없을 때에는 거래중지계좌에 해당 계좌를 편입할 수 있다.

② 체신관서는 요구불예금계좌의 잔액이 1만 원 이상 5만 원 미만으로서 2년 이상 계속하여 거래가 없을 때에는 거래중지계좌에 해당 계좌를 편입할 수 있다.

③ 거래중지계좌에의 편입은 매년 1회 하며, 상반기에는 4월 마지막 일요일에 편입하고 하반기에는 10월 마지막 일요일에 편입한다.

④ 체신관서는 예금자가 거래중지계좌에 편입된 예금의 부활 또는 해약을 청구하면 우정사업본부장이 정하는 바에 따라 해당 예금을 부활시키거나 해약해야 한다.

04

난이도 상 **중** 하

우체국 금융업무에 대한 내용으로 옳지 않은 것은?

① 우체국금융은 「우체국예금 · 보험에 관한 법률」 등 소관 특별법에 의해 운영되는 국영금융기관으로, 대출, 신탁, 신용카드 등 일부 금융업무에 제한을 받고 있다.

② 우체국예금 상품은 크게 요구불예금과 저축성예금으로 구분할 수 있으며, 예금상품의 구체적인 종류 및 가입대상, 금리 등은 우정사업본부장이 정하여 고시하도록 하고 있다.

③ 우체국보험의 종류에는 보장성 보험, 저축성 보험, 연금보험이 있으며, 각 보험의 종류에 따른 상품별 명칭, 특약, 보험기간, 보험료납입기간, 가입연령, 보장내용 등은 우정사업본부장이 정하여 고시한다.

④ 우체국예금 · 보험 이외에 우체국에서 취급하는 금융 관련 업무로는 우편환, 우편대체, 체크카드, 집합투자증권(펀드)판매, 외국환, 전자금융 업무가 있다.

05

우체국금융(예금·보험)과 일반금융의 차이에 대한 설명으로 옳은 것을 모두 고른 것은?

> ㄱ. 우체국금융은 「은행법」에 따른 은행업 인가를 받은 일반 은행이나 「보험업법」에 따른 보험업 인가를 받은 보험회사와 동일하게 국영금융기관으로서 대출, 신탁, 신용카드 등 금융 업무를 수행하고 있다.
> ㄴ. 주식을 발행하고 자기자본에 자본금 및 주식발행 초과금이 있다.
> ㄷ. 타인자본에는 예금을 통한 예수부채만 있고, 은행채의 발행 등을 통한 차입 혹은 금융기관 등으로부터의 차입을 통한 차입부채는 없다.
> ㄹ. 우편대체 계좌대월 등 일부 특수한 경우를 제외하고는 여신이 없다. 단, 환매조건부채권매도 등을 통한 차입부채는 있을 수 있다.

① ㄴ, ㄹ   ② ㄱ, ㄷ
③ ㄴ, ㄷ   ④ ㄷ, ㄹ

06

우체국예금에 관한 내용으로 옳지 <u>않은</u> 것은?

① 2007년 우체국금융의 내실있는 성장과 책임경영 강화를 위하여 우체국예금과 보험의 조직을 분리하여 운영하고 있다.
② 2011년부터 우체국 독자적으로 체크카드 사업을 시작하였으며, 2012년 스마트금융 시스템 오픈과 함께, 2018년에는 우체국 펀드판매를 실시하는 등 금융사업의 다각화와 전문화를 통해 소매금융 중심의 국영 금융기관으로 발돋움하고 있다.
③ 우체국금융 분야 소관 법령에는 「우체국예금·보험에 관한 법률」, 「우편환법」, 「별정우체국법」, 「우정사업 운영에 관한 특례법」이 있다.
④ 우체국금융은 그 경영주체가 국가이므로 사업의 영리만을 목적으로 하지 아니하며, 우체국예금의 원금과 이자 그리고 우체국보험의 보험금 등은 국가가 법으로 전액 지급을 보장한다.

07

우체국금융 관련 소관 법률에 대한 내용으로 옳지 <u>않은</u> 것은?

① 우체국의 금융업무는 「우정사업 운영에 관한 특례법」에서 고시하는 우체국예금, 우체국보험, 우편환·대체, 외국환업무, 체크카드, 펀드판매, 전자금융서비스 등이 있다.
② 우체국예금이란 「우체국예금·보험에 관한 법률」에 따라 우체국에서 취급하는 예금을 말한다.
③ 우체국보험이란 「우체국예금·보험에 관한 법률」에 따라 우체국에서 피보험자의 생명·신체의 상해를 보험사고로 하여 취급하는 보험을 말한다.
④ 우체국보험 이해관계인 사이에 발생하는 보험모집 및 보험계약과 관련된 분쟁을 조정하기 위하여 과학기술정보통신부장관 소속으로 우체국보험분쟁조정위원회를 두며, 위원장 1명을 포함한 9명 이내의 위원으로 구성하고, 위원의 임기는 2년으로 하되, 연임할 수 있다.

08

우체국 금융사업은 4가지 핵심 역할을 가지고 있다. 이와 관련하여 〈보기 1〉과 〈보기 2〉의 내용이 가장 적절하게 연결된 것은?

┤ 보기 1 ├

ㄱ. 우체국금융에서 발생하는 이익잉여금을 통해 일반회계 전출(국가 재정으로의 이익금 귀속)과 공적자금 상환기금 등을 지원하고 있다.

ㄴ. 서민경제 지원을 위하여 기초생활보호대상자, 장애인, 소년소녀가장, 다문화 가정 등 사회적 취약계층과 서민·소상공인을 대상으로 한 다양한 금융상품과 금융서비스를 출시하여 자산형성을 지원하고 있다.

ㄷ. 우편사업특별회계, 우체국예금특별회계 또는 우체국보험특별회계의 세출예산 각각의 총액 범위에서 각 과목 상호간에 이용하거나 전용할 수 있다.

ㄹ. 우체국금융은 수익성과 관계없이 전국적으로 고르게 분포되어 있는 우체국 국사를 금융창구로 운영하며 기본적인 금융서비스를 제공할 뿐만 아니라 민간 금융기관과의 다양한 제휴를 통해 시중은행 수준의 금융상품 및 서비스를 제공함으로써 국민들에게 지역 차별 없는 금융 접근성을 제공하고 있다.

┤ 보기 2 ├

㉠ 보편적 금융서비스
㉡ 우편사업의 안정적 운영 지원
㉢ 국가재정 및 산업육성에 기여
㉣ 서민경제 활성화 지원

	ㄱ	ㄴ	ㄷ	ㄹ
①	㉢	㉠	㉡	㉣
②	㉢	㉣	㉡	㉠
③	㉢	㉣	㉠	㉡
④	㉡	㉣	㉢	㉠

해설편 ▶ P.21

우체국금융 상품

01

난이도 **상**(중)(하)

체크카드에 대한 설명으로 옳은 것을 모두 고른 것은?

2022 계리직 9급

> ㄱ. 우체국 법인용 체크카드에는 지역화폐카드, Biz플러스 등이 있다.
> ㄴ. 우체국 체크카드의 발급대상은 개인카드의 경우 우체국 수시입출식통장을 보유한 만 12세 이상의 개인이다.
> ㄷ. 고객의 신용등급에 따라 소액의 신용공여가 부여된 하이브리드형 카드를 발급받아 이용할 수 있다.
> ㄹ. 증권사나 종합금융회사의 MMF를 결제계좌로 하는 체크카드도 발급이 가능하다.

① ㄱ, ㄴ
② ㄱ, ㄹ
③ ㄴ, ㄷ
④ ㄷ, ㄹ

02

난이도 (상)**중**(하)

우체국 체크카드에 대한 설명으로 옳은 것은? 2021 계리직 9급

① 법인의 우체국 체크카드 월 사용 한도는 기본 한도 1억 원, 최대 한도 3억 원이다.
② Biz플러스 체크카드는 신차구매, 전 가맹점 0.3% 포인트 적립 등 개인사업자 및 소상공인을 위한 맞춤형 혜택을 제공하는 카드이다.
③ 라이프플러스 체크카드의 교통 기능은 일반 카드일 경우에는 선불, 하이브리드 카드일 경우에는 후불 적용된다.
④ 우체국 체크카드는 카드 유효기간의 만료 또는 회원 본인이 사망하거나 피성년후견인·피한정후견인으로 우체국에 신고 등록된 경우, 효력이 상실된다.

03

난이도 **상**(중)(하)

우체국 예금상품에 대한 설명으로 옳은 것은 모두 몇 개인가?

2022 계리직 9급

> ㄱ. 우체국 희망지킴이통장: 기초생활보장, 기초(노령)연금, 장애인연금, 장애(아동)수당 등의 기초생활 수급권 보호를 위한 압류방지전용통장
> ㄴ. 이웃사랑정기예금: 사회 소외계층과 사랑나눔 실천자 및 읍·이 단위 지역에 거주하는 농어촌 지역 주민의 경제생활 지원을 위한 공익형 정기예금
> ㄷ. 우체국 편리한 e정기예금: 만 50세 이상 중년층 고객을 위한 우대이율 및 세무, 보험 등 부가서비스를 제공하는 정기예금
> ㄹ. 우체국 다드림적금: 주거래 고객 확보 및 혜택 제공을 목적으로 각종 이체 실적 보유 고객, 우체국예금 우수고객, 장기거래 등 주거래 이용 실적이 많을수록 우대 혜택이 커지는 자유적립식 예금

① 1개
② 2개
③ 3개
④ 4개

04

난이도 **상**(중)(하)

우체국예금 상품에 대한 설명으로 옳은 것을 모두 고른 것은?

2021 계리직 9급

> ㄱ. e-Postbank정기예금은 자동이체 약정, 체크카드 이용실적, 자동 재예치 실적에 따라 우대금리를 제공한다.
> ㄴ. 「중소기업협동조합법」에서 정하는 소기업·소상공인 공제금 수급자는 우체국 행복지킴이통장 가입 대상이다.
> ㄷ. 입양자는 이웃사랑정기예금과 우체국 새출발자유적금 패키지 중 새출발 행복 상품에 가입할 수 있다.
> ㄹ. 우체국 하도급지킴이통장은 공사대금 및 입금이 하도급자와 근로자에게 기간 내 집행될 수 있도록 관리, 감독하기 위한 압류방지 전용통장이다.

① ㄱ, ㄴ
② ㄱ, ㄹ
③ ㄴ, ㄷ
④ ㄷ, ㄹ

우체국예금 상품에 대한 설명으로 옳은 것은?

2018 계리직 9급(변형)

① 시니어 싱글벙글 정기예금은 여유자금 추가입금과 긴급자금 분할해지가 가능한 정기예금으로 만 60세 이상 중년층 고객을 위한 우대이율 및 세무, 보험 등 부가서비스를 제공한다.

② 우체국 국민연금안심통장과 우체국 생활든든통장은 압류금지 전용통장이다.

③ 우체국 마미든든 적금은 우체국 수시입출식 예금에서 이 적금으로 월 50만 원 이상 자동이체약정 시 부가서비스로 우체국쇼핑 할인쿠폰을 제공한다.

④ 우체국 취업이룸통장은 구직촉진수당 등에 한해 입금이 가능하며, 「구직자 취업촉진 및 생활안정지원에 관한 법률」 제22조, 제23조 따라 압류대상에서 제외하는 압류방지 전용통장이다.

06

난이도 상 중 하

〈보기〉의 우체국예금 상품에 대한 설명으로 옳은 것을 모두 고른 것은?

2016 계리직 9급(변형)

┌─────────────── 보기 ───────────────┐

ㄱ. 2040$^{+\alpha}$자유적금은 매일 저축 및 매주 알림저축 서비스를 통해 소액으로 쉽고 편리하게 목돈 모으기가 가능한 디지털전용 적립식 예금이다.

ㄴ. 기업든든MMDA통장은 입출금이 자유로우며, 예치기간에 따라 금리를 차등 적용하는 상품이다.

ㄷ. 다드림통장은 패키지별(주니어, 직장인, 사업자, 실버, 베이직) 금융거래 실적에 따라 우대이율을 추가 제공한다.

ㄹ. 우체국 가치모아적금은 여행자금, 모임회비 등 목돈 마련을 위해 여럿이 함께 저축할수록 우대혜택이 커지고 고객이 통장명칭을 자유로이 선정할 수 있는 통장별칭서비스 등 다양한 우대서비스를 제공하는 적립식 예금이다.

└──────────────────────────────────┘

① ㄱ, ㄴ   ② ㄱ, ㄹ

③ ㄴ, ㄷ   ④ ㄷ, ㄹ

07

난이도 상 중 하

우체국 체크카드에 대한 설명으로 옳지 않은 것은?

2016 계리직 9급(변형)

① 우체국 영리한^{Plus} 체크카드는 복지카드, 교통카드(선불), 가족카드, 점자카드 발급이 가능하다.

② 우체국 우리동네^{Plus} 체크카드는 전국 가맹점뿐만 아니라 지역별 가맹점을 포함한 지역별 추가 캐시백 혜택을 제공하는 특화카드이다.

③ 우체국 다드림 체크카드는 전 가맹점 이용액 0.3%, 우체국 알뜰폰 통신료 10%, 우체국서비스 5%가 우체국 포인트로 적립되는 체크카드이다.

④ 우체국 국민행복 체크카드와 지역화폐카드는 점자카드 발급이 가능하다.

08

난이도 상 중 하

우체국의 예금상품에 대한 설명으로 옳지 않은 것은?

2014 계리직 9급(변형)

① 우체국 소상공인정기예금은 소상공인·소기업 대표자를 대상으로 노란우산공제에 가입하거나 우체국 수시입출식예금 평균 잔고 실적에 따라 우대금리를 제공하는 서민자산 형성 지원을 위한 공익형 정기예금이다.

② 2040$^{+\alpha}$정기예금은 20~30대 직장인과 카드 가맹점, 법인 등의 안정적 자금운용을 위해 급여이체 실적, 신용카드 가맹점 결제계좌 약정 고객, 우체국금융 우수고객 등 일정 조건에 해당하는 경우 우대금리를 제공하는 정기예금이다.

③ 우체국 파트너든든 정기예금은 회전주기(1개월, 3개월, 6개월) 적용을 통해 고객의 탄력적인 목돈운용이 가능하며 우편 계약 고객(우체국소포, EMS, 우체국쇼핑 공급업체) 및 예금 거래 고객을 우대하는 정기예금이다.

④ 우체국 편리한 e정기예금은 보너스입금, 비상금 출금, 자동재예치, 만기 자동해지 서비스로 편리한 목돈 활용이 가능한 디지털정기예금이다.

09

난이도 (상) (중) (하)

금융상품에 대한 설명으로 옳은 것은? 2012 계리직 10급(변형)

① 듬뿍우대저축예금은 입출금이 자유로운 개인 MMDA 상품으로 예치금액별로 차등 금리를 적용한다.

② 이웃사랑정기예금은 국민기초생활수급자, 장애인, 한부모가족, 소년소녀가정, 조손가정, 다문화가정 등 사회 소외계층과 퇴직연금사업자, 헌혈자, 입양자 등 사랑나눔 실천자 및 농어촌 지역주민의 경제생활 지원을 위한 공익형 정기예금이다.

③ e-Postbank정기예금은 인터넷뱅킹, 스마트뱅킹으로 가입이 가능한 온라인 전용상품으로 온라인 예·적금 가입, 자동이체 약정, 체크카드 이용실적에 따라 우대금리를 제공하는 공익형 정기예금이다.

④ 양도성예금증서(CD)는 중도해지가 불가능하며 예금자보호가 되는 상품이다.

10

난이도 (상) (중) (하)

우체국 금융상품에 대한 내용으로 옳지 않은 것은?

① 요구불예금에는 보통예금, 저축예금, 우체국 취업이룸통장 등이 있다.

② 저축예금은 개인 및 법인 고객을 대상으로 한 입출금이 자유로운 예금이다.

③ 우체국 생활든든통장은 만 50세 이상 시니어 고객의 기초연금, 급여, 용돈 수령 및 체크카드 이용 시 금융 수수료 면제, 우체국 보험료 자동이체 또는 공과금 자동이체 시 캐시백, 창구소포 할인쿠폰 등 다양한 서비스를 제공하는 시니어 특화 입출금이 자유로운 예금이다.

④ 우체국 페이든든+ 통장은 모바일 어플리케이션 Postpay를 통한 간편결제·간편송금 이용 실적에 따라 우대혜택 및 소상공인·소기업에게 우대금리를 제공하는 입출금이 자유로운 예금이다.

11

난이도 (상) (중) (하)

우체국 금융상품에 대한 내용으로 옳지 않은 것은?

① 우체국 취업이룸통장은 구직촉진수당 등에 한해 입금이 가능하며, 「구직자 취업촉진 및 생활안정지원에 관한 법률」에 따라 압류가능 통장이다.

② 초록별 사랑 정기예금은 종이통장 미발행, 친환경 활동 및 기부참여 시 우대혜택을 제공하는 ESG 연계 정기예금이다.

③ go캐시백글로벌 체크카드는 공항라운지 서비스, 해외 전 가맹점 7% 등 해외이용을 위한 특화카드이다.

④ 지역화폐카드는 각 지자체와 제휴를 통하여 지역상권 활성화를 위해 지역화폐를 우체국 체크카드로 사용할 수 있도록 한 카드이다.

12

난이도 (상) (중) (하)

우체국 행복지킴이통장의 가입대상에 해당하지 않는 수급자는?

① 요양비등 보험급여 수급자

② 기초노령연금, 독립유공자 수급자

③ 어선원보험 보험급여 수급자

④ 기초생활보장, 장애인연금 수급자

13

난이도 (상) (중) (하)

우체국 예금상품에 대한 내용으로 옳은 것은 모두 몇 개인가?

ㄱ. 초록별 사랑 정기예금은 종이통장 미발행, 친환경 활동 및 기부참여 시 우대혜택을 제공하는 ESG 연계 정기예금이다.

ㄴ. 결혼이민자는 우체국 새출발자유적금 패키지 중 새출발 행복 상품에 가입할 수 있다.

ㄷ. 우체국 파트너든든 정기예금은 회전주기(1개월, 3개월, 6개월) 적용을 통해 고객의 탄력적인 목돈운용이 가능하며 우편 계약 고객(우체국소포, EMS, 우체국쇼핑 공급업체)만을 우대하는 정기예금이다.

ㄹ. 우체국 퇴직연금 정기예금은 「근로자퇴직급여보장법」에서 정한 자산관리업무를 수행하는 퇴직연금사업자를 위한 전용 정기예금으로 이 예금은 우정사업본부와 퇴직연금 사업자의 사전 협약에 의해 가입이 가능하며, 모든 우체국에서 취급이 가능한 상품이다.

① 1개 　　　　　② 2개

③ 3개 　　　　　④ 4개

우체국 예금상품에 대한 내용과 관련하여 〈보기 1〉과 〈보기 2〉의 내용이 가장 적절하게 연결된 것은?

┤ 보기 1 ├

ㄱ. 보너스입금, 비상금 출금, 자동 재예치, 만기 자동해지 서비스로 편리한 목돈 활용이 가능한 디지털전용 정기예금

ㄴ. 매일 저축(자동이체) 및 매주 알림저축 서비스를 통해 소액으로 쉽고 편리하게 목돈 모으기가 가능한 디지털전용 적립식 예금

ㄷ. 인터넷뱅킹, 스마트뱅킹으로 가입이 가능한 온라인 전용 상품으로 온라인 예·적금 가입, 자동이체 약정, 체크카드 이용실적에 따라 우대금리를 제공하는 정기예금

ㄹ. 인터넷뱅킹, 스마트뱅킹 또는 우체국 창구를 통해 가입하고 별도의 통장 발행 없이 전자금융 채널(인터넷뱅킹, 스마트뱅킹, 폰뱅킹, 자동화기기)을 통해 거래하는 입출금이 자유로운 예금

┤ 보기 2 ├

㉠ e-Postbank정기예금
㉡ 우체국 매일모아 e적금
㉢ 우체국 편리한 e정기예금
㉣ e-Postbank예금

	ㄱ	ㄴ	ㄷ	ㄹ
①	㉡	㉢	㉠	㉣
②	㉡	㉢	㉣	㉠
③	㉢	㉡	㉠	㉣
④	㉢	㉡	㉣	㉠

우체국금융 상품에 대한 설명으로 옳지 않은 것은?

① '우체국 행복지킴이통장'은 관련 법령에 따라 수급금[기초생활보장, 기초(노령)연금, 장애(아동)수당 등]에 한하며, 압류가 가능하다.

② '우체국 호국보훈지킴이통장'은 보훈급여금, 참전명예수당, 고엽제수당 등 정기급여에 한하며, 압류가 불가능하다.

③ '우체국 국민연금안심통장'은 국민연금 수금액에 한하며, 압류가 불가능하다.

④ '우체국 공무원연금평생안심통장'은 공무원연금 수급금에 한하며, 압류가 불가능하다.

우체국 체크카드 사용한도와 관련하여 ( )에 들어갈 숫자의 합은 모두 얼마인가? (숫자 합 계산에 단위는 생략)

구분		기본한도		최대한도	
		일한도	월한도	일한도	월한도
개인	만 12세 이상	( )만 원	( )만 원	3만 원	( )만 원
	만 14세 이상	6백만 원	( )천만 원	( )천만 원	5천만 원
법인		( )백만 원	2천만 원	( )억 원	( )억 원

① 78
② 79
③ 80
④ 81

우체국 체크카드 상품 및 특징과 관련하여 〈보기 1〉과 〈보기 2〉의 내용이 가장 적절하게 연결된 것은?

┤ 보기 1 ├

ㄱ. 전 가맹점 이용액 0.3%, 우체국 알뜰폰 통신료 10%, 우체국서비스 5%가 우체국 포인트로 적립되는 카드이다.

ㄴ. 신용과 체크결제를 동시에 이용 가능한 하이브리드 카드, 주요 여행 관련 업종 및 우편서비스 10% 캐시백, 기타업종 포인트 적립, 그린서비스 등 여행업종 특화혜택이 있다.

ㄷ. 쇼핑, 레저, 반려동물 업종 등 캐시백 또는 유니마일 적립 선택 가능한 카드이다.

ㄹ. 편의점, 간편결제, 쇼핑, 배달앱 등에서 캐시백 할인이 되는 싱글족 맞춤혜택 특화 카드이다.

┤ 보기 2 ├

㉠ 하이브리드^{여행} 체크카드
㉡ 다드림 체크카드
㉢ 포미 체크카드
㉣ 라이프⁺플러스

	ㄱ	ㄴ	ㄷ	ㄹ
①	㉠	㉡	㉣	㉢
②	㉡	㉢	㉣	㉠
③	㉡	㉠	㉣	㉢
④	㉡	㉠	㉣	㉢

18

난이도 (상)(중)(하)

우체국 체크카드에 관한 내용으로 옳지 <u>않은</u> 것은?

① 우체국 체크카드의 사용 한도는 개인, 법인 등 고객에 따라 일별·월별 한도의 차이가 있으며, 발급대상은 개인카드의 경우 우체국 수시입출식 통장을 보유한 만 12세 이상의 개인이다.

② 체크카드 사용 기본 한도는 만 14세 이상 개인은 일 한도 5천만 원, 월 한도 5천만 원이고, 법인은 일 한도 1억 원, 월 한도 3억 원이다.

③ 우체국 체크카드는 일반적인 직불 전자지급 수단에 의한 지불결제 및 현금카드 기능 외 상품별 특성에 따라 다양한 기능 추가 및 발급 형태의 선택이 가능하다.

④ 미성년자(만 12세~만 13세)는 만 14세 이상이 되는 시점에 자동으로 한도 상향이 되지 않으며 우체국창구, 우체국예금보험 홈페이지, 모바일뱅킹(PostPay)을 통해 한도 상향 신청을 하여야 한다.

19

난이도 (상)(중)(하)

우체국 펀드상품에 대한 설명으로 옳지 <u>않은</u> 것은?

① 공모펀드 중 원금손실 위험도가 낮은 MMF 12종, 채권형펀드 14종, 주식 비중이 30% 이하인 채권혼합형펀드 18종 등 총 44개의 펀드상품을 판매하고 있다.

② 펀드는 우체국예금·보험 상품과 동일하게 원금과 이자, 보험금 등 전액이 보장된다.

③ 우체국 펀드상품은 우체국 창구 및 온라인을 통해 판매되고 있다.

④ 펀드상품명 'KB스타개인용-MMFP-101호(국공채)'는 단기금융펀드(MMF)형에 해당한다.

20

난이도 (상)(중)(하)

다음 중 그린서비스 기능이 되는 체크카드를 모두 고른 것은?

ㄱ. 영리한^{Plus} 체크카드	ㄴ. 행복한 체크카드
ㄷ. 다드림 체크카드	ㄹ. 나눔 체크카드
ㅁ. 우리동네^{plus} 체크카드	ㅂ. 하이브리드^{여행} 체크카드
ㅅ. 국민행복 체크카드	ㅇ. 어디서나 체크카드

① 3개　　　　　② 4개

③ 5개　　　　　④ 6개

21

난이도 (상)(중)(하)

우체국 체크카드에 대한 내용으로 옳지 <u>않은</u> 것은 모두 몇 개인가?

ㄱ. 영리한^{Plus} 체크카드는 후불 교통카드 기능, 점자카드, 해외겸용기능이 되지만 가족카드 발급은 안 된다.

ㄴ. 법인용 체크카드의 현금 입출금 기능은 법인 및 개인사업자 모두가 선택 가능하다.

ㄷ. 우체국 체크카드는 카드 유효기간이 만료되거나, 회원 본인의 사망 또는 피성년후견인/피한정후견인으로 우체국에 신고 등록한 경우 효력이 상실되며, 법인회원의 경우 폐업, 청산에 따라 우체국에 신고 등록한 경우에도 효력이 상실된다.

ㄹ. 법인용 체크카드 중 점자카드 기능이 가능한 것은 성공파트너 체크카드이다.

① 1개　　　　　② 2개

③ 3개　　　　　④ 4개

해설편 ▶ P.23

01

난이도 상중**하**

밑줄 친 (   )에서 제공하는 주요 서비스의 내용으로 옳은 것은?

2022 계리직 9급

> (   )은/는 우체국 특화서비스인 우편환기반 경조금 송금서비스와 핀테크를 접목시킨 간편결제 및 간편송금 서비스를 제공하는 우체국예금 모바일뱅킹 서비스 앱이다.

① 수신자의 휴대전화 번호만 알면 경조금 및 경조카드를 보낼 수 있다.
② 전체 메뉴를 영어모드로 전환하는 서비스를 제공한다.
③ SWIFT, 국제환 서비스로 해외송금이 가능하다.
④ 증명서 신청 및 발급 등 전자문서지갑 기능을 제공한다.

02

난이도 상중**하**

우체국 해외송금서비스에 대한 설명으로 옳지 <u>않은</u> 것은?

2018 계리직 9급(변형)

① 머니그램(MoneyGram) 해외송금은 수취인의 계좌번호 없이 당발송금이 가능하다.
② 유로지로(Eurogiro) 해외송금은 유럽지역 우체국 금융기관이 주체가 되어 설립한 Eurogiro社의 네트워크를 사용하는 EDI(전자문서교환)방식의 국제금융 송금서비스로, 우정사업자와 민간금융기관이 회원으로 가입 후 회원 간 쌍무협정을 통해 해외송금을 거래하고 계좌와 주소지 송금이 가능하다.
③ SWIFT 해외송금은 우체국은 신한은행과 제휴를 통한 신한은행 SWIFT망을 통해 전 세계 금융기관을 대상으로 해외송금 서비스를 운영하고 있다.
④ 우체국의 해외송금 업무는 크게 시중은행과의 제휴를 통한 SWIFT(무계좌송금), MoneyGram(계좌 실시간송금), 유로지로 네트워크를 통해 우체국이 자체적으로 제공하는 Eurogiro로 구분할 수 있다.

03

난이도 상**중**하

우체국에서 판매대행하고 있는 노란우산공제에 대한 설명으로 옳지 <u>않은</u> 것은?

2014 계리직 9급(변형)

① 우체국은 청약서 및 제반서류 접수와 부금 수납 등의 업무를 대행한다.
② 기존 가입자 또는 강제해지 후 2년 미경과 시에는 신규 및 (재)청약이 불가하므로 청약 전 기가입 여부 등 조회를 필수적으로 실시한다.
③ 무등록사업자의 신규청약 업무는 업무대행 내용에서 제외된다.
④ 소기업과 소상공인의 생활안정 및 사업재기를 돕기 위해 중소기업중앙회가 운영하는 공제제도이다.

04

난이도 상중**하**

우체국 전자금융 및 제휴서비스에 대한 설명으로 옳지 <u>않은</u> 것은?

2012 계리직 10급(변형)

① 우체국예금 고객은 창구망 공동이용서비스를 통해 제휴은행 창구에서 자행거래방식으로 입·출금이 가능하다.
② 노란우산공제 판매대행 업무는 청약 전 고객상담 시 기존 가입자 또는 강제해제 후 1년 미경과 시에는 신규 및 (재)청약이 불가하므로 청약 전 반드시 기가입 여부 등 조회를 실시해야 한다.
③ 우체국 인터넷뱅킹에서 신한은행의 SWIFT망을 통해 수취인의 해외은행 계좌로 송금이 가능하다.
④ go캐시백글로벌 공항라운지 서비스, 해외 전 가맹점 7% 등 해외이용을 위한 특화카드이다.

〈보기〉 중 우체국예금(제휴서비스 포함)에서 제공하는 서비스를 모두 고른 것은?

2012 계리직 10급(변형)

┤ 보기 ├

ㄱ. 우편환(통상환, 온라인환, 경조금배달서비스), 우편대체계좌를 통한 자금결제

ㄴ. 증권계좌 개설대행서비스

ㄷ. SWIFT, Eurogiro, MoneyGram 해외송금서비스

ㄹ. 우체국 CMS(자금관리서비스) 입금 업무대행

① ㄱ, ㄴ   ② ㄴ, ㄷ

③ ㄴ, ㄷ, ㄹ   ④ ㄱ, ㄴ, ㄷ, ㄹ

---

06   난이도 상중하

우체국 금융서비스에 대한 내용으로 옳지 않은 것은?

① 폰뱅킹은 고객이 우체국을 방문하지 않고 스마트폰을 이용하여 우체국예금·보험 및 각종 모바일 금융서비스를 제공받을 수 있는 전자금융서비스를 말한다.

② CMS(자금관리서비스)는 기업의 자금관리 담당자가 자금흐름을 한눈에 파악하여 자금관리 업무를 용이하게 수행할 수 있도록 지원하는 서비스이다.

③ CMS업무를 통해 입금된 자금은 우정사업정보센터에서 회사의 정산계좌로 일괄 입금처리한다.

④ 우정사업정보센터는 익월 10일까지 해당 회사에 수수료 내역을 통보하고, 20일에 해당회사 계좌에서 출금하여 수수료를 정산한다.

---

07   난이도 상중하

밑줄 친 ( )에서 제공하는 주요 서비스의 내용으로 옳지 않은 것은?

( )은/는 우체국 전자금융서비스 신청 고객이 우체국 방문 없이 스마트폰에서 우체국 금융 서비스(가입, 조회, 이체 등)를 이용할 수 있는 우체국예금 스마트폰뱅킹 전용 어플리케이션이다.

① 우체국 창구 및 인터넷뱅킹 수준의 다양한 서비스를 제공하고, QR코드를 활용한 쉽고 편리한 지로/공과금 납부서비스를 제공한다.

② SMS 및 PUSH를 활용한 입출금통지, 모바일 경조금 등 고객 편의를 위한 우체국만의 부가서비스 이용이 가능하다.

③ 공동인증서, 금융인증서, 간편인증(개인인증번호, 패턴인증, 지문/얼굴 등 생체인증, PASS 인증) 등을 통해서 로그인이 가능하다.

④ 해지하면 인터넷뱅킹 이용 자격은 자동 해지된다.

우체국 전자금융의 종류와 특징에 관하여 〈보기 1〉과 〈보기 2〉의 내용이 가장 적절하게 연결된 것은?

┤ 보기 1 ├

ㄱ. 지정전화번호 등록 시 고객이 지정한 전화번호로만 자금 이체 또는 보험금 지급 등 주요 거래가 가능하다.

ㄴ. 포스트페이 앱을 통해 현금 또는 카드 없이 스마트폰만으로 지불 결제를 진행하고, 휴대전화번호만 알면 경조카드와 함께 경조금을 보낼 수 있다.

ㄷ. 우체국 방문 없이 보험가입, 보험금청구 등 우체국보험과 관련된 다양한 서비스를 모바일로 간편하게 이용할 수 있는 우체국스마트보험 모바일 어플리케이션이다.

ㄹ. 고객이 우체국을 방문하지 않고 스마트폰을 이용하여 우체국예금·보험 및 각종 모바일 금융서비스를 제공받을 수 있는 전자금융서비스를 말한다.

┤ 보기 2 ├

㉠ 인터넷뱅킹	㉡ 폰뱅킹
㉢ 모바일뱅킹	㉣ 스마트뱅킹
㉤ 포스트페이	㉥ 스마트보험

	ㄱ	ㄴ	ㄷ	ㄹ
①	㉡	㉤	㉢	㉥
②	㉡	㉤	㉥	㉢
③	㉡	㉠	㉢	㉣
④	㉢	㉥	㉤	㉠

밑줄 친 (   )에서 제공하는 주요 서비스의 내용으로 옳지 않은 것은?

(   )은/는 고객이 우체국 창구에 직접 방문하지 않고 인터넷이 연결된 PC를 이용하여 우체국예금·보험 홈페이지에 접속하여 신청에 따라 금융상품 정보 획득, 각종 조회 및 이체, 예금·보험 상품의 가입 등 우체국예금 및 우체국보험에 대한 다양한 금융서비스를 이용할 수 있는 전자금융서비스이다.

① 오픈뱅킹 등록계좌(카드) 잔액 및 거래내역조회, 등록 핀테크 선불계정 조회 및 관리가 가능하다.

② 보험상품, 약관, 조회, 납입, 대출, 지급, 자동이체, 계약변경 등이 가능하다.

③ 예금상품, 조회, 이체(휴대폰송금 포함), 경조금배달이 가능하지만, 비대면계좌개설이 불가능하다.

④ 외환(환율조회, 인터넷환전, 해외송금), 공과금, 뱅킹정보관리가 가능하다.

전자금융 이용 시 보안등급에 맞는 보안매체별 거래이용 수단의 연결이 옳지 않은 것은?

구분		안전등급	일반등급
①	인터넷뱅킹	우체국이 정한 인증서 +OTP	우체국이 정한 인증서 +보안카드
②	모바일뱅킹	우체국이 정한 인증서 +OTP	우체국이 정한 인증서 +보안카드
③	폰뱅킹	보안카드 +이체비밀번호	OTP +이체비밀번호
④	모바일뱅킹	HSM방식 공동인증서 +보안카드	우체국이 정한 인증서 +보안카드

11

난이도 **상**중하

전자금융(모바일 뱅킹) 보안등급별 자금이체 한도와 관련하여 ( )에 들어갈 숫자의 합은 모두 얼마인가? (숫자 합 계산에 단위는 생략)

구분			보안등급		
			안전등급	일반등급	기본등급
모바일 뱅킹	개인	1회	1억 원	( )천만 원	( )천만 원
		1일	( )억 원	5천만 원	( )천만 원

① 7
② 8
③ 9
④ 10

12

난이도 상**중**하

SWIFT, 유로지로, 특급송금에 대한 비교 내용으로 옳은 것은?

	구분	SWIFT	유로지로	특급송금
①	소요시간	송금 후 10분	3–5일	3–5일
②	거래유형	계좌송금	주소지/계좌송금	수취인 방문지급
③	취급국가	전세계 약 214개국	약 200개 국가	태국, 필리핀, 스리랑카, 베트남, 몽골
④	송금방식	SWIFT network	Moneygram network	Eurogiro network

13

난이도 **상**중하

우체국 금융서비스 종류 및 특징과 관련하여 〈보기 1〉과 〈보기 2〉의 내용이 가장 적절하게 연결된 것은?

┤ 보기 1 ├

ㄱ. 외화 수령일은 신청일로부터 3 영업일에서 10 영업일 이내로 지정할 수 있으며, 신청이 가능한 통화는 미국달러(USD), 유럽유로(EUR), 일본엔(JPY), 중국위안(CNY) 총 4개 통화이다.

ㄴ. 우체국과 은행이 업무제휴를 맺고 양 기관의 전산 시스템을 전용선으로 상호 연결하여 제휴은행 고객이 각 우체국 창구에서 기존의 타행환 거래 방식이 아닌 자행거래 방식으로 입출금 거래를 할 수 있도록 하고 있다.

ㄷ. 전국 우체국 창구에서 건설근로자의 퇴직공제금 접수 업무를 대행하여 퇴직공제금 신청 편의성을 제공하고 있다.

ㄹ. 우체국은 증권·선물회사와 업무제휴 계약을 체결하고 전국 우체국 창구에서 고객의 증권·선물 계좌개설, 관련 제휴카드 발급, 이체서비스 등을 대행하고 있다.

┤ 보기 2 ├

㉠ 외화환전 예약서비스
㉡ 외화배달 서비스
㉢ 창구망 공동이용
㉣ 노란우산공제 판매대행
㉤ 우체국 CMS업무
㉥ 건설근로자퇴직공제금 접수대행
㉦ 카드업무 대행서비스
㉧ 증권계좌 개설대행

	ㄱ	ㄴ	ㄷ	ㄹ
①	㉠	㉡	㉣	㉥
②	㉡	㉤	㉥	㉦
③	㉢	㉢	㉥	㉧
④	㉣	㉤	㉦	㉧

14

난이도 상 중 하

우체국 전자금융에 대한 설명으로 가장 옳은 것은?

① 인터넷뱅킹이라 함은 고객이 우체국을 방문하지 않고 스마트폰을 이용하여 우체국예금·보험 및 각종 모바일 금융서비스를 제공받을 수 있는 전자금융서비스를 말한다.

② 모바일뱅킹 서비스는 크게 휴대폰의 기능에 따라 IC칩 방식, VM방식, 스마트폰뱅킹으로 구분되며 현재 우체국예금은 3가지 모두 제공하고 있다.

③ 우체국 스마트뱅킹 앱은 우체국 전자금융서비스 신청 고객이 우체국 방문 없이 스마트폰에서 우체국 금융서비스를 이용할 수 있는 우체국예금 스마트폰뱅킹 전용 어플리케이션이다.

④ 우체국 스마트뱅킹을 해지하면 인터넷뱅킹 이용 자격은 자동으로 해지된다.

15

난이도 상 중 하

전자금융서비스 이용 제한에 대한 내용 중 ( ) 안에 들어갈 숫자의 합은?

> ㄱ. 계좌 비밀번호, 보안카드 비밀번호, 폰뱅킹 이체비밀번호, 모바일 인증서에 등록한 PIN, 패턴, 디지털 OTP 인증번호 및 생체인증 정보 등을 연속 ( )회 이상 잘못 입력한 경우
>
> ㄴ. OTP의 경우 OTP를 발생시키는 전 금융기관을 통합하여 연속 ( )회 이상 잘못 입력한 경우
>
> ㄷ. 기타 예금거래 기본약관 등에서 정한 거래 제한 사유가 발생한 경우

① 15

② 16

③ 18

④ 20

16

난이도 상 중 하

우체국 전자금융 업무에 대한 내용으로 옳지 않은 것은?

① 인터넷뱅킹은 고객이 우체국에 방문하지 않고 인터넷이 연결된 PC를 이용하여 우체국예금보험 홈페이지에서 금융상품 정보 획득, 각종 조회 및 이체, 예금·보험 상품의 가입 등 우체국예금 및 우체국보험에 대한 다양한 금융서비스를 이용할 수 있는 전자금융서비스이다.

② 폰뱅킹은 고객의 별도 신청 없이도 우체국예금·보험 고객센터를 통해 가정이나 사무실 등에서 다양한 우체국예금·보험서비스를 전화통화로 간편하게 처리할 수 있는 서비스를 말한다.

③ 모바일뱅킹은 고객이 우체국을 방문하지 않고 스마트폰을 이용하여 우체국예금·보험 및 각종 모바일 금융서비스를 제공받을 수 있는 전자금융서비스로, 현재 우체국예금은 어플리케이션을 기반으로 스마트뱅킹과 포스트페이 두 가지 모바일뱅킹 서비스를 제공하고 있다.

④ 전자금융이용 고객은 1회 및 1일 이체 한도를 우체국이 정한 보안등급별 자금이체 한도와 보안매체별 거래이용수단에 따라 계좌이체 한도를 지정할 수 있으며, 우체국과의 별도 약정을 통해 우체국이 정한 한도를 초과하여 지정할 수 있다.

17

난이도 상 중 하

우체국금융 서비스에 대한 설명으로 옳지 않은 것은?

① 증권계좌 개설대행은, 우체국이 증권·선물회사와 업무제휴 계약을 체결하고 전국 우체국 창구에서 고객의 증권·선물계좌 개설, 제휴카드 발급 및 이체 서비스 등을 대행하는 업무이다.

② SWIFT 해외송금은 신한은행의 SWIFT망을 통해 수취인의 해외은행계좌에 송금하거나, 해외은행으로부터 수취인의 한국 우체국계좌로 송금하는 업무이다.

③ 유로지로(Eurogiro) 해외송금은 유럽지역 우체국 금융기관이 주체가 되어 설립한 유로지로社의 네트워크를 사용하는 EDI(전자문서 교환) 방식의 국제금융 송금서비스이다.

④ 머니그램(MoneyGram) 해외송금은 신한은행 및 머니그램社와 제휴를 맺은 Agent끼리는 계좌번호 없이 16자리 송금번호 및 수취인 영문명으로 해외로 자금을 송금한 후 약 10분 뒤 수취인 지역 내 머니그램 Agent를 방문하여 수취 가능한 특급송금서비스이다.

18

우체국 전자금융 및 제휴서비스에 대한 설명으로 옳지 <u>않은</u> 것은?

① 우체국의 우편환 서비스에는 크게 통상환, 온라인환, 경조금 배달서비스가 있다.

② 우체국은 카드·캐피탈社 등과의 개별 이용약정을 통해 전국 우체국에서 CMS(자금관리서비스) 입금업무를 대행한다.

③ 우체국예금 고객은 창구망 공동이용 서비스를 통해 우체국 창구에서 제휴은행 통장의 신규발행 및 해지가 가능하다.

④ 우체국 노란우산 공제 대행업무 내용 중 청약 전 고객상담은 기가입자 또는 강제해지 후 1년 미경과 시에는 신규 및 (재)청약이 불가하므로 청약 전에 기가입 여부 등 조회를 필수적으로 실시하는 것을 말한다.

01

난이도 상중하

금융실명거래시 실명확인 방법에 대한 설명으로 옳지 <u>않은</u> 것은?

2022 계리직 9급

① 금융회사 본부의 비영업부서 근무직원이라도 실명확인 관련 업무를 처리하도록 지시받은 경우에는 실명확인을 할 수 있다.

② 금융회사의 임·직원이 아닌 대출모집인이나 보험모집인 등 업무수탁자는 실명확인을 할 수 없다.

③ 대리인을 통하여 계좌개설을 할 경우 본인 및 대리인 모두의 실명확인증표와 본인의 인감증명서가 첨부된 위임장을 제시받아 실명확인을 하되 본인의 실명확인증표는 사본으로도 가능하다.

④ 재예치 계좌를 개설할 때에는 기존 계좌 개설 당시에 고객으로부터 징구하여 보관 중인 실명확인증표 사본을 재사용할 수 있다.

02

난이도 상중하

「금융실명거래 및 비밀보장에 관한 법률」에 의거하여 금융기관이 금융거래정보를 제공할 때의 업무처리에 대한 설명으로 옳은 것은?

2014 계리직 9급

① 금융거래정보 등을 제공한 경우에는 그 내용을 표준양식에 따라 기록·관리하여 10년 동안 보관해야 한다.

② 금융거래정보 등의 제공사실에 대한 통보의무를 위반한 경우에는 3,000만 원 이하의 벌금에 처해진다.

③ 금융거래정보 등을 제공한 경우에는 제공한 날로부터 10일 이내에 그 사실을 명의인에게 서면으로 통보하여야 한다.

④ 통보유예 요청을 받은 경우에는 통보유예 기간이 종료된 날로부터 30일 안에 정보제공 사실을 명의인에게 서면으로 통보하여야 한다.

03

난이도 상중하

법인의 실명확인방법에 대한 내용으로 옳은 것은 모두 몇 개인가?

ㄱ. 법인의 경우에는 사업자등록증, 고유번호증, 사업자등록증명원이 실명확인증표가 된다.

ㄴ. 사업자등록증 사본은 동일 금융회사 내부에서 원본을 대조·확인한 경우에 사용이 가능하다.

ㄷ. 임의단체의 경우에는 납세번호 또는 고유번호가 있는 경우에는 납세번호증 또는 고유번호증이 실명확인증표가 된다. 다만 납세번호 또는 고유번호가 없는 경우에는 대표자 개인의 실명확인증표가 된다.

ㄹ. 외국인의 경우에는 외국인등록증, 여권 등이 실명확인증표가 된다.

① 1개
② 2개
③ 3개
④ 4개

04

계좌개설시 실명확인방법에 대한 내용으로 옳지 <u>않은</u> 것은 모두 몇 개인가?

> ㄱ. 계좌개설시(신규 및 재예치)마다 실명확인증표 원본에 의하여 실명을 확인하여 거래원장, 거래신청서, 계약서 등에 "실명확인필"을 표시하고 확인자가 날인 또는 서명(동시에 다수의 계좌를 개설하는 경우 기실명확인된 실명확인증표 재사용 금지)한다.
>
> ㄴ. 계좌개설시에는 실명확인증표 사본 등 실명확인에 필요한 관련 서류를 첨부·보관한다. 실명확인할 의무가 있는 금융회사 직원이 금융회사가 통제·관리할 수 있는 스캐너 또는 디지털카메라에 의해 스캔(촬영) 후 파일을 별도 보관하거나 사본 출력 후 거래신청서 등에 첨부·보관도 가능(기징구된 실명확인증표 사본 등 관련서류 재사용 가능)하다.
>
> ㄷ. 대리인을 통하여 계좌개설을 할 경우 인감증명서가 첨부된 위임장을 징구한다. 본인 및 대리인 모두의 실명확인증표와 첨부된 위임장의 진위여부 확인을 위한 인감증명서 및 본인서명사실확인서를 제시받아 실명확인한다(이 경우 본인의 실명확인증표는 사본으로는 불가능).
>
> ㄹ. 가족대리시 가족관계확인서류(주민등록등본, 가족관계증명서, 가족관계등록부 등)를 징구한다. 인감증명서, 위임장, 가족관계확인서류 등 징구서류는 사유 발생일 이후 발급분을 징구하고, 해당 서류의 유효기간은 발행일로부터 6개월 이내로 제한한다.

① 1개 ② 2개
③ 3개 ④ 4개

05

금융소비자보호법상 금융상품 6대 판매원칙 내용과 관련하여 〈보기 1〉과 〈보기 2〉의 내용이 가장 적절하게 연결된 것은?

> ──┤ 보기 1 ├──
>
> ㄱ. 판매업자 등이 금융상품 판매 시 우월적 지위를 이용하여 소비자의 권익을 침해하는 행위 금지
>
> ㄴ. 소비자의 재산상황, 금융상품 취득·처분 경험 등의 정보를 파악하고 이에 비추어 부적합한 금융상품 계약 체결의 권유를 금지
>
> ㄷ. 금융상품 계약 체결 권유 시 소비자가 오인할 우려가 있는 허위 사실 등을 알리는 행위를 금지
>
> ㄹ. 소비자가 자발적으로 구매하려는 금융상품이 소비자의 재산상황, 투자경험, 신용 및 변제계획 등에 비추어 부적정할 경우 이를 고지하고 확인

> ──┤ 보기 2 ├──
>
> ㉠ 적합성의 원칙   ㉡ 적정성의 원칙
> ㉢ 설명의무   ㉣ 불공정영업행위 금지
> ㉤ 부당권유행위 금지 ㉥ 허위·과장광고 금지

	ㄱ	ㄴ	ㄷ	ㄹ
①	㉣	㉡	㉤	㉠
②	㉣	㉠	㉤	㉡
③	㉥	㉤	㉣	㉢
④	㉥	㉠	㉡	㉢

06

금융실명거래 원칙 및 방법에 관한 내용으로 옳지 <u>않은</u> 것은?

① 실명이란 주민등록표상의 성명 및 주민등록번호, 사업자등록증에 기재된 법인명 및 등록번호 등을 의미한다.

② 실명확인자는 실명확인업무에 대한 권한·의무가 주어진 영업점 직원이며 후선 부서 직원은 실명확인할 수 없으나 본부부서 근무직원이 실명확인 관련 업무를 처리하도록 지시 또는 명령받은 경우는 실명확인을 할 수 있다.

③ 금융회사 등의 임원 및 직원이 아닌 업무수탁자(대출모집인, 카드모집인, 보험모집인, 공제모집인 등) 등도 실명확인을 할 수 있다.

④ 실명확인은 고객의 성명과 주민등록번호의 확인뿐만 아니라 실명확인증표에 첨부된 사진 등에 의하여 명의인 본인여부를 확인하는 것이다.

07

「금융실명거래 및 비밀보장에 관한 법률」상 금융회사 종사자가 금융거래정보를 제3자에게 제공할 수 있는 경우에 해당하지 <u>않</u>는 것의 개수는?

ㄱ. 명의인의 서면상 요구나 동의를 받은 경우

ㄴ. 검사 또는 경찰관 명의 서면에 의한 요청인 경우

ㄷ. 법원의 제출명령 또는 법관이 발부한 영장에 의한 경우

ㄹ. 조세에 관한 법률의 규정에 의하여 소관관서장의 요구(상속·증여재산의 확인, 체납자의 재산조회 등)에 의한 거래정보 등을 제공하는 경우

ㅁ. 동일 금융회사의 내부 또는 금융회사 상호간에 업무상 필요한 정보 등을 제공하는 경우

ㅂ. 타법률의 규정에 의하여 정보제공이 가능한 경우

---

① 1개   ② 2개

③ 3개   ④ 없음

08

금융실명거래원칙과 금융소비자보호에 관한 내용으로 옳지 <u>않은</u> 것은?

① 「금융실명거래 및 비밀보장에 관한 법률」은 금융회사 종사자에게 명의인의 서면상 요구나 동의 없이는 금융거래정보 또는 자료를 타인에게 제공하거나 누설할 수 없도록 비밀보장 의무를 규정하고 있다.

② 「금융실명거래 및 비밀보장에 관한 법률」상 원칙적으로 개인의 실명확인증표는 주민등록증이나, 예외적으로 운전면허증, 여권, 청소년증, 경로우대증, 노인복지카드, 장애인복지카드, 학생증, 납세번호증, 고유번호증 등도 실명확인증표가 될 수 있다.

③ 금융소비자보호법상 금융상품을 크게 예금성, 대출성, 투자성, 보장성상품 4가지 유형으로 분류된다.

④ 금융소비자보호법상 금융회사 등의 업종 구분은 금융상품 직접판매업자, 금융상품판매대리·중개업자 또는 금융상품자문업자로 분류된다.

09

「금융실명거래 및 비밀보장에 관한 법률」상 내용으로 옳지 <u>않은</u> 것은?

① 실명이 확인된 계좌에 의한 계속거래와 각종 공과금 수납 및 100만 원 이하의 원화 또는 그에 상당하는 외국통화의 송금(무통장 입금을 포함), 100만 원 이하에 상당하는 외국통화의 매입·매각은 실명확인을 생략할 수 있다.

② 금융기관 종사자가 명의인 서면요구나 동의를 받지 않는 한 타인에게 금융거래 정보나 자료 등을 제공 또는 누설한 경우 3년 이하의 징역 또는 2,000만 원 이하의 벌금에 처한다.

③ 금융기관에 금융거래정보 등의 제공을 요구하는 경우에는 명의인의 인적사항, 법적 근거, 요구대상 거래기간, 사용목적, 요구하는 거래정보 등의 내용 등이 포함된 표준양식에 따라야 한다.

④ 금융기관은 거래정보 등을 제공한 경우에 제공한 날부터 10일 이내에 그 사실(제공한 거래정보 등의 주요내용, 사용목적, 제공받은 자 및 제공일 등)을 명의인에게 서면으로 통보하여야 한다.

10

내부통제 및 리스크관리에 대한 내용으로 옳지 <u>않은</u> 것은?

① 내부통제란 조직이 효율적인 업무운영, 정확하고 신뢰성 있는 재무보고 체제의 유지, 관련 법규 및 내부정책·절차의 준수 등과 같은 목표를 달성하려는 합리적인 확신을 주기 위하여 조직 내부에서 자체적으로 마련하여 이사회, 경영진 및 직원 등 조직의 모든 구성원들이 지속적으로 실행·준수하도록 하는 일련의 통제과정이다.

② 금융회사가 효과적인 내부통제제도를 구축·운영해야 하는 법적인 근거가 없어 제도화에 어려움이 있다.

③ 내부통제의 구성요소로서 통제환경, 리스크평가, 통제활동, 정보와 의사소통, 모니터링 등이 있다.

④ 준법감시인이란 내부통제기준의 준수 여부를 점검하고 내부통제기준을 위반하는 경우 이를 조사하는 등 내부통제 관련 업무를 총괄하는 자를 말한다.

11

난이도 (상)(중)(하)

금융소비자보호법에 대한 내용으로 옳지 않은 것은?

① 금융소비자보호법은 동일 기능 동일규제 원칙 아래 금융상품의 유형과 금융회사 등의 업종 구분 등을 정의하고 금융소비자의 권리와 책무, 국가와 금융상품 판매업자 등의 책무, 금융상품판매업자 등의 영업행위 준수사항, 금융소비자 보호 감독 및 처분 등에 대하여 규정하고 있다.

② 예금성 상품의 경우 수익률 등 변동 가능성이 있는 상품에 한정한다.

③ 금융상품 6대 판매원칙은 적합성의 원칙, 적정성의 원칙, 설명의무, 불공정영업행위 금지, 부당권유행위 금지, 허위·과장광고 금지이다.

④ 설명의무 위반에 따른 손해배상청구 소송 시 고의·과실에 대한 입증책임을 금융회사가 아닌 소비자가 입증하도록 하였다.

12

난이도 (상)(중)(하)

「금융소비자 보호에 관한 법률」상 청약철회 숙려기간에 대한 내용으로 옳지 않은 것은?

① 청약철회권을 도입하여 일정 기간 내 소비자가 금융상품 계약을 철회하는 경우 금융상품 판매자는 이미 받은 금전·재화 등을 소비자에게 반환하여야 한다.

② 보장성 상품은 보험증권 수령일로부터 15일과 청약일로부터 30일 중 먼저 도래하는 기간 이내에 청약철회권을 사용할 수 있다.

③ 투자성 상품·금융상품자문은 계약서류 제공일 또는 계약체결일로부터 10일 이내에 청약철회권을 사용할 수 있다.

④ 대출성 상품은 계약서류 제공일, 계약체결일 또는 계약에 따른 금전·재화 등 제공일로부터 14일 이내에 청약철회권을 사용할 수 있다.

해설편 ▶ P.29

10 기타사항

01

난이도 **상** 중 하

A씨의 2022년 귀속 금융소득 현황이 다음과 같을 때 종합소득산출세액으로 옳은 것은? 2019 계리직 9급(변형)

> - 정기예금 이자: 55,100,000원
> - 우리사주 배당금: 20,000,000원
> - 환매조건부채권 이자(RP): 30,000,000원
> - 농업회사법인 출자금 배당: 10,000,000원
>
> 단, 종합소득공제는 5,100,000원, 누진공제액은 5,220,000원으로 한다.

① 9,580,000원
② 11,980,000원
③ 14,380,000원
④ 16,780,000원

02

난이도 **상** 중 하

자금세탁방지제도에 대한 설명으로 옳은 것을 모두 고른 것은? 2022 계리직 9급

> ㄱ. 금융감독원은 금융기관 등으로부터 자금세탁관련 의심거래를 수집·분석하여 불법거래, 자금세탁행위 또는 공중협박 자금조달행위와 관련된다고 판단되는 금융거래자료를 법 집행기관에 제공한다.
> ㄴ. 고객확인제도는 금융회사가 고객과 거래시 자금세탁행위 등의 우려가 있는 경우 실제 당사자 여부 및 금융거래목적을 확인하는 제도로, 금융실명제가 포함하지 않고 있는 사항을 보완하는 차원에서 「금융실명거래 및 비밀보장에 관한 법률」을 개정하고 이 제도를 도입하였다.
> ㄷ. 고액현금거래보고제도는 1일 거래일 동안 1천만 원 이상의 현금을 입금하거나 출금한 경우 거래자의 신원과 거래일시, 거래금액 등 객관적 사실을 전산으로 자동 보고하는 것이다.
> ㄹ. 2010년 6월 30일부터 의심거래보고 기준금액이 2천만 원에서 1천만 원으로 하향 조정되고, 2013년 8월 13일부터 의심거래보고 기준금액이 삭제됨에 따라 의심거래보고 건수는 크게 증가되고 있는 추세이다.

① ㄱ, ㄴ
② ㄱ, ㄹ
③ ㄴ, ㄷ
④ ㄷ, ㄹ

03

난이도 상 **중** 하

자금세탁방지제도에 대한 설명으로 옳지 <u>않은</u> 것은? 2016 계리직 9급

① 자금세탁이란 일반적으로 '자금의 위법한 출처를 숨겨 적법한 것처럼 위장하는 과정'을 의미한다.
② 의심거래보고제도(STR)의 보고대상에 대해 정해진 기준 금액은 없으며 금융기관이 주관적으로 판단하여 보고한다.
③ 금융정보분석원(KoFIU)은 보고된 혐의거래를 조사·수사하여 법집행기관에 기소 등의 의법조치를 의뢰한다.
④ 고객확인제도(CDD)의 확인대상이 되는 '계좌의 신규 개설'에는 양도성예금증서, 표지어음의 발행, 금고대여약정도 포함된다.

04

난이도 상 **중** 하

금융경제, 과세, 자금세탁방지업무에 대한 설명으로 옳은 것은? 2012 계리직 10급

① 채권시장에는 발행주체에 따라 국채시장, 지방채시장, 회사채시장, 환매조건부채권 매매시장이 있다.
② 일반은행은 국민은행(KB), 우리은행, 중소기업은행(IBK), 신한은행이 있다.
③ 모든 금융소득은 근로소득, 사업소득, 연금소득 등 다른 소득과 합산하여 종합과세 된다.
④ 고객확인제도는 거래당사자의 신원확인, 고객의 실제 당사자 여부 및 금융거래 목적까지 확인할 수 있는 제도이다.

05 난이도 상중**하**

예금자보호제도 중 보호대상 금융회사에 관한 내용으로 가장 옳은 것은?

① 보호대상 금융회사는 은행, 보험회사(생명보험·손해보험회사), 투자매매업자·투자중개업자, 종합금융회사, 상호저축은행이다.

② 농·수협지역조합, 신용협동조합, 새마을금고는 현재 예금보험공사의 보호대상 금융회사이다.

③ 우체국의 경우 예금보험공사의 보호대상 금융회사는 아니지만, 「예금자보호법」에 의거하여 우체국예금(이자 포함)과 우체국보험 계약에 따른 보험금 등 전액에 대하여 국가에서 지급을 책임지고 있다.

④ 정부, 지방자치단체(국·공립학교 포함), 한국은행, 금융감독원, 예금보험공사, 부보금융회사의 예금은 보호대상에 포함된다.

07 난이도 상**중**하

고액현금거래보고제도(CTR)에 관한 내용으로 옳지 않은 것은?

① 1일 거래일 동안 1천만 원 이상의 현금을 입금하거나 출금한 경우 거래자의 신원과 거래일시, 거래금액 등 객관적 사실을 전산으로 자동 보고토록 하고 있다.

② 1백만 원 이하의 원화송금(무통장입금 포함)은 기준금액 산정 시 제외되지만, 선불카드 금액은 기준금액 산정 시 포함 대상이다.

③ 금융기관이 자금세탁의 의심이 있다고 주관적으로 판단하여 의심되는 합당한 사유를 적어 보고하는 의심거래보고제도(STR)와는 구별된다.

④ 법원공탁금, 정부보관금, 송달료를 지출한 금액은 고액현금거래보고제도(CTR)와 고객확인제도(CDD)의 제외 대상이다.

06 난이도 상**중**하

「예금자보호법」에 의한 금융상품에 대한 내용으로 옳지 않은 것은?

① 확정기여형 퇴직연금제도 및 개인형퇴직연금제도의 적립금은 은행의 보호대상 금융상품이다.

② 양도성예금증서(CD), 환매조건부채권(RP), 은행 발행재권은 은행의 보호대상 금융상품에 해당하지 않는다.

③ 개인이 가입한 보험계약, 퇴직보험, 변액보험계약 특약, 확정급여형 퇴직연금제도의 적립금은 보험회사의 보호대상 금융상품이다.

④ 보험회사에 보험계약자 및 보험료납부자가 법인인 보험계약, 보증보험계약, 재보험계약, 변액보험계약 주계약 등은 보험회사의 보호대상 금융상품이 아니다.

08 난이도 상**중**하

고객확인제도(CDD)의 고객확인 대상에 대한 내용으로 옳지 않은 것은?

① 계좌 신규개설의 경우는 거래금액에 상관없이 고객확인의무를 수행하여야 한다.

② 2천만 원 이상의 일회성 금융거래 시 고객의 신원을 확인해야하는 바, 무통장입금(송금), 외화송금·환전, 자기앞수표 발행, 어음·수표의 지급, 선불카드 매매 등이 이에 해당한다.

③ 금융거래의 실제 당사자 여부가 의심되는 등 자금세탁행위나 공중협박자금조달 행위를 할 우려가 있는 경우 고객확인의무를 수행하여야 한다.

④ 영리법인의 경우 실지명의, 주소, 연락처 등으로 신원확인한다.

「예금자보호법」에 따른 예금자 보호 금융상품에 해당하는 것을 〈보기〉에서 모두 고른 것은?

───────── 보기 ─────────

ㄱ. 저축성예금(정기예금, 주택청약예금, 표지어음 등)
ㄴ. 개인이 가입한 보험계약
ㄷ. 은행 발행채권
ㄹ. 변액보험계약 특약
ㅁ. 주택청약저축, 주택청약종합저축 등
ㅂ. 보험계약자 및 보험료납부자가 법인인 보험계약

① ㄱ, ㄴ, ㄹ ② ㄴ, ㄹ, ㅁ
③ ㄷ, ㅁ, ㅂ ④ ㄹ, ㅁ, ㅂ

금융소득 종합과세에 대한 내용으로 옳지 않은 것은?

① 개인별 연간 금융소득(이자·배당 소득)이 2,000만 원 이하일 경우에는 원천징수하고, 2,000만 원을 초과하는 금융소득은 근로소득·사업소득·연금소득 등 다른 소득과 합산하여 누진세율을 적용하며 종합과세 한다.

② 「소득세법」상 개인의 소득을 종합소득, 퇴직소득, 양도소득으로 구분하고 소득종류별로 과세방법을 다르게 규정하고 있다.

③ 종합과세란 종합소득 중 비과세소득과 분리과세소득을 포함한 소득을 합산하여 누진세율을 적용하는 과세방법을 말한다.

④ 종합과세대상 금융소득이 발생한 경우(1년간 금융소득이 2천만 원을 초과한 경우) 발생연도 다음 해 5월 1일부터 5월 31일까지 신고·납부하여야 하며, 만약 5월 31일까지 신고하지 않거나 불성실하게 신고하는 경우에는 신고불성실 가산세 또는 납부불성실 가산세를 부담하게 된다.

자금세탁방지제도의 종류 및 특징과 관련하여 〈보기 1〉과 〈보기 2〉의 내용이 가장 적절하게 연결된 것은?

───────── 보기 1 ─────────

ㄱ. 금융회사가 고객과 거래 시 고객의 성명과 실지명의 이외에 주소, 연락처 등을 추가로 확인하고, 자금세탁행위 등의 우려가 있는 경우 실제 당사자 여부 및 금융거래 목적을 확인하는 제도이다.

ㄴ. 일정금액 이상의 현금거래를 KoFIU에 보고토록 한 제도이다. 1일 거래일 동안 1천만 원 이상의 현금을 입금하거나 출금한 경우 거래자의 신원과 거래일시, 거래금액 등 객관적 사실을 전산으로 자동 보고토록 하고 있다.

ㄷ. 금융거래(카지노에서의 칩 교환 포함)와 관련하여 수수한 재산이 불법재산이라고 의심되는 합당한 근거가 있거나 금융거래의 상대방이 자금세탁행위를 하고 있다고 의심되는 합당한 근거가 있는 경우 이를 금융정보분석원장에게 보고토록 한 제도이다.

ㄹ. 고객별·상품별 자금세탁 위험도를 분류하고 자금세탁위험이 큰 경우에는 더욱 엄격한 고객확인, 즉 실제 당사자여부 및 금융거래 목적과 거래자금의 원천 등을 확인하도록 하는 제도이다.

───────── 보기 2 ─────────

㉠ 의심거래보고제도(STR)
㉡ 고액현금거래보고제도(CTR)
㉢ 고객확인제도(CDD)
㉣ 강화된 고객확인의무(EDD)
㉤ 다자 간 금융정보자동교환 협정(MCAA)
㉥ 한미 간 국제납세의무 준수촉진을 위한 협정(FATCA)

	ㄱ	ㄴ	ㄷ	ㄹ
①	㉠	㉢	㉣	㉤
②	㉡	㉣	㉠	㉥
③	㉢	㉡	㉠	㉣
④	㉢	㉡	㉣	㉥

12

난이도 (상)(중)(하)

밑줄 친 ( )의 제도와 관련한 내용으로 옳지 <u>않은</u> 것은?

> ( )은/는 금융거래 등과 관련하여 수수한 재산이 불법재산이라고 의심되는 합당한 근거가 있거나 금융거래 등의 상대방이 자금세탁행위를 하고 있다고 의심되는 합당한 근거가 있는 경우 이를 금융정보분석원장에게 보고토록 한 제도이다.

① 「범죄수익은닉의 규제 및 처벌 등에 관한 법률」 제5조 제1항 및 「공중 등 협박목적 및 대량살상무기확산을 위한 자금조달행위의 금지에 관한 법률」 제5조 제2항에 따라 관할 수사기관에 신고한 경우에는 금융정보분석원에 의심거래보고를 생략할 수 있다.

② 의심거래보고를 허위보고 하는 경우 1년 이하의 징역 또는 1천만 원 이하의 벌금, 미보고하는 경우 3천만 원 이하의 과태료 부과도 가능하다.

③ 의심거래보고를 하지 않는 경우에는 관련 임직원에 대한 징계 및 기관에 대한 시정명령과 과태료부과 등 제재처분이 가능하다.

④ 금융회사가 금융거래 등의 상대방과 공모하여 의심거래보고를 하지 않거나 허위보고를 하는 경우에는 6개월의 범위 내에서 영업정지처분도 가능하다.

13

난이도 (상)(중)(하)

의심거래보고제도(STR)에 대한 내용으로 옳지 <u>않은</u> 것은?

① 금융거래의 상대방이 자금세탁행위나 공중협박자금조달행위를 하고 있다고 의심되는 합당한 근거가 있는 경우에는 지체 없이 의무적으로 금융정보분석원에 의심거래보고를 하여야 한다.

② 의심거래보고 기준금액이 2천만 원에서 1천만 원으로 하향 조정됨에 따라 의심거래보고 건수는 크게 증가하고 있는 추세이다.

③ 의심거래보고를 하지 않는 경우에는 관련 임직원에 대한 징계 및 기관에 대한 시정명령과 과태료 부과 등 제재처분이 가능하다.

④ 금융회사가 금융거래의 상대방과 공모하여 의심거래보고를 하지 않거나 허위보고를 하는 경우에는 6개월의 범위 내에서 영업정지처분도 가능하다.

14

난이도 (상)(중)(하)

고객확인제도(CDD)에 대한 내용으로 옳은 것은?

① 금융기관은 계좌의 신규개설이나 2천만 원(미화 1만 불) 이상의 일회성 금융거래 시 고객의 신원을 확인하여야 한다.

② 계좌의 신규개설이란 고객이 금융기관에서 예금계좌, 위탁매매계좌 등을 개설하는 경우만을 말한다.

③ 영리법인의 경우 고객별 신원확인사항은 실지명의, 주소, 연락처이다.

④ 금융기관은 실제당사자 여부가 의심되는 등 고객이 자금세탁행위를 할 우려가 있는 경우에는 고객별 신원확인까지는 가능하고 금융거래 목적은 확인사항에 해당하지 않는다.

15

난이도 (상)(중)(하)

예금자 갑(甲)과 을(乙)이 아래와 같이 금융기관에 예금을 보유하고 있을 때 보호받을 수 있는 예금자보호한도 총액을 계산할 경우 이와 관련하여 〈보기 1〉과 〈보기 2〉의 내용이 가장 적절하게 연결된 것은?

〈보기 1〉 갑(甲) 예금자	
A은행 1지점 OO적금	원금 2,000만 원, 이자 30만 원
A은행 1지점 YY적금	원금 2,000만 원, 이자 20만 원
A은행 2지점 CC적금	원금 3,000만 원, 이자 50만 원
A은행 2지점 개인형 퇴직연금	예금자보호형 적립금 5,000만 원

〈보기 2〉 을(乙) 예금자	
A은행 1지점 XX적금	원금 2,000만 원, 이자 50만 원
B은행 1지점 DD적금	원금 1,500만 원, 이자 20만 원
C은행 2지점 CC정기예금	원금 5,000만 원, 이자 50만 원

	갑(甲) 예금자 총 보호한도	을(乙) 예금자 총 보호한도
①	5,000만 원	3,570만 원
②	1억 원	3,570만 원
③	1억 원	5,000만 원
④	1억 원	8,570만 원

16

「조세특례제한법」에 의한 비과세 금융소득이 <u>아닌</u> 것은 모두 몇 개인가?

> ㄱ. 우리사주조합원이 받는 배당
> ㄴ. 농업회사법인 출자금의 배당
> ㄷ. 장기주택마련저축의 이자·배당
> ㄹ. 세금우대종합저축의 이자·배당
> ㅁ. 집합투자증권의 배당소득에 대한 과세특례

① 1개
② 2개
③ 3개
④ 4개

17

금융소득 종합과세에 대한 내용으로 옳은 것은?

① 「소득세법」에서는 이자소득과 배당소득 둘 다 유형별 열거주의에 의하여 과세범위를 규정하고 있다.

② 배당소득은 총수입금액이 되며 비과세되는 배당소득은 포함하지 않으나 배당소득이 종합소득에 합산되는 경우 법인단계에서 부담한 것으로 간주되는 귀속법인세를 배당소득 총수입금액에 가산하는 'Gross −up제도'를 적용한다.

④ 금융소득 중 비과세 및 분리과세 소득을 포함한 금융소득이 2천만 원을 초과하는 경우 금융소득 전체를 종합과세한다.

③ 「소득세법」 제62조의 규정에 따라 종합과세방식(기준금액을 초과하는 금융소득을 다른 종합소득과 합산하여 계산하는 방식)과 분리과세방식(금융소득과 다른 종합소득을 구분하여 계산하는 방식)에 의해 계산된 금액 중 적은 금액을 산출세액으로 한다.

해설편 ▶ P.30

자신의 능력을 믿어야 한다.
그리고 끝까지 굳세게 밀고 나가라.

– 엘리너 로절린 스미스 카터(Eleanor Rosalynn Smith Carter)

PART

보험(보험일반)

CHAPTER 01   보험일반 이론

CHAPTER 02   생명보험 이론

CHAPTER 03   보험윤리와 소비자보호

CHAPTER 04   생명보험과 제3보험

CHAPTER 05   보험계약법(인보험편)

CHAPTER 06   우체국보험 일반현황

CHAPTER 07   우체국보험 상품

CHAPTER 08   우체국보험 모집 및 언더라이팅

CHAPTER 09   우체국보험 계약유지 및 보험금 지급

CHAPTER 10   리스크관리 및 자금운용 등

출제비중 **49%**

※ 전 9회 시험(2022~2008)을 기준으로 출제비중을 산출
하였습니다.

01

보험일반 이론

01

난이도 ⑧⑧⑨

위험관리와 보험의 종류에 대한 설명으로 옳은 것은?

2021 계리직 9급

① 위험의 발생 상황에 따라 순수위험과 투기적 위험으로 분류하며, 사건 발생에 연동되는 결과에 따라 정태적 위험과 동태적 위험으로 분류한다.

② 손해보험 중 특종보험은 상해·화재·항공·보증·장기보험 등을 제외한 모든 형태의 보험으로 해상보험, 건설공사보험, 동물보험, 유리보험 등이 있다.

③ 동태적 위험은 사회적인 특정 징후로 예측이 가능한 면도 있으나, 위험의 영향이 광범위하며 발생 확률을 통계적으로 측정하기 어렵다.

④ 보험의 대상이 되는 불확실성(위험)의 조건 중 한정적 측정 가능 손실이란 보험회사 또는 인수집단의 능력으로 보상이 가능한 규모의 손실을 의미한다.

02 빈출문제

난이도 ⑧⑥⑨

위험의 구분에 관하여 〈보기 1〉과 〈보기 2〉의 내용이 가장 적절하게 연결된 것은?

┤ 보기 1 ├

ㄱ. "(   )"은/는 주식투자, 복권, 도박 등과 같이 경우에 따라 불확실성의 결과가 이익 또는 손실의 발생여부로 나뉜다.

ㄴ. "(   )"은/는 손실이 발생하거나 발생하지 않는 불확실성이며, 사건 발생이 곧 손실의 발생이므로 이익이 발생하지 않는다.

ㄷ. "(   )"은/는 시간경과에 따른 사회·경제적 변화와 관계가 있는 위험으로 산업구조 변화, 물가변동, 생활양식 변화, 소비자 기호변화, 정치적 요인 등 사회의 동적 변화에 따라 발생할 수 있는 불확실성이다.

ㄹ. "(   )"은/는 시간에 따른 사회·경제적 변화와 관계없이 발생할 수 있는 위험으로 자연재해, 인적 원인에 의한 화재·상해 등, 그리고 고의적인 사기·방화 등을 예로 들 수 있다.

┤ 보기 2 ├

㉠ 순수위험	㉡ 정태적 위험
㉢ 투기적 위험	㉣ 동태적 위험

	ㄱ	ㄴ	ㄷ	ㄹ
①	㉠	㉢	㉣	㉡
②	㉢	㉡	㉠	㉣
③	㉢	㉠	㉣	㉡
④	㉠	㉢	㉡	㉣

03

난이도 (상)(중)(하)

보험과 위험의 분류에 대한 내용으로 가장 옳은 것은?

① 보험은 「상법」상 손해보험과 인보험으로 분류되며, 다시 손해보험은 배상책임보험과 재물보험으로 분류되고, 인보험은 생명보험과 상해보험으로 분류된다.

② 보험의 실무상으로 손해보험과 생명보험으로 분류하기도 하며, 손해보험은 개인보험과 단체보험으로 나뉜다.

③ 위험은 사건발생에 연동되는 결과에 따라 순수위험(주식투자, 복권, 도박)과 투기적 위험(조기사망, 화재, 자연재해, 교통사고)으로 분류할 수 있다.

④ 위험의 발생상황에 따라 정태적 위험(사회적 위험, 산업구조 변화, 물가변동)과 동태적 위험(개인적 위험, 인적 원인에 의한 화재ㆍ상해)으로도 구분이 가능하다.

04

난이도 (상)(중)(하)

생명보험의 사상적 기원과 우리나라 생명보험의 역사에 대한 내용으로 옳지 않은 것은?

① 13~14세기경 독일에서 발달한 길드(Guild)는 교역의 발달에서 파생된 상호구제제도이다.

② 1876년 일본에 의한 강화조약 체결 이후 서양 열강의 보험회사들이 진출하기 시작하였고, 우리나라 최초의 생명보험사는 1921년 한상룡씨가 설립한 '조선생명보험주식회사'이다.

③ 우체국보험은 1929년 5월에 제정된 '조선간이생명보험령'에 따라 1929년 10월에 조선총독부 체신국에서 종신보험과 양로보험을 판매하기 시작한 것을 시초로 하고 있다.

④ 1990년대에는 보험시장 개방, 금융자율화 정책으로 본격적인 경쟁이 시작되었으며, 경제 고속성장과 가계소득 증가로 생명보험산업도 고도성장을 이룰 수 있었다.

05

난이도 (상)(중)(하)

보험의 대상이 되는 위험에 대한 설명으로 옳지 않은 것은?

① 동태적 위험은 보험의 대상이 되지만, 정태적 위험은 보험의 대상이 되기 어려운 특성을 가진다.

② '우연적이고 고의성 없는 위험'이란 손실사고 발생이 인위적이거나 의도가 개입되지 않으며 미리 예측할 수 없이 무작위로 발생하는 손실을 말한다.

③ 위험에 따른 보험료가 매우 높게 산정되어 가입자가 경제적으로 부담이 불가능한 경우 시장성이 없어 계약이 거래되지 않는다.

④ 재난적 손실의 예시로는 천재지변, 전쟁, 대량실업 등이 있다.

보험의 대상이 되는 불확실성(위험)의 조건에 관한 설명이다. 이와 관련하여 〈보기 1〉과 〈보기 2〉의 내용이 가장 적절하게 연결된 것은?

─┤ 보기 1 ├─

ㄱ. 피해의 발생원인, 발생시점, 장소, 피해의 정도가 명확히 식별 가능하고 손실금액을 측정할 수 있어야 하며, 이를 위해서는 객관적 자료 수집과 처리를 통해 정확한 보험금 지급 및 적정 보험료 산정이 가능해야 한다.

ㄴ. 보험회사 혹은 인수집단의 능력으로 보상이 가능한 규모의 손실이어야 한다. 다만, 위험분산기법 발달, 보험사의 대규모화 등으로 전가 가능 위험의 범위가 확대되는 추세이다.

ㄷ. 건물 화재, 자동차 접촉사고 등과 같이 유사한 속성(발생빈도 및 손실규모)의 위험이 발생의 연관이 없이 독립적으로 다수 존재해야 하며, 대수의 법칙을 적용하여 손실을 예측할 수 있고 보험료를 계산할 수 있어야 한다.

ㄹ. 적정 보험료 및 준비금 산정을 위해 손실사건 발생확률을 추정할 수 있는 위험이어야 한다.

─┤ 보기 2 ├─

㉠ 다수의 동질적 위험단위
㉡ 한정적 측정 가능 손실
㉢ 측정 가능한 손실확률
㉣ 비재난적 손실
㉤ 재난적 손실
㉥ 경제적으로 부담 가능한 보험료 수준

	ㄱ	ㄴ	ㄷ	ㄹ
①	㉡	㉣	㉠	㉢
②	㉡	㉤	㉠	㉣
③	㉢	㉤	㉥	㉡
④	㉢	㉣	㉠	㉤

보험실무상 손해보험과 생명보험으로 분류된다. 이와 관련하여 〈보기 1〉과 〈보기 2〉의 내용이 가장 적절하게 연결된 것은?

─┤ 보기 1 ├─

ㄱ. 각종 거래에서 발생하는 신용위험을 감소시키기 위해 보험의 형식으로 하는 보증제도로서 보증보험회사가 일정한 대가(보험료)를 받고 계약상의 채무이행 또는 법령상의 의무이행을 보증하는 특수한 형태의 보험이다.

ㄴ. 해상·화재·자동차·보증·장기보험 등을 제외한 모든 형태의 보험으로 상해보험, 건설공사보험, 항공보험, 유리보험, 동물보험, 배상책임보험 및 도난보험 등 기타 보험이 이에 해당하는 보험이다.

ㄷ. 피보험자의 종신 또는 일정한 기간 동안 해마다 일정 금액을 지불할 것을 약속하는 생명보험의 한 유형이다.

ㄹ. 일반적으로 3년 이상의 보험기간을 가지며 보장기능 외 적립부분(저축보험료)이 포함된 상품으로 일반손해보험과 다르게 만기 도달 시 환급금을 되돌려주는 저축기능이 부과되어 있다.

─┤ 보기 2 ├─

㉠ 화재보험
㉡ 해상보험
㉢ 자동차보험
㉣ 보증보험
㉤ 장기(손해)보험
㉥ 특종보험
㉦ 개인보험
㉧ 연금보험
㉨ 단체보험

	ㄱ	ㄴ	ㄷ	ㄹ
①	㉣	㉥	㉧	㉤
②	㉤	㉠	㉦	㉨
③	㉣	㉡	㉧	㉤
④	㉤	㉥	㉢	㉧

해설편 ▶ P.38

01

난이도 (상)(중)(하)

생명보험계약 관계자에 대한 설명으로 옳은 것을 모두 고른 것은?

2022 계리직 9급

ㄱ. 보험계약자와 피보험자는 1인 또는 다수 모두 가능하다.

ㄴ. 피보험자와 보험계약자가 각각 다른 사람일 경우 '타인을 위한 보험'이라고 한다.

ㄷ. 보험계약자가 보험계약 시 보험수익자를 지정하지 않은 경우 생존보험금 발생 시 보험수익자는 피보험자이다.

ㄹ. 보험중개사는 독립적으로 보험계약 체결을 중개하는 자로 계약체결권, 고지수령권, 보험료수령권에 대한 권한이 없다.

① ㄱ, ㄴ   ② ㄱ, ㄹ

③ ㄴ, ㄷ   ④ ㄷ, ㄹ

02

난이도 (상)(중)(하)

보험료를 계산하는 현금흐름방식에 대한 설명으로 옳은 것은?

2021 계리직 9급

① 보수적 표준기초율을 일괄적으로 가정하여 적용한다.

② 보험료 산출이 비교적 간단하고 기초율 예측 부담이 경감되는 장점이 있다.

③ 상품개발 시 수익성 분석을 동시에 할 수 있으며 상품개발 후 리스크 관리가 용이하다.

④ 3이원(利原)을 포함한 다양한 기초율을 가정하며, 계리적 가정에는 위험률, 해지율, 손해율, 적립이율 등이 있다.

03 빈출문제

난이도 (상)(중)(하)

다음 보험료 계산의 기초에 대한 설명으로 옳지 <u>않은</u> 것은?

2016 계리직 9급

① 예정이율이 낮아지면 보험료는 올라가고, 예정이율이 높아지면 보험료는 내려간다.

② 예정사업비율이 낮아지면 보험료는 내려가고, 예정사업비율이 높아지면 보험료는 올라간다.

③ 순보험료는 장래의 보험금 지급의 재원(財源)이 되는 보험료로, 위험보험료와 저축보험료로 분리할 수 있다.

④ 보험료는 대수의 법칙에 의거하여 예정사망률, 예정이율, 예정사업비율의 3대 예정률을 기초로 계산한다.

04

난이도 (상)(중)(하)

보험료에 관한 설명으로 옳지 <u>않은</u> 것은?

2010 계리직 10급

① 예정사망률이 높아지면 위험보험료는 올라간다.

② 예정이율이 높아지면 연금보험의 보험료는 내려간다.

③ 예정사업비율이 높아지면 순보험료는 올라간다.

④ 예정사망률이 낮아지면 생존보험의 보험료는 올라간다.

05

난이도 (상)(중)(하)

보험료 구성에 대한 설명으로 옳지 <u>않은</u> 것은?

2008 계리직 10급

① 보험계약자가 실제로 보험회사에 내는 보험료를 '영업보험료'라고 하며 순보험료와 부가보험료로 구성된다.

② 만기보험금의 지급재원이 되는 보험료를 '저축보험료'라고 하며 예정이율에 기초하여 계산한다.

③ '위험보험료'는 보험사고에 따른 지급재원으로 순보험료에 해당하며 예정위험률에 기초하여 계산한다.

④ '부가보험료'는 신계약비, 유지비 및 전산비로 구분하며 예정사업비율에 기초하여 계산한다.

06

난이도 (상)(중)(하)

생명보험 계약관계자에 대한 설명으로 옳지 <u>않은</u> 것은?

① '보험자'란 위험을 인수하는 보험회사를 말하며, 유지된 계약에 대하여 보험금 지급사유가 발생하였을 경우 보험금을 지급할 의무가 있다.

② '보험계약자'는 보험자와 보험계약을 체결하는 보험계약 당사자로, 보험계약에 대한 보험료 납부 등의 의무와 보험금 청구 권리를 갖는다.

③ 보험계약에서 정의한 보험사고가 발생함으로써 손해를 입는 사람을 말하며, 1인이든 다수든 상관없다.

④ '피보험수익자'란 보험자에게 보험사고에 대하여 보험금지급을 청구·수령할 수 있는 권리를 가진 사람을 말한다.

07

난이도 (상)(중)(하)

보험계약의 요소에 대한 설명으로 옳지 <u>않은</u> 것은?

① 보험목적물(보험대상)은 보험사고 발생의 객체로 생명보험에서는 피보험자의 생명 또는 신체를 말하며, 보험자가 배상하여야 할 범위와 한계를 정해준다.

② 보험사고란 보험에 담보된 재산 또는 생명이나 신체에 관하여 보험자(보험회사)가 보험금 지급을 약속한 사고(위험)가 발생하는 것을 말한다.

③ 보험료는 보험사고가 발생하였을 때 보험자가 지급하는 금액으로 보험계약 체결 시 합의에 의해 설정할 수 있다.

④ 보험기간은 보험에 의한 보장이 제공되는 기간으로 「상법」에서는 보험자의 책임을 최초의 보험료를 지급 받은 때로부터 개시한다고 규정되어 있다.

08

난이도 (상)(중)(하)

다음은 생명보험의 기본원리에 관한 내용이다. ㉠, ㉡에 들어갈 내용을 바르게 연결한 것은?

- (㉠): 측정대상의 숫자 또는 측정횟수가 많아지면 많아질수록 예상치가 실제치에 근접한다는 원칙
- (㉡): 보험계약자가 납입하는 보험료 총액과 보험회사가 지급하는 보험금 및 사업비 등 지출비용의 총액이 동일한 금액이 되도록 하는 원칙

	㉠	㉡
①	대수의 법칙	수지균형의 원칙
②	대수의 법칙	수지상등의 원칙
③	수지상등의 원칙	수지균형의 원칙
④	수지균형의 원칙	대수의 법칙

09

난이도 상 **중** 하

보험료 산출 시 사용되는 기초율을 예정률이라 하며, 여기에는 예정이율, 예정위험률, 예정사업비율이 있다. 예정률은 적정수준의 안전성을 가정하고 있으므로, 수지계산에 있어서 과잉분을 낳는 것이 일반적이다. 보험료의 과잉분에 따른 잉여금에 대한 배당에 내용으로 옳지 않은 것은?

① 유배당보험의 경우 보험회사는 계약에 대해 잉여금이 발생할 경우 잉여금의 일정비율을 계약자배당준비금으로 적립하여 이를 보험계약자에게 배당금으로 지급한다.

② 생명보험회사는 계약자배당금을 현금지급·납입할 보험료와 상계·보험금 또는 제환급금 지급 시 가산방법 중 보험자가 선택하는 방법에 따라 지급하여야 한다.

③ 보험안내자료에는 보험회사의 장래의 이익 배당 또는 잉여금 분배에 대한 예상에 관한 사항을 적지 못한다. 다만, 보험계약자의 이해를 돕기 위하여 금융위원회가 필요하다고 인정하여 정하는 경우에는 그러하지 아니하다.

④ 배당이 있는 연금보험의 경우 직전 5개년도 실적을 근거로 장래 계약자배당을 예시할 수 있으나, 보험계약자가 오해하지 않도록 장래의 배당금은 추정에 따른 금액으로 실제 배당금액과 차이가 발생할 수 있음을 명시해야 한다.

10 빈출문제

난이도 상 중 **하**

보험료 계산의 기초에 대한 설명으로 옳지 않은 것은?

① 순보험료는 장래의 보험금 지급의 재원이 되는 보험료로, 위험보험료와 저축보험료로 분리할 수 있다.

② 보험료를 수지상등의 원칙에 의거하여 예정사망률, 예정이율, 예정사업비율의 3대 예정률을 기초로 계산한다.

③ 3이원방식은 예정사망률, 예정이율, 예정사업비율의 3대 예정률을 기초로 계산하는 방식이다.

④ 현금흐름방식은 기존의 3이원을 조합하여 정해진 수식으로 보험료를 산출하는 방식이다.

11

난이도 상 중 **하**

보험료 산정에 대한 설명으로 옳지 않은 것은?

① 자연보험료는 매년 납입 순보험료 전액이 그 해 지급되는 보험금 총액과 일치하도록 계산하는 방식으로 보험료가 매년 높아지게 된다.

② 정해진 시기에 매번 납입하는 보험료의 액수가 동일한 산정방식으로 사망률(위험률)이 높은 계약 전반기 동안에 납입된 평준보험료는 보험금 및 비용 지급분 대비 크다.

③ 일시납방식 보험계약에서는 미래 예상되는 모든 보험금지급비용 충당에 필요한 금액을 일시금으로 납입한다.

④ 보험계약자는 보험기간 중에 보험회사가 정한 납입보험료의 최저·최고치 규정에 따라 본인이 원하는 만큼의 보험료를 납입할 수 있다.

12

난이도 상 **중** 하

보장성 보험료의 세액공제에 관한 내용으로 가장 옳은 것은?

① 보장성 보험을 해당 연도 중 중도에 해지한 경우에는 해지 시까지 납입한 보험료는 세액공제 받을 수 없다.

② 세액공제 대상을 근로소득자로 제한하고 있어 연금소득자 또는 개인사업자 등은 보장성 보험에 가입하더라도 세액공제를 받을 수 없다.

③ 일용근로자를 포함한 근로소득자가 기본공제대상자를 피보험자로 하는 일반 보장성 보험에 가입한 경우 과세기간에 납입한 보험료(100만 원 한도)의 15%에 해당되는 금액을 종합소득산출세액에서 공제받을 수 있다.

④ 근로소득자란 사장·임원·직원 등이며, 일용근로자는 포함한다. 다만, 개인사업자에게 고용된 직원이 근로소득자일 경우에는 세액공제 가능하다.

13

보험료의 구성에 대한 설명으로 옳지 <u>않은</u> 것은?

① 보험계약자가 보험사고에 의한 보장을 받기 위하여 보험회사에 지급하여야 할 금액으로 만약 납부하지 않는다면 그 계약은 해지된다.

② 보험계약자가 실제로 보험회사에 내는 보험료를 영업보험료라고 하며, 이는 순보험료와 부가보험료로 구성된다.

③ 순보험료는 장래의 보험금 지급의 재원(財源)이 되는 보험료로 저축보험료는 상해급여금 지급의 재원이 되는 보험료이고, 위험보험료는 중도급부금 지급의 재원이 되는 보험료이다.

④ 부가보험료는 보험회사가 보험계약을 체결·유지·관리하기 위한 경비에 사용되는 보험료로, 예정사업비율을 기초로 하여 계산되며, 신계약비·유지비·수금비로 구분된다.

14

계약자와 보험자 간의 계약 체결을 위해 중간에서 도와주는 보조자가 있다. 이와 관련하여 〈보기 1〉과 〈보기 2〉의 내용이 가장 적절하게 연결된 것은?

┤ 보기 1 ├

ㄱ. "(   )"은/는 보험자를 위해 보험계약 체결을 대리하는 자로서 계약체결권, 고지 수령권, 보험료 수령권의 권한을 가지고 있다.

ㄴ. "(   )"은/는 보험회사, 대리점, 중개사에 소속되어 보험계약 체결을 중개하는 자이다.

ㄷ. "(   )"은/는 독립적으로 보험계약 체결을 중개하는 자로서 계약체결권, 고지수령권, 보험료 수령권에 대한 권한이 없다.

┤ 보기 2 ├

㉠ 보험설계사
㉡ 보험대리점
㉢ 보험중개사

	ㄱ	ㄴ	ㄷ
①	㉡	㉢	㉠
②	㉠	㉡	㉢
③	㉢	㉠	㉡
④	㉡	㉠	㉢

15

다음은 생명보험 용어에 관한 내용이다. ㉠, ㉡에 들어갈 내용을 바르게 나열한 것은?

- (㉠)은/는 보험회사 입장에서 보험가입을 원하는 피보험자의 위험을 각 위험집단으로 분류하여 보험가입 여부를 결정하는 일련의 과정을 말한다.
- (㉡)은/는 특정군의 특성에 기초하여 계산된 위험보다 높은 위험을 가진 집단이 동일 위험군으로 분류되어 보험계약을 체결함으로써 그 동일 위험군의 사고발생률을 증가시키는 현상을 말한다.

	㉠	㉡
①	언더라이팅	역선택
②	언더라이팅	생명표
③	표준미달체	생명표
④	도덕적 해이	역선택

16

생명보험계약 관계자에 대한 내용이다. 이와 관련하여 〈보기 1〉과 〈보기 2〉의 내용이 가장 적절하게 연결된 것은?

┤ 보기 1 ├

ㄱ. 보험수익자와 보험계약자가 동일한 경우
ㄴ. 피보험자와 보험계약자가 각각 다른 사람일 경우
ㄷ. 보험수익자와 보험계약자가 각각 다른 사람일 경우
ㄹ. 피보험자와 보험계약자가 동일할 경우

┤ 보기 2 ├

㉠ 자기의 생명 보험   ㉡ 타인의 생명 보험
㉢ 자기를 위한 보험   ㉣ 타인을 위한 보험

	ㄱ	ㄴ	ㄷ	ㄹ
①	㉠	㉣	㉢	㉡
②	㉠	㉣	㉡	㉢
③	㉢	㉡	㉣	㉠
④	㉢	㉡	㉠	㉣

17

난이도 상 중 하

생명보험계약 관계자에 대한 설명으로 옳은 것을 모두 고른 것은?

> ㄱ. 보험계약자의 자격에는 제한이 없어 자연인·법인 또는 1 인·다수 등 상관없이 보험계약자가 될 수 있다. 다만, 만 19세 미만자의 경우 친권자 또는 후견인(법정대리인)의 동의가 필요하다.
>
> ㄴ. 보험자는 보험계약에서 정의한 보험사고가 발생함으로써 손해를 입는 사람을 말하며, 보험자는 1인 또는 다수이든 상관없다.
>
> ㄷ. 보험수익자는 피보험자에게 보험사고가 발생 시 보험자에게 보험금지급을 청구·수령할 수 있는 권리를 가진 사람으로 그 수나 자격에 대한 제한이 없다.
>
> ㄹ. 계약자가 보험계약 시 보험수익자를 지정하지 않은 경우 보험사고에 따라 보험수익자가 결정되는데 사망보험금은 보험계약자가 보험수익자가 된다.

① ㄱ, ㄴ   ② ㄱ, ㄷ

③ ㄴ, ㄷ   ④ ㄷ, ㄹ

18 빈출문제

난이도 상 중 하

생명보험의 기본원리와 보험료 계산방식에 대한 내용으로 옳지 않은 것은?

① 상부상조의 정신을 과학적이고 합리적인 방법으로 제도화한 것이 생명보험이며, 이의 기초가 되는 것으로 대수의 법칙, 생명표, 수지상등의 원칙 등이 있다.

② 현금흐름방식은 3이원을 포함한 다양한 기초율을 가정하며 경제적 가정에는 투자수익률, 할인율, 적립이율 등이 있다.

③ 현금흐름방식은 새로운 가격요소 적용으로 정교한 보험료 산출이 가능하다.

④ 3이원방식은 기초율 예측 부담이 경감되나 산출방법이 복잡하고, 전산시스템 관련 비용이 많다.

19

난이도 상 중 하

3이원방식과 현금흐름방식에 대한 비교 내용으로 옳은 것은?

	구분	3이원방식	현금흐름방식
①	장점	상품개발 시 수익성 분석을 동시에 할 수 있음	보험료 산출이 비교적 간단
②	단점	산출방법이 복잡, 전산시스템 관련 비용이 많음	정교한 기초율 예측 부담
③	기초율 가정	경제적 가정과 계리적 가정 등 고려	위험률, 이자율, 사업비율
④	기초율 가정적용	기대이익 내재	기대이익 별도 구분

20

난이도 상 중 하

보장성 보험료 세제혜택관련 기본공제대상자에 대한 내용으로 옳은 것은 모두 몇 개인가?

> ㄱ. 피보험자에 해당하는 기본공제대상자는 본인을 포함한 부양가족으로 근로소득자 본인에 대해서는 별도의 요건이 없다.
>
> ㄴ. 배우자 및 부양가족 등은 근로소득자 본인이 보험료를 납입하더라도 소득 및 연령 요건 미충족 시 세액공제를 받을 수 없다.
>
> ㄷ. 기본공세내상자가 장애인일 경우 연령과 소득금액에 상관없이세액공제가 가능하다.
>
> ㄹ. 근로자 본인이 보험료 납입 시 피보험자가 자녀인 경우 연간 소득금액 100만 원 이하이면서 연령이 만 19세 이하인 경우 보장성 보험료 세액공제가 가능하다.

① 1개   ② 2개

③ 3개   ④ 4개

21

보장성 보험료 세액공제 가능 여부와 관련하여 세액공제 적용 가능한 경우에 해당하는 것은 모두 몇 개인가?

> ㄱ. 근로소득자 본인이 보험료를 납입하는 보장성 보험의 피보험자가 연간 소득 100만 원을 초과하는 배우자인 경우
>
> ㄴ. 근로소득자 본인이 보험료를 납입하는 각 보장성 보험의 피보험자가 연간 소득 100만 원 미만의 부양가족 중 만 59세 부모일 경우
>
> ㄷ. 근로소득자 본인이 보험료를 납입하는 각 보장성 보험의 피보험자가 연간 소득 100만 원 미만의 부양가족 중 만 20세 형제일 경우
>
> ㄹ. 보장성 보험의 피보험자가 태아인 경우

① 1개   ② 2개

③ 3개   ④ 4개

22

연금계좌의 세액공제에 해당하는 내용으로 옳은 것은 모두 몇 개인가?

> ㄱ. 연금계좌에는 연금저축계좌와 퇴직연금계좌가 있다.
>
> ㄴ. 퇴직연금계좌는 퇴직연금을 지급받기 위해 가입하는 계좌로 확정급여형(DB형), 확정기여형(DC형) 및 개인형 퇴직연금(IRP) 등이 있다. 3가지 모두 세액공제 대상이다.
>
> ㄷ. 종합소득자가 과세기간 중 연금저축계좌에 납입한 금액[400만 원 한도(단, 2022년 12월 31일까지는 금융소득금액 2천만 원을 초과하지 않는 만 50세 이상 거주자의 경우 연간 600만 원 한도)]의 12%[종합소득금액 4천 500만 원 이하(근로소득만 있는 경우 총급여액 5천 500만 원 이하)인 거주자는 15%]를 해당 과세기간 종합소득산출세액에서 공제한다.
>
> ㄹ. 연금계좌의 세액공제도 보장성 보험료 세액공제처럼 근로소득자에 한해 가능하다.

① 1개   ② 2개

③ 3개   ④ 4개

23

저축성 보험의 보험차익 비과세 내용으로 옳은 것은 모두 몇 개인가?

> ㄱ. 저축성 보험의 보험차익은 보험계약에 따라 만기 또는 해지환급금(피해자 사망, 질병, 부상, 상해 등에 따른 보험금은 포함) 등에서 납입보험료 총액을 뺀 금액을 뜻한다.
>
> ㄴ. 일반적으로 저축성 보험의 보험차익은 기타소득으로 「소득세법」상 과세대상이지만 조건 충족 시 기타소득세가 비과세된다.
>
> ㄷ. 월적립식 저축성 보험의 경우 최초 보험료 납입 시점부터 만기일 또는 중도해지일까지 기간이 10년 이상으로 최초 납입일로부터 납입기간이 5년 이상이고, 계약자 1명당 매월 납입 보험료 합계액이 150만 원 이하인 경우 보험차익을 비과세한다(그 외 필요한 요건은 모두 충족하였다고 전제함).
>
> ㄹ. 종신형 연금보험의 경우 계약자가 보험료 납입기간 만료 후 만 55세 이후부터 사망시까지 보험금·수익 등을 연금으로 지급받는 계약은 보험차익을 비과세한다(그 외 필요한 요건은 모두 충족하였다고 전제함).

① 1개   ② 2개

③ 3개   ④ 4개

24

난이도 ⓐ中下

비과세 종합저축(보험)에 대한 과세특례의 내용으로 옳은 것은 모두 몇 개인가?

> ㄱ. 비과세종합저축은 만 65세 이상 또는 장애인 등을 가입 대상으로 하며, 1인당 저축원금 5천만 원까지(세금우대종합저축 계약금액 총액을 뺀 금액을 상한으로 함) 납입 가능하다.
>
> ㄴ. 비과세종합저축에서 발생한 이자소득은 한도 내에서 비과세(직전 3개 과세기간 중 「소득세법」에 따른 소득의 합계액이 1회 이상 연 2천만 원을 초과한 자 제외)된다.
>
> ㄷ. 가입요건으로는 「금융실명거래 및 비밀보장에 관한 법률」에 따른 금융회사 등 및 군인공제회, 한국교직원공제회, 대한지방행정공제회, 경찰공제회, 대한소방공제회, 과학기술인공제회가 취급하는 저축(투자신탁·보험·공제·증권저축·채권저축 등 포함)으로 가입 당시 저축자가 비과세 적용을 신청해야 한다.
>
> ㄹ. 고령자, 장애인 등에 대한 복지강화와 생활안정 지원 등을 위해 상시적으로 운용되는 상품이기 때문에 요건에 해당하면 언제든 가입이 가능하다.

① 1개
② 2개
③ 3개
④ 4개

해설편 ▶ P.39

01

난이도 상 중 **하**

다음은 보험범죄 및 보험범죄와 구별되는 유형에 대한 설명이다. ㉠, ㉡에 들어갈 용어로 적절한 것은?

- (㉠): 우연히 발생한 보험사고의 피해를 부풀려 실제 발생한 손해 이상의 과다한 보험금을 청구하는 행위이다.
- (㉡): 특정군의 특성에 기초하여 계산된 위험보다 높은 위험을 가진 집단이 동일 위험군으로 분류되어 보험계약을 체결함으로써 그 동일 위험군의 사고발생률을 증가시키는 현상이다.

	㉠	㉡
①	연성사기	도덕적 해이
②	경성사기	역선택
③	연성사기	역선택
④	경성사기	도덕적 해이

02

난이도 상 **중** 하

보험안내자료에 반드시 기재해야 할 사항에 해당하지 <u>않는</u> 것은?

① 보험회사의 상호나 명칭 또는 보험설계사, 보험대리점 또는 보험중개사의 이름·상호나 명칭
② 보험 가입에 따른 권리·의무에 관한 주요 사항
③ 보험회사의 장래의 이익 배당 또는 잉여금 분배에 대한 예상에 관한 사항
④ 해약환급금에 관한 사항이나 「예금자보호법」에 따른 예금자보호와 관련된 사항

03

난이도 상 **중** 하

통신수단을 이용한 모집·철회 및 해지 등 관련 준수사항에 대한 내용으로 옳지 <u>않은</u> 것은?

① 보험모집자는 전화·우편·컴퓨터 등의 통신매체를 이용한 보험모집을 함에 있어 다른 사람의 평온한 생활을 침해하여서는 아니 된다.
② 모집을 하는 자는 「보험업법」상 보험모집을 할 수 있는 자이어야 하며, 사전에 통신수단을 이용한 모집에 동의한 자를 대상으로 해야 한다.
③ 통신수단을 이용해 보험계약을 청약한 경우 청약의 내용 확인 및 정정, 청약 철회 및 계약 해지도 통신수단을 이용할 수 있도록 해야 한다.
④ 계약을 해지하고자 하는 경우에는 보험계약자가 계약을 체결하기 전에 통신수단을 이용한 계약해지에 동의한 경우에 한한다.

04

난이도 상 **중** 하

보험영업활동에 대한 내용으로 옳지 <u>않은</u> 것은?

① 보험회사는 보험상품에 대한 판매광고 시, 보험협회의 상품광고 사전심의 대상이 되는 보험상품에 대해서는 금융감독원으로부터 심의필을 받아야 한다.
② 보험모집자는 보험소비자에게 보험계약 체결 권유단계에서 상품설명서를 제공하여야 하며, 보험계약 청약단계에서는 보험계약청약서 부본 및 보험약관을 제공하여야 한다.
③ 보험회사는 1년 이상 유지된 계약에 대해 보험계약 관리내용을 연 1회 이상 보험소비자에게 제공하여야 하며, 변액보험에 대해서는 분기별로 1회 이상 제공하여야 한다.
④ 보험회사는 보험상품 판매를 위해 개인정보의 수집 및 이용이 필요할 경우 명확한 동의절차를 밟아야 하며, 그 목적에 부합하는 최소한의 정보만 수집·이용하여야 한다.

05

난이도 상 **중** 하

보험회사 영업행위 윤리준칙의 주요내용으로 옳지 <u>않은</u> 것은?

① 영업활동 기본원칙 – 보험소비자 권익 제고를 위해 신의성실, 공정한 영업풍토 조성, 보험관계 법규 준수 등 보험상품 판매 과정에서 준수해야 할 기본원칙

② 판매 관련 보상체계의 적정성 제고 – 보험소비자의 권익 침해를 방지하기 위해 평가 및 보상체계에 판매실적 외 불완전판매건수, 고객수익률, 소비자만족도, 계약 관련 서류 충실성 등 관련 요소들을 충분히 반영하여 운영

③ 영업행위 외부통제 강화 – 윤리준칙 준수 여부에 대한 주기적 점검 및 위법·부당행위 외부 신고제도 운영 등

④ 보험소비자와의 정보 불균형 해소 – 충실한 설명의무 이행, 계약체결 및 유지단계에서 필요한 정보 제공 등

06

난이도 상 **중** 하

보험범죄 방지활동에 대한 내용으로 옳지 <u>않은</u> 것은?

① 보험범죄란 보험계약을 악용하여 보험 원리상 지급받을 수 없는 보험금을 수령하거나 실제 손해액 대비 많은 보험금을 청구하는 행위, 보험 가입 시 실제 위험수준 대비 낮은 보험료를 납입할 목적으로 행하는 일체의 불법행위를 말한다.

② 연성사기는 우연히 발생한 보험사고의 피해를 부풀려 실제 발생한 손해 이상의 과다한 보험금을 청구하는 행위이며, 그 유형으로는 경미한 질병·상해에도 장기간 입원하는 행위, 보험료 절감을 위해 보험가입 시 보험회사에 허위 정보를 제공(고지의무 위반)하는 행위 등이 있다.

③ 경성사기는 보험계약에서 담보하는 재해, 상해, 도난, 방화, 기타의 손실을 의도적으로 각색 또는 조작하는 행위를 말하며, 그 유형으로는 피보험자의 신체에 상해를 입히거나 방화·살인 등 피보험자를 해치는 행위 또는 생존자를 사망한 것으로 위장함으로써 보험금을 받으려는 행위가 있다.

④ 과거에는 경성사기가 보험범죄의 대부분을 차지했으나, 최근에는 보험금을 편취할 목적으로 고의의 보험사고를 일으키는 연성사기가 증가하고 있다.

07

난이도 **상** 중 하

보험범죄의 유형에 대한 내용이다. 이와 관련하여 〈보기 1〉 예시와 〈보기 2〉의 내용이 가장 적절하게 연결된 것은?

┤ 보기 1 ├

ㄱ. 병원 입원 기간 동안 외출, 외박 등을 통해 정상적인 사회활동을 하였음에도 입원한 것처럼 진단서를 발급받는 행위

ㄴ. 보험사고를 조작하여 병원 또는 의원으로부터 허위진단서를 발급받아 보험금을 청구하는 행위

ㄷ. 보험수익자가 보험금을 노리고 피보험자의 신체에 고의로 상해를 입히거나 살해하는 행위

ㄹ. 이미 사망한 자를 피보험자로 보험에 가입하는 행위

┤ 보기 2 ├

㉠ 사기적 보험계약 체결
㉡ 보험사고 위장 또는 허위사고
㉢ 보험금 과다청구
㉣ 고의적인 보험사고 유발

	ㄱ	ㄴ	ㄷ	ㄹ
①	㉠	㉣	㉡	㉢
②	㉢	㉡	㉣	㉠
③	㉢	㉣	㉠	㉡
④	㉠	㉡	㉢	㉣

08

난이도 상 **중** 하

「금융소비자보호에 관한 법률」 제2절 금융분쟁의 조정에 관련하여 ( )에 들어갈 숫자의 합은 얼마인가?

금융회사, 예금자 등 금융수요자 및 기타 이해관계자는 금융 관련 분쟁 발생 시 금융감독원에 분쟁의 조정을 신청할 수 있다. 금융감독원은 분쟁 관계당사자에게 내용을 통지하고 합의를 권고할 수 있으며, 분쟁조정 신청일 이후 ( )일 이내로 합의가 이루어지지 않는 경우 금융감독원장은 지체 없이 이를 금융분쟁조정위원회로 회부해야 한다. 금융분쟁조정위원회는 조정 회부로부터 ( )일 이내 이를 심의하여 조정안을 마련해야 하며 금융감독원장은 신청인과 관계당사자에게 이를 제시하고 수락을 권고할 수 있다. 관계당사자가 조정안을 수락할 경우 해당 조정안은 재판상 화해와 동일한 효력을 갖는다.

① 60 　　　　　　　② 80

③ 90 　　　　　　　④ 100

「보험업법」과 「금융소비자 보호에 관한 법률」에 관한 내용으로 옳은 것을 모두 고른 것은?

> ㄱ. 보험회사의 임직원(대표이사, 사외이사, 감사 및 감사위원은 포함)은 보험을 모집할 수 있는 자격이 있다.
> ㄴ. 우체국보험을 포함한 우정사업본부의 광고는「정부기관 및 공공법인 등의 광고시행에 관한 법률」에 따라 기본계획을 수립하고, 광고를 동법 시행령 제6조(업무의 위탁)에 따라 정부광고 업무를 수탁한 한국언론진흥재단의 정부광고통합시스템에 의뢰하며 해당 시스템을 통해 소요 경비를 지출한다.
> ㄷ. 「보험업법」상 준수사항으로 보험회사는 보험계약의 체결 시부터 보험금 지급 시까지의 주요 과정을 대통령령으로 정하는 바에 따라 일반보험계약자에게 설명하여야 한다. 다만, 일반보험계약자가 설명을 거부하는 경우에는 설명하지 않아도 된다.
> ㄹ. 「금융소비자 보호에 관한 법률」상 준수사항으로 금융상품판매업자 등은 일반금융소비자에게 계약 체결을 권유(금융상품자문업자가 자문에 응하는 것을 포함한다)하는 경우 및 일반금융소비자가 설명을 요청하는 경우에는 각 금융상품에 관한 중요한 사항(일반금융소비자가 특정 사항에 대한 설명만을 원하는 경우 해당 사항으로 한정한다)을 일반금융소비자가 이해할 수 있도록 설명하여야 한다.

① ㄴ, ㄷ
② ㄱ, ㄴ, ㄷ
③ ㄴ, ㄷ, ㄹ
④ ㄱ, ㄴ, ㄷ, ㄹ

보험소비자 보호를 위한 금융분쟁조정위원회에 관한 내용으로 옳지 않은 것은?

① 금융회사, 예금자 등 금융수요자 및 기타 이해관계자는 금융 관련 분쟁 발생 시 금융감독원에 분쟁의 조정을 신청할 수 있다.
② 금융감독원은 분쟁 관계당사자에게 내용을 통지하고 합의를 권고할 수 있으며, 분쟁조정 신청일 이후 30일 이내로 합의가 이루어지지 않는 경우 금융감독원장은 지체 없이 이를 금융분쟁조정위원회로 회부해야 한다.
③ 금융분쟁조정위원회는 조정 회부로부터 90일 이내 이를 심의하여 조정안을 마련해야 한다.
④ 금융감독원장은 신청인과 관계당사자에게 금융분쟁조정위원회 조정안을 제시하고 수락을 권고할 수 있다.

「금융소비자 보호에 관한 법률」상 설명의무(제19조)와 관련하여 〈보기 1〉과 〈보기 2〉의 내용이 가장 적절하게 연결된 것은?

> ┤ 보기 1 ├
> ㄱ. 금리 및 변동 여부, 중도상환수수료 부과 여부·기간 및 수수료율 등 대출성 상품의 내용
> ㄴ. 보험료, 보험금, 위험보장의 범위
> ㄷ. 이자율, 수익률 등 상품에 관한 중요한 사항
> ㄹ. 투자에 따른 위험, 금융상품직접판매업자가 정하는 위험 등급

> ┤ 보기 2 ├
> ㉠ 보장성 상품   ㉡ 투자성 상품
> ㉢ 예금성 상품   ㉣ 대출성 상품

	ㄱ	ㄴ	ㄷ	ㄹ
①	㉣	㉠	㉡	㉢
②	㉢	㉠	㉣	㉡
③	㉢	㉡	㉣	㉠
④	㉣	㉠	㉢	㉡

해설편 ▶ P.42

생명보험과 제3보험

01

난이도 상 중 하

생명보험 상품의 특성에 대한 설명으로 옳지 않은 것은?

① 생명보험은 형태가 보이지 않는 무형의 상품이므로 타 상품과 성능을 비교 검증하기 어렵다.

② 불확실한 미래에 대한 보장을 주기능으로 하는 미래지향적인 상품으로 가입과 효용이 동시에 발생하지 않는다.

③ 생명보험상품은 짧게는 수년부터 길게는 종신동안 계약의 효력이 지속된다.

④ 대부분 스스로의 필요에 의해 자발적으로 가입하는 자발적인 상품이다.

02 빈출문제

난이도 상 중 하

생명보험 상품의 종류에 관한 설명으로 옳지 않은 것은?

2012 계리직 10급

① 종신보험은 보험기간을 정해 놓고, 사망하였을 때 보험금을 지급하는 보험이다.

② 저축성 보험은 생존 시에 보험금이 지급되는 저축 기능을 강화한 보험이다.

③ 연금보험은 연금을 수령하여 일정 수준의 소득을 계속 유지하기 위한 보험이다.

④ 교육보험은 자녀의 교육자금을 종합적으로 마련할 수 있도록 설계된 보험이다.

03

난이도 상 중 하

생명보험 상품의 종류에서 분류 기준에 따른 종류가 바르게 연결된 것은 모두 몇 개인가?

> ㄱ. 주된 보장에 따라 – 저축성, 보장성, 교육, 연금(개인, 퇴직), 양로보험
> ㄴ. 가입 시 건강진단 유무에 따라 – 배당보험, 무배당보험
> ㄷ. 보험상품 성격에 따라 – 사망(정기, 종신)보험, 생존보험, 생사혼합보험
> ㄹ. 피보험자의 수에 따라 – 개인보험(단생, 연생), 단체보험

① 1개

② 2개

③ 3개

④ 4개

04

난이도 상 중 하

생명보험 상품에 대한 설명으로 옳지 않은 것을 모두 고른 것은?

> ㄱ. 정기보험은 보험기간을 정하지 않고 피보험자가 일생을 통하여 언제든지 사망했을 때 보험금을 지급하는 보험이다.
> ㄴ. 저축성 보험은 주로 사망, 질병, 재해 등 각종 위험보장에 중점을 둔 보험으로, 보장성 보험은 만기 시 환급되는 금액이 없거나 기납입 보험료보다 적거나 같다.
> ㄷ. 변액보험은 계약자가 납입한 보험료를 일반계정을 통하여 기금을 조성한 후 주식, 채권 등에 투자하여 발생한 이익을 보험금 또는 배당으로 지급하는 상품이다.
> ㄹ. CI(Critical Illness)보험은 중대한 질병이며 치료비가 고액인 암, 심근경색, 뇌출혈 등에 대한 급부를 중점적으로 보장하여 주는 보험으로 생존시 고액의 치료비, 장해에 따른 간병비, 사망시 유족들에게 사망보험금 등을 지급해주는 상품이다.

① ㄱ, ㄴ

② ㄱ, ㄴ, ㄷ

③ ㄱ, ㄴ, ㄹ

④ ㄱ, ㄴ, ㄷ, ㄹ

05

생명보험, 손해보험, 제3보험에 대한 비교 내용으로 옳은 것은?

구분	생명보험	손해보험	제3보험
① 보상방법	실손보상	정액보상	정액보상, 실손보상
② 피보험자	보험사고 대상	보상받을 권리를 가진 자	보험사고 대상
③ 피보험이익	인정	원칙적으로 불인정	원칙적으로 불인정
④ 보험사고 대상	신체의 상해, 질병, 간병	피보험자 재산상의 손해	사람의 생존 또는 사망

06

생명보험 상품의 종류에 대한 내용으로 옳지 않은 것은?

① 보험사고에 따라 사망 시에 보험금이 지급되는 사망보험, 생존 시에만 보험금이 지급되는 생존보험, 사망보험과 생존보험의 혼합개념을 가진 생사혼합보험으로 분류된다.

② 계약자 배당금 유무에 따라 저축성 보험, 보장성 보험, 교육보험, 연금보험, 양로보험으로 분류된다.

③ 개인보험은 피보험자의 수가 1인인 단생보험과 2인 이상인 연생보험으로 분류된다.

④ 가입 시 건강진단 유무에 따라 건강진단보험(유진단보험)과 무진단보험으로 분류된다.

07

보험계약의 체결 또는 모집에 종사하는 자가 그 체결 또는 모집에 관하여 해서는 안 되는 금지행위에 해당하지 않는 것은?

① 같은 보험회사에 소속된 다른 보험설계사에게 보험계약의 모집을 위탁하는 행위

② 보험계약자 또는 피보험자로 하여금 이미 성립된 보험계약을 부당하게 소멸시킴으로써 새로운 보험계약(기존보험계약과 보장 내용 등이 비슷한 경우)을 청약하게 하거나 새로운 보험계약을 청약하게 함으로써 기존보험계약을 부당하게 소멸시키거나 그 밖에 부당하게 보험계약을 청약하게 하거나 이러한 것을 권유하는 행위

③ 실제 명의인이 아닌 자의 보험계약을 모집하거나 실제 명의인의 동의가 없는 보험계약을 모집하는 행위

④ 다른 모집 종사자의 명의를 이용하여 보험계약을 모집하는 행위

08 빈출문제

생명보험에 대한 내용을 옳지 않은 것은?

① 생명보험 상품은 무형, 미래지향적·장기효용성, 장기계약·비자발적 상품이라는 특성을 가지고 있다.

② 생명보험상품은 일반적으로 주계약(기본보장계약)과 특약(추가보장계약)으로 구성된다.

③ 사망보험은 피보험자가 보험기간 중 사망하였을 때 보험금이 지급되는 보험으로 정기·종신보험으로 구분된다.

④ 저축성 보험은 주로 사망, 질병, 재해 등 각종 위험보장에 중점을 둔 보험으로 만기 시 환급되는 금액이 없거나 기납입 보험료보다 적거나 같다.

생명보험 상품에 대한 설명으로 옳지 <u>않은</u> 것은?

① 다수의 보험계약자들의 다양한 욕구를 모두 충족시키기 위하여 부가하는 것이 특약이며, 주계약 외에 별도의 보장을 받기 위해 주계약에 부과하는 계약이다.

② 계약자의 선택과 무관하게 주계약에 고정시켜 판매되는 특약을 종속특약이라고 한다.

③ 저축성 보험에서 보장 부분은 위험보험료를 예정이율로 부리하여 피보험자가 사망 또는 장해 시 보험금을 지급하는 부분이다.

④ CI보험은 중대한 질병이며 치료비가 고액인 암, 심근경색, 뇌출혈 등에 대한 급부를 중점적으로 보장하여 주는 보험으로, 생존 시 고액의 치료비, 장해에 따른 간병비, 사망 시 유족들에게 사망보험금 등을 지급해주는 상품이다.

제3보험에 대한 내용으로 옳지 <u>않은</u> 것은?

① 위험보장을 목적으로 사람의 질병·상해 또는 이에 따른 간병에 관하여 금전 및 그 밖의 급여를 지급할 것을 약속하고 내가를 수수하는 계약으로서 대통령령으로 정한다.

② 보험업감독규정에 따르면 질병보험은 우연한 사고로 인한 신체의 상해에 대한 치료 등에 소요되는 비용을 보장하는 보험이다.

③ 제3보험의 경우 생명보험의 약정된 정액보상적 특성과 손해보험의 실손보상적 특성을 모두 가진다.

④ 제3보험의 종류로는 상해보험, 질병보험, 간병보험이 있으며, 생명보험사·손해보험사는 제3보험업 겸영이 가능하다.

제3보험에 대한 설명으로 옳지 <u>않은</u> 것은?

① 「보험업법」에서는 장기 안정적 위험을 담보로 하는 생명보험업과 단기 거대위험 등을 담보로 하는 손해보험업이 서로 다른 성격으로 보험계약자에게 손해를 끼칠 리스크로 인해 생명보험업과 손해보험업의 겸영을 금지하고 있다.

② 보험회사가 생명보험업이나 손해보험업에 해당하는 전 종목에 관하여 허가를 받았을 때는 제3보험업에 대해서도 허가를 받은 것으로 보고, 이 경우 제3보험업에 대해 겸영을 허용하고 있다.

③ 우리나라에서는 2003년 8월 「보험업법」 개정을 통해 최초로 제3보험이 제정되었다.

④ 손해보험회사에서 판매하는 질병사망 특약의 보험기간은 100세 만기, 보험금액 한도는 5억 원 이내로 부가할 수 있으며, 만기 시 지급하는 환급금이 납입보험료 합계액 범위 내여야 하는 요건이 충족하는 경우 제3보험의 겸영이 가능하다.

해설편 ▶ P.44

01

난이도 (상)(중)(하)

보험계약에 대한 설명으로 옳은 것은? 2022 계리직 9급

① 고지의무자는 보험계약자, 피보험자 및 보험수익자이다.

② 보험계약자는 보험가입증서(보험증권)를 받은 날부터 30일 이내에 청약을 철회할 수 있다.

③ 보험자는 계약을 체결한 날부터 2년이 지난 경우에는 고지의무위반으로 인한 계약해지를 할 수 없다.

④ 보험자는 보험계약이 성립하고 보험계약자가 보험료의 전부 또는 최초의 보험료를 지급한 때에는 지체 없이 보험가입증서(보험증권)를 작성하여 보험계약자에게 교부하여야 한다.

02 빈출문제

난이도 (상)(중)(하)

보험계약 고지의무에 대한 설명으로 옳은 것을 〈보기〉에서 모두 고른 것은? 2018 계리직 9급

┤ 보기 ├

ㄱ. 고지의무 당사자는 보험계약자, 피보험자, 보험수익자이다.

ㄴ. 고지의무는 청약 시에 이행하고, 부활 청약 시에는 면제된다.

ㄷ. 보험자가 고지의무 위반사실을 안 날로부터 1개월 이상 지났을 때에는 보험계약을 해지할 수 없다.

ㄹ. 보험자는 고지의무 위반사실이 보험사고 발생에 영향을 미치지 않았음이 증명된 경우 보험금을 지급할 책임이 있다.

① ㄱ, ㄴ   ② ㄱ, ㄷ

③ ㄴ, ㄹ   ④ ㄷ, ㄹ

03

난이도 (상)(중)(하)

〈보기〉에서 설명하는 보험계약의 법적 성질을 바르게 연결한 것은? 2018 계리직 9급(변형)

┤ 보기 ├

ㄱ. 우연한 사고의 발생에 의해 보험자의 보험금 지급의무가 확정된다.

ㄴ. 보험계약자는 보험료를 모두 납부한 후에도 보험자에 대한 통지의무 등을 진다.

ㄷ. 보험계약의 기술성과 단체성으로 인하여 계약내용의 정형성이 요구된다.

	ㄱ	ㄴ	ㄷ
①	계속계약성	쌍무계약성	부합계약성
②	사행계약성	계속계약성	부합계약성
③	부합계약성	계속계약성	상행위성
④	사행계약성	쌍무계약성	상행위성

04

난이도 (상)(중)(하)

생명보험 계약에 대한 설명으로 옳지 않은 것은? 2014 계리직 9급(변형)

① 보험계약은 당사자 일방이 약정한 보험료를 지급하고 재산 또는 생명이나 신체에 불확정한 사고가 발생할 경우에 상대방이 일정한 보험금이나 그 밖의 급여를 지급할 것을 약정함으로써 효력이 생긴다.

② 생명보험계약의 보험자는 피보험자의 사망, 생존, 사망과 생존에 관한 보험사고가 발생할 경우에 약정한 보험금을 지급할 책임이 있다.

③ 보험사고가 발생할 경우 보험계약 관계자인 보험계약자, 피보험자, 보험수익자 및 보험자 사이에 보험료 지급에 관한 권리 의무관계인 보험관계가 형성된다.

④ 보험기간에 대하여 「상법」에서는 보험자의 책임을 최초의 보험료 납입 여부와 상관 없이 청약일로부터 개시된다고 규정하고 있다.

05

난이도 상 중 하

보험계약에 대한 설명으로 옳은 것은?

2012 계리직 10급

① 보험계약을 부활한 경우 계약이 실효된 이후 시점부터 부활될 때까지의 기간에 발생한 모든 보험사고에 대하여 보험자는 책임을 진다.

② 생명보험 계약에서 보험계약자와 피보험자가 서로 다른 경우를 '타인의 생명보험'이라 하며, 보험계약자와 보험수익자가 서로 다른 경우를 '타인을 위한 보험'이라 한다.

③ 보험계약의 무효란 계약이 처음에는 유효하게 성립되었으나 계약 이후에 무효사유의 발생으로 계약의 법률상 효력이 계약시점으로 소급되어 없어지는 것을 말한다.

④ 보험계약자 또는 피보험자는 청약 시 청약서에서 질문한 사항에 대하여 보험자에게 사실대로 알려야 하나 부활청약 시에는 고지의무가 없다.

06

난이도 상 중 하

생명보험계약에 관한 설명으로 옳지 <u>않은</u> 것은?

2010 계리직 10급

① 보험계약자는 보험수익자를 변경할 수 있는 권리가 있다.

② 보험계약 해지 시 보험대상자의 동의가 필요하다.

③ 생존보험 계약은 15세 미만자를 보험대상자로 할 수 있다.

④ 타인의 사망보험 계약체결 시 보험대상자의 서면 동의가 필요하다.

07

난이도 상 중 하

보험계약에 대한 설명으로 옳은 것은?

2008 계리직 10급

① 일반적으로 보험계약의 당사자라 함은 보험자, 보험계약자, 보험모집인, 피보험자 및 보험수익자를 말한다.

② 보험자가 청약과 함께 보험료를 받고 청약을 승낙하기 전에 보험사고가 생긴 때에는 해당 청약을 거절할 사유가 없는 한 보험자는 보험계약상의 책임을 진다.

③ 타인의 사망을 보험사고로 하는 보험계약은 보험계약 체결 시 보험대상자(피보험자)의 서면 또는 구두에 의한 동의를 얻도록 규정하고 있다.

④ 사망을 보험금 지급사유로 하는 생명보험계약에서 만 15세 미만자, 심신박약자, 신체허약자를 보험대상자(피보험자)로 하는 보험계약은 무효이다.

08

난이도 상 중 하

보험모집자를 통하여 보험 가입 시 보험자(보험회사)의 책임개시일과 보험계약자(가입자)의 청약철회 가능일로 적절한 것은?

> 보험계약자는 2023년 11월 2일 청약서를 작성하고, 11월 3일 제1회 보험료를 납입(보험증권 교부일 동일)하였다. 이후 보험회사는 승낙여부에 대한 별도의 통지를 하지 않았다.

	보험자 책임개시일	보험계약자 청약철회가능일
①	11월 2일	11월 16일
②	11월 2일	11월 17일
③	11월 3일	11월 17일
④	11월 3일	11월 18일

보험계약법(인보험편)에 관한 내용으로 가장 옳은 것은?

① 배달착오 등으로 인하여 보험계약자에게 보험증서가 도달되지 못한 경우에도 보험계약의 성립은 무효이다.

② 보험자가 청약을 승낙하기 전에 보험사고가 생긴 때에는 고지의무위반, 건강진단 불응 등 해당 청약을 거절할 사유가 없는 한 보험자는 보험계약상의 책임을 진다.

③ 보험자는 보험금액의 지급에 관하여 약정기간이 있는 경우에는 그 기간 내에, 약정기간이 없는 경우에는 보험사고발생 통지를 받은 후 지체 없이 지급할 보험금액을 정하고, 그 정하여진 날부터 15일 내에 피보험자 또는 보험수익자에게 보험금액을 지급하여야 한다.

④ 보험계약의 일부 또는 전부가 무효인 경우 보험계약자와 피보험자가 선의이며 중대한 과실이 없는 때에는 보험자는 해약환급금의 일부 또는 전부를 반환할 의무를 진다.

보험자(보험회사)가 고지의무자(보험계약자, 피보험자, 및 이들의 대리인)에 대하여 고지의무를 위반한 경우 계약을 해지할 수 있다. 다음은 예외적으로 해지할 수 없는 경우로 괄호 안에 들어갈 숫자의 합은 무엇인가?

> • 보험자가 고지의무 위반사실을 안 날로부터 (   )개월 이상 지났거나 보장개시일부터 보험금 지급사유가 발생하지 않고 (   )년 이상 지났을 때
> • 계약을 체결한 날부터 (   )년이 지났을 때

① 5   ② 6
③ 7   ④ 8

우체국보험의 계약유지에 대한 설명으로 옳지 <u>않은</u> 것은?

① 보험계약자는 해지된 날부터 3년 이내에 체신관서가 정한 절차에 따라 계약의 부활을 청약할 수 있다.

② 보험계약자가 보험수익자를 변경하고자 할 경우에는 보험금의 지급사유가 발생하기 전에 피보험자가 서면으로 동의하여야 한다.

③ 보험료의 자동대출 납입 기간은 최초 자동대출 납입일부터 2년을 한도로 하며 그 이후의 기간은 보험계약자가 재신청을 하여야 한다.

④ 보험계약자가 고의로 보험금 지급사유를 발생시킨 경우, 체신관서는 그 사실을 안 날부터 1개월 이내에 계약을 해지할 수 있으며 해약환급금을 보험계약자에게 지급한다.

보험계약에 대한 설명으로 옳지 <u>않은</u> 것은?

① 보험계약은 당사자 일방이 약정한 보험료를 지급하고 재산 또는 생명이나 신체에 불확정한 사고가 발생할 경우에 상대방이 일정한 보험금이나 그 밖의 급여를 지급할 것을 약정함으로써 효력이 생긴다.

② 보험자가 보험계약자로부터 보험계약의 청약과 함께 보험료 상당액의 전부 또는 일부의 지급을 받은 때에는 다른 약정이 없으면 30일 내에 그 상대방에 대하여 낙부의 통지를 발송하여야 한다.

③ 보험자는 보험계약이 성립한 때에는 지체 없이 보험증권을 작성하여 보험계약자에게 교부하여야 한다.

④ 보험계약 당시에 보험사고가 이미 발생하였거나 또는 발생할 수 없는 것인 때에는 그 계약은 취소로 한다.

13

난이도 상 중 **하**

「상법」의 보험수익자의 지정 또는 변경의 권리에 대한 설명으로 옳지 **않은** 것은?

① 보험계약자는 보험수익자를 지정 또는 변경할 권리가 있다.
② 보험계약자가 지정권을 행사하지 아니하고 사망한 때에는 피보험자를 보험수익자로 하고, 보험계약자가 변경권을 행사하지 아니하고 사망한 때에는 보험수익자의 권리가 확정된다.
③ 보험수익자가 보험존속 중에 사망한 때에는 보험계약자는 다시 보험수익자를 지정할 수 있는데 이 경우에 보험계약자가 지정권을 행사하지 아니하고 사망한 때에는 보험계약자의 상속인을 보험수익자로 한다.
④ 보험계약자가 지정권을 행사하기 전에 보험사고가 생긴 경우에는 피보험자 또는 보험수익자의 상속인을 보험수익자로 한다.

14

난이도 상 중 **하**

보험계약의 특성과 관련하여 〈보기 1〉과 〈보기 2〉의 내용이 가장 적절하게 연결된 것은?

┤ 보기 1 ├

ㄱ. 보험단체를 통하여 대량적으로 관찰하면 사고의 발생은 상당히 규칙적인 성질을 가지고 있고, 여기에서 보험사업의 합리적인 경영이 가능하게 된다.
ㄴ. 보험자와 계약을 체결하는 많은 보험가입자(보험계약자)들은 경제적인 면에 있어서는 서로 연결이 되어 있고 이들은 하나의 위험단체 혹은 보험단체를 구성하게 된다.
ㄷ. 보험계약자는 자기의 개인적인 위험을 보험자에게 전가하고, 보험자는 위험을 인수하는 대가로 보험료를 받게 된다.
ㄹ. 보험계약법은 상대적 강행법규를 많이 정하여 둠으로써 약자인 보험계약자를 보호하도록 이루어져 있다.

┤ 보기 2 ├

㉠ 사익조정성(영리성)   ㉡ 단체성
㉢ 기술성   ㉣ 사회성과 공공성
㉤ 상대적 강행법성

	ㄱ	ㄴ	ㄷ	ㄹ
①	㉢	㉣	㉠	㉤
②	㉢	㉡	㉠	㉤
③	㉡	㉢	㉢	㉤
④	㉡	㉢	㉣	㉠

15 빈출문제

난이도 상 **중** 하

보험계약에 대한 설명으로 옳지 **않은** 것은?

① 보험계약은 보험계약자의 청약과 보험자의 승낙으로 성립된다.
② 보험계약은 특별한 방식을 요구하지 않는 불요식계약으로 보험계약을 서면으로 체결하지 않아도 효력이 있다.
③ 보험계약자 또는 피보험자는 청약 시 청약서에서 질문한 사항에 대해 보험자에게 사실대로 알려야 하는 고지의무가 있는데, 고지의무는 계약 청약 시에 발생하고 부활 시에는 발생하지 않는다.
④ 보험계약이 성립하면 보험자는 지체 없이 보험증권을 작성하여 교부할 의무가 있고 보험계약자는 보험자에 대하여 보험증권의 교부청구권을 가지게 된다.

16

난이도 **상** 중 하

보험계약의 철회, 무효, 취소, 실효에 대한 설명으로 옳은 것은?

① 보험계약자는 보험가입증서(보험증권)를 받은 날부터 15일 이내에 청약을 '철회'할 수 있다. 다만, 진단계약, 보험기간이 1년 미만인 계약 또는 전문보험계약자가 체결한 계약은 청약을 철회할 수 없으며, 청약일로부터 30일이 초과한 계약도 청약철회가 불가하다.
② 보험계약이 '취소'인 경우 보험금 지급사유가 발생하더라도 보험금 지급을 하지 않는다. 보험계약이 '무효'인 경우 보험자는 납입한 보험료에 일정 이자를 합한 금액을 계약자에게 반환한다.
③ 보험계약의 '취소'란 특정 원인이 발행하여 계약의 효력이 장래에 소멸되는 것을 말한다. '실효'의 경우 계약 시점으로 소급되어 없어지는 데 반해, '취소'는 장래에 대해서만 효력을 가진다.
④ 보험회사가 파산선고를 받고 3개월이 경과하였을 때, 감독당국으로부터 허가취소를 받았을 때, 법원으로부터 해산명령을 받고 3개월 경과하였을 때는 '임의해지'사유이다.

보험계약의 성립과 거절에 대한 내용으로 옳은 것을 모두 고른 것은?

> ㄱ. 보험자가 보험계약자로부터 보험계약의 청약과 함께 보험료 상당액의 전부 또는 일부의 지급을 받은 때에는 다른 약정이 없으면 15일 내에 그 상대방에 대하여 낙부의 통지를 발송하여야 한다.
> ㄴ. 보험자가 보험계약자로부터 보험계약의 청약과 함께 보험료 상당액의 전부 또는 일부를 받은 경우에 그 청약을 승낙하기 전에 보험계약에서 정한 보험사고가 생긴 때에는 그 청약을 거절할 사유가 없는 한 보험자는 보험계약상의 책임을 진다.
> ㄷ. 보험자는 보험계약이 성립한 때에는 지체 없이 보험증권을 작성하여 보험계약자에게 교부하여야 한다. 그러나 보험계약자가 보험료의 전부 또는 최초의 보험료를 지급하지 아니한 때에는 그러하지 아니다.
> ㄹ. 보험증서(보험증권)가 계약 성립한 후 배달착오 등으로 인하여 보험계약자에게 보험증서가 도달되지 못한 경우에는 보험계약은 무효이다.

① ㄴ, ㄹ
② ㄴ, ㄷ
③ ㄱ, ㄴ, ㄷ
④ ㄱ, ㄴ, ㄷ, ㄹ

고지의무와 관련된 내용이다. 〈보기〉의 지문 중 빈칸에 들어갈 숫자의 합은 모두 얼마인가?

| 보기 |

> ㄱ. 보험계약 당시에 보험계약자 또는 피보험자가 고의 또는 중대한 과실로 인하여 중요한 사항을 고지하지 아니하거나 부실의 고지를 한 때에는 보험자는 그 사실을 안 날로부터 (　)월 내에, 계약을 체결한 날로부터 (　)년 내에 한하여 계약을 해지할 수 있다. 그러나 보험자가 계약 당시에 그 사실을 알았거나 중대한 과실로 인하여 알지 못한 때에는 그러하지 아니하다.
> ㄴ. 보험기간 중에 보험계약자 또는 피보험자가 사고발생의 위험이 현저하게 변경 또는 증가된 사실을 안 때에는 지체없이 보험자에게 통지하여야 한다. 이를 해태한 때에는 보험자는 그 사실을 안 날로부터 (　)월 내에 한하여 계약을 해지할 수 있다.
> ㄷ. 보험자가 위험변경증가의 통지를 받은 때에는 (　)월 내에 보험료의 증액을 청구하거나 계약을 해지할 수 있다.
> ㄹ. 보험기간 중에 보험계약자, 피보험자 또는 보험수익자의 고의 또는 중대한 과실로 인하여 사고발생의 위험이 현저하게 변경 또는 증가된 때에는 보험자는 그 사실을 안 날로부터 (　)월 내에 보험료의 증액을 청구하거나 계약을 해지할 수 있다.

① 7
② 8
③ 9
④ 10

보험계약의 청약철회에 관한 다음의 설명으로 ㉠, ㉡ 안에 들어갈 숫자로 옳은 것은?

> 보험계약자는 보험가입증서(보험증권)을 받은 날부터 (　㉠　)일 이내에 청약을 철회할 수 있다. 다만, 진단계약, 보험기간이 1년 미만인 계약 또는 전문보험계약자가 체결한 계약은 청약을 철회할 수 없으며, 청약일로부터 (　㉡　)일이 초과한 계약도 청약철회가 불가하다.

① ㉠ 10, ㉡ 20
② ㉠ 14, ㉡ 20
③ ㉠ 15, ㉡ 30
④ ㉠ 30, ㉡ 60

해설편 ▶ P.46

우체국보험 일반현황

01
난이도 상중하

우체국보험의 역사를 설명한 〈보기〉의 ㉠~㉢에 들어갈 내용을 바르게 나열한 것은?   2016 계리직 9급

┤ 보기 ├

- 우체국보험은 (㉠)년에 제정된 「조선간이생명보험령」에 따라 종신보험과 (㉡)으로 시판되었다.
- 1952년 12월 「국민생명보험법」 및 「우편연금법」이 제정되면서 '간이생명보험'이 (㉢)으로 개칭되었다.

	㉠	㉡	㉢
①	1925	양로보험	우편생명보험
②	1929	양로보험	국민생명보험
③	1925	연금보험	우편생명보험
④	1929	연금보험	국민생명보험

02
난이도 상중하

우체국보험에 관한 설명으로 옳지 않은 것은?   2010 계리직 10급

① 우체국보험은 인보험(人保險) 분야의 상품을 취급한다.
② 우체국보험은 금융감독원의 감독을 받는다.
③ 우체국보험의 계약보험금 한도액은 일정 금액 이하로 제한된다.
④ 우체국보험의 보험금 지급은 국가가 책임진다.

03
난이도 상중하

우체국보험적립금에 대한 설명으로 옳지 않은 것은?   2022 계리직 9급

① 과학기술정보통신부장관이 운용·관리한다.
② 보험계약자를 위한 대출제도 운영에 사용된다.
③ 「우체국예금·보험에 관한 법률」에 근거를 두고 있다.
④ 순보험료, 운용수익 및 회계의 세입·세출 결산상 잉여금으로 조성한다.

04
난이도 상중하

우체국 보험의 특징에 대한 설명으로 옳은 것은 모두 몇 개인가?

ㄱ. 우체국보험은 4천만 원 이하의 소액보험(생명·신체·상해·연금 등) 상품개발과 판매 및 운영 사업을 하면서 기타 보험사업에 부대되는 환급금대출과 증권의 매매 및 대여를 업무범위로 하고 있다. 부동산의 취득·처분과 임대서비스도 업무범위에 포함된다.
ㄴ. 국가가 경영하고 행정안전부 장관이 관장하며, 감사원의 감사와 국회의 국정감사를 받고 있다.
ㄷ. 우체국보험은 국가가 운영함에 따라 정부예산회계 관계 법령의 적용을 받고 있으며 '우체국보험 건전성 기준 제34조'에 따라 외부 회계법인의 검사를 받고 있다.
ㄹ. 우체국보험사업의 운영에 필요한 경비는 기획재정부와 협의, 국회의 심의를 거쳐 정부예산으로 편성하고, 예산 집행 내역 및 결산 결과를 국회 및 감사원에 보고한다.

① 1개   ② 2개
③ 3개   ④ 4개

우체국보험의 특징에 대한 내용으로 옳지 <u>않은</u> 것은?

① 국가가 경영하고 과학기술정보통신부장관이 관장하며, 감사원의 감사와 국회의 국정감사를 받고 있다.

② 우체국보험은 국가가 운영함에 따라 정부예산회계 관계법령의 적용을 받고 있으며, 「우체국보험 건전성 기준」 제34조에 따라 금융위원회의 검사를 받고 있다.

③ 담당인력과 조직에 대해 행정안전부 등 관련 부처와 협의를 거치는 등 「정부조직법」, 「국가공무원법」 등의 통제를 받고 있다.

④ 우체국보험사업의 운영에 필요한 경비는 기획재정부와 협의, 국회의 심의를 거쳐 정부예산으로 편성하고, 예산집행 내역 및 결산 결과를 국회 및 감사원에 보고한다.

06   난이도 ① ② ③

우체국보험과 타기관 보험과의 비교 내용으로 가장 옳은 것은?

① 우체국보험은 납입료 대비 수혜가 비례적이지만, 공영보험(건강보험, 국민연금, 고용보험, 산재보험)은 비례성이 약하다.

② 우체국보험은 변액보험, 퇴직연금, 손해보험 상품 취급이 가능하다.

③ 계약보험금 한도액은 보험종류별로 피보험자 1인당 5천만 원으로 하되, 연금저축계좌에 해당하는 보험의 보험료 납입금액은 피보험자 1인당 연간 1,800만 원 이하로 한다.

④ 우체국보험은 국가가 전액 지급을 보장하며, 과학기술정보통신부, 감사원, 국회, 금융위원회, 금융감독원 등의 감독을 받고 있다.

07   난이도 ① ② ③

우체국보험의 사회공헌 활동 재원과 관련 있는 내용으로 가장 옳지 <u>않은</u> 것은?

① 「우체국예금·보험에 관한 법률 시행규칙」에 따르면 체신관서는 수입보험료의 일부를 공익급여로 지급할 수 있다. 공익급여 지급대상 보험의 종류별 명칭과 공익급여의 지급대상, 지급범위 및 지급절차 등은 우정사업본부장이 정한다.

② 「우체국보험특별회계법」에 따르면 과학기술정보통신부장관은 적립금 결산에 따른 잉여금의 일부로 보험계약자 및 소외계층을 위한 공익사업을 할 수 있다.

③ 우체국예금과 우체국보험의 공익준비금은 모두 정부예산에서 재원으로 삼고 있다.

④ 「우체국보험특별회계법 시행규칙」에 따르면 공익사업의 재원은 전(前) 회계연도에 대한 적립금 결산에 따른 이익잉여금의 100분의 5 이내의 금액으로 조성한다.

08   난이도 ① ② ③

보험적립금 관련 내용 및 공익사업 재원조성에 관한 내용으로 옳지 <u>않은</u> 것은?

① 보험금, 환급금 등 보험급여의 지급을 위한 책임준비금에 충당하기 위하여 우체국보험특별회계의 세입·세출 외에 별도 우체국보험적립금을 설치·운영한다.

② 우체국보험적립금은 순보험료, 운용수익 및 우체국보험특별회계 세입·세출의 결산상 잉여금으로 조성한다.

③ 조성된 적립금은 주로 보험금 지급에 충당하고, 여유자금은 유가증권 매입 또는 금융기관에 예치하여 수익성을 제고한다.

④ 공익사업의 재원은 전(前) 회계연도에 대한 적립금 결산에 따른 이익잉여금의 100분의 10 이내의 금액으로 조성한다.

해설편 ▶ P.50

01

월적립식 저축성 보험의 보험차익 비과세 요건에 대한 설명으로 옳은 것은 모두 몇 개인가?

2022 계리직 9급

ㄱ. 최초 납입일로부터 납입기간이 5년 이상인 월적립식 보험계약
ㄴ. 최초로 보험료를 납입한 날부터 만기일 또는 중도해지일까지의 기간이 10년 이상
ㄷ. 2017년 4월 1일 이후 가입한 보험계약에 한하여 보험계약자 1명당 매월 납입하는 보험료 합계액이 250만 원 이하
ㄹ. 최초 납입일로부터 매월 납입하는 기본보험료가 균등(최초 계약 기본보험료의 1배 이내로 기본보험료를 증액하는 경우 포함)하고 기본보험료의 선납기간이 6개월 이내

① 1개
② 2개
③ 3개
④ 4개

02

우체국 보험상품별 보장개시일에 대한 설명으로 옳은 것은?

2022 계리직 9급

① 무배당 우체국당뇨안심보험 2109의 당뇨보장개시일은 계약일(부활일)부터 그날을 포함하여 180일이 지난날의 다음날이다.
② 무배당 우체국치매간병보험 2109의 치매보장개시일은 질병으로 인하여 치매상태가 발생한 경우, 계약일(부활일)부터 그날을 포함하여 1년이 지난날의 다음날이다.
③ 무배당 우리가족암보험 2109의 피보험자 나이가 10세인 경우, 암보장개시일은 계약일(부활일)부터 그날을 포함하여 90일이 지난날의 다음날이다.
④ 무배당 우체국요양보험 2109의 장기요양상태 보장개시일은 재해를 직접적인 원인으로 장기요양상태가 발생한 경우, 계약일(부활일)부터 그날을 포함하여 180일이 지난날의 다음날이다.

03

무배당 우체국급여실손의료비보험(갱신형) 2109에 대한 설명으로 옳은 것은?

2022 계리직 9급

① 보장내용 변경주기는 3년이며, 종신까지 재가입이 가능하다.
② 최초계약 가입나이는 0세부터 60세까지이며, 임신 23주 이내의 태아도 가입이 가능하다.
③ 갱신 직전 '무사고 할인판정기간' 동안 보험금 지급실적이 없는 경우, 갱신일부터 차기보험기간 1년 동안 보험료의 5%를 할인해준다.
④ 비급여실손의료비특약의 갱신보험료는 갱신 직전 '요율상대도 판정기간' 동안의 비급여특약에 따른 보험금 지급 실적을 고려하여 영업보험료에 할인·할증요율을 적용한다.

04

우체국 연금보험상품에 대한 설명으로 옳은 것은?

2022 계리직 9급

① 무배당 우체국연금저축보험(이전형) 2109는 기본보험료가 일시납일 경우에는 납입한도액이 없다.
② 어깨동무연금보험 2109는 장애인전용연금보험으로 55세부터 연금수령이 가능하다.
③ 무배당 우체국연금보험 2109는 연간 400만 원 한도 내에서 납입한 보험료에 대해 세액공제 혜택을 제공한다.
④ 우체국연금저축보험 2109는 계약일 이후 1개월이 지난 후부터 연금개시나이 계약 해당일까지 보험료 추가납입이 가능하다.

05

난이도 (상)(중)(하)

우체국보험 상품에 대한 설명으로 옳은 것은?

2021 계리직 9급(변형)

① 무배당 우체국안전벨트보험 2109의 보험료는 성별에 따른 차이는 없으나 연령별로 차이가 있다.

② 우체국연금저축보험 2109의 경우, 연금 지급구분에는 종신연금형, 상속연금형, 확정기간연금형, 더블연금형이 있다.

③ 무배당 우체국요양보험 2109에 가입한 피보험자가 장기요양 3등급 진단을 받은 경우, 사망보험금 일부를 선지급받을 수 있다.

④ 무배당 우체국New100세건강보험 2203에 가입한 피보험자가 '국민체력100' 체력인증을 받은 경우, 보험료 일부를 지원받을 수 있다.

06

난이도 (상)(중)(하)

40세인 A씨의 우체국연금저축보험 2109 가입 현황이 〈보기〉와 같을 때 연금수령 1차년도 산출세액(지방소득세 포함)으로 옳은 것은?

2021 계리직 9급(변형)

┌─────────── 보기 ───────────┐

• 연금 지급구분: 종신연금형

• 연금수령 개시 나이: 만 55세

• 연금수령 한도 이내 연금수령액: 1,200,000원

• 연금수령 한도 초과 연금수령액: 1,000,000원

(단, 납입보험료 전액을 세액공제 받았으며, 의료목적 또는 부득이한 사유로 인한 연금수령액 및 다른 연금소득은 없는 것으로 한다.)

〈적용세율〉

연금소득세율(지방소득세 포함)		기타소득세율 (지방소득세 포함)
연금수령 나이 (만 70세 미만)	종신연금형	
5.5%	4.4%	16.5%

① 96,800원

② 121,000원

③ 217,800원

④ 231,000원

07

난이도 (상)(중)(하)

우체국보험 상품에 대한 설명으로 옳은 것은?

2019 계리직 9급(변형)

① 우체국연금저축보험의 연금개시 나이는 만 50세부터이다.

② 무배당 우체국나르미안전보험은 운송업종사자 전용 공익형 교통상해보험 상품으로, 나이에 상관 없이 성별에 따라 1회 보험료 납입으로 1년 만기 보장이 가능하다.

③ 무배당 우체국간편가입건강보험(갱신형)의 경우, 주계약은 종신까지 갱신 가능하고 특약은 100세까지 갱신 가능하다.

④ 무배당 우체국든든한종신보험은 보험기간 중 계약이 해지될 경우, 예정해약환급금은 1종(해약환급금 50% 지급형)이 2종(표준형)보다 적다.

08

난이도 (상)(중)(하)

현행 「우체국예금 · 보험에 관한 법률 시행규칙」에서 정한 우체국보험에 대한 설명으로 옳은 것은?

2019 계리직 9급

① 재보험의 가입 한도는 영업보험료의 100분의 80 이내이다.

② 우체국보험의 종류에는 보장성 보험, 저축성 보험, 연금보험, 단체보험이 있다.

③ 계약보험금 한도액은 보험종류별(연금보험 제외)로 피보험자 1인당 5천만 원이다.

④ 세액공제 혜택이 없는 연금보험의 최초 연금액은 피보험자 1인당 1년에 900만 원 이하이다.

09

우체국보험 상품의 보험세제에 대한 설명으로 옳은 것은?

2019 계리직 9급

① 무배당 어깨동무보험의 경우, 연간 납입보험료 100만 원 한도 내에서 연간 납입보험료의 12%가 세액공제 금액이 된다.

② 무배당 그린보너스저축보험플러스는 보험계약자, 피보험자, 보험수익자가 동일하여야 월적립식 저축성 보험 비과세를 받을 수 있다.

③ 무배당 파워적립보험은 보험기간이 10년인 경우, 납입기간은 보험종류에 관계 없이 월적립식 저축성 보험 비과세 요건의 납입기간을 충족한다.

④ 무배당 우체국연금보험에 가입한 만 65세 연금소득자가 종신연금형으로 연금수령 시 연금소득에 대해 적용되는 세율은 종신연금형을 기준으로 한다.

10

보장성 보험에 대한 설명으로 옳지 않은 것은? 2018 계리직 9급

① 만기 시 환급되는 금액이 없거나 이미 납입한 보험료보다 적거나 같다.

② 주계약뿐만 아니라 특약으로 가입한 보장성 보험도 세액공제를 받을 수 있다.

③ 보장성 보험료를 산출할 때에 예정이율, 예정위험률, 예정사업비율이 필요하다.

④ 근로소득자와 사업소득자는 연간 납입보험료의 일정액을 세액공제 받을 수 있다.

11

〈보기〉의 내용을 모두 충족하는 보험상품으로 옳은 것은?

2018 계리직 9급(변형)

> ┤ 보기 ├
>
> • 최초 계약 가입 나이는 0~65세
> • 보험기간은 10년 만기(종신갱신형)
> • 보험가입금액(구좌수) 1구좌 기준으로 3대 질병 진단(최대 3,000만 원), 중증 수술(최대 500만 원) 및 중증 장해(최대 5,000만 원) 시 치료비 보장
> • '국민체력100' 체력 인증 시 보험료 지원혜택 제공
> • 10년 만기 생존 시마다 건강관리자금 지급

① 무배당 우체국New100세건강보험

② 무배당 우체국실손의료비보험(갱신형)

③ 무배당 우체국건강클리닉보험(갱신형)

④ 무배당 우체국간편가입건강보험(갱신형)

12

우체국보험 상품에 대한 설명으로 옳지 않은 것은?

2016 계리직 9급(변형)

① 무배당 우체국건강클리닉보험(갱신형)의 최초 계약 가입 나이는 0~65세이다.

② 무배당 내가만든희망보험은 20세부터 60세까지 가입 가능한 건강보험으로, 각종 질병과 사고 보장을 본인이 선택하여 설계 가능하며, 보험기간 중 매 10년마다 생존 시 건강관리자금을 지급한다.

③ 무배당 우체국온라인암보험의 보험료는 나이의 증가, 적용기초율의 변동 등의 사유로 인상 가능하다.

④ 무배당 파워적립보험은 기본보험료 30만 원 초과금액에 대해 수수료를 인하함으로써 수익률을 증대시킨 보험상품이다.

13

난이도 상중하

다음의 우체국보험 상품 중 보장성 보험 상품만으로 바르게 짝지어진 것은? 2016 계리직 9급(변형)

① 우체국안전벨트보험, 만원의행복보험, 청소년꿈보험
② 우체국안전벨트보험, 하나로OK보험, 어깨동무연금보험
③ 우체국치매간병보험, 파워적립보험, 어깨동무보험
④ 우리가족암보험, 우체국치아보험, 우체국요양보험

14

난이도 상중하

우체국의 장애인전용 무배당 어깨동무보험에 대한 설명으로 옳은 것은? 2014 계리직 9급

① 보험수익자가 장애인인 경우 연간 4,000만 원 한도로 증여세 면제혜택이 있다.
② 1종(생활보장형)은 50세 이상의 자가 가입할 경우 80세 만기 10년납에 한한다.
③ 2종(암보장형)의 피보험자 가입 나이는 15~70세이다.
④ 3종(상해보장형)은 가입 후 매 5년마다 건강진단자금을 지급한다.

15

난이도 상중하

우체국의 보험상품에 대한 설명으로 옳지 않은 것은? 2014 계리직 9급(변형)

① 무배당 그린보너스저축보험플러스는 만기 유지 시 계약일로부터 최초 1년간 보너스금리를 추가 제공한다.
② 무배당 우체국하나로OK보험(갱신형)은 보험가입금액 1,000만 원에서 4,000만 원까지 500만 원 단위로 가입이 가능하다.
③ 무배당 우체국통합건강보험은 피보험자가 가입 당시 61세 이상인 경우에는 보험가입금액이 2,000만 원 한도이다.
④ 무배당 우체국요양보험은 장기요양 1~2등급으로 진단 확정되고, 10년 동안 매년 생존할 경우 장기요양간병비를 매월 지급(장기요양간병비특약 가입 시)한다.

16 빈출문제

난이도 상중하

보험 관련 세금에 대한 설명으로 옳은 것은? 2012 계리직 10급(변형)

① 저축성 보험의 경우 2017년 4월 1일 이후 계약은 최초로 보험료를 납입한 날부터 만기일 또는 중도해지일까지의 기간이 10년 이상으로서, 계약자 1명당 납입할 보험료 합계액이 2억 원 이하인 저축성 보험은 보험차익 비과세 요건에 해당한다.
② 연금저축보험을 중도에 해지하는 경우에는 분리과세를 적용하는데 이는 일반 연금 외 수령으로 이자소득세가 부과되나, 부득이한 사유로 인한 연금 외 수령이 인정되는 경우에는 연금소득세를 부과한다.
③ 장애인전용보험은 장애인을 계약자로 하는 보험을 가입한 경우 실제로 납입한 보험료(연간 100만 원 한도)의 15%에 해당하는 금액을 해당 과세기간의 종합소득산출세액에서 공제받을 수 있다.
④ 일용근로자를 제외한 근로소득자가 보장성 보험에 가입한 경우 납입한 보험료(연간 100만 원 한도)의 12%에 해당하는 금액을 해당 과세기간의 종합소득산출세액에서 공제받을 수 있다.

17

난이도 (상)(중)(하)

우체국보험 상품에 관한 설명으로 옳지 <u>않은</u> 것은?

2012 계리직 10급(변형)

① 무배당 우체국건강클리닉보험에서 고액의 치료비가 소요되는 3대 질병 진단(최대 3,000만 원), 우체국건강클리닉 중증수술(최대 500만 원) 및 중증장해(최대 5,000만 원)는 고액이 보장된다.

② 우체국 안전벨트보험은 성별에 차이는 있으나 나이(연령)에 관계 없이 동일한 보험료를 부담하고 근로소득자는 납입한 보험료에 대하여 세액공제 혜택을 받을 수 있다.

③ 장애인전용 무배당 어깨동무보험(2종)에서 암 보장 개시일은 계약일(부활일)로부터 그 날을 포함하여 90일이 지난 날로 한다.

④ 에버리치상해보험은 한번 가입으로 90세까지 보장하고 휴일재해 사망보장을 강화한 상품이다.

18

난이도 (상)(중)(하)

무배당 우체국급여실손의료비보험(갱신형)에 관한 설명으로 옳지 <u>않은</u> 것은?

2010 계리직 10급(변형)

① 입원·통원 합산 5천만 원, 통원(외래 및 처방 합산) 회당 30만 원까지 보장된다.

② 보험금 지급실적이 없는 경우 보험료 할인혜택이 가능하다.

③ 개인별 의료이용량에 따라 보험료 차등(할인·할증)적용되며, 주계약 판매형태는 종합형, 질병형, 상해형이 있다.

④ 보험계약 갱신 시 연령 증가 및 의료수가 인상, 적용기초율 변경, 요율 상대도(할인·할증요율) 적용 등으로 보험료는 인상될 수 있다.

19

난이도 (상)(중)(하)

우체국 보험상품에 대한 설명으로 가장 옳은 것은?

① 무배당 우체국와이드건강보험 2112는 4대질병(암·뇌출혈·뇌경색증·급성심근경색증)으로 진단 시 사망보험금의 일부를 선지급하여 치료비를 지원(주계약 1종 가입 시)해 준다.

② 무배당 우체국더간편건강보험(갱신형) 2109는 1가지(건강관련) 간편고지로 간편하게 가입할 수 있고 암보장형, 2대질병보장형으로 구성하여 꼭 필요한 보장만 가입 가능하며, 10년 만기 생존 시마다 건강관리자금을 지급(주계약)한다.

③ 무배당 우체국당뇨안심보험 2109는 당뇨 중증도(당화혈색소 6.5%/7.5%/9.0%)에 따라 체계적인 보장금액 설정할 수 있고, 당뇨보장개시일은 계약일(부활일)부터 그 날을 제외하고 1년이 지난날로 한다.

④ 무배당 우체국온라인3대질병보험 2109는 30% 이상 장해상태가 되었거나 암, 뇌출혈 또는 급성심근경색증으로 진단 시 보험료 납입을 면제한다.

20

난이도 (상)(중)(하)

우체국 온라인보험 상품에 대한 설명으로 가장 옳은 것은?

① 무배당 우체국온라인착한안전보험 2109의 보험료는 성별에 따른 차이는 없으나 연령별로 차이가 있다.

② 무배당 우체국온라인정기보험 2109는 생존기간 6개월 이내 판단 시 사망보험금의 60%를 선지급하고, 비갱신형 상품으로 보험료 변동 없이 처음과 동일한 보험료로 보험기간 동안 보장한다.

③ 무배당 온라인내가만든희망보험 2109는 보험기간 중 매 10년마다 생존 시 건강관리자금 지급한다.

④ 무배당 우체국온라인요양보험 2112는 장기요양(1~4등급)으로 진단 시 사망보험금의 일부를 선지급하여 노후 요양비를 지원하는 상품으로, 30세부터 최대 70세까지 폭 넓게 가입 가능한 요양보험이다.

21

보험료 납입에 대한 설명으로 가장 옳지 않은 것은?

① 무배당 우체국온라인3대질병보험 2109는 50% 이상 장해상태가 되었거나, 암, 뇌출혈 또는 급성심근경색증으로 진단 시 보험료 납입을 면제한다.

② 무배당 우체국온라인와이드암보험 2112는 보험료 납입면제 및 고액계약 할인(주계약 보험료)으로 보험료 부담을 완화한다.

③ 무배당 온라인미니암보험 2112는 보험료 납입방법으로 일시납만 선택할 수 있다.

④ 무배당 온라인입원수술보험 2112는 질병 또는 재해로 50% 이상 장해상태가 되었을 때 차회 이후의 보험료 납입을 면제한다.

22

상속세란 사망으로 그 재산이 가족이나 친족 등에게 무상으로 이전되는 경우에 당해 상속재산에 대하여 부과하는 세금을 의미한다. 상속세 관련 내용으로 옳지 않은 것은?

① 금융재산상속공제는 사망으로 인하여 상속이 개시되는 경우로서 상속재산가액 중 금융재산가액이 포함되어 있는 경우 이를 상속세 과세가액에서 공제하여 주는 제도이다.

② 금융재산에는 예금, 적금, 부금, 계금, 출자금, 금융신탁재산, 보험금, 공제금, 주식, 채권, 수익증권, 출자지분, 어음 등의 금액 및 유가증권 등을 모두 포함한다.

③ 금융재산상속공제는 순금융재산이 2천만 원 초과 시 순금융재산가액의 20% 또는 2천만 원 중 큰 금액으로 2억 한도에서 공제해 주는 제도이다.

④ 「민법」상 사망보험금의 상속순위는 1순위는 배우자, 2순위는 직계비속, 3순위는 직계존속, 4순위는 형제자매, 5순위는 4촌 이내의 방계혈족이다.

23

무배당 우체국연금보험에 대한 내용으로 옳지 않은 것은?

① 관련 세법이 정한 바에 따라 납입한 보험료에 대하여 세액공제 혜택을 제공한다.

② 연금개시연령은 45세 이후부터이다.

③ 실세금리 등을 반영한 신공시이율Ⅳ로 적립되며, 시중금리가 하락하더라도 최저 1.0%(다만, 가입 후 10년 초과 시 0.5%)의 금리 보장

④ 연금 지급 구분에는 종신연금형, 상속연금형, 확정기간연금형, 더블연금형이 있다.

24

무배당 만원의행복보험에 대한 설명으로 옳지 않은 것은?

① 성별·나이에 상관 없이 보험료 1만 원(1년 만기 기준)이다.

② 보험기간은 1년 또는 3년이고, 만 15~65세인 자가 가입할 수 있다.

③ 보험계약자는 개별 보험계약자와 과학기술정보통신부장관을 공동 보험계약자로 하며, 과학기술정보통신부장관을 대표자로 한다.

④ 보험료 납입은 개별 보험계약자는 1년 만기의 경우 1만 원, 3년 만기의 경우 3만 원의 보험료를 납입하며, 나머지 보험료는 과학기술정보통신부장관이 납입한다.

25

난이도 (상)(중)(하)

우체국 보험상품별 보장개시일에 대한 설명으로 옳은 것을 모두 고른 것은?

> ㄱ. 무배당 우체국든든한종신보험 2109의 암보장개시일은 계약일(부활일)부터 그 날을 포함하여 90일이 지난날의 다음날이다.
> ㄴ. 무배당 우체국건강클리닉보험(갱신형) 2109의 암보장개시일은 계약일(부활일)부터 그 날을 포함하여 90일이 지난 날의 다음날이다[피보험자 나이가 15세 미만인 경우 암보장개시일은 계약일(부활일)이다].
> ㄷ. 무배당 우체국와이드건강보험 2112은 재진단암진단보험금 특약 가입 시 재진단암 보장개시일은 "첫 번째 재진단암 보장개시일"과 "두 번째 이후 재진단암 보장개시일"을 합한 것을 말하며, 첫 번째 재진단암 보장개시일은 "첫 번째 암(갑상선암, 기타피부암 및 대장점막내암 제외)" 진단 확정일부터 그 날을 포함하여 1년(갱신계약을 포함)이 지난 날의 다음 날이다. 두 번째 이후 재진단암 보장개시일은 직전 "재진단암(갑상선암, 기타피부암 및 대장점막내암 제외)" 진단 확정일부터 그 날을 포함하여 1년(갱신계약을 포함)이 지난 날의 다음 날이다.
> ㄹ. 무배당 우체국통합건강보험 2109의 특정파킨슨병보장개시일은 계약일(부활일)부터 그 날을 포함하여 2년이 지난 날의 다음날이다.

① ㄱ, ㄴ
② ㄱ, ㄷ
③ ㄱ, ㄹ
④ ㄴ, ㄹ

26

난이도 (상)(중)(하)

우체국 보험상품에 대한 내용으로 옳지 않은 것은 모두 몇 개인가?

> ㄱ. 무배당 우체국치매간병보험 2109의 치매보장개시일은 주 계약일(부활일)부터 그날을 포함하여 2년이 지난날의 다음날이다. 다만, 질병으로 인한 "경도치매상태", "중등도치매상태" 및 "중증치매상태"가 없는 상태에서 재해로 인한 뇌의 손상을 직접적인 원인으로 "경도치매상태", "중등도치매상태" 및 "중증치매상태"가 발생한 경우 치매보장개시일은 계약일(부활일)이다.
> ㄴ. 무배당 우체국치아보험(갱신형) 2109의 치과치료보장개시일 및 촬영보장개시일은 계약일(부활일)부터 그날을 포함하여 180일이 지난 날의 다음날이다. 단, 재해를 직접적인 원인으로 치과치료, 구내 방사선촬영 또는 파노라마촬영을 받은 경우 치과치료보장개시일 및 촬영보장개시일은 계약일(부활일)이다.
> ㄷ. 무배당 우체국당뇨안심보험 2109의 당뇨보장개시일은 계약일(부활일)부터 그날을 포함하여 2년이 지난날의 다음날이다.
> ㄹ. 무배당 우체국요양보험 2109의 장기요양상태 보장개시일은 계약일(부활일)부터 그날을 포함하여 90일이 지난 날의 다음이다. 단, 재해를 직접적인 원인으로 장기요양상태가 발생한 경우 장기요양상태 보장개시일은 계약일(부활일)이다.

① 1개
② 2개
③ 3개
④ 4개

27

난이도 (상)(중)(하)

우체국보험 상품 중 무배당 우체국나르미안전보험에 대한 설명으로 옳지 않은 것은?

① 업무상 이륜차운전자를 포함한 운송업종사자 전용 공익형 교통상해보험이다.
② 나이에 상관 없이 성별에 따라 1회 보험료 납입으로 보장 가능하다(1년 만기).
③ 공익재원 지원대상자에 해당될 경우에는 보험료의 50%가 지원된다.
④ 교통재해로 인한 사망, 장해 및 교통사고에 대한 의료비(중환자실 입원 등) 보장을 받을 수 있다.

28

무배당 우체국치아보험(갱신형)에 대한 설명으로 옳지 <u>않은</u> 것은?

① 보철치료(임플란트, 브릿지, 틀니), 크라운치료, 충전치료, 치수치료, 영구치발거, 치석제거(스케일링), 구내 방사선·파노라마촬영, 잇몸질환치료 및 재해로 인한 치과치료 등을 보장하는 치과치료 전문 종합보험이다.

② 특약 가입 시 임플란트(영구치발거 1개당 최대 150만 원), 브릿지(영구치발거 1개당 최대 75만 원), 틀니(보철물 1개당 최대 150만 원) 치료보험금을 지급한다.

③ 충전[치아 치료 1개당 최대 30만 원(인레이·온레이 충전치료 시)] 및 크라운(치아 치료 1개당 최대 15만 원) 치료자금을 지급한다.

④ 근로소득자는 납입한 보험료(연간 100만 원 한도)에 대하여 12% 세액공제 혜택을 받을 수 있다.

29 빈출문제

우체국보험 상품 중 우체국요양보험에 대한 설명으로 옳지 <u>않은</u> 것은?

① 장기요양(1~2등급) 진단 시 사망보험금 일부를 선지급하여 노후요양비를 지원한다.

② 갱신형으로 설계하여 소폭의 보험료 상승으로 보험기간 만기까지 사망과 요양을 보장한다.

③ 30세부터 70세까지 가입 가능하다.

④ 장기요양상태(1~2등급)로 간병자금 필요시, 5년 동안 매년 생존할 경우 장기요양간병비를 매월 지급(장기요양간병비특약 가입 시, 최대 60개월 한도)한다.

30

우리가족암보험에 대한 설명으로 옳지 <u>않은</u> 것은?

① 보험료가 저렴하며, 고액암을 제외한 암 진단 시 3,000만 원까지 지급한다.

② 고액암(백혈병, 뇌종양, 골종양, 췌장암, 식도암 등) 진단 시 6,000만 원까지 지급한다.

③ 실버형의 경우 고연령이나 만성질환(고혈압 및 당뇨병질환자)이 있어도 가입이 가능하다.

④ 암진단생활비특약 가입 후 암 진단 시 소득상실을 보전하기 위해 암진단생활비가 매월 최고 100만 원씩 5년간 지급(1구좌기준)된다.

31

무배당 우체국간편가입건강보험(갱신형)에 대한 설명으로 옳지 <u>않은</u> 것은?

① 종신갱신형은 종신토록 의료비를 보장함으로써 경제적 부담을 완화한다. 다만, 사망보장은 최대 85세까지 보장한다.

② 갱신의 경우 보험기간 만료일 30일 전까지 계약자에게 서면 또는 전화(음성녹음)로 보험료 등 변경 내용을 안내하며, 보험기간 만료일 15일 전까지 계약자의 별도 의사표시가 없으면 자동갱신된다.

③ 무배당 간편사망보장특약(갱신형)의 경우, 갱신 시점의 피보험자 나이가 85세 이상인 경우에도 이 특약을 갱신할 수 있다.

④ 갱신계약의 보험료는 나이의 증가, 적용기초율의 변동 등의 사유로 인상 가능하다.

32

난이도 (상)(중)(하)

우체국 보험상품별 보험가입금액에 대한 설명으로 옳은 것을 모두 고른 것은?

> ㄱ. 무배당 우체국통합건강보험 2109는 피보험자가 가입 당시 61세 이상인 경우 주계약 보험가입금액은 2,000만 원 한도이다.
> ㄴ. 무배당 우체국더간편건강보험(갱신형) 2109는 피보험자 가입 당시 66세 이상인 경우 주계약 보험가입금액이 1,000만 원이다.
> ㄷ. 무배당 우체국치매간병보험 2109는 피보험자가 가입 당시 66세 이상인 경우 주계약 보험가입금액은 1,000만 원 (2종은 500만 원) 한도이다.
> ㄹ. 무배당 우체국당뇨안심보험 2109는 피보험자가 가입 당시 61세 이상인 경우 주계약 보험가입금액은 1,000만 원 한도이다.

① ㄱ, ㄴ, ㄷ   ② ㄱ, ㄴ, ㄹ
③ ㄱ, ㄷ, ㄹ   ④ ㄴ, ㄷ, ㄹ

33

난이도 (상)(중)(하)

우체국 보험상품에 대한 설명으로 옳은 것을 모두 고른 것은?

> ㄱ. 무배당 우체국온라인치매간병보험 2201은 "중증치매상태"로 최종 진단 확정되고, 매년 생존 시 최대 20년 동안 중증치매진단간병자금을 매월 지급한다. 비갱신형 상품으로 보험료 인상 없이 처음과 동일한 보험료로 만기까지 보장된다.
> ㄴ. 무배당 우체국온라인종신보험 2201은 고객의 보험료 부담을 완화하기 위해 보험가입금액 2천만 원 이상인 경우 보험료 2%를 할인한다.
> ㄷ. 무배당 우체국온라인종합건강보험(갱신형) 2201은 현대인의 건강한 생활을 위하여 사망부터 생존(진단, 입원, 수술 등)까지 종합적으로 보장하는 온라인전용 종합건강보험상품이다.
> ㄹ. 무배당 더든든한우체국자녀지킴이보험 2203은 보험금 면책 및 감액기간 없이 가입 즉시 100% 보장한다.

① ㄱ, ㄴ   ② ㄱ, ㄷ
③ ㄴ, ㄹ   ④ ㄷ, ㄹ

34

난이도 (상)(중)(하)

무배당 우체국급여실손의료비보험(갱신형) 2109에 대한 설명으로 옳지 <u>않은</u> 것을 모두 고른 것은?

> ㄱ. 최초계약은 0세부터, 갱신계약은 1세부터, 재가입은 5세부터 가입할 수 있고, 임신 13주 이내의 태아도 가입 가능하다.
> ㄴ. 보장내용 변경주기는 10년이고, 재가입 종료 나이는 종신까지이다.
> ㄷ. 보험금 지급 실적이 없는 경우 보험료 할인은 1회차 갱신계약부터 적용하며, 주계약만 가입한 계약은 할인대상에서 제외된다.
> ㄹ. '무사고 할인판정기간'은 갱신일(또는 재가입일)이 속한 달의 3개월 전 해당월의 말일을 기준으로 직전 2년을 적용하며, 최초계약으로부터 2회차 갱신계약은 예외로 한다.

① ㄱ, ㄹ   ② ㄱ, ㄴ, ㄷ
③ ㄴ, ㄷ, ㄹ   ④ ㄱ, ㄴ, ㄷ, ㄹ

35 빈출문제

난이도 (상)(중)(하)

우체국보험 관련 세제 중 상속·증여 관련 세제에 대한 내용으로 옳지 <u>않은</u> 것은?

① 보험차익이란 보험계약에 따라 만기에 받는 보험금·공제금 또는 계약기간 중도에 해당 보험계약이 해지됨에 따라 받는 환급금에서 납입보험료를 뺀 금액을 의미하는 것으로 보험차익은 「소득세법」상 기타소득으로 분류되어 기타소득세(지방소득세 포함 16.5%)가 과세된다.

② 배우자는 직계비속과 같은 순위로 공동상속인이 되며, 직계비속이 없는 경우에는 제2순위인 직계존속과 공동상속인이 되며, 직계비속과 직계존속이 없는 경우에는 단독상속인이 된다.

③ 「상속세 및 증여세법」 제34조(보험금의 증여)에 의거 계약자와 보험수익자가 서로 다른 경우에는 계약자가 납부한 보험료 납부액에 대한 보험금 상당액을 증여재산으로 간주하여 증여세를 부과한다.

④ 「상속세 및 증여세법」 제46조(비과세되는 증여재산)에 의한 장애인을 보험금수취인으로 하는 보험 가입 시, 장애인이 수령하는 보험금에 대해서는 연간 4,000만원을 한도로 증여세가 비과세된다.

36

난이도 ⑧중하

연금저축보험 관련 세제에 관한 설명으로 옳은 것을 모두 고른 것은?

> ㄱ. 연금저축보험에 대한 세액공제는 납입하는 보험료에 대해 종합소득산출세액에서 일정금액을 공제해주어 소득세 절세 효과를 주는 대신에 연금을 수령할 때 과세를 하는 제도이다.
>
> ㄴ. 세액공제 한도액은 연금저축 연간 납입한 보험료에 대하여 세액공제[연간 600만 원 한도로 납입금액의 12% 세액공제(종합소득금액이 4천 500만 원(근로소득만 있는 경우에는 총급여액 5천 500만 원) 이하인 경우 납입금액의 15% 세액공제)]된다.
>
> ㄷ. 연금저축보험을 중도에 해지하는 경우에는 분리과세를 적용한다. 이는 일반 연금 외 수령으로 기타소득세(지방소득세 포함 16.5%)가 부과되나, 만약 부득이한 사유로 인한 연금 외 수령이 인정되는 경우에는 연금소득세(지방소득세 포함 3.3~5.5%)를 부과한다.
>
> ㄹ. 연금저축보험이 연금수령 요건에 부합하는 경우에는 그 지급금액은 연금소득으로 인정하여 연금소득세를 부과한다.[단, 연간 연금액이 연금수령한도를 초과하는 경우, 그 초과금액은 연금외소득으로 간주하여 기타소득세(지방소득세 포함 16.5%)를 부과함] 다만, 연간 연금액이 900만 원 이하인 경우에는 분리과세 할 수 있고, 900만 원을 초과하면 종합과세를 또는 15% 분리과세를 선택할 수 있다.

① ㄱ, ㄷ
② ㄱ, ㄴ, ㄷ
③ ㄱ, ㄴ, ㄹ
④ ㄱ, ㄴ, ㄷ, ㄹ

37

난이도 ⑧중하

무배당 우체국연금보험(종신연금형)상품의 계약기간을 10년 이상 유지한 만 65세인 甲의 연금소득에 대한 원천징수세율은?

① 5.5%
② 4.4%
③ 3.3%
④ 비과세

우체국보험 모집 및 언더라이팅

01
난이도 (상)(중)(하)

우체국보험 청약서비스에 대한 설명으로 옳은 것을 모두 고른 것은?

2022 계리직 9급

ㄱ. 보험계약자가 성인인 계약에 한해서 태블릿청약 이용이 가능하다.
ㄴ. 타인계약 또는 미성년자(만 19세 미만자) 계약도 전자청약이 가능하다.
ㄷ. 전자청약과 태블릿청약을 이용하는 고객에게는 제2회 이후 보험료 자동이체 시 0.5%의 할인이 적용된다.
ㄹ. 전자청약은 가입설계서를 발행한 계약으로 전자청약 전환을 신청한 계약에 한하며, 가입설계일로부터 10일(비영업일 제외) 이내에만 가능하다.

① ㄱ, ㄷ
② ㄱ, ㄹ
③ ㄴ, ㄷ
④ ㄴ, ㄹ

02
난이도 (상)(중)(하)

우체국보험 모집 준수사항에 대한 내용으로 옳은 것은?

① 보험안내자료에 우체국보험의 자산과 부채를 기재하는 경우 우정사업본부장이 작성한 재무제표에 기재된 사항과 다른 내용의 것을 기재하지 못한다.
② 보험안내자료에 우체국보험의 장래의 이익의 배당 또는 잉여금의 분배에 대한 예상에 관한 사항을 필수적으로 기재하여야 한다.
③ 저축성 보험(금리확정형 보험 포함) 계약의 경우 계약자가 보험계약 체결권유 단계에서 설명 의무사항을 설명받았고, 이를 이해하였음을 전화 등 통신수단을 통하여 청약 후 10일 이내에 확인을 받아야 한다.
④ 보험계약자에게 보험계약의 체결 시부터 보험금 지급 시까지의 주요 과정을 반드시 설명하여야 한다.

03 빈출문제
난이도 (상)(중)(하)

우체국보험 모집자 및 보험 모집 관련 준수사항에 대한 내용으로 가장 옳은 것은?

① 우체국보험 모집자에는 우정사업본부 소속 공무원·별정우체국직원·상시집배원, 우체국FC, 우체국TMFC, 우편취급국장, 그 밖에 우정사업본부장이 인정한 자 등이 있다.
② 보험모집 등과 관련하여 법령, 규정 및 준수사항 등을 위반하여 보험모집 자격을 상실한 후 2년이 경과되지 아니한 자는 우체국FC 등록이 제한된다.
③ 보험계약의 체결에 종사하는 자 또는 모집종사자는 그 체결 또는 모집과 관련하여 보험계약자 또는 피보험자에 대하여 5만 원을 초과하는 금품 등 특별이익을 제공하거나 그 제공을 약속하여서는 아니 된다.
④ 보험계약의 체결 또는 모집에 종사하는 자가 기존보험계약을 부당하게 소멸시키거나 소멸하게 하는 행위를 하였을 때에 보험계약자는 보험계약의 체결 또는 모집에 종사하는 자가 속하거나 모집을 위탁한 우정관서에 대하여 그 보험계약이 소멸한 날부터 3개월 이내에 소멸된 보험계약의 부활을 청구하고 새로운 보험계약은 취소할 수 있다.

우체국보험 모집 준수사항에 대한 내용으로 옳지 <u>않은</u> 것은?

① '보험모집'이란 우체국과 보험계약이 체결될 수 있도록 중개하는 모든 행위(계약체결의 승낙 포함)를 의미한다.

② 보험안내자료에 우체국보험의 장래의 이익의 배당 또는 잉여금의 분배에 대한 예상에 관한 사항을 기재하지 못한다.

③ 기존보험계약이 소멸된 날부터 1개월 이내에 새로운 보험계약을 청약하게 하거나 새로운 보험계약을 청약하게 한 날부터 1개월 이내에 기존보험계약을 소멸하게 하는 행위는 기존보험계약을 부당하게 소멸시키거나 소멸하게 하는 행위에 해당한다(다만, 보험계약자가 기존 보험계약 소멸 후 새로운 보험계약 체결 시 손해가 발생할 가능성이 있다는 사실을 알고 있음을 본인의 의사에 따른 행위임이 명백히 증명되는 경우는 제외).

④ 보험계약의 체결에 종사하는 자 또는 모집종사자는 그 체결 또는 모집과 관련하여 보험계약자 또는 피보험자에 대하여 보험료로 받은 수표 등에 대한 이자상당액의 대납을 약속하여서는 안 된다.

우체국보험 모집 준수사항에 대한 내용으로 옳지 <u>않은</u> 것은?

① 보험계약 체결을 권유하는 경우 설명단계별 의무사항 중 첫 번째 단계는 주계약 및 특약별 보험료 설명이다.

② 보험계약의 체결 또는 모집에 관한 금지행위에는 보험계약자 또는 피보험자에게 보험계약의 내용을 사실과 다르게 알리거나 그 내용의 중요한 사항을 알리지 아니하는 행위가 포함된다.

③ 보험계약 체결 시 보험계약자에게 보험모집 단계별로 서류를 제공해야 하나, 단체보험의 경우에는 가입설계서와 상품설명서를 제공하지 않는다.

④ 보험계약자가 설명을 거부하는 경우에도 보험계약의 체결 시부터 보험금 지급 시까지의 주요과정을 보험계약자에게 설명하여야 한다.

우체국보험 모집에 대한 내용으로 옳지 <u>않은</u> 것은?

① 「우체국예금·보험에 관한 법률 시행규칙」에 따라 체신관서의 직원은 보험모집 업무를 할 수 없다.

② '우체국FC'란 우체국으로부터 위탁을 받아 우체국보험의 모집업무를 행하는 개인을 의미한다.

③ '우체국TMFC'란 우체국장과 위촉계약을 체결하여 TCM을 통해 우체국보험을 모집하는 개인을 의미한다.

④ '우편취급FC'란 우체국FC 중 「우체국 창구업무의 위탁에 관한 법률」 제3조 규정에 따라 우체국창구업무의 일부를 수탁 받은 자 또는 위 수탁 받은 자가 설치한 장소에서 근무하는 자로서 「우체국보험 모집 및 보상금 지급 등에 관한 규정」 제28조에 따라 등록된 자를 말한다.

보험계약 체결에 대한 내용으로 옳지 <u>않은</u> 것을 모두 고른 것은?

> ㄱ. 계약을 체결할 때 계약에서 정한 피보험자의 나이에 미달되었거나 초과되었을 경우 원칙적으로 취소이다.
>
> ㄴ. 타인의 사망을 보험금 지급사유로 하는 계약에서 계약을 체결할 때까지 피보험자의 서면에 의한 동의를 얻지 않은 경우는 원칙적으로 취소사유이다.
>
> ㄷ. 만 15세 미만자, 심신상실자 또는 심신박약자를 피보험자로 하여 사망을 보험금 지급사유로 한 계약의 경우 원칙적으로 무효사유이다.
>
> ㄹ. 보험계약 시 보험모집자의 '3대 기본지키기'는 약관 및 청약서 부본 전달, 약관 주요 내용 설명, 계약자 및 피보험자의 자필서명이다. 만약, 모집자가 청약시 이러한 의무(3대 기본지키기)를 이행하지 않았을 경우에는 계약자는 6개월 이내에 취소권을 행사할 수 있다.

① ㄱ, ㄴ　　　　　　　　② ㄴ, ㄷ

③ ㄱ, ㄴ, ㄹ　　　　　　④ ㄱ, ㄴ, ㄷ, ㄹ

08

다음 중 언더라이팅에 대한 설명으로 옳지 않은 것은?

① 언더라이팅이란 체신관서가 보험계약에 대한 청약이 접수되면, 피보험자의 신체적·환경적·도덕적 위험 등을 종합적으로 평가하여 피보험자의 위험에 따라 정상인수, 조건부인수, 거절 등의 합리적 인수조건을 결정하는 청약심사를 말한다.

② 보험판매 과정에서 계약 선택의 기준이 되는 위험에는 신체적 위험, 환경적 위험, 도덕적 위험(재정적 위험) 등이 있다.

③ 언더라이팅 관련 제도 중 환경적 언더라이팅이란 적부조사자가 피보험자를 직접 면담 또는 전화를 활용하여 적부 주요 확인사항을 중심으로 확인하며, 계약적부조사서상에 주요 확인사항 등을 기재하고 피보험자가 최종 확인하는 제도이다.

④ 모집자는 위험을 선별하는 1차적 언더라이터이며, 고객이 지닌 위험도에 대하여 가장 잘 알 수 있는 영업현장의 모집자의 역할이 매우 중요하다.

09

보험계약의 성립과 효력 등에 관한 내용으로 옳지 않은 것은?

① 보험계약은 보험계약자의 청약과 체신관서의 승낙으로 이루어진다.

② 보장개시일은 체신관서가 보장을 개시하는 날로서 계약이 성립되고 제1회 보험료를 받은 날을 말하나, 체신관서가 승낙하기 전이라도 청약과 함께 제1회 보험료를 받은 경우에는 제1회 보험료를 받은 날을 의미한다.

③ 만 15세 미만자, 심신상실자 또는 심신박약자를 피보험자로 하여 사망을 보험금 지급사유로 한 계약 중 심신박약자가 계약을 체결하거나 소속 단체의 규약에 따라 단체보험의 피보험자가 될 때에 의사능력이 있는 경우 계약 무효사유에 해당한다.

④ 보험모집자는 계약체결 시 계약자에게 약관 및 청약서 부본을 전달하고 약관의 주요내용을 설명해야 하는데 만약 모집자가 청약 시 이러한 의무(3대 기본 지키기)를 이행하지 않았을 경우에는 계약자는 취소권을 행사할 수 있다.

10

우체국 보험약관에 따른 보험계약의 효력 중 계약의 취소에 대한 내용으로 옳지 않은 것은?

① 계약의 취소는 계약은 성립되었으나 후에 취소권자의 취소의 의사표시로 그 법률효과가 소급되어 없어지는 것을 의미한다.

② 보험모집자가 청약 시 3대 기본 지키기를 이행하지 않았을 경우 계약자는 취소권을 행사할 수 있고, 체신관서는 이미 납입한 보험료에 보험료를 받은 기간에 대하여 환급금대출이율을 연단위 단리로 계산한 금액을 더하여 지급한다.

③ 체신관서, 계약자는 보험계약의 취소권자이다.

④ 피보험자가 청약일 이전에 암 또는 인간면역결핍바이러스(HIV) 감염의 진단 확정을 받은 후 계약자 또는 피보험자가 이를 숨기고 가입하는 등의 뚜렷한 사기의사에 의하여 계약이 성립되었음을 체신관서가 증명하는 경우에는 보장개시일부터 5년 이내(사기 사실을 안 날부터는 1개월 이내)에 계약을 취소할 수 있다.

11

우체국 보험계약의 청약업무에 대한 내용으로 옳은 것은 모두 몇 개인가?

> ㄱ. 전자청약이 가능한 계약은 가입설계서를 발행한 계약으로 전자청약 전환을 신청한 계약에 한하며, 가입설계일로부터 10일(비영업일 제외) 이내에 한하여 전자청약을 할 수 있다.
>
> ㄴ. 타인계약(계약자와 피보험자가 다른 경우 또는 피보험자와 수익자가 다른 경우), 미성년자 계약 등은 전자청약이 불가하다.
>
> ㄷ. 전자청약서비스, 태블릿청약서비스를 이용하는 고객에게는 제1회 이후 보험료 자동이체 시 0.5%의 할인이 적용된다.
>
> ㄹ. 외국인이라 하더라도 국내에 거주 허가를 받은 자는 우체국보험에 가입할 수 있고, 내국인이라도 외국에 거주하는 자 또한 가입할 수 있다.

① 1개   ② 2개

③ 3개   ④ 4개

해설편 ▶ P.58

01

난이도 상중하

우체국보험 환급금 대출에 대한 설명으로 옳은 것은?

2022 계리직 9급

① 보험계약자는 계약상태의 유효 또는 실효 여부에 관계없이 대출받을 수 있다.

② 무배당 파워적립보험 2109는 해약환급금의 최대 80% 이내에서 1만 원 단위로 대출이 가능하다.

③ 즉시연금보험 및 우체국연금보험 1종은 해약환급금의 최대 85% 이내에서 1만 원 단위로 대출이 가능하다.

④ 무배당 우체국하나로OK보험 2109는 해약환급금의 최대 95% 이내에서 1천 원 단위로 대출이 가능하다.

02

난이도 상중하

우체국보험 보험료 납입에 대한 설명으로 옳은 것은 모두 몇 개인가?

2022 계리직 9급

> ㄱ. 보험료의 납입기간에 따라 전기납, 단기납, 일시납으로 분류된다.
> ㄴ. 보험료 자동이체 약정은 유지 중인 계약에 한해서 처리가 가능하며, 보험계약자 본인에게만 신청·변경 권한이 있다.
> ㄷ. 계속보험료 실시간이체는 자동이체 약정 여부에 관계없이 처리가 가능하며, 계약상태가 정상인 계약만 가능하다.
> ㄹ. 보험료의 자동대출납입 기간은 최초 자동대출납입일부터 1년을 한도로 하며, 그 이후의 기간은 보험계약자의 별도 의사표시가 없으면 자동 연장된다.

① 1개 　　　　② 2개

③ 3개 　　　　④ 4개

03

난이도 상중하

보험료 할인율이 높은 순서부터 바르게 나열한 것은?

2021 계리직 9급(변형)

> ㄱ. 피보험자 300명이 단체로 무배당 win-win단체플랜보험 2109에 가입
> ㄴ. 주계약 보험가입금액 2,500만 원을 무배당 우체국통합건강보험 2109에 가입
> ㄷ. B형 간염 항체 보유자인 피보험자가 무배당 우리가족암보험 2109 일반형[1종(갱신형)]에 가입
> ㄹ. 무배당 우체국급여실손의료비보험(계약전환·단체개인전환·개인중지재개용)(갱신형) 2109에 가입

① ㄱ - ㄹ - ㄴ - ㄷ 　　　② ㄱ - ㄹ - ㄷ - ㄴ

③ ㄹ - ㄱ - ㄴ - ㄷ 　　　④ ㄹ - ㄷ - ㄱ - ㄴ

04

난이도 상중하

우체국보험의 계약유지에 대한 설명으로 옳은 것은?

2019 계리직 9급

① 피보험자는 해지된 날부터 3년 이내에 체신관서가 정한 절차에 따라 계약의 부활을 청약할 수 있다.

② 보험계약자가 보험수익자를 변경하는 경우, 보험금의 지급사유가 발생하기 전에 변경 전 보험수익자의 동의를 받아야 한다.

③ 보험료의 자동대출 납입 기간은 최초 자동대출 납입일부터 1년을 한도로 하며 그 이후의 기간은 보험계약자가 재신청을 하여야 한다.

④ 보험계약자가 고의로 보험금 지급사유를 발생시킨 경우, 체신관서는 그 사실을 안 날부터 1개월 이내에 계약을 해지할 수 있으며 책임준비금을 보험계약자에게 지급한다.

05

난이도 상 **중** 하

보험료의 납입방법과 자동대출 납입제도 및 보험료 할인에 대한 설명으로 옳지 <u>않은</u> 것은?

① 보험계약자는 보험료 납입주기 및 납입방법의 변경을 청구할 수 있다.

② 우체국보험의 보험료 카드납부 취급대상은 TM(Tele Marketing), 온라인(인터넷, 모바일)을 통해 가입한 저축성 보험계약에 한해 처리가 가능하다.

③ 보험료의 자동대출납입 기간은 최초 자동대출납입일부터 1년을 한도로 하며, 그 이후의 기간에 대한 보험료의 자동대출 납입을 위해서는 계약자가 재신청을 하여야 한다.

④ 우체국보험은 선납할인, 자동이체 할인, 단체납입 할인, 다자녀 할인, 실손의료비보험 무사고 할인, 의료수급권자 할인, 우리가족암보험 보험료 할인, 고액계약 보험료 할인 등 다양한 보험료 할인제도를 운영하고 있다.

06

난이도 상 **중** 하

우체국보험 계약유지 및 보험금 지급에 관한 내용으로 가장 옳지 <u>않은</u> 것은?

① 합산자동이체란 동일 계약자의 2건 이상의 보험계약이 동일계좌에서 같은 날에 자동이체 되는 경우, 증서별 보험료를 합산하여 1건으로 출금하는 제도이다.

② 보험료의 자동대출납입기간은 최초 자동대출납입일부터 1년을 한도로 하며 그 이후의 기간에 대한 보험료의 자동대출 납입을 위해서는 재신청을 하여야 한다.

③ 보험의 종류에 따라 보험약관에서 정한 보험료의 납입 면제 사유에 해당하는 경우에는 「우체국예금·보험에 관한 법률 시행규칙」 제51조(보험료의 납입면제)에 의거 납입을 면제한다.

④ 체신관서가 보험금 청구서류를 접수한 때에는 원칙적으로 접수증을 교부하고 휴대전화 문자메시지 또는 전자우편 등으로도 송부하며, 그 서류를 접수한 날부터 5영업일 이내에 보험금을 지급하거나 보험료 납입을 면제한다.

07 빈출문제

난이도 상 **중** 하

보험료 납입방법에 대한 내용으로 옳은 것을 모두 고른 것은?

> ㄱ. 자동화기기(CD, ATM 등)에 의한 보험료 납입은 우체국 계좌에 납입하고자 하는 보험료 상당의 잔고가 있어야 거래가 가능하다. 연체분 납입은 물론 선납도 가능하다.
>
> ㄴ. 우체국보험의 보험료 카드납부 취급대상은 TM(Tele Marketing), 온라인(인터넷, 모바일)을 통해 가입한 보장성 보험계약 및 2021년 이후 신규 출시한 대면채널의 저축성 보험 계약에 한해 처리가 가능하다. 초회보험료(1회), 계속보험료(2회 이후)를 대상으로 하고 있으며, 부활보험료는 포함한다.
>
> ㄷ. 실시간이체는 고객요청 시 즉시 계약자의 계좌 또는 보험료 자동이체 계좌에서 현금을 인출하여 보험료를 납부하는 제도로 자동이체 약정여부에 관계없이 처리가 가능하며, 계약상태가 정상인 계약만 가능하다.
>
> ㄹ. 보험료의 자동대출납입 기간은 최초 자동대출납입일부터 1년을 한도로 하며 그 이후의 기간에 대한 보험료의 자동대출 납입을 위해서는 별도의 재신청을 필요로 하지 않는다.

① ㄱ, ㄷ   ② ㄴ, ㄹ

③ ㄱ, ㄴ, ㄹ   ④ ㄱ, ㄴ, ㄷ, ㄹ

08

난이도 상 **중** 하

우체국 보험금 지급에 대한 내용으로 옳지 <u>않은</u> 것은?

① 원칙적으로 피보험자가 고의로 자신을 해친 경우, 보험수익자 또는 계약자가 고의로 피보험자를 해진 경우에는 보험금 지급 면책사유이다.

② 사망보험금 선지급은 해당 약관 '선지급서비스특칙'에 의거하여, 보험기간 중에 「의료법」 제3조(의료기관) 제2항에서 정한 종합병원의 전문의 자격을 가진 자가 실시한 진단결과 피보험자의 남은 생존기간이 6개월 이내라고 판단한 경우에 체신관서가 정한 방법에 따라 사망보험금액의 전액을 선지급사망보험금으로 피보험자에게 지급하는 제도이다.

③ 우체국보험 계약에 관하여 분쟁이 있는 경우 분쟁당사자 또는 기타 이해관계인과 체신관서는 과학기술정보통신부장관이 정하는 바에 따라 우체국보험분쟁조정위원회의 심의조정을 받을 수 있다.

④ 보험금청구권, 보험료 반환청구권, 해약환급금청구권 및 책임준비금 반환청구권은 3년간 행사하지 않으면 소멸시효가 완성된다.

보험금을 지급하지 않는 사유에 해당하지 <u>않는</u> 것은?

① 보험수익자가 고의로 피보험자를 해친 경우

② 계약자가 고의로 피보험자를 해친 경우

③ 소송 제기, 수사기관의 조사 중인 경우

④ 계약의 보장개시일[부활(효력회복)계약의 경우는 부활 (효력회복)청약일]부터 2년이 지나기 전에 자살한 경우

보험료의 납입유예와 보험계약의 납입최고에 관한 내용으로 가장 옳은 것은?

① 「우체국예금·보험에 관한 법률 시행규칙」에 따라 보험료 납 입 유예기간은 해당 월분 보험료의 납입기일(계약자가 제2 회 이후의 보험료를 납입하기로 한 날을 의미)부터 납입기일 이 속하는 달의 다음달의 말일까지로 한다.

② 계약자가 제3회 이후의 보험료를 납입기일까지 납입하지 않아 보험료 납입이 연체 중인 경우에 체신관서는 납입최고 (독촉)하고, 유예기간이 끝나는 날까지 보험료가 납입되지 않은 경우 유예기간이 끝나는 날의 다음날에 계약은 해지 (효력상실)된다.

③ 체신관서의 납입최고는 유예기간이 끝나기 20일 이전까지 서면(등기우편 등) 등으로 이루어지며 보험료 납입최고 안 내사항에 대해 안내한다.

④ 계약자와 보험수익자가 다른 경우 계약자뿐만 아니라 보험 수익자에게도 보험료 납입최고 안내를 한다.

우체국 보험계약 유지업무에 내용으로 옳은 것은 모두 몇 개 인가?

> ㄱ. 보험료 납입주기에 따라 전기납, 단기납으로 분류된다.
>
> ㄴ. 보험료 납입기간에 따라 연납, 6월납, 3월납, 월납, 일시 납 등의 종류가 있다.
>
> ㄷ. 보험료 납입방법에는 창구수납, 자동이체, 카드납, 직불 전자지급수단 등의 종류가 있다.
>
> ㄹ. 자동이체 약정은 유지 중인 계약에 한해서 처리가 가능 하며, 관계법령「전자금융거래법」제15조(추심이체의 출금 동의)에 따라 보험계약자에게 신청·변경 권한이 있다.

① 1개   ② 2개

③ 3개   ④ 4개

12

보험료 할인과 관련하여 〈보기 1〉과 〈보기 2〉의 내용이 가장 적절하게 연결된 것은?

┤보기 1├

ㄱ. "(   )"은/는 우정사업본부장은 보험계약자가 보험료(최초의 보험료 제외)를 자동이체(우체국 또는 은행)로 납입하는 계약에 대해 보험료의 2%에 해당하는 금액의 범위에서 할인 할 수 있다.

ㄴ. "(   )"은/는 우정사업본부장은 보험계약자가 보험료를 단체 납입하는 경우에는 보험료의 2%에 해당하는 금액의 범위에서 보험료를 할인할 수 있다.

ㄷ. "(   )"은/는 「의료급여법」상의 '의료급여 수급권자'로서의 증명서류를 제출해야 하며 영업보험료의 5%를 할인하고 있다.

ㄹ. "(   )"은/는 보험가입금액 2천만 원 이상 가입 시 주계약 보험료(특약보험료 제외)에 대해서 1~3%의 보험료 할인혜택을 적용한다.

┤보기 2├

㉠ 선납할인
㉡ 자동이체 할인
㉢ 단체납입 할인
㉣ 다자녀 할인
㉤ 의료수급권자 할인
㉥ 실손의료비보험 무사고 할인
㉦ 우리가족암보험 보험료 할인
㉧ 고액계약 보험료 할인

	ㄱ	ㄴ	ㄷ	ㄹ
①	㉡	㉢	㉦	㉧
②	㉡	㉢	㉤	㉧
③	㉠	㉣	㉤	㉦
④	㉠	㉣	㉥	㉦

13

보험료 할인에 대한 내용으로 옳은 것은 모두 몇 개인가?

ㄱ. 단체계약 할인율은 우체국 자동이체납입 할인율과 동일하며, 해당 단체가 자동이체납입을 선택하여 자동이체로 납입하는 경우에 자동이체 할인과 중복할인이 가능하다.

ㄴ. 자동이체 할인과 다자녀 할인은 중복하여 할인하지 아니한다.

ㄷ. (무)우체국하나로OK보험 2109, (무)우체국든든한종신보험 2109, (무)우체국통합건강보험 2109, (무)온라인정기보험 2109, (무)우체국와이드건강보험 2112은 고액계약 보험료 할인 대상상품이다.

ㄹ. 피보험자가 B형 간염 항체보유 시 영업보험료의 3%를 할인하는 B형 간염 항체보유 할인과 고혈압 또는 당뇨병 중 한 가지가 없을 때 할인되는 우리가족암보험 3종(실버형) 건강체 할인이 있으며, 이 경우 영업보험료의 5%를 할인하고 있다.

① 1개
② 2개
③ 3개
④ 4개

해설편 ▶ P.60

01

난이도 상중하

우체국보험 보험적립금 운용에 관한 내용으로 옳지 않은 것은?

① 우정사업본부장은 적립금의 효율적인 운용을 위하여 연간 적립금 운용계획과 분기별 적립금 운용계획을 수립하여야 한다.

② 적립금 운용계획은 「우정사업 운영에 관한 특례법」에 의한 금융위원회의 심의를 받아야 한다.

③ 우정사업본부장은 적립금 운용상황 및 결과를 매월 분석하여야 하며, 연간 분석결과는 우체국보험적립금운용분과위원회에 보고하여야 한다.

④ 우체국보험의 회계처리 및 재무제표 작성은 「우체국보험특별회계법」, 「국가재정법」, 「국가회계법」 같은 법 시행령 및 시행규칙에서 정하는 바에 따른다.

02

난이도 상중하

우체국보험 회계기준 및 재무재표, 결산, 경영공시에 관한 내용으로 가장 옳은 것은?

① 우체국보험적립금회계의 재무제표는 재무상태표, 손익계산서, 이익잉여금처분계산서 또는 결손금처리계산서, 현금흐름표로 한다.

② 우정사업본부장은 해당 회계연도의 경영성과와 재무상태를 명확히 파악할 수 있도록 법령을 준수하여 결산서류를 명료하게 작성하여야 하며, 매 회계연도마다 적립금의 결산서를 작성하고 감사원의 검사를 받아야 한다.

③ 공시는 결산이 확정된 날로부터 3개월 이내에 보험계약자 등 이해관계자가 알기 쉽도록 간단명료하게 작성하여 우정사업본부 인터넷 홈페이지 등에 게시하여야 한다.

④ 우정사업본부장은 인터넷 홈페이지에 상품공시란을 설정하여 보험계약자 등이 판매상품에 관한 판매상품별 상품요약서, 사업방법서 및 보험약관(변경 전 보험약관 및 판매중지 후 3년이 경과되지 아니한 보험약관을 포함)의 사항을 확인할 수 있도록 공시하여야 한다.

03 빈출문제

난이도 ⑤⑥⑦

우체국보험의 리스크 및 재무건전성 관리에 대한 내용으로 옳지 않은 것은?

① 비재무적 리스크는 특성상 주가 및 금리와 같은 데이터를 활용하여 특정한 산식을 통해 산출 및 관리가 가능한 계량적인 성격을 갖는 반면, 재무적 리스크는 금융회사의 영업활동 또는 시스템 관리 등에 따라 발생할 수 있는 비정형화된 리스크로서 계량적인 산출과 관리가 어려운 리스크이다.

② 우정사업본부장은 자산건전성 분류 대상 자산에 해당하는 보유자산에 대해 건전성을 '정상', '요주의', '고정', '회수의문', '추정손실'의 5단계로 분류하여야 한다.

③ 우정사업본부장은 해당 회계연도의 경영성과와 재무상태를 명확히 파악할 수 있도록 법령을 준수하여 결산서류를 명료하게 작성하여야 하며, 매 회계연도마다 적립금의 결산서를 작성하고 외부 회계법인의 검사를 받아야 한다.

④ 우정사업본부장은 경영의 투명성 확보를 위하여 우체국보험 경영공시를 하여야 하며, 공시는 결산이 확정된 날로부터 1개월 이내에 보험계약자 등 이해관계자가 알기 쉽도록 간단명료하게 작성하여 우정사업본부 인터넷 홈페이지 등에 게시하여야 한다.

04

난이도 ⑤⑥⑦

리스크관리에 대한 내용으로 옳은 것은 모두 몇 개인가?

> ㄱ. 재무적 리스크의 종류에는 시장리스크, 신용리스크, 금리리스크, 유동성리스크, 보험리스크 등이 있다.
> ㄴ. 운영리스크는 재무적 리스크에 해당한다.
> ㄷ. 비재무적 리스크는 특성상 주가 및 금리와 같은 데이터를 활용하여 특정한 산식을 통해 산출 및 관리가 가능한 계량적인 성격을 갖는다
> ㄹ. 재무적 리스크는 금융회사의 영업활동 또는 시스템 관리 등에 따라 발생할 수 있는 비정형화된 리스크로서 계량적인 산출과 관리가 어려운 리스크이다.

① 1개 　　　　② 2개

③ 3개 　　　　④ 4개

05 빈출문제

난이도 ⑤⑥⑦

리스크관리에 대한 내용으로 옳지 않은 것은?

① 일반적으로 '위험(danger)'은 화재, 자연재해, 교통사고와 같이 수익에 관계 없이 손실만을 발생시키는 사건을 의미하는 반면, '리스크(risk)'는 예측하지 못한 어떤 사실이나 행위가 자본 및 수익에 부정적인 영향을 끼칠 수 있는 잠재적인 가능성을 뜻한다.

② '리스크(risk)'는 리스크관리 활동을 통해 최소화함으로서 손실 관리할 수 있으며 적절한 리스크관리를 수행함으로써 투자에 대한 불확실성 수준에 따른 수익을 보존할 수도 있다.

③ 재무적 리스크는 특성상 주가 및 금리와 같은 데이터를 활용하여 특정한 산식을 통해 산출 및 관리가 가능한 계량적인 성격을 기진다.

④ 시장리스크란 자금의 조달, 운영기간의 불일치, 예기치 않은 자금 유출 등으로 지급불능상태에 직면할 리스크를 말한다.

06

난이도 ⑤⑥⑦

우체국보험 자금운용에 대한 내용으로 옳지 않은 것은?

① 「우체국보험특별회계법」 제5조에 의거하여 보험적립금을 운용하며, 적립금을 운영할 때에는 안정성·유동성·수익성 및 공익성이 확보되도록 하여야 한다.

② 우정사업본부장은 적립금 효율적인 운용을 위해 연간 적립금 운용계획과 분기별 적립금 운용계획을 수립하여야 한다.

③ 적립금 운용계획은 「우정사업 운영에 관한 특례법」 제5조의 2에 의한 우체국보험적립금분과위원회의 심의를 받아야 한다.

④ 우정사업본부장은 적립금 운용상황 및 결과를 매년 분석하고, 분석결과는 3년 단위로 우체국보험적립금 운용분과위원회에 보고해야 한다.

우체국보험의 재무건전성 관리에 대한 내용으로 옳은 것은?

① 우정사업본부장은 우체국보험의 보험금 지급능력과 재무건 전성을 확보하기 위하여 건전 경영의 유지를 위한 준수사항을 준수하여야 한다.

② 지급여력비율은 지급여력기준금액을 지급여력금액으로 나누어 산출한다.

③ 우정사업본부장은 우체국보험의 지급여력비율이 120% 미만인 경우로서 보험계약자에게 보험금을 지급하지 못할 우려가 있다고 판단되는 경우에는 경영개선계획을 수립·시행하여야 한다.

④ 우정사업본부장은 우체국보험의 자산의 건전성 유지를 위하여 지급여력비율을 분기별로 산출·관리하여야 하며, 이에 따른 지급여력비율은 100% 이상을 유지하도록 노력하여야 한다.

해설편 ▶ P.62

실전동형
모의고사

제1회　실전동형 모의고사

제2회　실전동형 모의고사

제3회　실전동형 모의고사

01

예금계약의 성립과 관련하여 옳은 것을 모두 고른 것은?

> ㄱ. 부도사실을 추심의뢰인에게 상당한 기일이 지나도록 통지하지 않은 경우에는 금융회사의 선관주의 의무를 위반한 경우에 해당한다.
> ㄴ. 금융회사가 백지를 보충하지 않아 입금인에게 손해가 발생한 경우에는 금융회사의 선관주의 의무를 위반한 경우에 해당한다.
> ㄷ. 증권류의 입금 처리 시 금융회사가 과실로 지급제시기일에 제시하지 못하였거나 교환 회부할 수 없는 증권을 입금 받아 입금인이 소구권을 상실한 경우에는 금융회사의 선관주의 의무를 위반한 경우에 해당한다.
> ㄹ. 파출수납 시 증권류의 교환 회부를 부탁받고 당일에 교환에 회부하지 않아 입금인에게 손해가 발생한 경우에는 금융회사의 선관주의 의무를 위반한 경우에 해당하지 않는다.

① ㄴ, ㄹ
② ㄱ, ㄷ
③ ㄱ, ㄴ, ㄷ
④ ㄱ, ㄴ, ㄷ, ㄹ

02

예금의 입금과 지급 업무에 대한 설명으로 옳지 않은 것은?

① 금융기관은 진정한 예금주에게 변제한 때에 한하여 예금채무를 면하게 되는 것이 원칙이다.
② 송금인의 단순착오로 인해 수취인의 계좌번호가 잘못 입력되어 이체가 완료된 경우, 언제든지 수취인의 동의 없이도 송금액을 돌려받을 수 있다.
③ 금융기관이 실제 받은 금액보다 과다한 금액으로 통장을 발행한 경우, 실제 입금한 금액에 한하여 예금계약이 성립하고 초과된 부분에 대하여는 예금계약이 성립하지 않는다.
④ 기한부 예금을 중도해지하는 경우, 반드시 예금주 본인의 의사를 확인하는 것이 필요하다.

03

예금업무 일반사항에 관한 내용으로 옳은 것은 모두 몇 개인가?

> ㄱ. 상속은 사망한 사실이 가족관계등록부에 기재된 시점에서 개시된다.
> ㄴ. 유류분이란 유증에 의한 경우에 법정상속인 중 직계비속과 배우자는 법정상속의 3분의 1까지, 직계존속과 형제자매는 2분의 1까지 수증자에게 반환을 청구할 수 있는 권리를 말한다.
> ㄷ. 예금을 양도하기 위해서는 양도인과 양수인 사이에 예금 양도계약 및 은행(우체국)의 승낙이 있어야 한다.
> ㄹ. 예금계약을 요물소비임치계약으로 보는 견해에 의하면 예금의사의 합치와 요물성의 충족이 있으면 예금계약이 성립한다고 한다.

① 1개
② 2개
③ 3개
④ 4개

04

금리에 대한 설명으로 옳지 않은 것은?

① 채권가격이 내려가면 채권수익률은 올라가고, 채권가격이 올라가면 채권수익률은 내려간다.
② 지속적으로 물가가 상승하는 것을 인플레이션이라고 한다. 인플레이션이 있으면 똑같은 돈으로 구입할 수 있는 물건이 줄어들기 때문에 화폐 가치가 하락한다.
③ 명목금리는 실질금리에서 물가상승률을 뺀 금리이다.
④ 단리는 원금에 대한 이자만 계산하는 방식이고, 복리는 원금에 대한 이자뿐만 아니라 이자에 대한 이자도 함께 계산하는 방식이다.

05

우체국 해외송금서비스에 대한 설명으로 옳지 <u>않은</u> 것은?

① 우체국의 해외송금 업무는 크게 시중은행과의 제휴를 통한 SWIFT(계좌송금) · MoneyGram(무계좌 실시간송금)과 유로지로 네트워크를 통해 우체국이 자체적으로 제공하는 Eurogiro로 구분할 수 있다.

② 우체국은 신한은행과 제휴를 통한 신한은행 SWIFT망을 통해 전세계 금융기관을 대상으로 해외송금 서비스를 운영하고 있으며, 수취인의 해외은행계좌에 송금하는 당발송금과 해외은행으로부터 수취인의 한국 우체국계좌로 송금하는 타발송금 업무가 있다.

③ 머니그램(MoneyGram) 해외송금은 수취인의 계좌번호가 필요하고 당발송금이 가능하다.

④ 유로지로(Eurogiro) 해외송금은 유럽지역 우체국 금융기관이 주체가 되어 설립한 Eurogiro社의 네트워크를 사용하는 EDI(전자문서교환)방식의 국제금융 송금서비스로, 우정사업자와 민간 금융기관이 회원으로 가입 후 회원 간 쌍무협정을 통해 해외송금을 거래한다.

06

금융회사와 금융상품에 관한 내용으로 옳은 것은 모두 몇 개인가?

> ㄱ. 「자본시장과 금융투자업에 관한 법률」에서는 자본시장과 관련한 금융투자업을 투자매매업, 투자중개업, 집합투자업, 투자일임업, 투자자문업, 신탁업의 6가지 업종으로 구분하고 이 업종 중 전부 또는 일부를 담당하는 회사를 금융투자회사라고 부른다.
>
> ㄴ. 주식이나 채권, 파생상품 등을 혼합하여 만든 ELS(Equity Linked Securities), DLS(Derivative Linked Securities), 예금과 주식을 혼합하여 만든 주가연계예금(ELD) 등이 구조화금융상품에 해당한다. 그 밖에도 일부 부동산펀드, ETF, ABCP 등과 같은 금융상품도 구조화증권의 범주에 포함된다.
>
> ㄷ. 2인 이상에게 투자를 권유하여 모은 금전 등을 투자자 등으로부터 일상적인 운영지시를 받지 않으면서 운용하고 그 결과를 투자자에게 배분하여 귀속시키는 것을 영업으로 하는 것은 '투자자문업'에 해당한다.
>
> ㄹ. 금융상품은 금융투자상품과 비금융투자상품으로 구분된다. 처음에 투자한 원본의 손실가능성이 없는 상품을 금융투자상품이라고 하며 은행의 예금이 대표적이다. 반면 비금융투자상품은 원본의 손실가능성이 있는 금융상품을 의미한다.

① 1개 　　　　　　② 2개
③ 3개 　　　　　　④ 4개

07

저축과 금융투자에 대한 설명으로 옳지 <u>않은</u> 것은?

① 1년간의 국민총생산량(생산국민소득)＝지출국민소득＝분배국민소득이며, 이를 '국민소득 3면 등가의 법칙'이라고 한다.

② 금리와의 관계를 설명하는 '72의 법칙'은 복리로 계산하여 원금이 두 배가 되는 시기를 쉽게 알아볼 수 있는데, '72÷금리＝원금이 두 배가 되는 시기(년)' 공식으로 계산할 수 있다.

③ 분산투자를 통해 위험을 줄일 수 있는 부분을 분산가능위험 또는 체계적 위험이라고 하고, 분산투자로도 그 크기를 줄일 수 없는 부분을 분산불가능위험 또는 비체계적 위험이라고 한다.

④ 투자의 레버리지는 총 투자액 중 부채의 비중이 커지면(즉, 자기자본의 비중이 작아지면) 증가하게 되며, '투자 레버리지＝총 투자액/자기자본'이라는 공식에 따라 계산된다.

08

특수한 형태의 채권에 대한 내용으로 옳지 <u>않은</u> 것은?

① 전환사채란 순수한 회사채의 형태로 발행되지만 일정 기간이 경과된 후 보유자의 청구에 의하여 발행회사의 주식으로 전환될 수 있는 권리가 붙어 있는 사채로 사실상 주식과 채권의 중간적 성격을 갖고 있다.

② 신주인수권부사채란 채권자에게 일정 기간이 경과한 후에 일정한 가격(행사 가격)으로 발행회사의 일정 수의 신주를 인수할 수 있는 권리, 즉 신주인수권이 부여된 사채이다.

③ 교환사채란 회사채의 형태로 발행되지만 일정 기간이 경과된 후 보유자의 청구에 의하여 발행회사의 주식으로의 교환을 청구할 수 있는 권리가 부여된 사채이다.

④ 주가지수연계채권(ELN)은 채권의 이자나 만기상환액이 주가나 주가지수에 연동되어 있는 채권으로 우리나라에서 주로 발행되는 원금보장형 주가지수연계채권은 투자금액의 대부분을 일반 채권에 투자하고 나머지를 파생상품(주로 옵션)에 투자하는 방식으로 운용된다.

09

주가지수선물과 주가지수옵션의 비교 내용으로 옳지 <u>않은</u> 것은?

① 콜옵션매수자는 기초자산의 가격이 행사 가격 이상으로 상승할 때 권리를 행사하고, 풋옵션매수자는 기초자산의 가격이 행사 가격 아래로 하락할 때 권리를 행사한다.

② 주가지수선물과 주가지수옵션은 매수자와 매도자 모두가 증거금이 필요하다.

③ 주가지수선물은 매도자와 매수자의 이익과 손실이 무한정이 될 수 있다.

④ 주가지수옵션은 매수자의 손실은 프리미엄에 한정되고 이익은 무한정이지만, 매도자의 이익은 프리미엄에 한정되고 손실은 무한정이다.

10

A씨의 2021년 귀속 금융소득 현황이 다음과 같을 때 종합소득 산출세액으로 옳은 것은?

- 정기예금 이자: 55,100,000원
- 비상장법인 배당: 30,000,000원
- 우리사주 배당금: 20,000,000원
- 농업회사법인 출자금 배당: 10,000,000원
- 세금우대종합저축의 이자: 5,000,000원

단, 종합소득 공제는 8,400,000원, 누진 공제액은 5,220,000원으로 한다.

① 11,380,000원   ② 11,580,000원
③ 11,980,000원   ④ 11,914,000원

11

「금융실명거래 및 비밀보장에 관한 법률」에 의거하여 금융기관이 금융거래정보를 제공할 때의 업무처리에 대한 설명으로 옳은 것은?

① 금융거래정보 등을 제공한 경우에는 제공한 날로부터 10일 이내에 그 사실을 명의인에게 서면으로 통보하여야 한다.

② 통보유예 요청을 받은 경우에는 통보유예 기간이 종료된 날로부터 30일 안에 정보제공 사실을 명의인에게 서면으로 통보하여야 한다.

③ 금융거래정보 등을 제공한 경우에는 그 내용을 표준양식에 따라 기록 · 관리하여 10년 동안 보관하여야 한다.

④ 금융거래정보 등의 제공사실에 대한 통보의무를 위반한 경우에는 3,000만 원 이하의 벌금에 처해진다.

12

보험윤리와 소비자보호에 관한 내용으로 옳은 것은 모두 몇 개인가?

┌───┐
ㄱ. 통신수단을 이용해 보험계약을 청약한 경우 청약의 내용 확인 및 정정, 청약 철회 및 계약 해지도 통신수단을 이용할 수 있도록 해야 한다.

ㄴ. 계약 해지하고자 하는 경우에는 보험계약자가 계약을 체결하기 전에 통신수단을 이용한 계약해지에 동의한 경우에 한한다.

ㄷ. 보험모집자는 전화 · 우편 · 컴퓨터 등의 통신매체를 이용한 보험모집을 함에 있어 다른 사람의 평온한 생활을 침해하여서는 아니 된다.

ㄹ. 전화 · 우편 · 컴퓨터통신 등 통신수단을 이용하여 모집을 하는 자는 「보험업법」상 보험모집을 할 수 있는 자이어야 하며, 사전에 통신수단을 이용한 모집에 동의한 자를 대상으로 해야 한다.
└───┘

① 1개　　　　　　　　　② 2개
③ 3개　　　　　　　　　④ 4개

13

생명보험계약 관계자 중 보험수익자에 대한 내용으로 옳지 않은 것은?

① 보험수익자와 보험계약자가 동일한 경우 '자기를 위한 보험', 양자가 각각 다른 사람일 경우 '타인을 위한 보험'이라고 한다.

② 보험수익자가 여러 명일 경우 대표자를 지정해야 하며 보험수익자의 지정과 변경권은 보험계약자에게 있다.

③ 보험계약자와 피보험자가 다른 '타인의 생명보험'일 경우 보험수익자 지정 또는 변경 시 보험수익자의 동의가 필요하다.

④ 계약자가 보험계약 시 보험수익자를 지정하지 않은 경우 보험사고에 따라 보험수익자가 결정된다. 사망보험금은 피보험자의 상속인, 생존보험금은 보험계약자, 장해 · 입원 · 수술 · 통원급부금 등은 피보험자가 보험수익자가 된다.

14

연금계좌의 세액공제에 관한 내용으로 옳은 것을 모두 고른 것은?

┌───┐
ㄱ. 세액공제 대상이 되는 연금계좌에는 연금저축계좌와 퇴직연금계좌가 있다. 연금저축계좌는 금융회사와 체결한 계약에 따라 '연금저축'이라는 명칭으로 설정하는 계좌이며 연금저축보험, 연금저축신탁, 연금저축펀드가 이에 해당한다.

ㄴ. 퇴직연금계좌는 퇴직연금을 지급받기 위해 가입하는 계좌로 확정급여형(DB형), 확정기여형(DC형) 및 개인형 퇴직연금(IRP) 등이 있다. 이 중 확정기여형(DC형) 퇴직연금은 세액공제 대상에서 제외된다.

ㄷ. 종합소득이 있는 거주자로 연금저축보험 상품 가입자는 연간 납입보험료[600만 원 한도의 12% 세액공제[종합소득금액 4천 500만 원 이하(근로소득만 있는 경우 총급여액 5천 500만 원 이하)인 거주자는 15%]]에 대해 세액공제 가능하다.

ㄹ. 보장성 보험료 세액공제가 근로소득자에 한해 가능한 것과 달리 연금계좌의 세액공제는 근로소득 외의 종합소득이 있는 경우에도 가능하다.
└───┘

① ㄷ, ㄹ　　　　　　　　② ㄱ, ㄷ, ㄹ
③ ㄱ, ㄴ, ㄷ　　　　　　④ ㄱ, ㄴ, ㄷ, ㄹ

15

우체국보험 상품에 관련된 내용으로 옳지 <u>않은</u> 것을 〈보기〉에서 모두 고른 것은?

┤ 보기 ├

ㄱ. 보험료 고액 할인은 주계약 보험료(특약보험료 포함)에 한해 적용한다.

ㄴ. 암보장개시일은 계약일(부활일)부터 그 날을 포함하여 90일이 지난 날의 다음 날로 한다. 다만, 피보험자 나이가 15세 미만인 경우 암보장개시일은 계약일(부활일)로 한다.

ㄷ. 장기요양상태 보장개시일은 원칙적으로 계약일(부활일)부터 그 날을 포함하여 180일이 지난 날의 다음 날로 한다.

ㄹ. 치매보장개시일은 원칙적으로 계약일(부활일)부터 그 날을 포함하여 1년이 지난 날의 다음 날로 한다.

ㅁ. 무배당 어깨동무보험은 근로소득자가 납입한 보험료(연간 100만 원 한도)에 대하여 15% 세액공제되고, 증여세가 면제(피보험자가 장애인인 경우 연간 4,000만 원 한도)된다.

① ㄱ, ㄷ
② ㄱ, ㅁ
③ ㄴ, ㅁ
④ ㄷ, ㄹ

16

우체국 보험상품에 대한 설명으로 옳은 것은?

① 무배당 우체국든든한종신보험에 주계약 보험가입금액 2천만 원 이상 가입할 경우, 주계약뿐만 아니라 특약보험료도 할인받을 수 있다.

② 무배당 내가만든희망보험은 30세부터 80세까지 가입 가능한 건강보험이다.

③ 무배당 우체국실속정기보험은 1종(일반가입)과 2종(간편가입)을 중복 가입할 수 없다.

④ 어깨동무연금보험은 장애인 부모의 부양능력 약화 위험 및 장애아동을 고려하여 15세부터 연금수급이 가능하다.

17

「우체국예금·보험에 관한 법률」 및 시행령, 시행규칙에 대한 내용으로 옳은 것은 모두 몇 개인가?

┤ 보기 ├

ㄱ. "우체국보험"이란 이 법에 따라 체신관서에서 피보험자의 생명·신체의 상해(傷害)를 보험사고로 하여 취급하는 보험을 말한다.

ㄴ. "보험사고"란 보험계약상 체신관서가 보험수익자에게 보험금이나 그 밖의 급여를 지급할 의무를 발생하게 하는 보험자의 생명·신체에 관한 불확정한 사고를 말한다.

ㄷ. 예금은 요구불예금과 저축성예금으로 구분한다. 보험은 보장성 보험, 저축성 보험, 연금보험으로 구분한다.

ㄹ. 거래중지계좌에의 편입은 매년 1회 하며, 상반기에는 5월 마지막 일요일에 편입하고 하반기에는 11월 마지막 일요일에 편입한다.

① 1개
② 2개
③ 3개
④ 4개

18

〈보기〉에서 보험계약 고지의무에 대한 설명으로 옳은 것을 모두 고른 것은?

┤ 보기 ├

ㄱ. 보험자가 고지의무 위반사실을 안 날로부터 1개월 이상 지났을 때에는 보험계약을 해지할 수 없다.

ㄴ. 보험자는 고지의무 위반사실이 보험사고 발생에 영향을 미치지 않았음이 증명된 경우 보험금을 지급할 책임이 있다.

ㄷ. 고지의무자란 보험계약자, 보험수익자, 피보험자 및 이들의 대리인이다.

ㄹ. 고지의무는 청약 시에 이행하고, 부활 청약 시에는 면제된다.

① ㄱ, ㄴ
② ㄱ, ㄷ
③ ㄴ, ㄹ
④ ㄷ, ㄹ

19

다음 중 보험계약의 법적 성질을 바르게 연결한 것은?

> ㄱ. 보험계약의 기술성과 단체성으로 인하여 계약 내용의 정형성이 요구된다.
> ㄴ. 우연한 사고의 발생에 의해 보험자의 보험금 지급의무가 확정된다.
> ㄷ. 보험계약자는 보험료를 모두 납부한 후에도 보험자에 대한 통지 의무 등을 진다.

	ㄱ	ㄴ	ㄷ
①	부합계약성	사행계약성	계속계약성
②	사행계약성	계속계약성	부합계약성
③	부합계약성	계속계약성	사행계약성
④	사행계약성	쌍무계약성	상행위성

20

보장성 보험에 대한 설명으로 옳지 <u>않은</u> 것은?

① 보장성 보험료를 산출할 때에는 예정이율, 예정위험률, 예정사업비율이 필요하다.
② 근로소득자와 사업소득자는 연간 납입보험료의 일정액을 세액공제 받을 수 있다.
③ 만기 시 환급되는 금액이 없거나 이미 납입한 보험료보다 적거나 같다.
④ 주계약뿐만 아니라 특약으로 가입한 보장성 보험도 세액공제를 받을 수 있다.

해설편 ▶ P.65

01

대리인과의 거래에서 임의대리인과 법정대리인의 대리관계의 확인방법으로 옳지 <u>않은</u> 것은?

① 사망자의 법정대리인인 유언집행자 또는 상속재산관리인은 사망자의 유언이나 법원의 선임심판서로 그 대리권을 확인한다.

② 부재자의 법정대리인인 재산관리인은 법원의 선임심판서로 그 대리권을 확인한다.

③ 피성년후견인 및 피한정후견인의 법정대리인인 후견인은 가족관계등록부로 그 대리권을 확인한다.

④ 임의대리인 경우에는 통장상의 인감이 날인되거나 인감증명서 또는 본인서명사실확인서가 붙어 있는 본인의 위임장 및 대리인의 주민등록증에 의하여 진정한 대리인인지 여부 및 대리권의 범위를 확인하여야 한다.

02

전자금융에 대한 내용으로 옳은 것을 모두 고른 것은?

> ㄱ. 선불카드 구매 시 현금, 체크카드 및 신용카드를 사용하며, 유효기간은 대부분 발행일로부터 5년이고 연회비는 없다. 단 개인 신용카드로 구매 및 충전할 수 있는 이용한도는 1인당 월 최대 200만 원(선불카드 금액과 상품권 금액 합산)이다.
>
> ㄴ. 하이브리드 신용카드는 계좌 잔액범위 내에서는 체크카드로 결제되고 잔액이 소진되면 소액 범위 내에서 신용카드로 결제된다. 즉, 계좌 잔액이 부족한 상태에서 잔액을 초과하여 승인 신청이 되면 신청금액 전액이 신용카드로 결제되며, 부여 가능 최대 신용한도는 30만 원이다.
>
> ㄷ. 전자형 OTP는 금융기관 앱(App)에서 발급이 가능하며, 고객이 전자금융거래 시 금융기관 앱에 접속하여 사용자가 지정한 비밀번호를 통해 생성된 OTP번호를 자동으로 인증한다. PC와 휴대폰을 연동한 2채널 인증이며 실물형 OTP와 다르게 발급 받은 금융기관에서만 사용이 가능하다.
>
> ㄹ. 실물형 OTP는 비밀번호 생성이 6자리 숫자를 1분 단위로 자동 변경되어 보여주며 고객은 전자금융 이용 시 해당 숫자를 보안카드 비밀번호 대신 입력한다. 한번 사용한 비밀번호는 다시 반복하지 않으므로 보안카드보다 더 안전한 보안수단이다. 고객이 보유하고 있는 OTP 1개로 전 금융기관에서 전자금융서비스 이용이 가능하며 다른 금융기관에서 사용하기 위해서는 고객이 신분증을 지참하고 해당 금융기관을 방문하여 OTP 사용 신청을 하면 된다.

① ㄴ, ㄹ　　　　　　　② ㄱ, ㄷ

③ ㄴ, ㄷ　　　　　　　④ ㄷ, ㄹ

03

우체국예금 상품에 대한 설명으로 옳은 것을 〈보기〉에서 모두 고른 것은?

| 보기 |

ㄱ. 다드림통장은 예금, 보험, 우편 등 우체국 이용고객 모두에게 혜택을 제공하는 상품으로 거래 실적별 포인트 제공과 패키지별 우대금리 및 수수료 면제 등 다양한 우대서비스를 제공하는 우체국 대표 입출금이 자유로운 예금이다.

ㄴ. 우체국 희망지킴이 통장은 산업재해 보험급여 수급권자의 보험급여에 한해 입금이 가능하며, 관련 법령에 따라 압류 대상에서 제외하는 압류방지 전용 통장이다.

ㄷ. 시니어 싱글벙글 정기예금은 여유자금 추가입금과 긴급자금 분할해지가 가능한 정기예금으로 만 60세 이상 중년층 고객을 위한 우대이율 및 세무, 보험 등 부가서비스를 제공한다.

ㄹ. 기업든든MMDA통장은 법인, 고유번호증을 부여받은 단체, 사업자등록증을 가진 개인사업자 등을 대상으로 예치기간별로 차등 금리를 적용하는 입출금이 자유로운 예금이다.

① ㄱ, ㄴ
② ㄱ, ㄹ
③ ㄴ, ㄷ
④ ㄷ, ㄹ

04

다음과 같이 조건이 주어진 각 상품에 대한 설명으로 옳은 것은?

액면가와 가입금액은 1백만 원, 만기는 1년으로 동일하며, 금리는 세전이율 기준이다(단, 물가상승률은 2%).
㉠ ○○전자회사채: 수익률 10%
㉡ ○○유통회사채: 할인율 10%
㉢ ○○은행정기예금: 이자율 10%

① ㉠은 ㉡보다 표면금리가 높다.
② ㉡은 ㉢보다 수익률이 높다.
③ ㉠은 ㉢보다 실질금리가 높다.
④ ㉡은 ㉠보다 이자금액이 많다.

05

우체국 금융상품에 대한 내용으로 옳은 것을 모두 고른 것은?

ㄱ. 국민기초생활수급자, 장애인, 한부모가족지원보호대상자는 이웃사랑정기예금과 우체국 새출발자유적금 패키지 중 새출발행복 가입대상자이다.

ㄴ. 헌혈자, 입양자, 장기·골수기증희망자, 농어촌읍면단위 거주자는 이웃사랑정기예금과 우체국 새출발자유적금 패키지 중 새출발희망 가입대상자이다.

ㄷ. 우체국 생활든든통장은 만 50세 이상 시니어 고객의 기초연금, 급여, 용돈 수령 및 체크카드 이용 시 금융 수수료 면제, 우체국 보험료 자동이체 또는 공과금 자동이체 시 캐시백, 창구소포 할인쿠폰 등 다양한 서비스를 제공하는 시니어 특화 입출금이 자유로운 예금이다.

ㄹ. 초록별 사랑 정기예금은 종이통장 미발행, 친환경 활동 및 기부참여 시 우대혜택을 제공하는 ESG 연계 정기예금이다.

① ㄷ, ㄹ
② ㄱ, ㄷ
③ ㄴ, ㄷ, ㄹ
④ ㄱ, ㄴ, ㄷ, ㄹ

06

우체국예금 상품에 대한 설명으로 옳지 않은 것은?

① 국민연금안심통장은 국민연금 수급권자의 연금수급 권리를 보호하기 위한 압류방지 전용통장으로 관련 법령에 따라 국민연금공단에서 입금하는 국민연금 급여에 한하여 입금이 가능한 예금이다.

② 양도성예금증서(CD)는 중도해지가 불가능하고, 만기 전에 현금화하고자 할 경우 유통시장(종합금융시장, 증권회사)에서 매각할 수 있으며, 예금자보호가 되지 않는다.

③ 듬뿍우대저축은 수시 입·출금이 가능한 요구불성 예금으로 예금액별 차등금리를 적용한다.

④ 이웃사랑정기예금, 소상공인정기예금, 장병내일준비적금은 거치식 공익형 예금상품이다.

07

우체국예금 상품에 대한 설명으로 옳지 <u>않은</u> 것은?

① 우체국 파트너든든 정기예금은 회전주기(1개월, 3개월, 6개월) 적용을 통해 고객의 탄력적인 목돈운용이 가능하며 우편 계약 고객(우체국소포, EMS, 우체국쇼핑 공급업체) 및 예금 거래 고객을 우대하는 정기예금이다.

② 우체국 퇴직연금 정기예금은 「근로자퇴직급여보장법」에서 정한 자산관리업무를 수행하는 퇴직연금사업자를 위한 전용 정기예금으로 모든 우체국에서 취급이 가능한 상품이다.

③ 우체국 장병내일준비적금의 저축 한도는 매월 20만 원 범위 내에서 적립 가능하며, 장병내일준비적금 상품을 판매하는 모든 취급기관을 합산하여 최대 저축 한도는 월 40만 원까지 가능하다.

④ 우체국 매일모아 e적금은 매일 저축(자동이체) 및 매주 알림 저축 서비스를 통해 소액으로 쉽고 편리하게 목돈 모으기가 가능한 디지털전용 적립식 예금이다.

08

보험계약의 효과에 관한 내용으로 옳지 <u>않은</u> 것은 모두 몇 개인가?

> ㄱ. 보험계약이 성립하면 보험자는 지체 없이 보험증권을 작성하여 교부할 의무가 있다. 보험계약자는 보험자에 대해 보험증권의 교부청구권을 가지게 된다.
> ㄴ. 보험자는 보험기간 내에 보험사고가 생긴 때에는 피보험자(손해보험) 또는 보험수익자(인보험)에게 보험금을 지급할 의무를 진다.
> ㄷ. 보험계약의 일부 또는 전부가 무효인 경우 보험계약자와 피보험자가 선의이며 중대한 과실이 없는 경우라도 보험자는 납입보험료에 대해서 반환할 의무가 없다.
> ㄹ. 보험계약자가 보험사고의 발생 전에 보험계약의 전부 또는 일부를 해지한 경우 보험자는 다른 약정이 없으면 미경과보험료를 반환하여야 할 의무를 진다.

① 1개
② 2개
③ 3개
④ 4개

09

자금세탁방지제도에 대한 설명으로 옳지 <u>않은</u> 것은?

① 금융정보분석원(KoFIU)은 보고된 혐의거래를 조사 · 수사하여 법집행기관에 기소 등의 의법조치를 의뢰한다.

② 고객확인제도(CDD)의 확인대상이 되는 계좌의 신규 개설에는 양도성예금증서, 표지어음의 발행, 금고대여약정도 포함된다.

③ 고액현금거래보고제도(CTR)는 1일 거래일 동안 1천만 원 이상의 현금을 입금하거나 출금한 경우 거래자의 신원과 거래일시, 거래금액 등 객관적 사실을 전산으로 자동 보고토록 하고 있다.

④ 의심거래보고제도(STR)의 보고대상에 대해 정해진 기준 금액은 없으며 금융기관이 주관적으로 판단하여 보고한다.

10

생명보험계약 관계자에 대한 설명으로 옳은 것을 모두 고른 것은?

> ㄱ. 우체국보험은 4천만 원 이하의 소액보험(생명 · 신체 · 상해 · 연금 등) 상품개발과 판매 및 운영 사업을 하면서 기타 보험사업에 부대되는 환급금대출과 증권의 매매 및 대여를 업무범위로 하고 있다. 부동산의 취득 · 처분과 임대서비스는 업무범위에 제외된다.
> ㄴ. 우체국보험은 변액보험, 퇴직연금, 손해보험 상품에 대한 취급이 제한된다.
> ㄷ. 담당인력과 조직에 대해 행정안전부 등 관련 부처와 협의를 거치는 등 「정부조직법」, 「국가공무원법」 등의 통제를 받고 있다.
> ㄹ. 우체국보험사업의 운영에 필요한 경비는 기획재정부와 협의, 국회의 심의를 거쳐 정부예산으로 편성하고, 예산 집행 내역 및 결산 결과를 국회 및 감사원에 보고한다.

① ㄷ, ㄹ
② ㄴ, ㄷ
③ ㄴ, ㄷ, ㄹ
④ ㄱ, ㄴ, ㄷ, ㄹ

11

생명보험 용어에 대한 설명으로 옳지 <u>않은</u> 것은?

① 순보험료는 보험회사가 보험계약을 체결, 유지 및 관리하기 위한 경비에 사용되는 보험료로 예정사업비율을 기초로 계산되며 신계약비, 유지비, 수금비로 구분된다.

② 평준보험료는 동일한 보험료를 납입함으로써 계약 후반기에 늘어나는 보험금 지급에 대비하여 전반기에 미리 기금을 조성해 놓는 방식이다.

③ 자연보험료란 매년 납입 순보험료 전액이 그 해 지급되는 보험금 총액과 일치하도록 계산하는 방식으로 나이가 들수록 사망률이 높아짐에 따라 보험금 지급이 증가하므로 보험료가 매년 높아지게 된다.

④ 유동적보험료란 기본적으로 보험계약자는 보험기간 중에 보험회사가 정한 납입보험료의 최저 · 최고치 규정에 따라 본인이 원하는 만큼의 보험료를 납입할 수 있다.

12

생명보험에 관련된 내용 중 다음 ㉠, ㉡에 들어갈 용어를 바르게 연결한 것은?

- (㉠): 보험회사 입장에서 보험가입을 원하는 피보험자 (보험대상자)의 위험을 각 위험 집단으로 분류하여 보험 가입 여부를 결정(계약 인수 · 계약 거절 · 조건부 인수 등)하는 일련의 과정이다.
- (㉡): 보험금 청구에서 지급까지 일련의 업무를 뜻하며 보험금 청구 접수, 사고 조사, 조사건 심사, 수익자 확정, 보험금 지급 등의 업무가 포함된다.

	㉠	㉡
①	내부통제	준법감시인
②	리스크관리	내부통제
③	준법감시인	언더라이팅
④	언더라이팅	클레임

13

우체국 보험상품의 보장개시일에 대한 내용으로 옳은 것은 모두 몇 개인가?

ㄱ. 암보장개시일은 계약일(부활일)부터 그 날을 포함하여 90일이 지난 날로 한다. 다만, 피보험자 나이가 15세 미만인 경우 암보장개시일은 계약일(부활일)로 한다.

ㄴ. 재진단암 보장개시일은 "첫 번째 재진단암 보장개시일"과 "두 번째 이후 재진단암 보장개시일"을 합한 것을 말하며, 특약을 부활(효력회복)하는 경우에도 동일한다.

ㄷ. 첫 번째 재진단암 보장개시일은 "첫 번째 암(갑상선암, 기타피부암 및 대장점막내암 제외)" 진단 확정일부터 그 날을 포함하여 2년(갱신계약을 포함)이 지난 날의 다음 날이다.

ㄹ. 이차암보장개시일은 첫 번째 암 진단 확정일부터 그 날을 포함하여 2년이 지난 날로 한다.

① 1개   ② 2개

③ 3개   ④ 4개

14

보험료 계산의 기초에 대한 설명으로 옳지 <u>않은</u> 것은?

① 순보험료는 장래의 보험금 지급의 재원(財源)이 되는 보험료로, 위험보험료와 저축보험료로 분리할 수 있다.

② 보험료는 대수의 법칙에 의거하여 예정사망률, 예정이율, 예정사업비율의 3대 예정률을 기초로 계산한다.

③ 예정이율이 낮아지면 보험료는 비싸지고, 예정이율이 높아지면 보험료는 싸진다.

④ 예정사업비율이 낮아지면 보험료는 싸지고, 예정사업비율이 높아지면 보험료는 비싸진다.

15

우체국보험 상품에 대한 설명으로 옳지 <u>않은</u> 것은?

① 무배당 우체국실속정기보험은 1종(일반가입)과 2종(간편가입)의 중복가입이 불가능하다.
② 무배당 우체국건강클리닉보험(갱신형)의 최초계약 가입나이는 0~65세이다.
③ 무배당 우체국온라인저축보험은 가입 10개월 유지 후 언제든지 해약해도 납입보험료의 100% 이상을 보장하는 신개념 저축보험이다.
④ 무배당 파워적립보험은 기본보험료 30만 원 초과금액에 대해 수수료를 인하함으로써 수익률을 증대시킨 보험상품이다.

17

국내 거주자 최우금씨의 금융소득 내역이다. 이와 관련한 설명으로 옳지 <u>않은</u> 것은?

> 가. 직장공제회 초과반환금: 5,000,000원
> 나. 정기예금이자: 10,000,000원
> 다. 법원에 납부한 보증금에 대한 이자: 6,000,000원
> 라. 농업회사법인 출자금 배당: 8,000,000원

① 농업회사법인 출자금 배당은 비과세이다.
② 이자 · 배당소득은 필요경비가 인정되지 않는다.
③ 직장공제회 초과반환금과 법원에 납부한 보증금에 대한 이자는 무조건 분리과세이다.
④ 직장공제회 초과반환금과 법원에 납부한 보증금에 대한 이자, 농업회사법인 출자금 배당을 제외한 이자 · 배당소득의 합계액이 2천만 원을 초과하므로 종합과세된다.

16

우체국보험 관련 세제에 대한 내용으로 옳지 <u>않은</u> 것은?

① 연금저축보험은 연간 연금액이 연금수령 한도를 초과하는 경우, 그 초과 금액은 연금 외 소득으로 간주하여 기타소득세(지방소득세 포함 16.5%)를 부과한다.
② 보험차익은 「소득세법」상 이자소득으로 분류되어 이자소득세(지방소득세 포함 15.4%)가 과세되지만 저축성 보험의 보험차익 비과세 요건을 충족할 경우 이자소득세가 비과세된다.
③ 비과세종합저축(보험)은 해당 저축에서 발생하는 이자소득 또는 배당소득에 대해서는 소득세를 부과하지 아니한다. 다만, 중도 해지 시에도 과세가 적용된다.
④ 우체국보험 중 비과세종합저축에 해당하는 상품으로는 (무)그린보너스저축보험(비과세종합저축)이 있다.

18

보험계약에 대한 설명으로 옳은 것은?

① 보험계약의 무효란 계약이 처음에는 유효하게 성립되었으나 계약 이후에 무효사유의 발생으로 계약의 법률상 효력이 계약시점으로 소급되어 없어지는 것을 말한다.
② 보험계약자 또는 피보험자는 청약 시 청약서에서 질문한 사항에 대하여 보험자에게 사실대로 알려야 하나 부활청약 시에는 고지의무가 없다.
③ 보험계약을 부활한 경우 계약이 실효된 이후 시점부터 부활될 때까지의 기간에 발생한 모든 보험사고에 대하여 보험자는 책임을 진다.
④ 보험계약에서 보험계약자와 피보험자가 서로 다른 경우를 '타인의 생명보험'이라고 하며, 보험계약자와 보험수익자가 서로 다른 경우를 '타인을 위한 보험'이라고 한다.

19

생명보험 상품의 종류에 관한 설명으로 옳지 <u>않은</u> 것은?

① 연금보험은 연금을 수령하여 일정 수준의 소득을 계속 유지하기 위한 보험이다.

② 교육보험은 교육자금을 마련할 수 있도록 설계된 보험이다.

③ 종신보험은 보험기간을 정해 놓고, 사망하였을 때 보험금을 지급하는 보험이다.

④ 저축성 보험은 생존 시에 보험금이 지급되는 저축 기능을 강화한 보험이다.

20

생명보험계약에 대한 설명으로 옳지 <u>않은</u> 것은?

① 보험에 담보된 생명이나 신체에 관하여 불확정한 사고, 즉 위험이 발생하는 것을 보험사고라고 한다.

② 보험기간에 대하여 「상법」에서는 보험자의 책임을 최초의 보험료 납입 여부와 상관 없이 청약일로부터 개시된다고 규정하고 있다.

③ 보험계약에서 정의한 보험사고가 발생함으로써 손해를 입는 사람을 피보험자라고 한다.

④ 보험계약자가 보험에 의한 보장을 받기 위하여 보험자에게 지급하여야 할 금액을 보험료라고 한다.

해설편 ▶ P.69

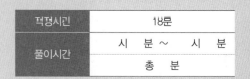

01

금리에 대한 내용으로 옳지 <u>않은</u> 것은?

① 명목금리란 중앙은행인 한국은행이 경기상황이나 물가수준, 금융·외환시장 상황, 세계경제의 흐름 등을 종합적으로 고려하여 시중에 풀린 돈의 양을 조절하기 위해 금융통화위원회의 의결을 거쳐 인위적으로 결정하는 정책금리이다.

② 100만 원을 연 10%의 금리로 은행에 2년간 예금할 경우 만기에 받게 되는 원금과 이자의 합계액은 단리방식에 의하면 100만 원×(1+0.1×2)=120만 원이 되고, 복리방식에 의하면 100만 원×(1+0.1)²=121만 원이 된다.

③ 표면금리가 동일한 예금이자라도 복리·단리 등의 이자계산 방법이나 이자에 대한 세금의 부과 여부 등에 따라 실효금리는 달라진다.

④ 채권은 시간이 경과하면서 장기채권에서 중기채권으로 다시 단기채권으로 바뀌게 되며, 기간이 짧아져감에 따라 다른 요인들이 모두 동일하다면 채권가격의 변동성은 감소한다.

02

금융상품의 종류에 관한 내용으로 옳지 <u>않은</u> 것은?

① 옵션계약은 거래할 기초자산의 가격을 고정시킴으로써 위험을 제거하는 반면, 선물계약은 미래에 가격이 불리한 방향으로 움직이는 것에 대비한 보호수단을 제공하고 가격이 유리한 방향으로 움직일 때에는 이익을 취할 수 있도록 해준다.

② 랩어카운트(Wrap account)는 주식, 채권, 금융상품 등 증권회사(투자매매업자)에 예탁한 개인투자자의 자금을 한꺼번에 싸서(wrap) 투자자문업자(통상 자산운용회사나 증권회사가 겸업)로부터 운용서비스 및 그에 따른 부대서비스를 포괄적으로 받는 계약을 의미한다.

③ 예금, 주식, 채권, 대출채권, 통화, 옵션 등 금융상품을 혼합하여 얼마든지 새로운 상품을 만들 수 있는데, 이와 같이 당초의 자산을 가공하거나 혼합하여 만들어진 새로운 상품을 구조화금융상품이라고 한다.

④ 주식이나 채권, 파생상품 등을 혼합하여 만든 ELS(Equity Linked Securities), DLS(Derivative Linked Securities), 예금과 주식을 혼합하여 만든 주가연계예금(ELD) 등이 구조화 금융상품에 해당한다.

03

우체국 전자금융에 대한 설명으로 옳지 <u>않은</u> 것을 모두 고른 것은?

> ㄱ. 포스트페이 앱을 통해 현금 또는 카드 없이 스마트폰만 으로 지불 결제를 진행하고, 휴대전화번호만 알면 경조 카드와 함께 경조금을 보낼 수 있다. 또한, 간편송금 및 우체국 체크카드와 모바일 카드 발급 등 비대면 계좌개 설도 가능하다.
> ㄴ. 우체국 인터넷뱅킹과 모바일뱅킹 이용자 개인은 보안등 급이 '일반등급'일 경우에 자금이체 한도는 1회 1억 원, 1일 5억 원이다.
> ㄷ. 법인이 별도계약을 통해 한도 초과 약정을 하고자 할 경 우 '안전등급'의 거래이용수단을 이용하고 우정사업본부 장의 승인을 받아야 한다. 인터넷·모바일의 1일 자금이 체한도는 합산하여 처리되고, 인터넷뱅킹의 '기본등급' 은 본인거래(본인 우체국계좌 거래, 공과금 납부 등)에 한 하여 적용된다.
> ㄹ. 우체국 인터넷뱅킹을 해지하면 스마트뱅킹은 자동 해지 되나 스마트뱅킹을 해지하더라도 인터넷뱅킹 이용 자격 은 계속 유지된다.

① ㄴ, ㄹ   ② ㄱ, ㄷ

③ ㄴ, ㄷ   ④ ㄷ, ㄹ

04

예금채권의 질권 설정에 관한 내용으로 옳지 <u>않은</u> 것은?

① 질권자는 질권의 목적이 된 채권을 직접 청구할 수 있고, 채 권의 목적이 금전인 때에는 자기의 채권액에 해당하는 부분 을 직접 청구해서 자기 채권의 우선변제에 충당할 수 있다.

② 제3자가 질권 설정하는 경우에는 예금양도의 경우와 마찬 가지 이유에서 질권 설정 금지특약을 두고 있어 은행(우체 국)의 승낙을 필요로 한다.

③ 질권 설정된 예금을 다른 종목의 예금으로 바꾼 경우에도 두 예금채권 사이에 동일성이 인정되므로 원칙적으로 다른 종목의 예금에도 질권의 효력이 미친다.

④ 예금채권에 대한 질권의 효력은 그 예금의 이자에도 미친다.

05

우체국예금·보험의 업무범위에 대한 설명으로 옳지 <u>않은</u> 것은?

① 우체국금융은 「은행법」에 따른 은행업 인가, 「보험업법」에 따른 보험업 인가를 받아 운영되는 국영금융기관으로, 대 출, 신탁, 신용카드 등 일부 금융 업무에 제한을 받고 있다.

② 우체국은 주식 발행이 없으므로 자기자본에 자본금 및 주식 발행 초과금이 없다.

③ 우체국은 타인자본에는 예금을 통한 예수부채만 있고, 은행 채의 발행 등을 통한 차입 혹은 금융기관 등으로부터의 차 입을 통한 차입부채는 없다.

④ 우체국은 우편대체 계좌대월 등 일부 특수한 경우를 제외하 고는 여신이 없다. 단, 환매조건부채권매도 등을 통한 차입 부채는 있을 수 있다.

06

우체국 예금의 기타사항에 관한 설명으로 옳은 것을 모두 고른 것은?

> ㄱ. 조세조약에 따른 국가 간 금융정보자동교환을 위하여 국 내 금융회사들은 매년 정기적으로 상대국 거주자 보유 계좌정보를 '국세청'에 제출하고 있다.
> ㄴ. 은행에 확정기여형 퇴직연금(DC), 개인형퇴직연금(IRA) 제도의 적립금은 보호대상 금융상품이다. 하지만 양도성 예금증서(CD), 환매조건부채권(RP), 은행 발행채권은 예 금자 보호대상 금융상품에 해당하지 않는다.
> ㄷ. 보험회사에 개인이 가입한 보험계약, 퇴직보험, 변액보 험계약 특약 및 최저보증금, 확정급여형 퇴직연금(DB) 및 개인형 퇴직연금(IRA)제도의 적립금, 원본이 보전되 는 금전신탁 등은 예금자 보호대상 금융상품이다.
> ㄹ. 보험회사에 보험계약자 및 보험료납부자가 법인인 보험 계약, 보증보험계약, 재보험계약, 변액보험계약 주계약 등은 예금자보호대상 금융상품이다.

① ㄴ, ㄹ   ② ㄱ, ㄴ

③ ㄴ, ㄷ   ④ ㄷ, ㄹ

07

우체국보험 관련 세제 내용으로 옳은 것은 모두 몇 개인가?

ㄱ. 보험차익이란 보험계약에 따라 만기에 받는 보험금·공제금 또는 계약기간 중도에 해당 보험계약이 해지됨에 따라 받는 환급금에서 납입보험료를 뺀 금액을 의미한다. 「소득세법」상 이자소득으로 분류되어 이자소득세(지방소득세 포함 15.4%)가 과세되지만, 저축성 보험은 보험차익비과세 요건을 충족할 경우 이자소득세가 비과세된다.

ㄴ. 연금소득의 종합소득 확정 신고시에는 연금소득공제(필요경비)를 적용 받을 수 있다. 다만, 공제액이 900만 원을 초과하는 경우에는 900만 원을 공제한다.

ㄷ. 금융재산상속공제는 순금융재산이 2천만 원 초과 시 순금융재산가액의 20% 또는 2천만 원 중 큰 금액으로 1억 한도에서 공제해 주는 제도이다.

ㄹ. 연금소득은 연간 연금액이 2천만 원 이하인 경우에는 분리과세할 수 있고, 2천만 원을 초과하면 종합과세를 또는 15% 분리과세를 선택할 수 있다.

① 1개 ② 2개
③ 3개 ④ 4개

08

「금융실명거래 및 비밀보장에 관한 법률」에 관한 내용으로 옳은 것은 모두 몇 개인가?

ㄱ. 실명이 확인된 계좌에 의한 계속거래, 공과금 수납 및 200만 원 이하의 송금 등의 거래로서 대통령령으로 정하는 거래는 실명을 확인하지 아니할 수 있다.

ㄴ. 누구든지 「특정 금융거래정보의 보고 및 이용 등에 관한 법률」에 따른 불법재산의 은닉, 자금세탁행위 또는 공중협박자금조달행위 및 강제집행의 면탈, 그 밖에 탈법행위를 목적으로 타인의 실명으로 금융거래를 하여서는 아니 된다. 위 규정을 위반한 자는 3천만 원 이하의 과태료를 부과한다.

ㄷ. 금융회사 등의 임원 및 직원이 아닌 업무수탁자(대출모집인, 카드모집인, 보험모집인, 공제모집인 등) 등도 실명확인을 할 수 있다.

ㄹ. 실명확인은 고객의 성명과 주민등록번호의 확인뿐만 아니라 실명확인증표에 첨부된 사진 등에 의하여 명의인 본인여부를 확인하는 것이다.

① 1개 ② 2개
③ 3개 ④ 4개

09

금융소비자보호법상 상품 유형별 숙려기간에 따른 청약을 철회할 수 있는 기간을 바르게 연결한 것은?

① 보장성 상품 – 보험증권을 받은 날부터 20일과 청약을 한 날부터 40일 중 먼저 도래하는 기간
② 투자성 상품 – 계약서류 제공일 또는 계약체결일로부터 7일 이내
③ 금융상품 자문 – 계약서류 제공일 또는 계약체결일로부터 10일 이내
④ 대출성 상품 – 계약서류 제공일, 계약체결일 또는 계약에 따른 금전·재화 등 제공일로부터 15일 이내

10

우체국보험 모집 준수사항에 관한 내용으로 옳지 않은 것을 모두 고른 것은?

ㄱ. 「보험업법」에 따라 보험설계사·보험대리점 또는 보험중개사의 등록이 취소된 후 3년이 경과되지 아니한 자는 우체국FC로 등록할 수 없다.

ㄴ. 전자청약이 가능한 계약은 가입설계서를 발행한 계약으로 전자청약 전환을 신청한 계약에 한하며, 가입설계일로부터 10일(비영업일 포함) 이내에 한하여 전자청약을 할 수 있다. 더불어, 타인계약(계약자와 피보험자가 다른 경우 또는 피보험자와 수익자가 다른 경우), 미성년자 계약 등도 전자청약이 가능하다.

ㄷ. 우체국보험의 계약체결 대상자는 국내에 거주하는 자를 원칙으로 한다. 따라서 외국인이라 하더라도 국내에 거주 허가를 받은 자는 우체국보험에 가입할 수 있고, 내국인은 외국에 거주하더라도 가입할 수 있다.

ㄹ. 저축성 보험(금리확정형보험은 포함) 계약의 경우 계약자가 보험계약 체결권유 단계에서 설명 의무사항을 설명받았고, 이를 이해하였음을 전화 등 통신수단을 통하여 청약 후 10일 이내에 확인을 받아야 한다.

① ㄴ, ㄹ ② ㄱ, ㄷ, ㄹ
③ ㄱ, ㄴ, ㄷ ④ ㄱ, ㄴ, ㄷ, ㄹ

11

보험의 대상이 되는 위험에 대한 설명으로 옳지 <u>않은</u> 것은?

① 보험상품의 대상이 되는 위험은 순수위험, 정태적 위험이다.
② 보험의 대상이 되기 어려운 위험은 투기적 위험, 동태적 위험이다.
③ 순수위험은 불확실성의 결과가 이익 또는 손실의 발생 여부로 나뉜다.
④ 정태적 위험은 시간에 따른 사회·경제적 변화와 관계 없이 발생할 수 있는 위험이다. 자연재해, 인적 원인에 의한 화재·상해 등 그리고 고의적인 사기·방화 등을 예로 들 수 있다.

12

생명보험계약의 관계자 및 요소에 대한 내용으로 옳은 것은?

① 보험계약자의 자격에는 제한이 없으나 만 20세 미만자의 경우 친권자 또는 법정대리인의 동의가 필요하다.
② 보험수익자의 지정과 변경권은 보험계약자에게 있다. 보험계약자와 피보험자가 다른 '타인의 생명보험'일 경우 보험수익자 지정 또는 변경 시 피보험자의 동의가 필요하다.
③ 보험대리점은 계약체결권, 고지수령권, 보험료 수령권에 대한 권한이 없다.
④ 보험료 납입기간이란 보험에 의한 보장이 제공되는 기간으로 위험기간 또는 책임기간이라고 한다.

13

생명보험의 세제와 관련된 내용으로 옳지 <u>않은</u> 것은?

① 일용근로자를 제외한 근로소득자가 기본공제대상자를 피보험자로 하는 일반 보장성 보험에 가입한 경우 과세기간에 납입한 보험료(100만 원 한도)의 12%에 해당되는 금액을 종합소득산출세액에서 공제받을 수 있다.
② 연금소득자 또는 개인사업자 등이 보장성 보험에 가입하게 되면 세액공제를 받을 수 있다.
③ 보장성 보험료 세액공제가 근로소득자에 한해 가능한 것과 달리, 연금계좌의 세액공제는 근로소득 외의 종합소득이 있는 경우에도 가능하다.
④ 근로소득자가 기본공제대상자 중 장애인을 피보험자 또는 수익자로 하는 장애인전용보험 및 장애인전용보험전환특약을 부가한 보장성 보험의 경우 과세기간 납입한 보험료(100만 원 한도)의 15%에 해당되는 금액을 종합소득산출세액에서 공제받을 수 있다.

14

생명보험 이론과 관련한 내용으로 옳지 <u>않은</u> 것은?

① 보험료 납입을 보험기간(보장기간)의 전 기간에 걸쳐서 납부하는 보험을 '전기납'보험이라고 하며, 보험료의 납입기간이 보험기간보다 짧은 기간에 종료되는 보험을 '단기납'보험이라고 한다.
② 3이원방식의 보험료 산출은 상품개발 시 수익성 분석을 동시에 할 수 있으며 상품개발 후 리스크 관리가 용이하다.
③ 언더라이팅이 필요한 위험 대상은 크게 환경적·신체적·재정적·도덕적 위험으로 분류할 수 있다.
④ 표준약관에 보험자(보험회사)는 피보험자의 고지의무 위반 사실을 안 날로부터 1개월 이내, 계약체결일로부터 3년 이내에 해지할 수 있도록 규정하고 있다.

15

우체국보험 계약유지에 대한 내용으로 옳은 것은 모두 몇 개인가?

> ㄱ. 무배당 우체국 우리가족암보험은 피보험자가 B형 간염 항체보유 시 영업보험료의 3%를 할인하는 B형 간염 항체보유 할인과 고혈압과 당뇨병이 모두 없을 때 할인되는 우리가족암보험 3종(실버형) 건강체 할인이 있으며, 이 경우 영업보험료의 5%를 할인하고 있다.
>
> ㄴ. 우체국보험의 보험료 카드납부 취급대상은 TM, 온라인(인터넷, 모바일)을 통해 가입한 보장성 보험계약 및 대면 채널의 보장성 보험계약에 한해 처리가 가능하다. 초회보험료(1회), 계속보험료(2회 이후)를 대상으로 하고 있으며, 부활보험료도 포함된다.
>
> ㄷ. 계약내용의 변경은 계약자의 이익을 보호하기 위하여 일정한 범위 내에서 계약의 내용을 변경할 수 있게 하여 계약을 유지시켜 나가는 제도이다. 계약자는 체신관서의 승낙을 얻어 보험료의 납입기간, 보험가입금액의 감액, 계약자, 기타 계약의 내용을 변경할 수 있다.
>
> ㄹ. 계약자는 보험수익자를 변경할 수 있으며 이 경우에는 체신관서의 승낙이 필요하지는 않는다. 다만, 변경된 보험수익자가 체신관서에 권리를 대항하기 위해서는 계약자가 보험수익자가 변경되었음을 체신관서에 통지하여야 한다. 보험수익자를 변경하고자 할 경우에는 보험금의 지급사유가 발생하기 전에 보험수익자가 서면으로 동의하여야 한다.

① 1개
② 2개
③ 3개
④ 4개

16

「보험업법」상 관련 내용으로 옳지 <u>않은</u> 것은?

① 보험업을 경영하려는 자는 보험종목별로 금융위원회의 허가를 받아야 한다.

② 보험회사가 생명보험업이나 손해보험업에 해당하는 전 종목에 관해 허가를 받았을 때에는 제3보험업에 대해서도 허가를 받은 것으로 본다.

③ 손해보험회사에서 판매하는 질병사망 특약의 보험기간은 100세 만기, 보험금액 한도는 개인당 3억 원 이내로 부가할 수 있으며, 만기 시 지급하는 환급금이 납입보험료 합계액 범위 이내여야 하는 요건이 충족하는 경우 제3보험의 겸영이 가능하다.

④ 생명보험회사나 손해보험회사는 질병보험 주계약에 각종 특약을 부가하여 보장을 확대한 보험상품을 판매하고 있다.

17

보험계약의 성립과 체결에 대한 내용으로 옳지 <u>않은</u> 것은?

① 보험자는 청약일로부터 30일 이내에 계약을 승낙 또는 거절하여여 하며, 만일 30일 이내에 승낙 또는 거절의 통지를 하지 않으면 계약은 승낙된 것으로 본다.

② 보험자가 청약을 승낙하기 전에 보험사고가 생긴 때에는 고지의무위반, 건강진단 불응 등 해당 청약을 거절할 사유가 없는 한 보험자는 보험계약상의 책임을 진다.

③ 보험자는 계약이 성립한 때에는 보험증서를 교부해야 하고, 보험증서를 교부하지 아니하면 보험계약의 효력은 무효가 된다.

④ 진단계약, 보험기간이 1년 미만인 계약 또는 전문보험계약자가 체결한 계약은 청약을 철회할 수 없으며, 청약일로부터 30일이 초과한 계약도 청약철회가 불가하다.

18

「우체국예금 · 보험에 관한 법률 시행규칙」에서 정한 우체국보험에 대한 설명으로 옳지 <u>않은</u> 것은?

① 재보험의 가입 한도는 사고 보장을 위한 보험료(순보험료)의 100분의 80 이내로 한다.
② 우체국보험의 종류에는 보장성 보험, 저축성 보험, 연금보험이 있다.
③ 계약보험금 한도액은 보험종류별(연금보험 제외)로 피보험자 1인당 4천만 원이다.
④ 세액공제 혜택이 없는 연금보험의 최초 연금액은 피보험자 1인당 1년에 1,800만 원 이하이다.

19

39세인 H씨의 우체국연금저축보험 2109 가입 현황이 다음과 같을 때 연금수령 1차년도 산출세액(지방소득세 포함)으로 옳은 것은?

- 연금 지급구분: 종신연금형
- 연금수령 개시 나이: 만 55세
- 연금수령 한도 이내 연금수령액: 1,000,000원
- 연금수령 한도 초과 연금수령액: 2,000,000원
  (단, 납입보험료 전액을 세액공제 받았으며, 의료목적 또는 부득이한 사유로 인한 연금수령액 및 다른 연금소득은 없는 것으로 한다.)

〈적용세율〉

연금소득세율(지방소득세 포함)		기타소득세율 (지방소득세 포함)
연금수령 나이(만 70세 미만)	종신연금형	
5.5%	4.4%	16.5%

① 132,000원
② 374,000원
③ 462,000원
④ 495,000원

20

우체국 리스크관리 및 자금운용 등에 관한 설명으로 옳지 <u>않</u>은 것을 모두 고른 것은?

ㄱ. 비재무적 리스크는 시장리스크, 신용리스크, 금리리스크, 유동성리스크, 보험리스크로 나눠지며, 특성상 주가 및 금리와 같은 데이터를 활용하여 특정한 산식을 통해 산출 및 관리가 가능한 계량적인 성격을 갖는다.
ㄴ. 재무적 리스크는 금융회사의 영업활동 또는 시스템 관리 등에 따라 발생할 수 있는 비정형화된 리스크로서 계량적인 산출과 관리가 어려운 리스크이다.
ㄷ. 우정사업본부장은 경영의 투명성 확보를 위하여 우체국보험 경영공시의 사항을 공시하여야 한다. 공시는 결산이 확정된 날로부터 3개월 이내에 보험계약자 등 이해관계자가 알기 쉽도록 간단명료하게 작성하여 우정사업본부 인터넷 홈페이지 등에 게시하여야 한다.
ㄹ. 과학기술정보통신부장관은 인터넷 홈페이지에 상품공시란을 설정하여 보험계약자 등이 판매상품에 관한 판매상품별 상품요약서, 사업방법서 및 보험약관(변경 전 보험약관 및 판매중지 후 2년이 경과되지 아니한 보험약관을 포함)의 사항을 확인할 수 있도록 공시하여야 한다.

① ㄴ, ㄹ
② ㄱ, ㄷ
③ ㄱ, ㄴ, ㄷ
④ ㄱ, ㄴ, ㄷ, ㄹ

해설편 ▶ P.72

삶의 순간순간이
아름다운 마무리이며
새로운 시작이어야 한다.

– 법정 스님

편저자 **박상규**

■ 약력
- 전) 에듀윌 계리직 우편상식, 금융상식 대표 교수
- 금융자격증 및 관련 강의경력 다수 보유
  - 증권분석사(K-CIIA)
  - 금융자산관리사(FP: 한국금융연수원 주관)
  - 펀드투자상담사(금융투자협회 주관)
  - 파생상품투자상담사(금융투자협회 주관)
  - 전산세무회계(한국세무사회 주관)

에듀윌 계리직공무원 단원별 문제집 금융상식(예금일반 · 보험일반)

발 행 일	2023년 3월 3일 초판
편 저 자	박상규
펴 낸 이	김재환
펴 낸 곳	(주)에듀윌
등록번호	제25100-2002-000052호
주　　소	08378 서울특별시 구로구 디지털로34길 55
	코오롱싸이언스밸리 2차 3층

www.eduwill.net

대표전화 1600-6700

여러분의 작은 소리
에듀윌은 크게 듣겠습니다.

본 교재에 대한 여러분의 목소리를 들려주세요.
공부하시면서 어려웠던 점, 궁금한 점,
칭찬하고 싶은 점, 개선할 점, 어떤 것이라도 좋습니다.

에듀윌은 여러분께서 나누어 주신 의견을
통해 끊임없이 발전하고 있습니다.

에듀윌 도서몰 book.eduwill.net
- 부가학습자료 및 정오표: 에듀윌 도서몰 → 도서자료실
- 교재 문의: 에듀윌 도서몰 → 문의하기 → 교재(내용, 출간) / 주문 및 배송

에듀윌에서 꿈을 이룬
합격생들의 진짜 합격스토리

 에듀윌 강의·교재·학습시스템의 우수성을
2022년도에도 입증하였습니다!

에듀윌만의 커리큘럼과 학습 관리 프로그램 덕분에 공시 3관왕 달성

김○은 국가직 9급 일반행정직 최종 합격

혼자서 공부하다 보면 지금쯤 뭘 해야 하는지, 내가 잘하고 있는지 걱정이 될 때가 있는데 에듀윌 커리큘럼은 정말 잘 짜여 있어 고민할 필요 없이 그대로 따라가면 되는 시스템이었습니다. 또한 학습 매니저님이 요즘 공부는 어떻게 하고 있는지, 어려운 점은 없는지 전화로 관리해 주셔서 학원에 다니지 않고 인강만으로도 국가직, 지방직, 군무원 3개 직렬에 충분히 합격할 수 있었습니다. 혼자 공부하다 보면 내 위치를 스스로 가늠하기 어려운데, 매달 제공되는 에듀윌 모의고사를 통해서 제 수준이 어느 정도인지 파악할 수 있어서 좋았습니다.

아케르 시스템으로 생활 패턴까지 관리해 주는 에듀윌

황○규 국가직 9급 세무직 최종 합격

공무원 시험을 준비하려고 마음먹었을 때 에듀윌이 가장 먼저 떠올랐습니다. 특히 에듀윌 학원은 교수님 선택 폭도 넓고 세무직은 현장에서 스터디까지 해 주기 때문에 선택했습니다. 학원에서는 옆에 앉은 학생들의 공부하는 모습을 보면서 자극을 받고 집중해서 공부할 수 있었습니다. 무엇보다 잘 짜인 에듀윌 학원 커리큘럼과 매니저님들의 스케줄 관리, 아케르 출석 체크를 활용한 규칙적인 생활 패턴 덕분에 합격할 수 있었다고 생각합니다.

에듀윌의 강의 + 교재 + 집중 관리로 경찰 공무원 합격

편○혁 일반 순경 최종 합격

에듀윌 학원의 매니저님과 파트장님이 일대일로 밀착 관리해 주시고 게을러지지 않게끔 도움을 많이 주셨습니다. 그리고 교수님들이 수업 시간에 친절하고 자세하게 설명해 주셔서 초반에 어려움 없이 학업을 이어갈 수 있었습니다. 또한, 에듀윌 경찰 교재의 내용이 좋아서 다른 교재를 학습하지 않고도 합격할 수 있었습니다. 열심히 하다 보면 붙는다는 말이 처음에는 미덥지 않았지만, 열심히 하다 보니까 합격까지 오게 되었습니다. 여러분들도 에듀윌을 믿고 따라가다 보면 분명히 합격할 수 있을 것입니다.

더 많은
합격스토리

다음 합격의 주인공은 당신입니다!

합격자 수 2,100%* 수직 상승!
매년 놀라운 성장

에듀윌 공무원은 '합격자 수'라는 확실한 결과로 증명하며
지금도 기록을 만들어 가고 있습니다.

합격자 수
2,100%
수직 상승

2017 2018 2019 2020 2021 2022

합격자 수를 폭발적으로 증가시킨 평생환급 합격패스

최종 합격 시 수강료 0원	+	합격할 때까지 전 강좌 무제한 수강	+	전문 학습 매니저의 1:1 코칭 시스템

※ 환급내용은 상품페이지 참고. 상품은 변경될 수 있음.

상품
페이지

* 2017/2022 에듀윌 공무원 과정 최종 환급자 수 기준

에듀윌
계리직공무원

해설편
금융상식(예금일반·보험일반)

박상규 편저 | 정인영 감수

무료 합격팩 2023 최신 기출해설 PDF, 실전동형 모의고사 3회분, 3회독 플래너

eduwill

4개월 **베스트셀러 1위**
최신 학습자료&기출 완벽 반영

에듀윌 계리직공무원

단원별 문제집 │ 금융상식(예금일반·보험일반)

에듀윌
계리직공무원

해설편

금융상식(예금일반·보험일반)

정답과 해설

PART I | 예금(예금일반)

| 챕터별 키워드 & 취약영역 체크 |

CHAPTER 01 금융경제 일반		CHAPTER 02 금융회사와 금융상품		CHAPTER 03 저축과 금융투자에 대한 이해		CHAPTER 04 예금업무 일반사항			
틀린개수 ___ / 24개		틀린개수 ___ / 28개		틀린개수 ___ / 15개		틀린개수 ___ / 38개			
01	금융시장의 기능	01	장내 파생상품	01	증권투자 또는 증권분석	01	상속제도	32	예금주의 사망
02	실질금리와 명목금리	02	금융투자상품	02	주식투자 및 채권투자	02	상속제도	33	예금채권의 양도와 질권 설정
03	수익률, 할인율, 이자율	03	금융유관기관	03	저축과 투자	03	착오송금 시 법률관계	34	예금거래의 상대방
04	금융시장의 유형	04	「우체국예금·보험에 관한 법률」	04	주식과 채권의 비교	04	예금계약의 개요	35	예금거래의 상대방
05	실질금리와 명목금리	05	금융상품	05	우선주와 채권의 비교	05	예금거래업무	36	예금의 입금과 지급
06	금융활동의 주체	06	입출금이 자유로운 상품	06	주식투자	06	예금거래약관	37	예금의 입금과 지급
07	금융시장의 유형	07	목돈운용을 위한 상품	07	채권투자	07	예금계약의 법적 성질	38	예금의 입금과 지급
08	직접금융과 간접금융	08	은행의 업무	08	특수한 형태의 채권	08	예금계약의 법적 구조		
09	직접금융과 간접금융	09	금융회사의 종류	09	증권 분석	09	예금계약의 성립시기		
10	직접금융과 간접금융	10	금융투자상품	10	재무비율	10	금융회사의 선관주의 의무 위반		
11	금리의 종류	11	금융투자회사의 유형	11	금융투자	11	예금계약의 법적 성질과 법적 구조		
12	금리의 종류	12	자본시장법	12	투자위험관리 및 투자자 보호 장치	12	예금거래약관		
13	환율	13	입출금이 자유로운 상품	13	금융투자	13	예금거래약관		
14	금리의 결정	14	입출금이 자유로운 상품	14	금융투자	14	예금거래약관		
15	시장금리	15	입출금이 자유로운 상품	15	금융투자	15	예금거래약관		
16	금융시장의 의의	16	목돈운용을 위한 상품			16	예금거래의 상대방		
17	금융거래수단	17	입출금이 자유로운 상품			17	예금거래의 상대방		
18	금융시장의 기능	18	주택청약종합저축			18	예금거래의 상대방		
19	금융시장의 유형	19	펀드의 유형			19	예금거래의 상대방		
20	금융시장의 유형	20	펀드의 유형			20	예금거래의 상대방		
21	금융시장의 유형	21	투자상품			21	예금거래의 상대방		
22	금융시장의 유형	22	금융회사			22	예금거래의 상대방		
23	금융시장의 유형	23	금융상품			23	예금거래의 상대방		
24	금융시장의 유형	24	선물과 옵션			24	예금의 입금과 지급		
		25	투자상품			25	예금의 입금과 지급		
		26	선물과 옵션			26	예금의 입금과 지급		
		27	선물과 옵션			27	예금의 입금과 지급		
		28	선물과 옵션			28	예금의 입금과 지급		
						29	예금의 입금과 지급		
						30	예금의 입금과 지급		
						31	예금의 입금과 지급		

CHAPTER 05 전자금융		CHAPTER 06 우체국금융 일반현황		CHAPTER 07 우체국금융 상품		CHAPTER 08 우체국금융 서비스		CHAPTER 09 내부통제 및 리스크관리		CHAPTER 10 기타사항	
틀린개수 _____ / 11개		틀린개수 _____ / 8개		틀린개수 _____ / 21개		틀린 개수 _____ / 18개		틀린 개수 _____ / 12개		틀린개수 _____ / 17개	
01	현금카드	01	우체국금융 연혁	01	우체국 체크카드	01	포스트페이	01	실명확인방법	01	종합소득 산출세액 계산방법
02	신용카드	02	「우체국예금·보험에 관한 법률」	02	우체국 체크카드	02	국제환과 제휴송금	02	「금융실명거래 및 비밀보장에 관한 법률」	02	자금세탁방지제도
03	전자금융의 의의	03	거래중지계좌	03	예금상품	03	노란우산공제	03	실명확인	03	자금세탁방지제도
04	전자금융의 발전단계	04	우체국 업무	04	예금상품	04	창구망 공동이용서비스	04	실명확인	04	자금세탁방지제도
05	인터넷뱅킹 이용 시 보안매체	05	우체국금융의 역할	05	예금상품	05	우체국예금 서비스	05	실명확인	05	보호대상 금융회사
06	인터넷뱅킹, 모바일뱅킹	06	소관 법령	06	예금상품	06	금융서비스	06	실명확인	06	보호대상 금융상품
07	체크카드와 선불카드	07	소관 법률	07	우체국 체크카드	07	우체국예금 서비스	07	「금융실명거래 및 비밀보장에 관한 법률」	07	자금세탁방지제도
8	체크카드	08	소관 법률	08	목돈 굴리기 상품	08	금융서비스	08	금융실명제	08	고객확인제도
09	선불카드			09	입출금이 자유로운 상품	09	금융서비스	09	「금융실명거래 및 비밀보장에 관한 법률」	09	예금자 보호
10	직불카드			10	입출금이 자유로운 상품	10	금융서비스	10	내부통제	10	금융소득 종합과세
11	주요 전자금융 종류			11	예금상품	11	금융서비스	11	「금융소비자 보호에 관한 법률」	11	자금세탁방지제도
				12	입출금이 자유로운 상품	12	금융서비스	12	「금융소비자 보호에 관한 법률」	12	자금세탁방지제도
				13	입출금이 자유로운 상품	13	금융서비스			13	자금세탁방지제도
				14	입출금이 자유로운 상품	14	전자금융			14	자금세탁방지제도
				15	입출금이 자유로운 상품	15	전자금융			15	금융정보자동교환을 위한 국제협정
				16	목돈 굴리기 상품	16	전자금융			16	비과세 금융소득
				17	목돈 마련 상품	17	머니그램 해외송금			17	금융소득 종합과세
				18	우체국 체크카드	18	창구망 공동이용 서비스				
				19	펀드상품						
				20	예금상품						
				21	예금상품						

➡ 나의 취약영역: _____

04	④	05	②		
06	④	07	②	08	①
09	③	10	①		
11	①	12	②	13	①
14	④	15	④		
16	②	17	①	18	④
19	①	20	③		
21	④	22	③	23	④
24	③				

01 금융경제 일반 > 금융시장의 기능   답 ②

| 정답해설 | ② 유동성은 금융자산의 환금성을 말한다. 투자자는 환금성이 떨어지는 금융자산을 매입할 경우에는 동 자산을 현금으로 전환하는 데 따른 손실을 예상하여 일정한 보상, 즉 유동성 프리미엄(liquidity premium)을 요구하게 된다. 금융시장이 발달하면 금융자산의 환금성이 높아지고 유동성 프리미엄이 낮아짐으로써 자금 수요자의 차입비용이 줄어들게 된다.

02 금융경제 일반 > 실질금리와 명목금리   답 ①

| 정답해설 | ① 금리는 돈의 가치 변동에 따라, 즉 물가변동 고려 여부에 따라 실질금리와 명목금리로 구분할 수 있다. 명목금리는 물가 상승에 따른 구매력의 변화를 감안하지 않은 금리이며, 실질금리는 명목금리에서 물가상승률을 뺀 금리이다.

| 오답해설 | ② 채권수익률은 채권가격의 변동과 반대 방향으로 움직인다. 채권가격이 올라가면 채권수익률은 내려가고, 채권가격이 내려가면 채권수익률은 올라간다.
③ 금리는 표면금리와 실효금리로 구분할 수 있다. 표면금리는 겉으로 나타난 금리를 말하며, 실효금리는 실제로 지급받거나 부담하게 되는 금리를 말한다.
④ 금리는 계산하는 방법에 따라 단리와 복리로 나눌 수 있다. 단리는 단순히 원금에 대한 이자를 계산하는 방법이며, 복리는 이자에 대한 이자도 함께 감안하여 계산하는 방법이다. 예를 들어 100만 원을 연 10%의 금리로 은행에 2년간 예금한다면 만기에 받게 되는 원금과 이자의 합계액은 단리 방식의 경우 120만 원{100만 원×(1+0.1×2)}이고, 복리 방식의 경우 121만 원{100만 원×$(1+0.1)^2$}이다.

03 금융경제 일반 > 수익률, 할인율, 이자율   답 ④

| 정답해설 | ④ ㉡의 할인율과 ㉢의 이자율을 10%로 가정했을 경우 ㉡의 수익률은 (10만 원÷90만 원)×100＝11.1%이고, ㉢의 수익률은 (10만 원÷100만 원)×100＝10%이다. 따라서 ㉡은 ㉢보다 수익률이 높다.

| 오답해설 | ① 표면금리는 겉으로 나타난 금리를 말한다. ㉠의 수익률과 ㉡의 할인율은 각각 1.75%이므로 표면금리는 동일하다.

② 실질금리는 명목금리에서 물가상승률을 뺀 것을 의미한다. ㉠의 수익률과 ㉢의 이자율 1.75%에서 물가상승률 1.60%를 빼면 0.15%로 실질금리는 동일하다.
③ '수익률＝이자금액/채권가격' 공식을 이용하여 이자금액을 파악할 수 있다. 수익률, 할인율, 이자율을 각각 10%로, 액면가와 가입금액을 100만 원으로 가정하면 ㉠은 100만 원짜리 채권을 지금 산 뒤 1년 후 원금 100만 원과 이자금액 10만 원을 받게 된다. ㉡은 100만 원짜리 채권을 지금 10만 원 할인된 90만 원에 사고 1년 후 원금 90만 원과 이자금액 10만 원을 받는 것과 같다. 즉, ㉠과 ㉡의 이자금액은 10만 원으로 동일하다.

04 금융경제 일반 > 금융시장의 유형   답 ④

| 정답해설 | ④ 우리나라의 경우 기업어음시장, 양도성예금시장, 표지어음시장, 통화안정증권시장, 국채·회사채·금융채 등의 채권시장은 채무증서시장에 해당한다. 주식시장은 회사의 재산에 대한 지분을 나타내는 주식이 거래되는 시장이다. 채무증서와는 달리 주식으로 조달된 자금에 대해서는 원리금 상환의무가 없다. 그 대신 주주는 주식소유자로서 기업 순이익에 대한 배당청구권을 갖는다. 우리나라의 주식시장에는 유가증권시장, 코스닥시장, 코넥스시장, K-OTC시장 등이 있다.

| 오답해설 | ① 직접금융(Direct finance)이란 자금의 최종적 차입자가 자금의 최종적인 대출자에게 주식이나 사채 등을 직접적으로 발행함으로써 자금을 조달하는 방식을 말한다.
② 단기금융(Money market)은 보통 만기 1년 이내의 금융자산이 거래되는 시장을, 자본시장(장기금융시장, Capital market)은 만기 1년 이상의 채권이나 만기가 없는 주식이 거래되는 시장을 의미한다.
③ 장외시장은 거래소 이외의 장소에서 금융상품의 거래가 이루어지는 시장을 말한다. 크게 직접거래시장과 딜러·브로커 등이 거래를 중개하는 점두시장(Over-the-counter market)으로 구분된다.

05 금융경제 일반 > 실질금리와 명목금리   답 ②

| 정답해설 | ② 실질 이자소득은 같은 금리 수준에서 물가상승률이 낮을수록 늘어나고, 물가상승률이 높을수록 줄어든다.

| 오답해설 | ① 명목금리는 물가 상승에 따른 구매력의 변화를 감안하지 않은 금리이며, 실질금리는 명목금리에서 물가상승률을 뺀 금리이다.
③ 표면금리는 겉으로 나타난 금리를 말하며, 실효금리는 실제로 지급받거나 부담하게 되는 금리를 말한다. 표면금리가 동일한 예금이자라도 복리·단리 등의 이자 계산방법이나 이자에 대한 세금의 부과 여부 등에 따라 실효금리는 달라진다. 대출의 경우에도 이자 계산방법 등에 따라 실효금리는 달라진다.

④ 채권수익률은 채권가격의 변동과 반대 방향으로 움직인다. 채권가격이 오르면 채권수익률은 떨어지고, 채권가격이 떨어지면 채권수익률은 올라간다.

---

06 금융경제 일반 > 금융활동의 주체 　　　　답 ④

| 정답해설 | ④ 가계 · 기업 · 정부 및 금융회사 네 개의 금융활동 주체 가운데 금융회사는 그 자신이 최종적인 자금 수요자 또는 자금 공급자가 되는 것이 아니라, 여타 세 주체 간의 금융의 <u>중개 기능을 수행</u>한다.

---

07 금융경제 일반 > 금융시장의 유형 　　　　답 ②

| 정답해설 | ② <u>단기금융시장(money market)</u>은 보통 만기 1년 이내의 금융자산이 거래되는 시장을, <u>자본시장(capital market)</u>은 만기 1년 이상의 채권이나 만기가 없는 주식이 거래되는 시장을 의미한다. *단기금융시장(자금시장), 장기금융시장(자본시장)이라고 한다.

---

08 금융경제 일반 > 직접금융과 간접금융 　　　　답 ①

| 정답해설 | ① ㉠ 직접금융, ㉡ 적자경제주체, ㉢ 흑자경제주체에 해당한다.

┤ 함께 보는 이론 │ 직접금융과 간접금융 ├

- **직접금융(Direct finance)**
  - 자금의 최종적 차입자가 자금의 최종적인 대출자에게 주식이나 사채 등을 직접적으로 발행함으로써 자금을 조달하는 방식
  - 우리나라의 경우, 최종적인 차입자인 기업 부문(적자경제주체)이 주식 · 사채 등을 발행하여 최종적인 대출자인 가계 부문(흑자경제주체)에 매각함으로써 자금을 직접 조달하는 경우가 이에 해당함
- **간접금융(Indirect finance):** 금융중개기관이 대출자와 차입자 간에 자금융통을 매개하는 방식

---

09 금융경제 일반 > 직접금융과 간접금융 　　　　답 ③

| 정답해설 | ③ ㉠ 본원적 증권(Primary security), ㉡ 금융중개기관(Financial Intermediaries)에 해당한다.

┤ 함께 보는 이론 │ 본원적 증권과 금융중개기관 ├

- **본원적 증권:** 경제주체 중 금융기관 이외의 최종적인 차입자가 발행하는 금융자산을 말하며, 주식 · 사채 · 어음 · 채무증서 등이 해당함
- **금융중개기관:** 최종적인 차입자에게 자금을 공급하여 본원적 증권을 구입하게 하는 한편, 자신에 대한 청구권(정기예금증서 등)을 발행하여 최종적인 대출자로부터 자금을 조달함으로써 최종적인 차입자와 대출자를 중개하는 기관

---

10 금융경제 일반 > 직접금융과 간접금융 　　　　답 ①

| 정답해설 | ① ㉠ 간접금융, ㉡ 한계비용에 해당한다.

┤ 함께 보는 이론 │ 간접금융과 한계비용 · 한계효용 ├

- **간접금융:** 금융중개기관이 금융자산의 종류를 다양화함으로써 차입자의 금융자산(본원적 증권) 발행의 <u>한계비용</u>을 인하하고 대출자가 보유하는 금융자산의 한계효용을 높여 저축과 투자를 활발하게 하여 보다 효율적인 자금배분을 실현하게 되는 것
- **한계비용:** 재화나 서비스를 1단위 더 생산하는 데 들어가는 추가적인 비용을 말함. 예를 들어 연필 4자루를 생산하는 데 들어가는 비용이 100원이라고 하면, 연필 1자루의 생산비용은 (100원 ÷ 4자루) = 25원에 해당함. 만약 추가적으로 1자루의 연필을 더 생산하여 총 5자루를 생산한다고 할 경우의 생산비용이 120원이라면, 5자루째의 한계비용은 (120원 − 100원) / 1 = 20원임. 한계비용함수는 일반적으로 U자형 모양을 나타내는데, 이는 한계비용이 생산량 증가에 따라 점차 감소하다가 어느 생산량을 지나면 다시 증가하기 시작한다는 것을 의미함
- **한계효용:** 재화나 서비스를 소비할 때 얻는 주관적인 만족을 효용이라고 하고, 한계효용은 재화나 서비스를 1단위 더 소비할 때 느끼는 만족감, 즉 효용의 변화를 의미함

---

11 금융경제 일반 > 금리의 종류 　　　　답 ①

| 정답해설 | ① <u>할인율</u>은 할인금액을 채권가격으로 나눈 비율을 말하고, <u>수익률</u>은 이자금액을 채권가격으로 나눈 비율을 말한다. 금융시장에서 일반적으로 사용하는 이자율 또는 금리는 수익률 개념이다. 따라서 할인율로 표기된 경우에는 정확한 금리 비교를 위하여 수익률로 전환하여 사용할 필요가 있다.

| 오답해설 | ③ $2,000만 원 \times (1 + 0.1)^2 = 2,420만$ 원이다.
④ 수익률 = 이자금액 / 채권가격이므로 $100만 원 \div 900만 원 \fallingdotseq 0.111$, 즉 11.1%이다.

---

12 금융경제 일반 > 금리의 종류 　　　　답 ②

| 정답해설 | ② 예를 들어 1년 만기 정기예금의 금리가 연 5%이고 물가상승률이 연 5%라고 하면 실질금리는 0인 결과가 된다. 즉, 명목금리 5%에서 물가상승률 5%를 뺀 <u>실질금리는 0(zero)금리</u>이다.

| 오답해설 | ① 물가 변동을 고려하느냐 안하느냐에 따라 실질금리와 명목금리로 구분할 수 있는데, 명목금리는 물가상승에 따른 구매력의 변화를 감안하지 않은 금리이며 실질금리는 명목금리에서 물가상승률을 뺀 금리이다.
③ 표면금리가 동일한 예금이자라도 복리 · 단리 등의 이자계산방법이나 이자에 대한 세금의 부과 여부 등에 따라 실효금리는 달라진다. 대출의 경우에도 이자 계산방법 등에 따라 실효금리는 달라진다.

④ 채권수익률은 채권 가격의 변동과 반대방향으로 움직인다. 채권가격이 오르면 채권수익률은 떨어지고 반대로 채권 가격이 떨어지면 채권수익률은 올라가게 된다.

---

13 금융경제 일반 > 환율 답 ①

| 정답해설 | ① 환율은 우리나라 원화와 다른 통화 간의 교환비율인데, 외환시장에서 외화의 수요와 공급에 따라 자유롭게 결정된다. 수출이 늘어나거나 외국인 관광객이 증가하는 등 경상수지흑자가 늘어나면 외화의 공급이 증가하므로 환율은 하락하게 된다.

| 오답해설 | ② 우리나라는 '미화 1달러에 몇 원'식으로 외국 화폐 1단위에 상응하는 원화 가치를 환율로 표시하는 자국통화표시법을 사용하고 있다. / 외국통화표시법은 자국통화 1단위에 대하여 외국화폐 가치를 환율로 표시하는 방법이다.
③ 우리나라의 경우 변동환율제도를 채택하고 있으며, 환율이 외환시장에서의 수요와 공급에 따라 결정된다. / 고정환율제도는 정부나 중앙은행이 외환시장에 개입하여 환율을 일정한 수준으로 유지시키는 제도로, 우리나라도 과거에는 이 제도를 사용했으나 1997년 IMF 외환위기 이후에 변동환율제도로 변경·적용하고 있다.
④ 환율이 상승하면 원화 가치가 하락(=원화약세, 원화평가절하)하고 환율이 하락하면 원화 가치가 올라(=원화강세, 원화평가절상)간다.

---

14 금융경제 일반 > 금리의 결정 답 ④

| 정답해설 | ④ 물가가 오를 것으로 예상되면, 돈을 빌려주는 사람은 같은 금액의 이자를 받는다 하더라도 그 실질가치가 떨어지므로 더 높은 금리를 요구하게 되어 금리는 상승하게 된다.

---

15 금융경제 일반 > 시장금리 답 ④

| 정답해설 | ④ 채권수익률은 채권가격의 변동과 반대방향으로 움직인다. 채권가격이 오르면 채권수익률은 떨어지고 반대로 채권가격이 떨어지면 채권수익률은 올라가게 된다.

---

16 금융경제 일반 > 금융시장의 의의 답 ②

| 정답해설 | ② 금융시장에서 말하는 '장소'라 함은 재화시장처럼 특정한 지역이나 건물 등의 구체적 공간뿐 아니라 자금의 수요와 공급이 유기적으로 이루어지는 추상적인 공간을 포함한다.

---

17 금융경제 일반 > 금융거래수단 답 ①

| 정답해설 | ① 직접금융거래수단으로는 주식, 채권 등이 대표적이고 간접금융거래수단에는 예금, 대출 등이 있다.

---

18 금융경제 일반 > 금융시장의 기능 답 ④

| 정답해설 | ④ 순서대로 ㉣, ㉡, ㉠, ㉢의 연결이 적절하다.
ㄱ. ㉣ 가계부문   ㄴ. ㉡ 기업부문
ㄷ. ㉠ 정부부문   ㄹ. ㉢ 해외부문

---

19 금융경제 일반 > 금융시장의 유형 답 ①

| 정답해설 | ① 옳은 것은 ㄱ, ㄹ이다.

| 오답해설 | ㄴ. 국민경제의 순환은 일정한 시간의 흐름상에서 나타나는 유동적인 경제활동을 의미하므로 플로우(flow)의 개념이지(회계 상의 개념으로 보면 1년간의 손익계산서) 대차대조표와 같이 축적된 양을 나타내는 스톡(stock)의 개념은 아니다.
ㄷ. • 금융이란 "자금이 부족하거나 여유가 있는 사람과 금융회사 간에 돈을 융통하는 행위"를 의미한다. 경제의 순환은 자금의 융통, 즉 금융을 매개로 하여 이루어진다.
• 기업 간 신용이라는 용어에는 기업 간의 외상매출 또는 외상매입에 수반하는 채권·채무 이외에 기업과 가계, 기업과 정부와의 사이에 발생한 기업의 영업활동에 수반하는 자금의 대차도 포함되어 있다. 따라서 그 속에는 기업의 개인에 대한 할부판매채권 등도 포함되어 있는 것이다.

---

20 금융경제 일반 > 금융시장의 유형 답 ③

| 정답해설 | ③ 순서대로 ㉮, ㉣, ㉡, ㉠의 연결이 적절하다.
ㄱ. ㉮ 금융위험 관리수단 제공
ㄴ. ㉣ 자금의 효율적 배분
ㄷ. ㉡ 거래비용의 절감
ㄹ. ㉠ 개인 간 자금거래 중개

---

21 금융경제 일반 > 금융시장의 유형 답 ④

| 정답해설 | ④ 장기금융시장은 통화정책 이외에도 기대 인플레이션, 재정수지, 수급사정 등 다양한 요인에 의해 영향을 받기 때문에 통화정책과의 관계가 단기금융시장에 비해 간접적이고 복잡하다는 점이 특징이다.

22 금융경제 일반 > 금융시장의 유형 답 ③

| 정답해설 | ③ 우리나라의 경우 채권은 대부분 장외시장에서 거래되고 있다. 콜, 양도성예금증서, 기업어음 등 단기금융상품은 물론 외환 및 외환파생상품, 금리 및 통화 스왑 등의 파생금융상품 등도 대부분 장외시장에서 거래된다.

23 금융경제 일반 > 금융시장의 유형 답 ④

| 정답해설 | ④ 옳지 않은 것은 ㄱ, ㄴ, ㄷ으로 3개이다.
ㄱ. 우리나라의 경우 콜시장, 기업어음시장, 양도성예금증서시장, 환매조건부채권매매시장, 표지어음시장, 통화안정증권시장 등이 단기금융시장에 해당한다.
ㄴ. 우리나라의 경우 기업어음시장, 양도성예금시장, 표지어음시장, 통화안정증권시장, 국채·회사채·금융채 등의 채권시장이 채무증서시장에 해당한다.
ㄷ. 우리나라의 주식시장에는 유가증권시장, 코스닥시장, 코넥스시장, K-OTC시장 등이 있다.

24 금융경제 일반 > 금융시장의 유형 답 ③

| 정답해설 | ③ 옳지 않은 것은 ㄱ, ㄴ, ㄹ이다.
ㄱ. 주식은 채무증서보다 자산가치의 변동성이 크다.
ㄴ. 금융시장은 금융거래의 만기에 따라 단기금융시장과 장기금융시장, 금융수단의 성격에 따라 채무증서시장과 주식시장, 금융거래의 단계에 따라 발행시장과 유통시장, 금융거래의 장소에 따라 거래소시장과 장외시장 등으로 구분할 수 있다.
ㄹ. 금융시장이 발달하면 금융자산의 환금성이 높아지고 유동성 프리미엄이 낮아짐으로써 자금수요자의 차입비용이 줄어들게 된다.

CHAPTER 02 | 금융회사와 금융상품 문제편 P.18

01	④	02	④	03	①	04	②	05	①
06	①	07	①	08	④	09	④	10	③
11	③	12	②	13	②	14	④	15	②
16	②	17	④	18	①	19	③	20	④
21	②	22	①	23	④	24	③	25	②
26	④	27	③	28	①				

---

01 금융회사와 금융상품 > 장내 파생상품 답 ④

| 정답해설 | ④ 옳은 것은 ㄷ, ㄹ이다.

| 오답해설 | ㄱ. 주가지수옵션 매도자의 이익은 옵션 프리미엄에 한정되고 손실은 무한정인 반면, 매수자의 손실은 옵션 프리미엄에 한정되고 이익은 무한정이다.
ㄴ. 풋옵션의 매수자는 장래의 일정 시점 또는 일정 기간 내에 특정 기초자산을 정해진 가격으로 매도할 수 있는 권리를 가진다.

02 금융회사와 금융상품 > 금융투자상품 답 ④

| 정답해설 | ④ 상장지수펀드(ETF: Exchange Traded Funds), 상장지수증권(ETN: Exchange Traded Notes)은 모두 인덱스 상품[목표지수(인덱스)를 선정하고 이 지수와 같은 수익률을 올릴 수 있도록 운용하는 펀드]이면서 거래소에 상장되어 거래된다는 점에서는 유사하나, ETF의 경우는 자금이 외부 수탁기관에 맡겨지기 때문에 발행기관의 신용위험이 없는 반면, ETN은 발행기관인 증권회사의 신용위험에 노출된다(증권사가 자사의 신용에 기반하여 수익지급을 약속하고 발행하기 때문임).

| 오답해설 | ① 헤지(Hedge)란 가격변동이나 환위험을 피하기 위해 행하는 거래로, 위험회피 또는 위험분산이라고도 한다.
② 투자자 보호를 위해 설명의무 미이행이나 중요사항에 대한 설명의 허위·누락 등으로 발생한 손실은 금융투자회사에 배상책임이 부과되고, 투자자의 원본 결손액(투자자가 금융상품투자로 지급한 또는 지급할 금전의 총액에서 투자자가 금융상품으로부터 취득한 또는 취득할 금전의 총액을 공제한 금액)을 금융투자회사의 불법행위로 인한 손해액으로 추정함으로써 손해의 인과관계가 없다는 입증책임이 금융투자업자에게 전가되게 하였다.
③ 풋옵션의 경우, 기초자산 가격이 행사가격 이하로 하락함에 따라 매수자의 이익과 매도자의 손실이 무한정으로 커질 수 있다. 반대로 콜옵션의 경우, 기초자산 가격이 행사가격보다 상승함에 따라 매수자의 이익과 매도자의 손실이 무한정으로 커질 수 있다.

┤ 함께 보는 이론 | 콜옵션과 풋옵션

구분		기초자산 상승 시	기초자산 하락 시
Call option	콜 매수	이익 무한대	손실: 프리미엄으로 한정
	콜 매도	손실 무한대	이익: 프리미엄으로 한정
Put option	풋 매수	손실: 프리미엄으로 한정	이익 무한대
	풋 매도	이익: 프리미엄으로 한정	손실 무한대

03 금융회사와 금융상품 > 금융유관기관 답 ①

| 정답해설 | ① 농협은행 및 수협은행 본·지점의 예금은 은행처럼 「예금자보호법」에 따라 예금자 원금과 소정의 이자를 포함하여 1인당 5천만 원까지 보호되지만, 농·수협 지역조합의 예금은 「예금자보호법」에 따른 보호대상이 아니라 각 중앙회가 자체적으로 설치, 운영하는 상호금융예금자보호기금을 통하여 보호되고 있다.

| 오답해설 | ② 양도성예금증서(CD), 환매조건부채권(RP), 주택청약저축은 비보호 금융상품이다. 외화예금은 원화로 환산한 금액 기준으로 예금자 1인당 5천만 원 범위 내에서 보호된다.
③ 정부, 지방자치단체(국·공립학교 포함), 한국은행, 금융감독원, 예금보험공사, 부보금융회사의 예금은 보호대상에서 제외된다.
④ 「예금자보호법」에 의해 설립된 예금보험공사가 평소에 금융회사로부터 보험료(예금보험료)를 받아 기금(예금보험기금)을 적립한 후, 금융회사가 예금을 지급할 수 없게 되면 금융회사를 대신하여 예금(예금보험금)을 지급하게 된다. 예금보험은 예금자를 보호하기 위한 목적으로 법에 의해 운영되는 공적보험이기 때문에 예금을 대신 지급할 재원이 금융회사가 납부한 예금보험료만으로 부족할 경우에는 '예금보험공사'가 직접 채권(예금보험기금채권)을 발행하는 등의 방법을 통해 재원을 조성하게 된다.

---

04 금융회사와 금융상품 > 「우체국예금·보험에 관한 법률」   답 ②

| 정답해설 | ② 과학기술정보통신부장관은 보험을 효율적으로 운영하고 위험을 적절하게 분산하기 위하여 필요하다고 인정하면 재보험(再保險)에 가입할 수 있다(「우체국예금·보험에 관한 법률」 제46조의2 제1항).

| 오답해설 | ① 국가는 「우체국예금·보험에 관한 법률」 제4조에 따라 우체국예금(이자를 포함)과 우체국보험계약에 따른 보험금 등의 지급을 책임진다.
③ 과학기술정보통신부장관은 우체국예금·보험사업에 대한 건전성을 유지하고 관리하기 위하여 필요한 경우에는 금융위원회에 검사를 요청할 수 있다(「우체국예금·보험에 관한 법률」 제3조의2 제1항).
④ 과학기술정보통신부장관은 「우체국예금·보험에 관한 법률」 제14조 제2항에 따라 예금의 종류별 이자율을 정하려면 금융위원회와 협의하여야 한다. 다만, 「한국은행법」 제28조 제13호에 따라 금융통화위원회가 정하는 기준의 범위에서 이자율을 정하려는 경우에는 그러하지 아니하다(「우체국예금·보험에 관한 법률」 제10조 제1항).

---

05 금융회사와 금융상품 > 금융상품   답 ①

| 정답해설 | ① MMDA(ㄱ), MMF(ㄴ)는 우체국예금에서 취급하는 금융상품이다.

┌ 함께 보는 이론 | 금융상품 ─

• **MMDA(시장금리부 수시입출금식예금)**
  – 시장실세금리에 의한 고금리가 적용되고 입출금이 자유로우며 각종 이체 및 결제 기능이 가능한 단기상품
  – 우체국, 은행에서 취급함
• **MMF(단기금융상품펀드)**
  – 자산운용회사가 여러 고객이 투자한 자금을 모아 이를 주로 양도성예금증서(CD), 기업어음(CP), 환매조건부채권(RP), 콜(Call) 자금이나 잔존만기 1년

이하의 안정적인 국·공채로 운용하는 실적배당상품
  – 자산운용회사에서 운용하고, 은행, 증권사, 보험사에서 판매
• **CD(양도성예금증서)**: 금융기관에서 정기예금에 양도성을 부여하여 무기명 할인식으로 발행한 저축상품
  – 통상 1,000만 원 이상의 목돈을 3~6개월 정도 운용하는 데 적합한 단기 상품
  – 은행, 종합금융회사, 증권회사에서 취급함
• **CMA(어음관리계좌)**
  – 종합금융회사나 증권회사가 고객의 예탁금을 어음 및 국·공채 등 단기금융상품에 직접 투자하여 운용한 후 그 수익을 고객에게 돌려주는 단기 금융상품
  – 종합금융회사, 증권회사에서 취급함
• **ELD(주가지수연동 정기예금)**
  – 원금을 안전한 자산에 운용하여 만기 시 원금은 보장되고 장래에 지급할 이자의 일부 또는 전부를 주가지수(KOSPI 200지수, 일본 닛케이 225지수 등)의 움직임에 연동한 파생상품에 투자하여 고수익을 추구하는 상품
  – 은행에서 취급함

---

06 금융회사와 금융상품 > 입출금이 자유로운 상품   답 ①

| 정답해설 | ① CMA(어음관리계좌)는 종합금융회사나 증권회사가 고객의 예탁금을 어음 및 국·공채 등 단기금융상품에 직접 투자하여 운용한 후 그 수익을 고객에게 돌려주는 단기 금융상품이다. 예탁금에 제한이 없고 수시 입출금이 허용되면서도 실세금리 수준의 수익을 올릴 수 있는 장점을 가지고 있다. 따라서 개인이나 기업이 1개월에서 6개월 정도의 여유자금을 운용하기에 적합한 저축수단이다.

---

07 금융회사와 금융상품 > 목돈운용을 위한 상품   답 ①

| 정답해설 | ① 주가지수연동정기예금(ELD)은 원금을 안전한 자산에 운용하여 만기 시 원금은 보장되고 장래에 지급할 이자의 일부 또는 전부를 주가지수(KOSPI 200지수, 일본 닛케이 225지수 등)의 움직임에 연동한 파생상품에 투자하여 고수익을 추구하는 상품으로, 「예금자보호법」에 의해 보호된다.

---

08 금융회사와 금융상품 > 은행의 업무   답 ④

| 정답해설 | ④ 채무보증, 어음인수, 상호부금, 보호예수 등은 은행의 고유업무에 부수하는 부수업무에 해당한다.

┌ 함께 보는 이론 | 은행의 업무 ─

• **고유업무**: 예·적금 수입, 유가증권 또는 채무증서 발행, 자금 대출, 어음할인 및 내·외국환 등
• **부수업무**: 고유업무에 부수하는 업무로, 채무보증, 어음인수, 상호부금, 보호예수 등
• **겸영업무**: 다른 업종의 업무 중에서 은행이 영위할 수 있는 업무로서 자본시장법상의 집합투자업과 집합투자증권에 대한 투자매매·중개업 및 투자자문

업. 신탁업, 「여신전문금융업법」상의 신용카드업, 「근로자퇴직급여보장법」상의 퇴직연금사업 등

---

09 금융회사와 금융상품 > 금융회사의 종류　　　답 ④

| 정답해설 | ④ 직장·지역 단위의 신용협동조합, 지역단위의 새마을금고, 농어민을 위한 협동조합인 농·수협 단위조합, 그리고 산림조합 등은 조합원에 대한 여수신을 통해 조합원 상호간 상호부조를 목적으로 운영되는데 이를 상호금융이라고도 한다.

| 오답해설 | ① 특수은행은 「은행법」이 아닌 개별적인 특별법에 의해 설립되어 은행업무를 핵심업무로 취급하고 있는 금융회사들이다.
② 특수은행으로는 한국산업은행, 한국수출입은행, 중소기업은행, 농협은행, 수협은행 등이 있다. / 한국주택금융공사는 특수은행이 아니고, 금융유관기관에 해당한다.
③ 고객으로부터 예금을 수취하지 않고 자체적으로 자금을 조달하여 가계나 기업에 돈을 빌려주는 금융회사들이 있다. 신용카드, 시설대여(리스), 할부금융 그리고 신기술사업 금융업이 여신을 전문으로 하는 금융회사들이 여기에 해당한다.

┌─ | 함께 보는 이론 | 금융유관기관 ─
　금융유관기관은 금융거래에 직접 참여하기보다 금융제도의 원활한 작동에 필요한 여건을 제공하는 업무를 주로 하는 기관들이다. 여기에는 금융감독원, 예금보험공사, 금융결제원 등 금융하부구조와 관련된 업무를 영위하는 기관과 신용보증기금·기술신용보증기금 등 신용보증기관, 신용평가회사, 한국자산관리공사, 한국주택금융공사, 한국거래소, 자금중개회사 등이 포함된다.

---

10 금융회사와 금융상품 > 금융투자상품　　　답 ③

| 정답해설 | ③ 금융투자상품 중 투자금액 원금까지만을 한도로 손실이 발생할 가능성이 있는 것은 주식, 채권, 펀드 등이고, 원금을 초과하여 손실이 발생할 가능성이 있는 것은 파생상품 등이 있다.

---

11 금융회사와 금융상품 > 금융투자회사의 유형　　　답 ③

| 정답해설 | ③ 자산운용회사는 2명 이상의 투자자로부터 모은 돈으로 채권, 주식 매매 등을 통해 운용한 후 그 결과를 투자자에게 배분해주는 금융투자회사로, 집합투자기구인 펀드를 관리하는 펀드매니저가 있는 회사이다. 자산운용회사는 펀드를 만들고 운용하므로 투자 수익률은 자산운용회사의 역량에 따라 편차가 크기 때문에 투자자들은 어떤 운용사의 운용실적이 좋은지 투자 전에 살펴볼 필요가 있다. / 자금중개회사는 금융유관기관에 해당한다.

---

12 금융회사와 금융상품 > 자본시장법　　　답 ②

| 정답해설 | ② 자본시장을 규제하는 기본법인 「자본시장과 금융투자업에 관한 법률」에는 금융투자상품의 개념에 대한 포괄적인 규정, 금융업에 관한 제도적 틀을 금융기능 중심으로 재편, 투자자보호제도 강화 등의 내용을 담고 있다.

| 오답해설 | ① 「자본시장과 금융투자업에 관한 법률」에서는 자본시장과 관련한 금융투자업을 투자매매업, 투자중개업, 집합투자업, 투자일임업, 투자자문업, 신탁업의 6가지 업종으로 구분하고 이 업종 중 전부 또는 일부를 담당하는 회사를 금융투자회사라고 부른다. / 투자분석업은 금융투자업에 해당하지 않는다.
③ 2인 이상에게 투자를 권유하여 모은 금전 등을 투자자 등으로부터 일상적인 운영지시를 받지 않으면서 운용하고 그 결과를 투자자에게 배분하여 귀속시키는 것을 영업으로 하는 것은 '집합투자업'에 해당한다.
④ 금융상품은 금융투자상품과 비금융투자상품으로 구분된다. 처음에 투자한 원본의 손실가능성이 없는 상품을 비금융투자상품이라고 하며 은행의 예금이 대표적이다. 반면 금융투자상품은 원본의 손실 가능성(이를 '투자성'이라 한다)이 있는 금융상품을 의미한다.

┌─ | 함께 보는 이론 | 자본시장법상 금융투자업의 종류 ─

투자매매업	금융회사가 자기자금으로 금융투자상품을 매도·매수하거나 증권을 발행·인수 또는 권유·청약·승낙하는 것 예 증권회사, 선물회사
투자중개업	금융회사가 고객으로 하여금 금융투자상품을 매도·매수하거나 증권을 발행·인수 또는 권유·청약·승낙하는 것 예 증권회사, 선물회사
집합투자업	2인 이상에게 투자를 권유하여 모은 금전 등을 투자자 등으로부터 일상적인 운영지시를 받지 않으면서 운용하고 그 결과를 투자자에게 배분하여 귀속시키는 것을 영업으로 하는 것 예 자산운용회사
투자자문업	금융투자상품의 가치 또는 투자판단에 관하여 자문을 하는 것을 영업으로 하는 것 예 투자자문회사, 증권회사, 자산운용회사
투자일임업	투자자로부터 금융상품에 대한 투자판단의 전부 또는 일부를 일임 받아 투자자별로 구분하여 자산을 취득·처분 그 밖의 방법으로 운용하는 것을 영업으로 하는 것 예 투자일임회사, 증권회사, 자산운용회사
신탁업	자본시장법에 따라 신탁을 영업으로 수행하는 것 예 신탁회사, 증권회사, 보험회사

---

13 금융회사와 금융상품 > 입출금이 자유로운 상품　　　답 ②

| 정답해설 | ② 가계당좌예금은 가계수표를 발행할 수 있는 개인용 당좌예금이며, 무이자인 일반 당좌예금과는 달리 이자가 지급되는 가계우대성 요구불예금이다. 가입대상은 신용상태가 양호한 개인, 자영업자(신용평가 결과 평점이 일정 점수 이상인 자)로 제한된다. 모든 은행에 걸쳐 1인 1계좌만 거래할 수 있으며, 예금

잔액이 부족할 경우에는 대월 한도 범위 내에서 자동대월이 가능하다.

---

14 금융회사와 금융상품 > 입출금이 자유로운 상품   답 ④

| 정답해설 | ④ 가계당좌예금, 어음관리계좌(CMA), 단기금융상품펀드(MMF)는 입출금이 자유로운 상품에 해당한다.

┤ 함께 보는 이론 ├ 금융상품의 분류

입출금이 자유로운 상품	• 보통예금 • 저축예금 • 가계당좌예금 • 시장금리부 수시입출식예금(MMDA) • 단기금융상품펀드(MMF) • 어음관리계좌(CMA)
목돈마련을 위한 상품 (적립식 예금)	• 정기적금 • 자유적금
목돈운용을 위한 상품 (거치식 예금)	• 정기예금 • 정기예탁금 • 실세금리연동형 정기예금 • 주가지수연동 정기예금(ELD) • 양도성예금증서(CD) • 환매조건부채권(RP)
특수목적부 상품	주택청약종합저축

---

15 금융회사와 금융상품 > 입출금이 자유로운 상품   답 ②

| 정답해설 | ② 순서대로 ⓒ, ⓐ, ⓓ, ⓑ의 연결이 적절하다.
ㄱ. ⓒ 투자중개업
ㄴ. ⓐ 투자매매업
ㄷ. ⓓ 투자일임업
ㄹ. ⓑ 집합투자업

---

16 금융회사와 금융상품 > 목돈운용을 위한 상품   답 ②

| 정답해설 | ② 옳은 내용이다.

구분	MMDA	MMF	CMA
취급 금융회사	은행	은행, 증권사	종금사, 증권사
예금자 보호	보호	비보호	종금사만 보호
이율	확정금리(차등)	실적배당	실적배당
이체 및 결제	가능	불가능	가능

---

17 금융회사와 금융상품 > 입출금이 자유로운 상품   답 ④

| 정답해설 | ④ 순서대로 ⓒ, ⓓ, ⓑ, ⓐ의 연결이 적절하다.
ㄱ. ⓒ B클래스   ㄴ. ⓓ C클래스
ㄷ. ⓑ D클래스   ㄹ. ⓐ A클래스

---

18 금융회사와 금융상품 > 주택청약종합저축   답 ①

| 정답해설 | ① 주택청약종합저축은 신규분양 아파트 청약에 필요한 저축으로서 기존의 청약저축, 청약부금, 청약예금의 기능을 묶어 놓은 것으로, 전체 은행을 통해 1인 1계좌만 개설 가능하다. 가입은 주택소유·세대주 여부, 연령 등에 관계 없이 누구나 가능하나 청약 자격은 만 19세 이상이어야 하고 19세 미만인 경우는 세대주만 가능하다.

---

19 금융회사와 금융상품 > 펀드의 유형   답 ③

| 정답해설 | ③ 자산의 60% 이상을 주식에 투자하면 주식형 펀드, 채권에 60% 이상 투자하면 채권형 펀드, 주식 및 채권 투자 비율이 각각 60% 미만이면 혼합형 펀드이다.

┤ 함께 보는 이론 ├ 투자대상에 따른 펀드의 유형

주식형	• 주식에 60% 이상 투자 • 성장형 펀드, 가치주형 펀드, 배당주형 펀드, 섹터형 펀드, 인덱스펀드
채권형	• 채권에 60% 이상 투자 • 하이일드펀드, 회사채펀드, 국공채펀드, MMF펀드
혼합형	• 주식과 채권에 각각 60% 미만으로 투자

---

20 금융회사와 금융상품 > 펀드의 유형   답 ④

| 정답해설 | ④ 하이일드펀드는 BBB 이하인 투기등급채권과 B+ 이하인 기업어음에 투자하는 펀드를 말한다. KOSPI 200지수와 같은 지표를 따라가도록 설계한 펀드는 인덱스 펀드이다.

---

21 금융회사와 금융상품 > 투자상품   답 ②

| 정답해설 | ② 선물계약이 장래의 일정 시점을 인수·인도일로 하여 일정한 품질과 수량의 어떤 물품 또는 금융상품을 정한 가격에 사고팔기로 약속하는 계약이라면, 옵션계약은 장래의 일정 시점 또는 일정 기간 내에 특정 기초자산을 정한 가격에 팔거나 살 수 있는 권리를 말한다.

┤ 함께 보는 이론 ├ 옵션 관련 주요 용어
• 기초자산(Underlying asset): 옵션 거래의 대상이 되는 자산으로 우리나라 주가지수옵션의 경우 기초자산은 코스피 200
• 옵션보유자 또는 옵션매입자(Option holder): 옵션계약에서 선택권을 갖는 측
• 옵션발행자 또는 옵션매도자(Option writer): 옵션보유자의 계약상대방이 되어 계약을 이행해야 할 의무를 지는 측
• 행사가격(Exercise price 또는 Strike price): 기초자산에 대해 사전에 정한 매수가격(콜옵션의 경우) 또는 매도가격(풋옵션의 경우)으로서 옵션보유자가 선택권을 행사하는 데 있어서 기준이 되는 가격. 콜옵션매수자는 기초자산의 가격이 행사가격 이상으로 상승할 때 권리를 행사하고 풋옵션매수자는 기초자산의 가격이 행사가격 아래로 하락할 때 권리를 행사

- **만기일(Expiration date)**: 옵션보유자가 선택권을 행사할 수 있도록 정해진 특정 시점 또는 정해진 기간. 만기일이 지나면 해당 옵션은 그 가치를 상실하고 더 이상 권리 행사 불가
- **옵션프리미엄(Option premium) 또는 옵션가격**: 옵션매입자가 선택권을 갖는 대가로 옵션매도자에게 지급하는 금액으로 옵션의 가격은 바로 이 옵션의 프리미엄을 지칭

---

22 금융회사와 금융상품 > 금융회사 　　　　　답 ①

| 정답해설 | ① 정부 · 지방자치단체 · 한국은행 · 금융감독원 · 예금보험공사 및 부보금융회사의 예금은 <u>보호대상에서 제외된다</u>.

---

23 금융회사와 금융상품 > 금융상품 　　　　　답 ④

| 정답해설 | ④ <u>중도해지가 불가능하며</u> 만기 전에 현금화하고자 할 경우에는 증권회사 등 유통시장에서 매각할 수 있다. 할인식으로 발행되는 특성상 만기 후에는 별도의 이자 없이 액면금액만을 지급받게 되며, <u>예금자보호대상에서 제외된다</u>.

┌─ | 함께 보는 이론 | 양도성예금증서(CD: Certificate of Deposit) ─┐
- **개념**: 정기예금에 양도성을 부여한 특수한 형태의 금융상품으로, 은행이 무기명 할인식으로 발행하여 거액의 부동자금을 운용하는 수단으로 자주 활용
- **특징**
  - 예치기간 동안의 이자를 액면금액에서 차감(할인)하여 발행한 후 만기지급 시 증서 소지인에게 액면금액을 지급
  - 실세금리를 반영하여 수익률이 비교적 높은 편이며, 통상 1,000만 원 이상의 목돈을 3개월 내지 6개월 정도 운용하는 데 적합한 단기상품
  - 은행에서 발행된 증서를 직접 살 수 있고 증권회사에서 유통되는 양도성예금증서를 살 수도 있음

---

24 금융회사와 금융상품 > 선물과 옵션 　　　　　답 ③

| 정답해설 | ③ <u>주가지수선물의</u> 결제방법은 반대매매, 최종결제, 현금결제이고, <u>주가지수옵션의</u> 결제방법은 반대매매, 권리행사 또는 권리 포기, 현금결제이다.

┌─ | 함께 보는 이론 | 옵션의 분류 ─┐

권리 행사 시기에 따라	유럽식 옵션	옵션의 만기일에만(on expiration date) 권리를 행사할 수 있는 형태의 옵션
	미국식 옵션	옵션의 만기일이 될 때까지(by expiration date) 언제라도 권리를 행사할 수 있는 형태의 옵션

---

25 금융회사와 금융상품 > 투자상품 　　　　　답 ②

| 오답해설 | ① ELD는 중도해지가 가능하다.
③ ELD는 중도해지 하지 않으면 만기 시 100% 원금이 보장된다.
④ ELD는 예금자보호대상이지만, ELS는 예금자보호대상이 아니다.

┌─ | 함께 보는 이론 | ELD · ELS · ELF의 비교 ─┐

구분	ELD	ELS	ELF
운용회사	은행	투자매매업자	집합투자업자
상품 성격	예금	유가증권	펀드
중도해지 및 환매 여부	중도해지 가능 (해지 시 원금손실 발생 가능)	제한적 (거래소 상장이나 판매사를 통한 현금화가 제한적)	중도환매 가능 (환매 시 수수료 지불)
원금 보장 여부	원금 보장(만기 시)	보장형, 비보장형	실적 배당
예금자보호	보호	비보호	비보호

---

26 금융회사와 금융상품 > 선물과 옵션 　　　　　답 ④

| 정답해설 | ④ 옳은 내용이다.

구분	상장지수펀드(ETF)	인덱스펀드(Index fund)
특징	주식처럼 상장되어 거래	일반펀드 가입과정과 동일
거래	환금성이 뛰어나고 거래비용 발생	일반펀드와 같은 가입 · 환매체계를 거침
운용	운용자는 환매 등에 신경을 쓰지 않음	환매요청시 추적 오차가 발생할 수 있음
투자비용	액티브펀드보다 낮은 비용 발생	ETF보다 높은 보수를 책정

---

27 금융회사와 금융상품 > 선물과 옵션 　　　　　답 ③

| 정답해설 | ③ 옳은 내용이다.

구분	ELD	ELS	ELF
판매회사	은행 (운용사 = 판매사)	투자매매업자 또는 투자중개업자 (운용사 = 판매사)	투자매매업자, 투자중개업자
운용회사	은행	투자매매업자	집합투자업자 (자산운용사)
상품성격	예금	유가증권	펀드
투자형태	정기예금 가입	유가증권 매입	펀드 가입

---

28 금융회사와 금융상품 > 선물과 옵션 　　　　　답 ①

| 정답해설 | ① 옳은 내용이다.

구분	주가지수선물	주가지수옵션
이익과 손실	매수자, 매도자의 이익과 손실이 무한정	• 매수자의 손실은 프리미엄에 한정, 이익은 무한정 • 매도자의 이익은 프리미엄에 한정, 손실은 무한정
결제방법	반대매매, 최종결제, 현금결제	반대매매, 권리행사 또는 권리포기, 현금결제
증거금	매수자, 매도자 모두 필요	매도자만 필요
권리의무	매수자, 매도자 모두 권리와 의무를 지님	매수자는 권리만 가지고, 매도자는 의무를 지님

01	②	02	④	03	④	04	②	05	③
06	④	07	②	08	④	09	③	10	④
11	②	12	①	13	②	14	④	15	②

01　저축과 금융투자에 대한 이해 > 증권투자 또는 증권분석　답 ②

| 정답해설 | ② 옳은 것은 ㄱ, ㄹ이다.

| 오답해설 | ㄴ. 전환사채(CB)나 신주인수권부사채(BW)는 보유자에게 유리한 선택권이 주어지기 때문에 다른 조건이 동일하다면 일반사채에 비해 낮은 금리로 발행된다.

ㄷ. 우선주와 채권은 회사경영에 대한 의결권이 없고, 채권발행 주체의 이자비용은 채권 이자 지급 시 비용처리 할 수 있어서 법인세를 감소시키는 효과가 있지만, 우선주와 보통주의 배당금은 법인세를 차감한 순이익에서 지급되므로 회사의 입장에서 법인세 감면효과가 없다.

02　저축과 금융투자에 대한 이해 > 주식투자 및 채권투자　답 ④

| 정답해설 | ④ 옳은 내용은 ㄷ, ㄹ이다.

ㄷ. 유상증자는 기업이 신주를 발행하여 자본금을 증가시키는 것으로 재무구조를 개선하고 타인자본에 대한 의존도를 낮추는 대표적인 방법이다. 무상증자는 주금 납입 없이 이사회 결의로 준비금이나 자산재평가적립금 등을 자본에 전입하고 전입액 만큼 발행한 신주를 기존주주에게 보유 주식수에 비례하여 무상으로 교부하는 것으로, 회사와 주주의 실질재산에는 변동이 없다.

ㄹ. 최소가격변동폭은 주가 수준에 따라 차이가 있어 일천 원 미만 1원, 오천 원 미만 5원, 일만 원 미만 10원, 오만 원 미만 50원, 십만 원 미만 100원, 오십만 원 미만 500원, 오십만원 이상 1,000원이다. 매매가 체결된 주식의 결제시점은 체결일로부터 3영업일로 되어 있다. 예를 들어 목요일에 매매가 체결된 주식은 토요일과 일요일 외에 다른 휴장일이 없다면 다음 주 월요일이 결제일이 되어 개장시점에 매입의 경우는 증권계좌에서 매입대금이 출금되면서 주식이 입고되고, 매도의 경우는 증권계좌에 매도대금이 입금되면서 주식이 출고된다.

| 오답해설 | ㄱ. 신종자본증권(채권과 주식의 중간적 성격을 가지고 있어 하이브리드채권으로도 불림)은 대부분 발행 후 5년이 지나면 투자자가 채권에 대해 상환을 요구할 수 있는 콜옵션(조기상환권)이 부여되어 있다.

ㄴ. 채권의 가격은 시장금리 및 발행기관의 신용변화에 영향을 받아 변동하게 되며, 다른 요인들이 모두 동일하다면 채권은 잔존기간이 짧아질수록 가격의 변동성은 감소한다.

03　저축과 금융투자에 대한 이해 > 저축과 투자　답 ④

| 정답해설 | ④ 리스크에 대한 보상으로 증가하는 기대수익률을 리스크 프리미엄(Risk premium)이라고 한다. 즉 투자의 기대수익률은 무위험수익률에 리스크 프리미엄을 합한 값과 같다(기대수익률 = 무위험수익률 + 리스크 프리미엄).

04　저축과 금융투자에 대한 이해 > 주식과 채권의 비교　답 ②

| 정답해설 | ② 주식의 발행은 자기자본의 증가를 가져오지만 채권은 타인자본인 부채의 증가를 수반한다.

┤ 함께 보는 이론 | 주식과 채권의 비교 ├

구분	주식	채권
발행자	주식회사	정부, 지자체, 특수법인, 주식회사
자본조달의 방법	자기자본	타인자본
증권소유자의 지위	주주	채권자
소유자로부터의 권리	결산 시 사업이익금에 따른 배당을 받을 권리	확정이자 수령권리
증권 존속기간	발행회사와 존속을 같이하는 영구증권	기한부증권 (영구채권 제외)
원금상환	없음	만기 시 상환
가격변동 위험	크다	작다

05　저축과 금융투자에 대한 이해 > 우선주와 채권의 비교　답 ③

| 정답해설 | ③ 미지급 배당금이 있다면 기업은 보통주 배당금 지급 전에 누적적 우선주 보유자에게 우선 지급해야 한다. 배당금을 수령하는 기관투자가에게는 배당소득의 30%를 익금불산입하기 때문에 우선주가 기관투자가에게는 어느 정도 매력적인 고정수익 투자대상이라고 볼 수 있다.

┤ 함께 보는 이론 | 우선주(Preferred stocks) ├

- **누적적/비누적적 우선주**: 당해 연도에 소정 비율의 우선배당을 받지 못하면 미지급배당금을 차 영업연도 이후에도 우선적으로 보충하여 배당받는 누적적 우선주와 차 영업연도에도 보충 배당받지 못하는 비누적적 우선주
- **참가적/비참가적 우선주**: 우선주 소정 비율의 우선배당을 받고도 이익이 남는 경우에 다시 보통주 주주와 함께 배당에 참가할 수 있는 참가적 우선주와 소정 비율의 우선배당을 받는데 그치는 비참가적 우선주

┤ 함께 보는 이론 | 우선주와 채권의 비교 ├

유사점	차이점
• 정해진 현금흐름의 정기적 지급 (채권의 이자, 우선주의 배당금)	• 우선주 배당금 지급 시 법인 비용 처리 불가
• 회사경영에 대한 의결권 미부여	• 우선주 배당금의 일부는 기관투자가에게 익금불산입
• 회사 순이익을 공유하지 않음	• 우선주 투자자에게 배당금 미지급 시에도 발행주체는 파산하지 않음
• 조기상환(채권) 또는 상환(우선주) 가능	• 회계처리가 다름
• 감채기금 적립 가능	
• 발행주체의 파산 시 보통주보다 우선	

- 우선주는 보통주로 전환 가능한 경우 있음
- 우선주 배당금은 회계기간 종료 후 지급, 채권의 이자는 3개월마다 지급

- **상향식(Bottom-up) 분석**: 투자 가망 회사에 초점을 두고 개별 기업의 사업, 재무, 가치 등 투자자가 선호할 만한 것들을 보유한 기업을 선택한 후 산업과 시장에 대해 그 기업을 비교함

---

06 저축과 금융투자에 대한 이해 > 주식투자　　답 ④

| 정답해설 | ④ 발행된 주식의 거래가 이루어지는 시장을 <u>주식 유통시장(Secondary market)</u>이라고 하며, 우리나라의 <u>주식 유통시장</u>은 유가증권시장, 코스닥시장, 코넥스시장, K-OTC시장 등으로 구분된다.

┌ **함께 보는 이론 | 발행시장(Primary market)** ─
- **개념**: 새로운 주식을 발행하여 기업이 장기 자기자본을 조달할 수 있는 시장
- **주식의 발행방법**
  - 직접발행: 발행기업이 중개기관을 거치지 않고 투자자에게 직접 주식을 팔아 자금을 조달하는 방식으로, 유상증자를 통해 기존 주주 또는 제3자에게 주식을 배정하는 경우에 주로 사용
  - 간접발행: 전문성과 판매망을 갖춘 중개기관을 거쳐 주식을 발행하는 방식으로, 최초기업공개 시에는 대부분 이 방식을 사용

---

07 저축과 금융투자에 대한 이해 > 채권투자　　답 ②

| 정답해설 | ② 채권은 발행주체에 따라 국채, 지방채, 특수채, 금융채, 회사채로 분류된다.

┌ **함께 보는 이론 | 채권의 분류** ─

발행주체별	국채, 지방채, 특수채, 금융채, 회사채
만기유형별	단기채, 중기채, 장기채
이자 지급방법별	이표채, 할인채, 복리채
발행유형별	보증채, 무보증채, 담보부사채, 무담보부채권, 후순위채권

---

08 저축과 금융투자에 대한 이해 > 특수한 형태의 채권　　답 ④

| 정답해설 | ④ <u>전환사채</u>의 경우에는 전환을 통해 발행회사의 주식을 보유하게 되는 반면, <u>교환사채</u>의 경우에는 발행회사가 보유 중인 타 회사의 주식을 보유하게 된다.

---

09 저축과 금융투자에 대한 이해 > 증권분석　　답 ③

| 정답해설 | ③ <u>기술적 분석</u>은 과거의 증권가격 및 거래량의 추세와 변동패턴에 관한 역사적인 정보를 이용하여 미래 증권가격의 움직임을 예측하는 분석기법이다.

┌ **함께 보는 이론 | 기본적 분석** ─
- **하향식(Top-down) 분석**: 일반 경제를 검토하는 것에서 시작하여 특정산업으로, 최종적으로는 기업 자체를 검토하는 분석방법으로, 밀물 때가 되면 모든 배가 뜬다는 것을 가정함

---

10 저축과 금융투자에 대한 이해 > 재무비율　　답 ④

| 정답해설 | ④ 옳지 않은 것은 ㄱ, ㄴ, ㄷ, ㄹ이다.
ㄱ. 이자보상배율이 높으면 이자비용을 커버하기에 충분한 영업이익이 있다는 뜻이고 이자보상배율이 <u>1보다 작다면</u> 영업이익으로 이자비용도 감당하지 못한다는 의미로 기업이 심각한 <u>재무적 곤경</u>에 처해 있다고 볼 수 있다.
ㄴ. 유동성지표가 높을수록 단기부채를 상환하기 위한 유동자산 또는 당좌자산이 <u>충분하다</u>는 것을 뜻하지만 이 비율이 지나치게 높으면 불필요하게 많은 자금을 수익성이 낮은 현금성 자산으로 운용하고 있다는 의미도 있다.
ㄷ. <u>주가이익비율(PER)</u>은 주식가격을 1주당 순이익(EPS)으로 나눈 값으로 기업이 벌어들이는 주당이익에 대해 증권시장의 투자자들이 어느 정도의 가격을 지불하고 있는가를 뜻한다.
ㄹ. <u>주가장부가치비율(PBR)</u>은 시장가치를 나타내는 주가를 장부가치를 보여주는 주당순자산(BPS)으로 나눈 비율로, 주당 가치 평가 시 시장가격과 장부가치의 괴리 정도를 평가하는 지표이다.

---

11 저축과 금융투자에 대한 이해 > 금융투자　　답 ②

| 정답해설 | ② ㉠ 기대수익률, ㉡ 투자 레버리지이다.

┌ **함께 보는 이론 | 금융투자 관련 용어** ─
- 투자수익률 = (기말의 투자가치 − 투자원금) ÷ 투자원금 × 100
- 기대수익률 = 무위험수익률 + 리스크 프리미엄
- 투자 레버리지 = 총 투자액 ÷ 자기자본
- **체계적 위험**: 세계 경제위기나 천재지변, 전쟁 등과 같이 모든 자산이나 투자대상의 가치에 영향을 미치는 위험을 의미
- **비체계적 위험**: 경영자의 횡령, 산업재해, 근로자의 파업 등 특정 기업이나 산업의 가치에만 고유하게 미치는 위험으로, 자산을 분산함으로써 회피하거나 그 크기를 상쇄할 수 있음(분산투자를 통해 위험을 줄일 수 있는 부분)

---

12 저축과 금융투자에 대한 이해 > 투자위험관리 및 투자자 보호장치　　답 ①

| 정답해설 | ① 분산투자를 통해 위험을 줄일 수 있는 부분은 분산가능 위험 또는 <u>비체계적 위험</u>이라고 하고, 분산투자로도 그 크기를 줄일 수 없는 부분은 분산불가능 위험 또는 <u>체계적 위험</u>이라고 한다.

| 오답해설 | ② 레버리지는 손익의 규모를 확대시켜 레버리지가 커질수록 그 방향이 양(+)이든 음(−)이든 투자수익률은 가격변동률의 몇 배로 증가함으로써 리스크가 커지게 된다.

③ 자본시장법은 설명의무 미이행이나 중요사항에 대한 설명의 허위·누락 등으로 발생한 손실은 금융투자회사에게 배상책임이 부과되고, 투자자의 원본결손액(투자자가 금융상품투자로 지급한 또는 지급할 금전의 총액에서 투자자가 금융상품으로부터 취득한 또는 취득할 금전의 총액을 공제한 금액)을 금융투자회사의 불법행위로 인한 손해액으로 추정함으로써 손해의 인과관계가 없다는 입증책임이 금융투자업자에게 전가되게 하였다.

④ 표준투자권유준칙은 금융투자상품의 판매자인 금융회사와 소속 직원들의 입장에서 꼭 지켜야 할 기준과 절차이며, 금융투자상품의 구매자인 투자자도 숙지할 필요가 있다.

---

13 저축과 금융투자에 대한 이해 > 금융투자　　답 ②

| 정답해설 | ② 옳은 내용이다.

구분	주식	채권
가격변동위험	큼	작음
존속기간	발행회사와 존속을 같이하는 영구증권	기한부증권(영구채권 제외)
자본조달 방법	자기자본	타인자본
권리	배당받을 권리	이자수령 권리

---

14 저축과 금융투자에 대한 이해 > 금융투자　　답 ④

| 정답해설 | ④ 3개월 전에 10,000원에 매입한 주식을 오늘 10,900원에 매도하고 이 주식을 보유하는 기간 동안 200원의 배당금을 받았다면 3개월 동안의 투자수익률은 {(10,900+200)-10,000}÷10,000×100=11%가 된다. / 이것은 단순히 투자금액 규모의 차이를 감안하여 서로 비교하기 위해 산출한 것으로 보유기간수익률이라고 한다. 그러나 보유기간수익률은 투자기간이 서로 다른 경우에는 비교가 불가능하기 때문에 통상 1년을 기준으로 표준화하여 표시하는 것이 일반적이다(연간보유기간수익률). 즉 기간 수익률을 연 수익률로 바꾸어주는 연율화(annualization)를 하며 그 과정에서도 재투자를 가정한 복리를 적용하여 계산하는 것이 원칙이다. 예를 들어 3개월 동안 11%인 수익률을 연율화하면 단순히 11%의 4배인 44%가 되는 것이 아니라 매 3개월마다 11%의 복리 수익률로 계속 재투자된다고 가정하기 때문에 연간 보유기간수익률은 $(1+0.11)^4 - 1 = 0.5181$, 즉 51.81%가 된다.

---

15 저축과 금융투자에 대한 이해 > 금융투자　　답 ②

| 정답해설 | ② 순서대로 ㉠, ㉤, ㉢, ㉡의 연결이 적절하다.
ㄱ. ㉠ 신종자본증권　　ㄴ. ㉤ 자산유동화증권
ㄷ. ㉢ 옵션부사채　　　 ㄹ. ㉡ 교환사채

CHAPTER 04 | 예금업무 일반사항　　문제편 P.30

01	②	02	①	03	③	04	①	05	②
06	④	07	②	08	③	09	②	10	④
11	②	12	③	13	①	14	②	15	③
16	①	17	④	18	②	19	④	20	④
21	③	22	②	23	③	24	②	25	④
26	②	27	③	28	①	29	②	30	②
31	①	32	④	33	④	34	①	35	②
36	③	37	②	38	②						

---

01 예금업무 일반사항 > 상속제도　　답 ②

| 정답해설 | ② 피상속인에게 어머니, 배우자(1.5) 2명의 자녀(각 1), 2명의 손자녀가 있을 경우 「민법」상 상속인은 1순위인 직계비속과 피상속인의 배우자(공동상속)이다. 배우자는 5할이 가산되므로 자녀를 각각 1의 비율(총 2)로 배우자는 1.5의 비율, 즉 배우자의 상속분은 1.5/3.5이다.

| 오답해설 | ① 상속은 사망한 시점에서 개시되며 사망한 사실이 가족관계등록부에 기재된 시점에서 개시되는 것은 아니다.

③ 2008.1.1.부터 시행된 친양자 입양제도에 따라 입양된 친양자는 친생부모와의 친족관계 및 상속관계가 모두 종료되므로 생가부모의 예금을 상속하지는 못한다(양자는 법정혈족이므로 친생부모 및 양부모의 예금도 상속한다).

④ 수증자가 유언에 의하여 예금지급을 청구할 경우에는 유언의 형식 및 내용을 확인하여야 한다. 유언의 방식 중 공정증서 또는 법원의 검인을 받은 구수증서에 의한 것이 아닌 경우에는 가정법원의 유언검인심판서를 징구하여 유언의 적법성 여부를 확인하여야 한다. 유언상속의 경우에는 유언서의 내용을 확인하되 자필증서·녹음·비밀증서에 의한 경우에는 법원의 유언검인심판을 받은 유언검인심판서를 징구하여야 한다.

---

02 예금업무 일반사항 > 상속제도　　답 ①

| 정답해설 | ① 2008년부터 시행된 친양자 입양제도에 따라 입양된 친양자는 친생부모와의 친족관계 및 상속관계가 모두 종료되므로 생가부모의 예금을 상속하지는 못한다.

┤ 함께 보는 이론 | 양자와 친양자 ├

• 양자: 생리적 친생자관계가 없지만, 입양을 통해 자식으로 인정받는 법정친자로, 법정혈족이므로 친생부모 및 양부모의 예금도 상속

• 친양자: 자녀의 복리를 위해 양자를 법률상 완전한 친생자로 인정하는 제도. 따라서 친양자로 입양되면 친생부모와의 친족관계나 상속관계는 모두 종료되고, 양부모와의 법률상 친생자 관계를 새롭게 형성하며, 성과 본도 양부의 성과 본으로 변경 가능. 친양자는 친생부모와의 친족관계 및 상속관계가 모두 종료되므로 생가부모의 예금을 상속하지는 못함

| 정답해설 | ③ 송금인의 단순착오로 인해 수취인의 계좌번호가 잘못 입력되어 이체가 완료된 경우, 수취인의 동의 없이는 송금액을 돌려받을 수 없다.

┨ 함께 보는 이론 ┃ 착오송금 시 법률관계 ┠

• 착오송금이란 송금인의 착오로 인해 송금금액, 수취금융회사, 수취인 계좌번호 등이 잘못 입력되어 이체된 거래로, 송금인은 수취인의 동의 없이는 자금을 돌려받지 못함. 왜냐하면 계좌이체 시 금융회사는 자금이동의 원인과 관여함이 없이 중개기능을 수행할 뿐이므로 잘못 입금된 돈이라도 수취인이 계좌에 들어온 금원 상당의 예금채권을 취득하게 되고, 금융회사는 수취인의 동의 없이 송금인에게 임의로 돈을 돌려줄 수 없기 때문
• 일단 수취인이 예금채권을 취득하였더라도 법적으로는 자금이체의 원인인 법률관계가 존재하지 않으므로 수취인은 금전을 돌려줄 민사상 반환의무가 발생하고, 송금인은 수취인에 대하여 착오이체 금액 상당의 부당이득반환청구권을 가짐. 따라서 송금인은 수취인에게 부당이득반환청구가 가능하고, 수취인이 반환을 거부할 경우 송금인은 부당이득반환청구의 소를 제기할 수 있으며, 그 소송의 상대방은 송금오류로 예금채권을 취득한 수취인이 됨
• 수취인은 착오입금된 금원을 송금인에게 돌려줄 때까지 보관할 의무가 있으며, 수취인이 착오입금된 돈을 임의로 인출하여 사용하는 경우 형사상 횡령죄에 해당될 수 있음

| 오답해설 | ② 개별약정우선의 원칙에 따라 우체국과 예금주 사이에 개별적으로 합의한 사항이 약관 조항과 다를 때에는 합의사항을 약관에 우선하여 적용한다.
③ 예금주는 통장·도장·카드 또는 증권이나 그 용지를 분실·도난·멸실·훼손하였을 때에는 우체국에 즉시 서면으로 신고하여야 한다. 다만, 긴급하거나 부득이할 때에는 영업시간 중에 전화 등으로 신고할 수 있으며 이때에는 다음 영업일 안에 서면으로 신고하여야 한다(우체국 예금거래 기본약관 제13조 제1항). 제1항의 신고를 철회할 때에는 우체국에 예금주 본인이 서면 또는 전산통신기기 등으로 하여야 한다(동조 제5항).
④ 예금주가 예금을 양도하거나 질권 설정을 하려면 사전에 우체국에 통지하고 동의를 받아야 한다. 다만, 법령으로 금지되는 경우에는 양도나 질권 설정을 할 수 없다. 또한 입출금이 자유로운 예금은 질권 설정할 수 없다(「우체국예금거래기본약관」제12조). 따라서 듬뿍우대저축과 같이 입출금이 자유로운 예금은 질권 설정을 할 수 없다.

| 정답해설 | ② 양도성예금증서(CD)와 같은 유가증권은 그 증권의 점유자에게 지급하면 그 소지인이 정당한 권리자인지 여부에 관계 없이 금융회사는 면책된다.
| 오답해설 | ① 예금계약은 예금자가 금전의 보관을 위탁하고 금

융회사가 이를 승낙하여 자유롭게 운용하다가 같은 금액의 금전을 반환하면 되는 소비임치계약이다.
③ 점외수금의 경우, 수금직원이 영업점으로 돌아와 수납직원에게 금전을 넘겨주고 그 수납직원이 이를 확인한 때 예금계약이 성립하는 것으로 본다. 그러나 영업점 이외에서 예금을 수령할 수 있는 대리권을 가진 자, 예를 들어 지점장(우체국장) 또는 대리권을 수여받은 자 등이 금전을 수령하고 이를 확인한 때에는 즉시 예금계약이 성립하는 것으로 보아야 한다.
④ 공동대표이사 제도는 회사의 대표자가 독단 또는 전횡으로 권한을 남용하는 것을 방지하기 위하여 여러 사람의 대표자가 공동으로서만 대표권을 행사할 수 있도록 하는 제도이다. 따라서 예금거래도 공동으로 하는 것이 원칙이다.

| 정답해설 | ④ 개별약정우선의 원칙에 따라 예금계약에 대해서는 당해 예금상품의 약관을 우선적으로 적용하고, 그 약관에 규정이 없는 경우에는 예금별 약관, 예금거래기본약관의 내용을 차례로 적용한다.
| 오답해설 | ① 작성자불이익의 원칙에 대한 내용이다.
② 객관적·통일적 해석의 원칙에 대한 내용이다.
③ 약관의 이원적 체계에 대한 내용이다.

┨ 함께 보는 이론 ┃ 약관의 해석 원칙과 체계 ┠

약관의 해석 원칙	• 객관적·통일적 해석의 원칙 • 작성자불이익의 원칙 • 개별약정우선의 원칙
약관의 체계	• 모든 금융회사의 통일적 약관체계 • 단계별 약관체계 • 약관의 이원적 체계

| 정답해설 | ② 순서대로 ㉢, ㉡, ㉠의 연결이 적절하다.
ㄱ. ㉢ 부합계약
ㄴ. ㉡ 상사계약
ㄷ. ㉠ 소비임치계약

| 정답해설 | ③ 별단예금은 각종 금융거래에 수반하여 발생하는 미정리예금·미결제예금·기타 다른 예금종목으로 처리가 곤란한 일시적인 보관금 등을 처리하는 예금계정으로, 각각의 대전별로 그 법적 성격이 다르다. 당좌예금은 어음·수표의 지급사무처리의 위임을 목적으로 하는 위임계약과 금전소비임치계약이 혼합된 계약이다.

| 정답해설 | ② 증권류에 의한 입금 중 타점권 입금의 경우 예금거래기본약관은 추심위임설의 입장을 취하여 증권으로 입금했을 때 금융회사가 그 증권을 교환에 돌려 부도반환시한이 지나고 결제를 확인했을 때에 예금계약이 성립한다고 규정하고 있다.

┤ 함께 보는 이론 ┃ 타점권 입금에 의한 예금계약의 성립시기(견해 대립) ├

- **추심위임설**: 종래 타점권의 입금과 동시에 그 타점권이 미결제통보와 부도 실물이 반환되지 않는 것을 정지조건으로 하여 예금계약이 성립한다고 보는 견해
- **양도설**: 타점권의 입금과 동시에 예금계약이 성립하고, 다만 그 타점권이 부도반환 되는 경우에는 소급하여 예금계약이 해제되는 것으로 보는 견해

┤ 함께 보는 법령 ┃ 우체국 예금거래 기본약관 ├

제7조(예금이 되는 시기) ① 제6조에 따라 입금한 경우 다음 각 호의 시기에 예금이 된다.
    1. 현금으로 입금한 경우: 우체국이 이를 받아 확인한 때
    2. 현금으로 계좌송금하거나 계좌이체한 경우: 예금원장에 입금기록이 된 때
    3. 증권으로 입금하거나 계좌송금한 경우: 우체국이 그 증권을 교환에 돌려 부도반환 시한이 지나고 결제를 확인한 때. 다만, 우체국에서 즉시 지급하여야 할 증권의 경우 결제를 확인한 때
② 제1항 제3호에 불구하고 증권이 자기앞수표이고 지급제시 기간 안에 사고신고가 없으며 결제될 것이 틀림없음을 우체국이 확인한 경우에는 예금원장에 입금의 기록이 된 때 예금이 된다.
③ 우체국은 특별한 사정이 없는 한 제1항 및 제2항의 확인 또는 입금기록을 신속히 하여야 한다.

| 정답해설 | ④ 입금인은 증권을 입금시키고자 하는 경우 백지를 보충하여야 하며 금융회사는 백지보충의무를 부담하지 않는다 (우체국 예금거래기본약관 제6조 제3항 참고).

| 오답해설 | ①, ②, ③의 경우에 금융회사는 선량한 관리자로서의 주의의무를 다한 것으로 볼 수 없으므로 입금인에게 그 손해를 배상하여야 한다.

| 정답해설 | ② 옳은 것은 ㄱ, ㄹ이다.

| 오답해설 | ㄴ. 금융회사는 상인이므로 금융회사와 체결한 예금계약은 상사임치계약이다. 따라서 예금 채권은 5년의 소멸시효에 걸린다.
ㄷ. 부합계약이란 계약당사자의 일방이 미리 작성하여 정형화해 둔 일반거래약관에 따라 체결되는 계약을 말한다.

| 정답해설 | ③ 중요내용은 고객에게 설명하여야 한다. 다만, 계약의 성질상 대량·신속하게 업무를 처리해야 하는 경우 등 설명이 현저히 곤란한 때에는 설명의무를 생략할 수 있다.

┤ 함께 보는 이론 ┃ 약관의 계약편입 요건 ├

- 약관을 계약의 내용으로 하기로 하는 합의가 있어야 함
- 약관의 내용을 명시하여야 함
- 중요한 내용을 고객에게 설명하여야 함
- 계약 시 약관을 고객이 원하는 수단으로 교부하여야 함
- 계약내용이 공정하여야 함

| 정답해설 | ③ ㉠ 객관적·통일적 해석의 원칙, ㉡ 작성자불이익의 원칙에 관한 내용이다.

┤ 함께 보는 이론 ┃ 약관의 해석 원칙 ├

- **객관적·통일적 해석의 원칙**: 약관은 해석자의 주관이 아니라 객관적 합리성에 입각하여 해석되어야 하며, 시간, 장소, 거래상대방에 따라 달리 해석되어서는 안 된다는 원칙
- **작성자불이익의 원칙**: 약관의 의미가 불명확한 때에는 작성자인 기업 측에 불이익이 되고 고객에게는 유리하게 해석되어야 한다는 원칙
- **개별약정우선의 원칙**: 기업과 고객이 약관에서 정하고 있는 사항에 대하여 명시적 또는 묵시적으로 약관의 내용과 다르게 합의한 사항이 있는 경우에는 당해 합의사항을 약관에 우선하여 적용하여야 한다는 원칙

| 정답해설 | ④ 예금주가 예금을 양도하거나 질권 설정하려면 사전에 우체국에 통지하고 동의를 받아야 한다. 다만, 법령으로 금지되는 경우에는 양도나 질권 설정을 할 수 없다(「우체국 예금거래 기본약관」 제12조 제1항). 입출금이 자유로운 예금은 질권 설정할 수 없다(동조 제2항).

| 오답해설 | ① 우체국 예금거래 기본약관 전문
② 우체국 예금거래 기본약관 제7조 제1항 제1호
③ 우체국 예금거래 기본약관 제9조 제1항

| 정답해설 | ③ 우체국은 약관을 변경하고자 할 때에는 변경약관 시행일 1개월 전에 한 달간 우체국과 인터넷 홈페이지에 게시하여 예금주에게 알려야 한다. 다만, 법령의 개정이나 제도의 개선 등으로 인하여 긴급히 약관을 변경할 때에는 즉시 이를 게시 또는 공고하여야 한다(우체국 예금거래 기본약관 제20조 제1항).

---

16 예금업무 일반사항 > 예금거래의 상대방   답 ①

| 정답해설 | ① 금융회사가 피성년후견인과 예금계약을 체결하거나 법정대리인의 동의 없이 미성년자 또는 피한정후견인과 예금계약을 맺은 경우 법정대리인이 예금계약을 취소한다 할지라도 원금을 반환하면 되고, 금융회사가 예금을 지급한 후에는 법정대리인이 예금계약을 취소하려 하여도 취소의 대상이 없으므로 금융회사가 손해를 입을 염려는 없다.

---

17 예금업무 일반사항 > 예금거래의 상대방   답 ④

| 정답해설 | ④ 옳은 내용이다.

구분	대리인	확인서류
미성년자	친권자, 후견인	가족관계등록부, 기본증명서
피성년후견인 피한정후견인	후견인	후견등기부
부재자	부재자 재산관리인	법원의 선임심판서
사망자	유언집행자, 상속재산관리인	사망자의 유언, 법원의 선임심판서

---

18 예금업무 일반사항 > 예금거래의 상대방   답 ②

| 정답해설 | ② 피성년후견인 및 피한정후견인의 법정대리인이 후견인의 경우에는 그 대리권을 후견등기부로 확인한다.

┤ 함께 보는 이론 | 대리관계의 확인 ├

구분		대리인	확인서류
법정대리	제한능력자 미성년자	친권자, 후견인	가족관계등록부, 기본증명서
	피성년후견인, 피한정후견인	후견인	후견등기부
	부재자	부재자 재산관리인	법원의 선임심판서
	사망자	유언집행자, 상속재산관리인	사망자의 유언, 법원의 선임심판서
임의대리		통장상의 인감이 날인되거나 인감증명서 또는 본인서명사실확인서가 붙어 있는 본인의 위임장 및 대리인의 주민등록증에 의해 확인	

---

19 예금업무 일반사항 > 예금거래의 상대방   답 ④

| 정답해설 | ④ 「외국환거래법」상의 외국인은 거주자와 비거주자를 구분하여 제한하고 있으나, 외국인이라도 거주자이면 금융회사와의 원화예금거래는 자유이다. 또한 비거주자라도 외국환은행과 일부 예금거래는 가능하다.

---

20 예금업무 일반사항 > 예금거래의 상대방   답 ④

| 정답해설 | ④ 법이론적으로 법인과 예금거래를 하려면, 진정한 대표자인지 여부와 대리인의 대리권의 존부나 대리권의 범위 등을 확인하여야 한다. 그러나 실무상 당좌거래의 경우를 제외하고, 이러한 확인을 하고 예금거래를 개시하는 경우란 상상하기 어렵다. 그 이유는 예금의 경우에 금융기관이 채무자로서 예금계약이 취소되더라도 금전을 반환하면 될 뿐이기 때문이다. 그리고 선의로 지급한 이상 약관상의 면책규정이나 「민법」상의 채권의 준점유자에 대한 변제에 의하여 구제받을 수 있기 때문이다.

---

21 예금업무 일반사항 > 예금거래의 상대방   답 ③

| 정답해설 | ③ 외국회사의 대표자로 등기된 자는 회사의 영업에 관하여 재판상·재판 외의 권한을 행사할 수 있다. 따라서 법인등기부등본을 징구하여 한국 내의 예금자와 예금거래를 하면 된다. 다만, 등기가 이루어지지 않은 외국회사는 계속적 거래는 할 수 없으므로(「상법」 제616조), 계속적 거래를 전제로 하는 당좌계좌개설은 허용되지 않는다.

---

22 예금업무 일반사항 > 예금거래의 상대방   답 ②

| 정답해설 | ② 법인격 없는 사단과 거래 시 「부가가치세법」에 의한 고유번호를 부여받은 경우에는 그 대표자와 예금거래를 하면 되고, 위와 같이 개설된 예금은 대표자 개인의 예금이 아니라 법인격 없는 사단에 총유적으로 귀속된다. 그러나 고유번호를 부여받지 못한 경우에는 개인예금으로 처리되므로 사전에 고객에게 이를 고지·설명해주는 것이 바람직하다.

┤ 함께 보는 이론 | 공동소유의 형태(공유·총유·합유) ├
- **공유**: 수인의 인격체가 하나의 물건을 지분(각 비율)으로 나누어 소유하는 공동소유형태로서, 각 공유자가 다른 공동소유자의 동의 없이 자신의 지분을 자유롭게 처분할 수 있고, 또 언제든지 공유물 분할의 방법으로 공동소유관계를 해소하여 각자의 단독소유로 전환할 수 있는 데에 그 특징이 있음
- **총유**: 권리능력 없는 사단의 구성원(여러 명이 한 명의 사람처럼 소유)이 집합체로서 물건을 소유하는 공동소유형태이며, 그 공동소유 물건의 권리·처분권이 사단 자체에 귀속되는 반면 그 구성원은 일정한 범위 내에서 사용·수익권만을 가지되, 그것도 그 사단의 구성원이라는 자격이 있는 동안만 인정되며, 이를 타인에게 양도하거나 또는 상속의 목적으로 하지 못하는 데 그 특징이 있음
- **합유**: 조합의 구성원(조합원, 동업자)이 공동의 목적을 위하여 조합재산에 대하여 가지는 공동소유형태로서 각 조합원에게 지분이 인정되는 전에서 총유와 구분되고, 또 그 지분의 양도나 재산분할이 자유롭지 않고 제한되어 있는 점에서 공유와도 구분됨

| 정답해설 | ③ 법인격 없는 재단은 권리능력이 없고 법인격 없는 사단과 같은 구성원도 없으므로, 그 예금의 귀속관계는 준총유나 준합유의 관계가 될 수 없다.

| 정답해설 | ③ 금융회사가 실제로 받은 금액보다 과다한 금액으로 통장 등을 발행한 경우, 실제로 입금한 금액에 한하여 예금계약이 성립하고 초과된 부분에 대하여는 예금계약이 성립하지 않는다. 따라서 예금주의 계좌에서 초과입금액을 인출하면 된다. 만약, 예금주가 오류입금인 사실을 알면서 예금을 인출하였다면 부당이득으로 반환하여야 한다.

| 정답해설 | ④ 일반횡선수표인 경우에는 입금인이 우체국과 계속적인 거래가 있는 거래처인지 여부를 확인하고, 특정횡선수표인 경우에는 그 특정된 금융회사가 우체국인지 여부를 확인하여야 한다.

| 정답해설 | ② 착오송금이란 송금인의 착오로 인해 송금금액, 수취금융회사, 수취인 계좌번호 등이 잘못 입력되어 이체된 거래로, 착오송금액은 법적으로 수취인의 예금이므로 송금인은 수취인의 동의 없이 자금을 돌려받을 수 없다.

| 정답해설 | ③ 옳은 것은 ㄴ, ㄹ이다.

| 오답해설 | ㄱ. 예금통장이나 증서를 소지하고 있다는 사실만으로 소지인이 금융회사에 예금의 반환을 청구할 수는 없다.
ㄷ. 지명채권은 원칙적으로 채무자가 채권자의 주소지에서 변제하는 지참채무가 원칙이고 예금채권은 예금주가 금융회사에 나와서 이를 수령한다는 점에서 추심채무이다.

┌ **함께 보는 이론** | 지명채권 ─────────

- 지명채권은 원칙적으로 채무자가 채권자의 주소지에서 변제하는 지참채무가 원칙
- 예금채권은 예금주가 금융회사에 나와서 이를 수령한다는 점에서 추심채무에 해당
- 예금거래기본약관 제3조도 거래처는 예금계좌를 개설한 영업점에서 모든 예금거래를 한다고 규정하여 예금채무가 추심채무임을 규정하고 있음

| 정답해설 | ① 예금계약은 소비임치계약이므로 수취인인 금융회사는 예금의 선량한 관리자로서의 주의의무를 다하여 임치물을 보관하였다가 이를 반환하여야 한다.

┌ **함께 보는 이론** | 선량한 관리자의 주의의무 ─────────

일반적으로 평균인에게 요구되는 주의로, 선량한 관리자로서 요구되는 주의의무를 말함
- 여기서 주의의무는 개개인의 차이를 고려하지 않는 추상적 평균인을 전제로 함
- '선량한 관리자의 주의의무'를 줄여서 '선관주의의무'라고도 부름
- 선량한 관리자의 주의의무를 결한 경우를 추상적 과실이라고 부르며, 자기재산과 동일한 주의의무를 결한 경우를 구체적 과실이라고 함

| 정답해설 | ④ ㄱ, ㄴ, ㄷ, ㄹ 모두 금융회사가 예금지급에 관하여 면책을 주장하기 위한 요건에 해당한다.

┌ **함께 보는 이론** | 면책요건 ─────────

- **채권의 준점유자에 대한 변제일 것**: 일반적으로 채권의 준점유자가 되기 위해서는 예금통장이나 증서 등을 소지하고 있어야 하나, 표현상속인이나 전부채권자 또는 추심채권자는 예금통장·증서를 소지하고 있지 않더라도 금융회사가 선의·무과실이면 면책됨
- **인감 또는 서명이 일치할 것**: 인감 또는 서명은 육안으로 상당한 주의를 하여 일치한다고 인정되면 되고, 상당한 주의로 인감을 대조할 의무란 인감 대조에 숙련된 금융회사 종사자로 하여금 그 직무수행상 필요로 하는 충분한 대조를 다하여 인감을 대조하여야 할 의무를 말함
- **비밀번호가 일치할 것**
- **금융기관이 선의·무과실일 것**: 선의란 채권의 준점유자에게 변제수령의 권한이 없음을 알지 못한다는 것만으로는 부족하며, 적극적으로 채권의 준점유자에게 수령권한이 있다고 믿어야 함. 그리고 무과실이란 그렇게 믿는 데, 즉 선의인데 과실이 없음을 뜻함

| 정답해설 | ① 예금청구서는 영수증의 역할을 하는 것이므로 예금청구서의 금액·비밀번호·청구일자 등이 정정된 경우에는 반드시 정정인을 받거나 새로운 전표를 작성하여야 한다. 그렇지 않으면 그 진정성이 의심될 뿐만 아니라 주의의무가 가중되어 선의·무과실로 면책될 가능성이 감소되기 때문이다.

| 정답해설 | ① 자금이체가 기계에 의하여 순간적으로 이루어지는 폰뱅킹에 의한 자금이체신청이 채권의 준점유자에 대한 변제로서 금융기관의 주의의무를 다하였는지를 판단함에 있어서는 자금이체 시의 사정만을 고려할 것이 아니라 그 이전의 폰뱅킹

등록을 할 당시에 예금주의 주민등록증의 진정 여부, 부착된 사진과 실물을 대조하고 본인이 폰뱅킹의 비밀번호를 직접 등록하였는지 여부의 확인과 같은 폰뱅킹 등록 당시의 제반사정을 고려하여야 한다.

---

32 예금업무 일반사항 > 예금주의 사망 　　　　답 ④

| 정답해설 | ④ 예금주가 사망하여 정기적금을 처리할 경우 상속인이 포괄적으로 예금주의 지위를 승계하므로 일반 상속재산의 지급절차에 의하면 된다. 다만, 적금 적립기간 중 예금주가 사망하고 공동상속 중 1인이 적금계약을 승계하기 위해서는 상속인 전원의 동의가 필요하다.

---

33 예금업무 일반사항 > 예금채권의 양도와 질권 설정 　답 ④

| 정답해설 | ④ 예금채권에 대한 질권의 효력은 그 예금의 이자에도 효력이 미친다.

---

34 예금업무 일반사항 > 예금거래의 상대방 　　　답 ①

| 정답해설 | ① 대리권의 발생 원인으로는 본인의 수권행위에 의하여 생기는 임의대리와 법률의 규정에 의하여 생기는 법정대리가 있다.

---

35 예금업무 일반사항 > 예금거래의 상대방 　　　답 ②

| 정답해설 | ② 당좌예금거래는 어음·수표의 지급사무를 위임하는 계약이므로 제한능력자의 단독거래는 허용하지 않는 것이 원칙이다.

---

36 예금업무 일반사항 > 예금의 입금과 지급 　　　답 ③

| 정답해설 | ③ 착오송금액은 법적으로 수취인의 예금이기 때문에 송금인은 수취인의 동의 없이는 자금을 돌려 받을 수 없다. 왜냐하면 계좌이체 시 금융회사는 자금 이동의 원인에 관여함이 없이 중개 기능을 수행할 뿐이므로 잘못 입금된 돈이라도 수취인이 계좌에 들어온 금원 상당의 예금채권을 취득하게 되고, 금융회사는 수취인의 동의 없이 송금인에게 임의로 돈을 돌려준 수 없기 때문이다.

---

37 예금업무 일반사항 > 예금의 입금과 지급 　　　답 ②

| 정답해설 | ② 옳지 않은 것은 ㄱ, ㄷ, ㄹ이다.
ㄱ. 신청대상은 2021.7.6. 이후 착오송금 수취인으로부터 미반환된 5만 원 이상 5천만 원 이하의 착오송금이다. 다만,

'2021.7.6. ~ 2022.12.31' 발생한 착오송금에 대해서는 5만 원 이상 ~ 1천만 원 이하 신청 가능하다.
ㄷ. 신청가능기간은 착오송금일로부터 1년 이내 신청가능하다.
ㄹ. 반환지원 신청절차는 예금보험공사 홈페이지 내 착오송금 반환지원 사이트 접속 온라인 신청 또는 예금보험공사 본사 상담센터 방문 신청 가능하다.

---

38 예금업무 일반사항 > 예금의 입금과 지급 　　　답 ②

| 정답해설 | ② 집행공탁 가능한 것은 ㄱ, ㅁ이다.

구분	공탁 가능여부	업무기준
「민사집행법」 압류 vs 「국세징수법」 압류	집행공탁 가능	집행공탁 (우선권 없음)
「민사집행법」 압류 vs 준용기관 압류	집행공탁 가능	집행공탁 (우선권 없음)
「국세징수법」 압류 vs 「국세징수법」 압류	집행공탁 불가	압류선착주의
「국세징수법」 압류 vs 준용기관 압류	집행공탁 불가	국세청 지급 (국세우선원칙)
준용기관 압류 vs 준용기관 압류	집행공탁 불가	기관 간 협의처리

CHAPTER 05 | 전자금융 　　　　　　　　문제편 P.40

01	②	02	③	03	③	04	④	05	④
06	①	07	③	08	③	09	④	10	③
11	③								

---

01 전자금융 > 현금카드 　　　　　　　답 ②

| 정답해설 | ② 현금카드의 위조, 도난 그리고 ID, 비밀번호 등의 도용에 따른 각종 금융사고를 예방하고자 금융거래 시 본인 확인 수단으로 생체인식기술이 이용되기도 한다. 고객이 자신의 지문, 홍채, 정맥 등 생체정보를 미리 금융기관에 등록해 놓으면 고객이 CD/ATM을 이용할 때 등록한 생체정보와 비교하여 일치하면 이용권한을 부여하는 것이다. 최근에는 손바닥·손가락 정맥 등 생체인식 수단 종류가 다양화되고 있으며, 2개 이상의 복합 생체정보를 적용한 선진형 CD/ATM인 스마트 키오스크 및 스마트 ATM이 보급되는 추세이다.

| 오답해설 | ① 별도의 신청이 필요하다. 통장이나 카드 없이 금융거래가 가능한 무매체거래는 고객이 사전에 금융기관에 신청하여 무매체거래용 고유승인번호를 부여받은 뒤 CD/ATM에서 주민등록번호, 계좌번호, 계좌비밀번호, 고유승인번호를 입력하여 각종 금융서비스를 이용할 수 있는 거래이다.

③ 생체인식 수단은 각각 특징이 있으나 크게 접촉식과 비접촉식으로 구분할 수 있다. 접촉식의 주요 생체인식 수단은 지문, 손가락 정맥이며, 비접촉식은 홍채, 손바닥 정맥이다.

④ 경조금배달서비스는 우체국방문, 인터넷뱅킹, 폰뱅킹 등 전자금융을 통해 이용 가능하다.

---

02 전자금융 > 신용카드 　　　　　 답 ③

| **오답해설** | ① 선불카드는 「여신전문금융업법」에 따라 최고 발급한도가 50만 원으로 제한되며(단, 실지명의가 확인된 기명식 선불카드의 경우 최고 500만 원까지 충전할 수 있음), 할부구매나 현금서비스, 현금인출 기능이 없고 유효기간도 보통 5년으로 제한되어 있다.

② 신용카드는 신용공여에 기반한 후불결제방식을, 직불카드는 예금계좌를 기반으로 한 즉시결제방식을 이용한다.

④ 직불카드는 예금계좌에서 즉시 카드결제대금이 인출되고, CD/ATM을 이용하여 자신의 예금계좌에서도 즉시 자금을 인출할 수도 있기 때문에 '현금카드'라고도 한다. 즉, 현금인출이 가능하다.

---

03 전자금융 > 전자금융의 의의 　　　　　 답 ③

| **정답해설** | ③ 전자금융의 특징으로 고객은 시간과 공간의 제약을 받지 않으면서 편리하고 빠르게 금융 거래를 이용할 수 있다. 금융기관 입장에서는 비장표로 거래되는 특성상 금융거래에 필요한 종이 사용량이 크게 감소하여 관리비용과 거래건당 처리비용을 크게 낮출 수 있다.

---

04 전자금융 > 전자금융의 발전단계 　　　　　 답 ④

| **정답해설** | ④ 우리나라의 이동통신(모바일) 산업은 1999년 후반부터 이동전화 가입고객 수가 유선전화 가입자 수를 초과하고 모든 연령층으로 이용고객이 확대되면서 폭발적인 성장을 하였다.

---

05 전자금융 > 인터넷뱅킹 이용 시 보안매체 　　　　　 답 ④

| **정답해설** | ④ 전자형 OTP는 금융기관 앱(App)에서 발급이 가능하며, 고객이 전자금융거래 시 금융기관 앱에 접속하여 사용자가 지정한 비밀번호를 통해 생성된 OTP번호를 자동으로 인증한다. PC와 휴대폰을 연동한 2채널 인증이며 실물형 OTP와 다르게 발급 받은 금융기관에서만 사용이 가능하다.

---

06 전자금융 > 인터넷뱅킹, 모바일뱅킹 　　　　　 답 ①

| **정답해설** | ① 인터넷뱅킹은 PC와 인터넷을 매체로, 모바일뱅킹은 휴대전화와 스마트기기를 매체로 거래되는 전자금융서비스로 통신료는 모두 고객이 부담한다.

| **함께 보는 이론** | 인터넷뱅킹과 모바일뱅킹 |

구분	인터넷뱅킹	모바일뱅킹
매체	PC, 인터넷	휴대전화, 스마트기기
취급가능 정보	문자, 화상, 음성	문자, 화상, 음성
이용가능 정보	가정과 직장 등	제약 없음
시각성	화면이 커서 보기 쉬움	화면이 작아 정보 표시에 한계
통신료 부담	고객	고객

---

07 전자금융 > 체크카드와 선불카드 　　　　　 답 ③

| **정답해설** | ③ 선불카드 구매 시 현금, 체크카드 및 신용카드를 사용하며 유효기간은 대부분 발행일로부터 5년이고, 연회비는 없다. 단, 개인 신용카드로 구매 및 충전할 수 있는 이용 한도는 1인당 월 최대 100만 원(선불카드 금액과 상품권 금액 합산)이다.

| **오답해설** | ①② 체크·신용결제 방식이 혼합된 겸용카드로서, 체크카드 기반의 하이브리드 체크카드와 신용카드 기반의 하이브리드 신용카드로 구분된다.

④ 기명식 선불카드는 최고 500만 원까지 충전할 수 있다. 무기명식 선불카드는 카드실물에 성명이 인쇄되어 있지 않으며 신용카드업자 전산에 기명식 회원으로서의 정보가 존재하지 않아 양도가 가능하다. 무기명식 선불카드의 경우 양도 가능하므로 뇌물 등의 수단으로 악용되는 것을 방지하기 위해 「여신전문금융업법 시행령」 및 선불카드 표준약관에서 충전금액 한도를 최고 50만 원으로 제한하고 있다.

---

08 전자금융 > 체크카드 　　　　　 답 ③

| **정답해설** | ③ 옳지 않은 것은 ㄱ, ㄴ, ㄷ이다.

ㄱ. 현금 입출금 업무는 고객이 다른 은행 CD/ATM을 이용하여 예금잔액 범위 내에서 현금을 인출하거나 자신의 계좌에 입금하는 서비스이다. 현재 1회 인출한도(100만 원 이내) 및 1일 인출한도(600만 원 이내)는 금융위원회의 전자금융감독규정이 정한 한도금액 내에서 예금계좌 개설은행이 정하여 운영한다.

ㄴ. CD/ATM의 계좌이체 기능을 이용한 전화금융사기 사건의 증가로 인한 피해를 최소화하기 위하여 최근 1년간 CD/ATM을 통한 계좌이체 실적이 없는 고객에 한하여 1일 및 1회 이체한도를 각각 70만 원으로 축소하였다.

ㄷ. 계좌이체는 고객이 CD/ATM을 이용하여 거래은행 내 계좌이체를 하거나 거래은행의 본인계좌로부터 다른 은행의 본인 또는 타인계좌로 자금을 이체할 수 있는 서비스이다. 1회 이체가능금액(600만 원 이내) 및 1일 이체가능금액(3,000만 원 이내)은 금융위원회의 전자금융감독규정이 정한 한도금액 내에서 각 은행이 정하여 운영하고 있다.

---

09 전자금융 > 선불카드 답 ④

| 정답해설 | ④ 순서대로 ⑪, ⑩, ⑭, ⑮의 연결이 적절하다.

ㄱ. ⑪ 하이브리드 신용카드 ㄴ. ⑩ 하이브리드 체크카드
ㄷ. ⑭ 선불카드 ㄹ. ⑮ 체크카드

---

10 전자금융 > 직불카드 답 ③

| 정답해설 | ③ 옳지 않은 것은 ㄴ, ㄷ, ㄹ 3개이다.

ㄴ. 체크카드는 일시불 이용만 가능하고 할부 및 단기카드대출(현금서비스) 이용은 불가능하다

ㄷ. 기명식 선불카드는 최고 500만 원까지 충전할 수 있다. 발급 이후에 양도가 불가능하다.

ㄹ. 무기명식 선불카드의 경우 양도 가능하므로 뇌물 등의 수단으로 악용되는 것을 방지하기 위해 「여신전문금융업법 시행령」 및 선불카드 표준약관에서 충전 금액 한도를 최고 50만 원으로 제한하고 있다(단, 「재난 및 안전관리 기본법」에 따른 재난에 대응하여 국가 또는 지방자치단체가 지원금을 지급하기 위해 발행하는 경우 최고 300만 원). 발급 이후에 양도가 가능하다.

---

11 전자금융 > 주요 전자금융 종류 답 ③

| 정답해설 | ③ 생체인식 수단은 각각 특징이 있으나, 크게 접촉식과 비접촉식으로 구분할 수 있다. 접촉식의 주요 생체인식 수단은 지문, 손가락 정맥이며, 비접촉식은 홍채, 손바닥 정맥이 있다.

┌ **함께 보는 이론** | 생체인식으로 본인 인증

• 현금카드의 위조, 도난 그리고 ID, 비밀번호 등의 도용에 따른 각종 금융 사고를 예방하고자 금융거래 시 본인 확인수단으로 생체인식기술이 이용되기도 함

• 고객이 자신의 지문, 홍채, 정맥 등 생체정보를 미리 금융기관에 등록해 놓으면 고객이 CD/ATM을 이용할 때 등록한 생체정보와 비교하여 일치하면 이용 권한을 부여하는 것

• 최근에는 손바닥·손가락 정맥 등 생체인식 수단 종류가 다양화되고 있으며, 2개 이상의 복합 생체정보를 적용한 선진형 CD/ATM인 스마트 키오스크 및 스마트 ATM이 보급되는 추세임

---

01 우체국금융 일반현황 > 우체국금융 연혁 답 ②

| 오답해설 | ① 우체국금융은 1905년 우편저금과 우편환, 1929년 우편보험을 실시한 이후 전국 각지에 고루 분포되어 있는 우체국을 금융창구로 활용하여 국민들에게 각종 금융서비스를 제공하고 있다.

③ 우체국금융(예금 및 보험)은 「은행법」에 따른 은행업 인가를 받은 일반은행이나 「보험업법」에 따른 보험업 인가를 받은 보험회사와는 달리 「우체국예금·보험에 관한 법률」 등 소관 특별법에 의해 운영되는 국영금융기관으로 주택청약저축, 대출, 신탁, 신용카드 등 일부 금융 업무에 제한을 받고 있다.

④ 우체국예금의 타인자본에는 예금을 통한 예수부채만 있고, 은행채의 발행 등을 통한 차입 혹은 금융기관 등으로부터의 차입을 통한 차입부채는 없다.

---

02 우체국금융 일반현황 > 「우체국예금·보험에 관한 법률」 답 ①

| 정답해설 | ① 연 면적의 100분의 20(10% 이상에 해당)을 우정사업에 직접 사용하고 나머지는 영업시설로 임대하고자 하는 업무용 부동산은 우체국 예금자금으로 취득할 수 있다.

| 오답해설 | ② 우체국 예금자금은 금융기관 또는 재정자금에 예탁하거나 자금중개회사를 통한 금융기관에 대여하는 방법으로도 운용한다. 개인에 대한 신용대출업무는 하고 있지 않다(우편대체 계좌대월 등 일부 특수한 경우를 제외하고는 여신이 없음).

③ 우체국은 예금보험공사에 의한 예금자보호 대상 금융기관이 아니지만, 특별법인 「우체국예금·보험에 관한 법률」에 의해 우체국예금(이자 포함)과 우체국보험계약에 따른 보험금 등 전액에 대하여 국가가 지급 책임을 진다.

④ 우체국 예금자금으로 「자본시장과 금융투자업에 관한 법률」에 따른 파생상품 거래 시 장내파생상품 거래를 위한 위탁증거금 총액은 예금자금 총액의 100분의 1.5 이내로 한다.

┌ **함께 보는 법령** | 「우체국예금·보험에 관한 법률」

제18조(예금자금의 운용) ① 과학기술정보통신부장관은 예금(이자를 포함한다)의 지급에 지장이 없는 범위에서 예금자금을 다음 각 호의 방법으로 운용한다.
1. 금융기관에 예탁
2. 재정자금에 예탁
3. 「자본시장과 금융투자업에 관한 법률」에 따른 증권의 매매 및 대여
4. 「자본시장과 금융투자업에 관한 법률」 제355조에 따른 자금중개회사를 통한 금융기관에 대여
5. 「자본시장과 금융투자업에 관한 법률」 제5조에 따른 파생상품의 거래
6. 대통령령으로 정하는 업무용 부동산의 취득·처분 및 임대

제3조의2(업무용 부동산의 범위) 「우체국예금·보험에 관한 법률」 제18조 제1항 제6호에서 "대통령령으로 정하는 업무용 부동산"이란 다음 각 호의 어느 하나에 해당하는 부동산을 말한다.

1. 영업시설(연면적의 100분의 10 이상을 우정사업에 직접 사용하는 시설만 해당한다)
2. 연수시설
3. 복리후생시설
4. 제1호부터 제3호까지의 용도로 사용할 토지·건물 및 그 부대시설

제15조의2(증권 매입비율 등) ① 법 제18조 제1항 제3호에 따라 「자본시장과 금융투자업에 관한 법률」에 따른 증권을 매입하는 때에는 같은 법 제4조 제2항 제2호에 따른 지분증권의 취득가액 총액을 예금자금 총액의 100분의 20 이내로 한다.
② 법 제18조 제1항 제4호에 따른 금융기관에의 대여금액 총액은 예금자금 총액의 100분의 5 이내로 한다.
③ 법 제18조 제1항 제5호에 따른 파생상품 거래 중 장내파생상품을 거래하기 위한 위탁증거금 총액은 예금자금 총액의 100분의 1.5 이내로 한다.
④ 법 제18조 제1항 제5호에 따른 파생상품의 거래 중 장외파생상품을 거래하기 위한 기초자산의 취득가액 총액은 예금자금 총액의 100분의 20 이내로 한다.
⑤ 법 제18조 제1항 제6호에 따른 업무용 부동산의 보유 한도는 자기자본의 100분의 60 이내로 한다.

---

03 우체국금융 일반현황 > 거래중지계좌   답 ③

┃ **정답해설** ┃ ③ 거래중지계좌에의 편입은 매년 2회 하며, 상반기에는 5월 마지막 일요일에 편입하고 하반기에는 11월 마지막 일요일에 편입한다(「우체국예금·보험에 관한 법률 시행규칙」 제20조 제2항).

제20조(거래중지계좌에의 편입) ① 체신관서는 요구불예금계좌가 다음 각 호의 어느 하나에 해당될 때에는 거래중지계좌에 해당 계좌를 편입할 수 있다.

1. 잔액이 1만 원 미만으로서 1년 이상 계속하여 거래가 없을 때
2. 잔액이 1만 원 이상 5만 원 미만으로서 2년 이상 계속하여 거래가 없을 때
3. 잔액이 5만 원 이상 10만 원 미만으로서 3년 이상 계속하여 거래가 없을 때
② 제1항에 따른 거래중지계좌에의 편입은 매년 2회 하며, 상반기에는 5월 마지막 일요일에 편입하고 하반기에는 11월 마지막 일요일에 편입한다.
제21조(거래중지계좌의 부활 및 해약) 체신관서는 예금자가 거래중지계좌에 편입된 예금의 부활 또는 해약을 청구하면 우정사업본부장이 정하는 바에 따라 해당 예금을 부활시키거나 해약해야 한다.

---

04 우체국금융 일반현황 > 우체국 업무   답 ②

┃ **정답해설** ┃ ② 우체국예금 상품은 크게 요구불예금과 저축성예금으로 구분할 수 있으며, 예금상품의 구체적인 종류 및 가입대상, 금리 등은 과학기술정보통신부장관이 정하여 고시하도록 하고 있다.

제11조(예금의 종류 등) ① 예금은 요구불예금과 저축성예금으로 구분한다.
② 예금의 종류와 종류별 내용 및 가입대상 등에 관하여 필요한 사항은 과학기술정보통신부장관이 정하여 고시한다.
③ 예금업무 취급 등에 필요한 사항은 과학기술정보통신부령으로 정한다.

제35조(보험의 종류) ① 법 제28조에 따른 보험의 종류는 다음 각 호와 같다.

1. 보장성 보험: 생존 시 지급되는 보험금의 합계액이 이미 납입한 보험료를 초과하지 아니하는 보험
2. 저축성 보험: 생존 시 지급되는 보험금의 합계액이 이미 납입한 보험료를 초과하는 보험
3. 연금보험: 일정 연령 이후에 생존하는 경우 연금의 지급을 주된 보장으로 하는 보험
② 제1항의 보험의 종류에 따른 상품별 명칭, 특약, 보험기간, 보험료 납입기간, 가입 연령, 보장 내용 등은 우정사업본부장이 정하여 고시한다.

---

05 우체국금융 일반현황 > 우체국금융의 역할   답 ④

┃ **정답해설** ┃ ④ 옳은 것은 ㄷ, ㄹ이다.

┃ **오답해설** ┃ ㄱ. 우체국금융은 「은행법」에 따른 은행업 인가를 받은 일반은행이나 「보험업법」에 따른 보험업 인가를 받은 보험회사와는 달리 「우체국예금·보험에 관한 법률」등 소관 특별법에 의해 운영되는 국영금융기관으로 대출, 신탁, 신용카드 등 일부 금융 업무에 제한을 받고 있다.
ㄴ. 주식 발행이 없으므로 자기자본에 자본금 및 주식발행 초과금이 없다.

---

06 우체국금융 일반현황 > 소관 법령   답 ③

┃ **정답해설** ┃ ③ 우체국금융 관련 소관 법령에는 「우정사업 운영에 관한 특례법」, 「우체국창구업무의 위탁에 관한 법률」, 「우체국예금·보험에 관한 법률」, 「우편환법」, 「우편대체법」, 「우체국보험특별회계법」 등이 있다.

---

07 우체국금융 일반현황 > 소관 법률   답 ④

┃ **정답해설** ┃ ④ 우체국보험 이해관계인 사이에 발생하는 보험모집 및 보험계약과 관련된 분쟁을 조정하기 위하여 과학기술정보통신부장관 소속으로 우체국보험분쟁조정위원회를 둔다. 위원장 1명을 포함한 11명 이내의 위원으로 구성하고, 위원의 임기는 2년으로 하되, 연임할 수 있다.

---

08 우체국금융 일반현황 > 소관 법률   답 ②

┃ **정답해설** ┃ ② 순서대로 ㄷ, ㄹ, ㄴ, ㄱ의 연결이 적절하다.

ㄱ. ⓒ 국가재정 및 산업육성에 기여

ㄴ. ⓔ 서민경제 활성화 지원

ㄷ. ⓑ 우편사업의 안정적 운영 지원

ㄹ. ⓐ 보편적 금융서비스

01	③	02	④	03	②	04	③	05	④
06	④	07	①	08	②	09	①	10	②
11	①	12	②	13	①	14	③	15	①
16	③	17	④	18	②	19	②	20	②
21	③								

01 우체국금융 상품 > 우체국 체크카드 답 ③

| 정답해설 | ③ 옳은 것은 ㄴ, ㄷ이다.

| 오답해설 | ㄱ. 우체국 법인용 체크카드에는 성공파트너, e-나라도움(법인형), 정부구매, Biz플러스 등이 있다. 지역화폐카드는 개인용 체크카드이다.

ㄹ. 우체국 결제계좌 잔액의 범위 내에서 지불결제 및 현금카드 기능을 부여한 체크카드 사업을 시행하고 있다. 따라서 증권사나 종합금융회사의 MMF를 결제계좌로 하는 체크카드 발급은 시행되고 있지 않다. 최근에는 증권사나 종금사의 CMA를 결제계좌로 하는 체크카드의 발급은 활발하다.

02 우체국금융 상품 > 우체국 체크카드 답 ④

| 오답해설 | ① 법인의 우체국 체크카드 월 사용 한도는 기본 한도 2천만 원, 최대 한도 3억 원이다.

② Biz플러스 체크카드는 마트, 주유소, 신차구매 등 개인사업자 및 소상공인을 위한 맞춤형 혜택을 제공하는 카드이다. 포인트가 적립되는 체크카드는 성공파트너, 하이브리드여행, 다드림 체크카드이다.

③ 라이프플러스 체크카드는 교통 기능이 없고, 가족카드 발급도 되지 않는 카드이다.

03 우체국금융 상품 > 예금상품 답 ②

| 정답해설 | ② 옳은 것은 ㄴ, ㄹ 2개이다.

| 오답해설 | ㄱ. 우체국 행복지킴이통장에 대한 내용이다.

• 우체국 희망지킴이통장: 산업재해 보험급여 수급권자의 보험급여에 한해 입금이 가능하며, 관련 법령에 따라 압류 대상에서 제외하는 압류방지전용통장

• 우체국 행복지킴이통장: 기초생활보장, 기초(노령)연금, 장애인연금, 장애(아동)수당 등의 기초생활 수급권 보호를 위한 압류방지전용통장

ㄷ. 시니어 싱글벙글 정기예금에 대한 내용이다.

• 시니어 싱글벙글 정기예금: 만 50세 이상 중년층 고객을 위한 우대이율 및 세무, 보험 등 부가서비스를 제공하는 정기예금

• 우체국 편리한 e정기예금: 보너스입금, 비상금 출금, 자동 재예치, 만기 자동해지 서비스로 편리한 목돈 활용이 가능한 디지털정기예금

04 우체국금융 상품 > 예금상품 답 ③

| 오답해설 | ㄱ. e-Postbank정기예금은 인터넷뱅킹, 스마트뱅킹으로 가입이 가능한 온라인 전용상품으로 온라인 예·적금 가입, 자동이체 약정, 체크카드 이용실적에 따라 우대금리를 제공하는 정기예금이다. 자동 재예치 실적은 우대금리 제공사유가 아니다.

ㄹ. 우체국 하도급지킴이통장은 공사대금 및 입금이 하도급자와 근로자에게 기간 내 집행될 수 있도록 관리, 감독하기 위한 전용통장이므로 압류방지 전용통장은 아니다.

┤ 함께 보는 이론 ├ 우체국 행복지킴이통장 가입대상

아래에서 정하는 실명의 개인

• 「국민기초생활보장법」에서 정하는 기초생활 수급자
• 「기초연금법」에서 정하는 기초(노령)연금 수급자
• 「장애인연금법」에서 정하는 장애인연금 수급자
• 「장애인복지법」에서 정하는 장애수당, 장애아동수당 수급자
• 「한부모가족지원법」에서 정하는 한부모가족지원 보호대상자
• 「국민건강보험법」에서 정하는 요양비 등 보험급여수급자
• 「긴급복지지원법」에서 정하는 긴급지원 대상자
• 「어선원 및 어선 재해보상보험법」에서 정하는 어선원보험의 보험급여 지급대상자
• 「노인장기요양보험법」에서 정하는 특별현금급여비 수급자
• 「건설근로자의 고용개선 등에 관한 법률」에서 정하는 건설근로자 퇴직공제금 수급자
• 「아동수당법」에서 정하는 아동수당·영아수당 수급자
• 「중소기업협동조합법」에서 정하는 소기업·소상공인 공제금 수급자
• 「아동복지법」에서 정하는 자립수당 수급자
• 「재난적의료비 지원에 관한 법률」에서 정하는 재난적의료비 지원금액 수급자

┤ 함께 보는 이론 ├ 이웃사랑정기예금

국민기초생활수급자, 장애인, 한부모가족, 소년소녀가정, 조손가정, 다문화가정 등 사회 소외계층과 장기기증희망등록자, 골수기증희망등록자, 헌혈자, 입양자 등 사랑나눔 실천자 및 농어촌 지역(읍·면 단위 지역 거주자) 주민의 경제생활 지원을 위한 공익형 정기예금

┤ 함께 보는 이론 ├ 우체국 새출발자유적금

사회 소외계층 및 농어촌 고객의 생활 안정과 사랑 나눔실천(헌혈자, 장기기증자 등) 국민 행복 실현을 위해 우대금리 등의 금융혜택을 적극 지원하는 공익형 적립식 예금

새출발 희망	새출발 행복
기초생활수급자, 근로장려금수급자, 장애인 연금·장애수당·장애아동수당수급자, 한부모가족지원보호대상자, 소년소녀가장, 북한이탈주민, 결혼이민자	헌혈자, 입양자, 장기·골수기증자, 다자녀가정, 부모봉양자, 농어촌 읍면단위 거주자, 개인신용평점 상위 92% 초과 개인, 협동조합종사자, 소상공인

---

05 우체국금융 상품 > 예금상품   답 ④

| **오답해설** | ① 시니어 싱글벙글 정기예금은 여유자금 추가입금과 긴급자금 분할해지가 가능한 정기예금으로 만 50세 이상 중년층 고객을 위한 우대금리 및 세무, 보험 등 부가서비스를 제공한다.

② 우체국 국민연금안심통장은 압류금지 전용통장이지만, 우체국 생활든든통장은 압류금지 전용통장이 아니라 입출금이 자유로운 상품이다.

③ 우체국 마미든든 적금은 우체국 수시입출식 예금에서 이 적금으로 월 30만 원 이상 자동이체약정 시 부가서비스로 우체국쇼핑 할인쿠폰을 제공한다.

┌ **함께 보는 이론** | 우체국예금 상품

• **우체국 국민연금안심통장**: 국민연금 수급권자의 연금수급 권리를 보호하기 위한 압류방지 전용 통장으로 관련 법령에 따라 국민연금공단에서 입금하는 국민연금 급여에 한하여 입금이 가능한 예금
• **우체국 생활든든통장**: 만 50세 이상 고객의 기초연금, 급여, 용돈 수령 및 체크카드 이용 시 금융수수료 면제, 우체국 보험료 자동이체 또는 공과금 자동이체 시 캐시백, 창구소포 할인쿠폰 등 다양한 서비스를 제공하는 시니어 특화 입금이 자유로운 예금
• **우체국 마미든든 적금**: 일하는 기혼 여성 및 다자녀 가정 등 워킹맘을 우대하고, 다문화·한부모 가정 등 목돈마련 지원과 금융거래 실적 해당 시 우대혜택이 커지는 적립식 예금으로, 우체국 수시입출식 예금에서 이 적금으로 월 30만 원 이상 자동이체약정 시 부가서비스로 우체국쇼핑 할인쿠폰을 제공

---

06 우체국금융 상품 > 예금상품   답 ④

| **정답해설** | ④ 옳은 것은 ㄷ, ㄹ이다.

| **오답해설** | ㄱ. 2040$^{+\alpha}$자유적금은 20~40대 직장인과 카드 가맹점 등의 자유로운 목돈 마련을 위해 일정 조건에 해당하는 경우 우대금리를 제공하는 적립식 예금이다. 우체국 매일모아 e적금은 매일 저축(자동이체) 및 매주 알림저축 서비스를 통해 소액으로 쉽고 편리하게 목돈 모으기가 가능한 디지털전용 적립식 예금이다.

ㄴ. 기업든든MMDA통장은 법인, 고유번호증을 부여받은 단체, 사업자증록증을 가진 개인사업자 등을 대상으로 예치금액별로 차등금리를 적용하는 기업 MMDA 상품으로 입출금이 자유로운 예금이다.

---

07 우체국금융 상품 > 우체국 체크카드   답 ①

| **정답해설** | ① 우체국 영리한^{Plus} 체크카드는 복지카드, 교통카드(선불), 점자카드 발급이 가능하지만, 가족카드 발급은 불가능하다. 가족카드는 행복한, 다드림 체크카드만 가능하다.

구분	현금카드기능	복지카드기능	교통카드	가족카드	점자카드	해외겸용
영리한^{Plus}	○	○	○(선불)	X	○	○

---

08 우체국금융 상품 > 목돈 굴리기 상품   답 ②

| **정답해설** | ② 2040$^{+\alpha}$정기예금은 20~40대 직장인과 카드 가맹점, 법인 등의 안정적 자금운용을 위해 급여이체 실적, 신용카드 가맹점 결제계좌 약정 고객, 우체국금융 우수고객 등 일정 조건에 해당하는 경우 우대금리를 제공하는 정기예금이다.

---

09 우체국금융 상품 > 입출금이 자유로운 상품   답 ①

| **정답해설** | ① 듬뿍우대저축예금은 개인을 대상으로 예치 금액별로 차등 금리를 적용하는 개인 MMDA 상품으로 입출금이 자유로운 예금이다.

| **오답해설** | ② 이웃사랑정기예금은 국민기초생활수급자, 장애인, 한부모가족, 소년소녀가정, 조손가정, 다문화가정 등 사회소외계층과 장기기증희망등록자, 골수기증희망등록자, 헌혈자, 입양자 등 사랑나눔 실천자 및 농어촌 지역주민의 경제생활 지원을 하기 위한 공익형 정기예금이다. 퇴직연금사업자를 위한 전용 정기예금에는 우체국 퇴직연금정기예금이 있다.

③ e−Postbank정기예금은 인터넷뱅킹, 스마트뱅킹으로 가입이 가능한 온라인 전용상품으로 온라인 예·적금 가입, 자동이체 약정, 체크카드 이용실적에 따라 우대금리를 제공하는 정기예금이다. 공익형 상품이 아니다.

④ 양도성예금증서(CD)는 중도해지가 불가능하고, 만기 전에 현금화 하고자 할 경우에는 유통시장(종합금융시장, 증권회사)에서 매각할 수 있으며, 예금자 보호대상에서 제외한다.

---

10 우체국금융 상품 > 입출금이 자유로운 상품   답 ②

| **정답해설** | ② 저축예금은 개인 고객을 대상으로 하여 입출금이 자유로운 예금이다.

11 우체국금융 상품 > 예금상품   답 ①

| 정답해설 | ① 우체국 취업이룸통장은 구직촉진수당 등에 한해 입금이 가능하며, 「구직자 취업촉진 및 생활안정지원에 관한 법률」 제22조, 제23조에 따라 압류대상에서 제외하는 <u>압류방지 전용통장</u>이다.

---

12 우체국금융 상품 > 입출금이 자유로운 상품   답 ②

| 정답해설 | ② 독립유공자로서 수급자는 우체국 호국보훈지킴이통장가입대상자에 해당한다.

┌ **함께 보는 이론 | 우체국 호국보훈지킴이통장**

　독립·국가유공자의 보훈급여금 등 수급 권리를 보호하기 위한 압류방지 전용통장으로 관련 법령에 따라 가입자에게 지급되는 보훈급여금, 참전명예수당, 고엽제수당 등 정기급여에 한하여 입금이 가능한 예금

---

13 우체국금융 상품 > 입출금이 자유로운 상품   답 ①

| 정답해설 | ① 옳은 것은 ㄱ 1개이다.

| 오답해설 | ㄴ. 결혼이민자는 우체국 새출발자유적금 패키지 중 새출발 희망 상품에 가입할 수 있다.

ㄷ. 우체국 파트너든든 정기예금은 회전주기(1개월, 3개월, 6개월) 적용을 통해 고객의 탄력적인 목돈운용이 가능하며 <u>우편 계약 고객(우체국소포, EMS, 우체국쇼핑 공급업체) 및 예금 거래 고객</u>을 우대하는 정기예금이다.

ㄹ. 우체국 퇴직연금 정기예금은「근로자퇴직급여보장법」에서 정한 자산관리업무를 수행하는 퇴직연금사업자를 위한 전용 정기예금으로 우정사업본부와 퇴직연금사업자의 사전 협약에 의해 가입이 가능하며, <u>우정사업본부가 정한 우체국에 한해 취급</u>이 가능한 상품이다.

---

14 우체국금융 상품 > 입출금이 자유로운 상품   답 ③

| 정답해설 | ③ 순서대로 ㉢, ㉡, ㉠, ㉣의 연결이 적절하다.

ㄱ. ㉢ 우체국 편리한 e정기예금
ㄴ. ㉡ 우체국 매일모아 e적금
ㄷ. ㉠ e−Postbank정기예금
ㄹ. ㉣ e−Postbank예금

---

15 우체국금융 상품 > 입출금이 자유로운 상품   답 ①

| 정답해설 | ① 우체국 행복지킴이통장은 저소득층 생활안정 및 경제활동 지원 도모를 목적으로 기초생활보장, 기초(노령)연금, 장애인연금, 장애(아동)수당 등의 기초생활 수급권 보호를 위한 <u>압류방지 전용통장</u>으로, 관련 법령에 따라 압류방지 수급금에 한해 입금이 가능한 예금이다.

┌ **함께 보는 이론 | 공익형 예금상품**

수시입출식 예금	압류 방지	• 행복지킴이통장 • 국민연금안심통장 • 공무원연금평생안심통장 • 호국보훈지킴이통장 • 희망지킴이통장 • 우체국 취업이룸통장
		• 청년미래든든통장 • 건설하나로통장
적립식 예금		• 새출발자유적금 • 장병내일준비적금
거치식 예금		• 이웃사랑정기예금 • 소상공인정기예금

---

16 우체국금융 상품 > 목돈 굴리기 상품   답 ③

| 정답해설 | ③ 3+30+30+2+5+6+1+3 = 80

구분		기본한도		최대한도	
		일한도	월한도	일한도	월한도
개인	만 12세 이상	3만 원	30만 원	3만 원	30만 원
	만 14세 이상	6백만 원	2천만 원	5천만 원	5천만 원
법인		6백만 원	2천만 원	1억 원	3억 원

※ 미성년자(만 12세~만 13세)는 만 14세 이상이 되는 시점에 자동으로 한도상향이 되지 않으며 우체국창구, 우체국예금보험 홈페이지, 모바일뱅킹(PostPay)을 통하여 한도 상향 신청 필요

---

17 우체국금융 상품 > 목돈 마련 상품   답 ④

| 정답해설 | ④ 순서대로 ㉡, ㉠, ㉣, ㉢의 연결이 적절하다.

ㄱ. ㉡ 다드림 체크카드
ㄴ. ㉠ 하이브리드^{여행} 체크카드
ㄷ. ㉣ 라이프⁺플러스
ㄹ. ㉢ 포미 체크카드

| 정답해설 | ② 만 14세 이상 개인과 법인의 우체국 체크카드 기본 한도가 아닌 **최대 한도**에 대한 설명이다.

┤ 함께 보는 이론 ┠ 우체국 체크카드 사용 한도

구분		기본 한도		최대 한도	
		일 한도	월 한도	일 한도	월 한도
개인	만 12세 이상	3만 원	30만 원	3만 원	30만 원
	만 14세 이상	6백만 원	2천만 원	5천만 원	5천만 원
법인		6백만 원	2천만 원	1억 원	3억 원

* 미성년자(만 12세∼만 13세)는 만 14세 이상이 되는 시점에 자동으로 한도상향이 되지 않으며 우체국창구, 우체국예금보험 홈페이지, 모바일뱅킹(PostPay)을 통하여 한도 상향 신청 필요

| 정답해설 | ② 펀드는 원금과 이자, 보험금 등 전액을 보장하는 우체국예금·보험 상품과는 달리 운용실적에 따라 손익이 결정되는 실적배당 상품이기 때문에 원금 손실이 발생할 수도 있다.

┤ 함께 보는 이론 ┠ 우체국 펀드상품

단기금융펀드 (MMF)	• IBK그랑프리국공채MMF개인투자신탁제1호(국공채) • NH-Amundi개인MMF1호(국공채) • KB스타개인용MMFP-101호(국공채) • KB법인용MMFI-2호(국공채) • 신한BEST국공채개인MMFⅡ5(국공채) • 미래에셋개인전용MMF1호(국공채) • 한화개인MMF2호(국공채) • 키움프런티어개인용MMF제1호(국공채) • 멀티에셋국공채법인MMF투자신탁제1호(국공채) • NH-Amundi법인MMF8호 • 삼성MMF법인제1호 • 신한법인용MMFGS-1호
증권펀드 (채권형)	• 키움단기국공채증권자투자신탁제1호(채권) • 한화단기국공채증권자투자신탁(채권) • 유진챔피언단기채증권자투자신탁(채권) • 우리단기채권증권투자신탁(채권) • NH-Amundi하나로단기채증권투자신탁(채권) • 한국투자크레딧포커스ESG증권자투자신탁1호(채권) • 흥국멀티플레이증권자투자신탁4호(채권) • 우리하이플러스단기우량ESG채권증권자투자신탁1호(채권) • 한화코리아밸류채권증권자투자신탁(채권) • 유진챔피언중단기채증권자투자신탁(채권) • IBK단기채증권자투자신탁(채권) • 키움더드림단기채증권투자신탁(채권) • 한국투자e단기채ESG증권투자신탁(채권) • 신한지속가능경영ESG단기채권증권자투자신탁제1호[채권]
증권펀드 (혼합채권형)	• 흥국멀티플레이30공모주증권자투자신탁(채권혼합) • NH-Amundi4차산업혁명30증권투자신탁(채권혼합) • 우리중소형고배당30증권자투자신탁1호(채권혼합) • 브이아이공모주&배당주10증권자투자신탁(채권혼합) • KB밸류포커스30증권자투자신탁(채권혼합) • 한국밸류10년투자배당증권투자신탁(채권혼합) • 흥국공모주로우볼채움플러스증권투자신탁1호(채권혼합) • NH-Amundi모아모아15증권투자신탁(채권혼합) • 신한삼성전자알파증권투자신탁제1호(채권혼합) • NH-Amundi모아모아30증권투자신탁(채권혼합)

	• NH-Amundi100년기업그린코리아30증권투자신탁(채권혼합) • 브이아이실적포커스30증권투자신탁1호(채권혼합) • 유진챔피언공모주&배당주30증권투자신탁(채권혼합) • DB크레딧알파증권자투자신탁제1호(채권혼합) • IBKKOSPI200인덱스30증권자투자신탁(채권혼합) • 미래에셋스마트롱숏30증권투자신탁1호(채권혼합) • 미래에셋단기채알파증권자투자신탁(채권혼합) • 키움차세대모빌리티30증권자투자신탁제1호(채권혼합)

| 정답해설 | ② green-service(그린서비스) 기능이 되는 체크카드는 4개이다.

green기능 가능	행복한, 국민행복, 우리동네PLUS, 하이브리드여행

| 정답해설 | ③ 옳지 않은 것은 ㄱ, ㄴ, ㄹ 3개이다.
ㄱ. 영리한PLUS 체크카드는 선불 교통카드 기능, 점자카드, 해외 겸용기능이 되지만 가족카드 발급은 안 된다.
ㄴ. 법인용 체크카드의 현금 입출금 기능은 개인사업자에 한하여 선택 가능하다.
ㄹ. 법인용 체크카드 중 점자카드 기능이 가능한 것은 Biz플러스 체크카드이다.

CHAPTER 08	우체국금융 서비스				문제편 P.52				
01	①	02	④	03	②	04	①	05	④
06	①	07	④	08	②	09	③	10	③
11	②	12	④	13	③	14	③	15	①
16	②	17	④	18	③						

| 정답해설 | ① '포스트페이'는 우체국 특화서비스인 우편환기반 경조금 송금서비스와 핀테크를 접목시킨 간편결제 및 간편송금 서비스를 제공하는 우체국예금 모바일뱅킹 서비스 앱이다. 포스트페이 앱을 통해 현금 또는 카드 없이 스마트폰만으로 지불 결제를 진행하고, 휴대전화번호만 알면 경조카드와 함께 경조금을 보낼 수 있다. 또한, 간편송금 및 우체국 체크카드와 모바일 카드 발급 등 다양한 생활 금융서비스의 이용이 가능하다.

02 우체국금융 서비스 > 국제환과 제휴송금 답 ④

| 정답해설 | ④ 우체국의 해외송금 업무는 크게 시중은행과의 제휴를 통한 SWIFT(계좌송금), MoneyGram(무계좌 실시간송금)과 유로지로 네트워크를 통해 우체국이 자체적으로 제공하는 Eurogiro로 구분할 수 있다.

| 함께 보는 이론 | 우체국 해외송금 비교(2022. 12. 기준)

구분	SWIFT 송금	유로지로	특급송금
송금방식	SWIFT network	Eurogiro network	MoneyGram network
소요시간	3~5 영업일	3~5 영업일	송금 후 10분
거래유형	계좌송금	주소지/계좌송금	수취인 방문 지급
중계·수취은행 수수료	약 15~25 USD	• 중계은행 수수료: 없음 • 수취은행 수수료: USD 3 / EUR 2	―
취급국가	전 세계 약 214개국	태국, 필리핀, 스리랑카, 베트남, 몽골	약 200개 국가

03 우체국금융 서비스 > 노란우산공제 답 ②

| 정답해설 | ② 기존 가입자 또는 강제해지 후 1년 미경과 시에는 신규 및 (재)청약이 불가하므로 청약 전 기가입 여부 등 조회를 필수적으로 실시한다.

04 우체국금융 서비스 > 창구망 공동이용서비스 답 ①

| 정답해설 | ① 창구망 공동이용서비스는 우체국과 은행이 업무 제휴를 맺고 양쪽 기관의 전산시스템을 전용선으로 상호연결하여, 제휴은행 고객이 각 우체국 창구에서 기존의 타행환거래방식이 아닌 자행거래방식으로 입금 및 출금거래를 할 수 있도록 하는 업무이다.

05 우체국금융 서비스 > 우체국예금 서비스 답 ④

| 정답해설 | ④ ㄱ, ㄴ, ㄷ, ㄹ 모두 우체국예금(제휴서비스 포함)에서 제공하는 서비스이다.

| 함께 보는 이론 | 우체국금융 서비스의 종류

분야	주요업무
전자금융	인터넷뱅킹, 폰뱅킹, 모바일뱅킹(스마트뱅킹, 포스트페이)
우편환·대체	• 통상환, 온라인환, 경조금배달서비스 • 우편대체계좌를 통한 자금결제
외국환	환전, 해외송금

	창구망 공동이용업무	• 창구공동망업무(자동화기기 포함) • 노란우산공제 판매대행 • SWIFT 해외송금 • 환전서비스 • 특급해외송금(머니그램) • 우체국 CMS 입금 업무 • 건설근로자 퇴직공제금 접수대행
창구망 개방	카드업무 대행서비스	• 신용카드, 체크카드 • 선불카드(T-Money카드)
	증권계좌 개설대행서비스	• 증권계좌 개설대행 • 증권제휴카드 발급 등
시스템 개방	결제자금 수납대행	• 일괄배치 서비스 • 실시간 자동이체서비스 • 가상계좌 서비스 • 인터넷 지불결제 • 예금주실명조회서비스 • 금융결제원 지로/CMS
	자동화기기 이용업무	• 제휴CD업무 이용 • 현금서비스
	전자금융서비스	• 공동인증서비스

06 우체국금융 서비스 > 금융서비스 답 ①

| 정답해설 | ① 모바일뱅킹은 고객이 우체국을 방문하지 않고 스마트폰을 이용하여 우체국예금·보험 및 각종 모바일 금융서비스를 제공받을 수 있는 전자금융서비스를 말한다. / 폰뱅킹은 고객의 신청에 따라 우체국예금·보험 고객센터를 통해 가정이나 사무실 등에서 다양한 우체국예금·보험 서비스를 전화통화로 간편하게 처리할 수 있는 서비스를 말한다.

07 우체국금융 서비스 > 우체국예금 서비스 답 ④

| 정답해설 | ④ 우체국 인터넷뱅킹을 해지하면 스마트뱅킹은 자동 해지되나 스마트뱅킹을 해지하더라도 인터넷뱅킹 이용 자격은 계속 유지된다.

| 함께 보는 이론 | 우체국 '스마트뱅킹 앱'

우체국 전자금융서비스 신청 고객이 우체국 방문 없이 스마트폰에서 우체국 금융 서비스(가입, 조회, 이체 등)를 이용할 수 있는 우체국예금 스마트폰뱅킹 전용 어플리케이션

08 우체국금융 서비스 > 금융서비스 답 ②

| 정답해설 | ② 순서대로 ㉡, ㉣, ㉤, ㉢의 연결이 적절하다.
ㄱ. ㉡ 폰뱅킹
ㄴ. ㉣ 포스트페이
ㄷ. ㉤ 스마트보험
ㄹ. ㉢ 모바일뱅킹

| 정답해설 | ③ 예금상품, 조회, 이체(휴대폰송금 포함), 경조금배달, 비대면계좌개설이 가능하다.

┌─ 함께 보는 이론 | 인터넷뱅킹 ─

고객이 우체국 창구에 직접 방문하지 않고 인터넷이 연결된 PC를 이용하여 우체국예금·보험 홈페이지에 접속하여 신청에 따라 금융상품 정보 획득, 각종 조회 및 이체, 예금·보험 상품의 가입 등 우체국예금 및 우체국보험에 대한 다양한 금융서비스를 이용할 수 있는 전자금융서비스

| 정답해설 | ③ 옳지 않은 내용이다.

구분	안전등급	일반등급
인터넷뱅킹	우체국이 정한 인증서+OTP	우체국이 정한 인증서+보안카드
모바일뱅킹	우체국이 정한 인증서+OTP	우체국이 정한 인증서+보안카드
폰뱅킹	OTP+이체비밀번호	보안카드+이체비밀번호
모바일뱅킹	HSM방식 공동인증서+보안카드	우체국이 정한 인증서+보안카드

| 정답해설 | ② 1+1+5+1 = 8

구분			보안등급		
			안전등급	일반등급	기본등급
모바일 뱅킹	개인	1회	1억 원	1천만 원	1천만 원
		1일	5억 원	5천만 원	1천만 원

| 정답해설 | ② 옳은 내용이다.

구분	SWIFT	유로지로	특급송금
소요시간	3~5 영업일	3~5 영업일	송금 후 10분
거래유형	계좌송금	주소지/계좌송금	수취인 방문지급
취급국가	전세계 약 214개국	태국, 필리핀, 스리랑카, 베트남, 몽골	약 200개 국가
송금방식	SWIFT network	Eurogiro network	Moneygram network

| 정답해설 | ③ 순서대로 ⓛ, ©, ⑭, ⑮의 연결이 적절하다.
ㄱ. ⓛ 외화배달 서비스
ㄴ. © 창구망 공동이용
ㄷ. ⑭ 건설근로자퇴직공제금 접수대행
ㄹ. ⑮ 증권계좌 개설대행

| 오답해설 | ① 모바일뱅킹에 대한 설명이다. / 인터넷뱅킹이란 고객이 우체국 창구에 직접 방문하지 않고 인터넷이 연결된 PC를 이용하여 우체국예금·보험 홈페이지에 접속하여 신청에 따라 금융상품 정보 획득, 각종 조회 및 이체, 예금·보험 상품의 가입 등 우체국예금 및 우체국보험에 대한 다양한 금융서비스를 이용할 수 있는 전자금융서비스이다.
② 모바일뱅킹 서비스는 크게 휴대폰의 기능에 따라 IC칩 방식(2016년 7월 서비스 종료), VM방식(2015년 12월 서비스 종료), 스마트폰뱅킹(스마트뱅킹)으로 구분되며, 현재 우체국예금은 어플리케이션을 기반으로 스마트뱅킹과 포스트페이 두 가지 모바일뱅킹 서비스를 제공하고 있다.
④ 우체국 인터넷뱅킹을 해지하면 스마트뱅킹은 자동 해지되나 스마트뱅킹을 해지하더라도 인터넷뱅킹 이용 자격은 계속 유지된다.

| 정답해설 | ① 5회+10회=15이다.
ㄱ. 계좌 비밀번호, 보안카드 비밀번호, 폰뱅킹 이체비밀번호, 모바일 인증서에 등록한 PIN, 패턴, 디지털 OTP 인증번호 및 생체인증 정보 등을 연속 5회 이상 잘못 입력한 경우
ㄴ. OTP의 경우 OTP를 발생시키는 전 금융기관을 통합하여 연속 10회 이상 잘못 입력한 경우

| 정답해설 | ② 폰뱅킹은 고객의 신청에 따라 우체국예금·보험 고객센터를 통해 가정이나 사무실 등에서 다양한 우체국예금·보험서비스를 전화통화로 간편하게 처리할 수 있는 서비스를 말한다.

| 정답해설 | ④ 머니그램(MoneyGram) 해외송금은 신한은행 및 머니그램社와 제휴를 맺은 에이전트(Agent)끼리는 계좌번호 없이 8자리 송금번호 및 수취인 영문명으로 해외로 자금을 송금한 후 약 10분 뒤 수취인 지역 내 머니그램 Agent를 방문하여 수취할 수 있는 특급송금서비스이다.

18 우체국금융 서비스 > 창구망 공동이용 서비스　　　답 ③

| 정답해설 | ③ 창구망 공동이용 서비스는 우체국과 은행이 업무제휴를 맺고 양 기관의 전산시스템을 전용선으로 상호 연결하여 제휴은행 고객이 각 우체국 창구에서 기존의 타행환 거래 방식이 아닌 자행거래 방식으로 입금 및 출금거래를 할 수 있도록 하는 업무이다.

┤ 함께 보는 이론 ├ 제휴기관 및 이용가능 업무

구분	주요내용
제휴기관	KDB산업은행, 한국씨티은행, IBK 기업은행, 전북은행, 하나은행, 국민은행, 신한은행, 우리은행
이용가능업무	• (입금) 제휴은행 고객이 우체국 창구에서 제휴은행 고객계좌로 입금 • (지급) 제휴은행 고객이 우체국 창구에서 출금(통장에 의한 지급) • (조회) 무통거래내역, 계좌잔액, 처리결과, 수수료 조회 * 우체국 창구에서 제휴은행 통장 신규발행 및 해지는 불가

CHAPTER 09 | 내부통제 및 리스크관리　　　문제편 P.58

01	④	02	③	03	④	04	④	05	②
06	③	07	①	08	②	09	②	10	②
11	④	12	③						

---

01 내부통제 및 리스크관리 > 실명확인방법　　　답 ④

| 정답해설 | ④ 계좌개설 시(신규 및 재예치)마다 실명확인증표 원본에 의하여 실명을 확인하여 거래원장, 거래신청서, 계약서 등에 "실명확인필"을 표시하고 확인자가 날인 또는 서명(동시에 다수의 계좌를 개설하는 경우 기실명확인된 실명확인증표 재사용 가능)한다. 계좌개설시(신규 및 재예치)에는 기징구된 실명확인증표 사본 등 관련 서류의 재사용은 금지된다.

---

02 내부통제 및 리스크관리 > 「금융실명거래 및 비밀보장에 관한 법률」　　　답 ③

| 오답해설 | ① 금융거래정보 등을 제공한 경우에는 그 내용을 표준양식에 따라 기록·관리하여 5년간 보관해야 한다(「금융실명거래 및 비밀보장에 관한 법률」 제4조의3 제2항).
② 금융거래정보 등의 제공사실에 대한 통보의무를 위반한 경우에는 3,000만 원 이하의 과태료를 부과한다(「금융실명거래 및 비밀보장에 관한 법률」 제7조 제1항).
④ 통보유예 요청을 받은 경우에는 통보유예 기간이 종료된 날로부터 10일 이내에 정보제공 사실을 명의인에게 서면으로 통보하여야 한다(「금융실명거래 및 비밀보장에 관한 법률」 제4조의2 제1항).

---

03 내부통제 및 리스크관리 > 실명확인　　　답 ④

| 정답해설 | ④ 옳은 것은 ㄱ, ㄴ, ㄷ, ㄹ 4개이다.

---

04 내부통제 및 리스크관리 > 실명확인　　　답 ④

| 정답해설 | ④ 옳지 않은 것은 ㄱ, ㄴ, ㄷ, ㄹ 4개이다.
ㄱ. 계좌개설시(신규 및 재예치)마다 실명확인증표 원본에 의하여 실명을 확인하여 거래원장, 거래신청서, 계약서 등에 "실명확인필"을 표시하고 확인자가 날인 또는 서명(동시에 다수의 계좌를 개설하는 경우 기실명확인된 실명확인증표 재사용 가능)한다.
ㄴ. 계좌개설시에는 실명확인증표 사본 등 실명확인에 필요한 관련 서류를 첨부·보관한다. 실명확인할 의무가 있는 금융회사 직원이 금융회사가 통제·관리할 수 있는 스캐너 또는 디지털카메라에 의해 스캔(촬영) 후 파일을 별도 보관하거나 사본 출력 후 거래신청서 등에 첨부·보관도 가능(기징구된 실명확인증표 사본 등 관련 서류 재사용 금지)하다.
ㄷ. 대리인을 통하여 계좌개설을 할 경우 인감증명서가 첨부된 위임장을 징구한다. 본인 및 대리인 모두의 실명확인증표와 첨부된 위임장의 진위여부 확인을 위한 인감증명서 및 본인서명사실확인서를 제시받아 실명확인한다(이 경우 본인의 실명확인증표는 사본으로도 가능).
ㄹ. 가족대리시 가족관계확인서류(주민등록등본, 가족관계증명서, 가족관계등록부 등)를 징구한다. 인감증명서, 위임장, 가족관계확인서류 등 징구서류는 사유 발생일 이후 발급분을 징구하고, 해당 서류의 유효기간은 발행일로부터 3개월 이내로 제한한다.

---

05 내부통제 및 리스크관리 > 실명확인　　　답 ②

| 정답해설 | ② 순서대로 ㄹ, ㄱ, ㅁ, ㄴ의 연결이 적절하다.
ㄱ. ㄹ 불공정영업행위 금지
ㄴ. ㄱ 적합성의 원칙
ㄷ. ㅁ 부당권유행위 금지
ㄹ. ㄴ 적정성의 원칙

---

06 내부통제 및 리스크관리 > 실명확인　　　답 ③

| 정답해설 | ③ 금융회사 등의 임원 및 직원이 아닌 업무수탁자(대출모집인, 카드모집인, 보험모집인, 공제모집인 등) 등은 실명확인을 할 수 없다.

| 정답해설 | ① 옳지 않은 것은 ㄴ 1개이다.

ㄴ. 법원의 제출명령 또는 법관이 발부한 영장에 의한 경우에 제3자에게 제공할 수 있는 경우에 해당하나 검사 또는 경찰관 명의 서면에 의한 요청인 경우는 해당하지 않는다.

┌─ | 함께 보는 이론 | 금융거래정보를 제3자에게 제공할 수 있는 경우 ─
- 명의인의 서면상 요구나 동의를 받은 경우
- 법원의 제출명령 또는 법관이 발부한 영장에 의한 경우
- 조세에 관한 법률의 규정에 의하여 소관관서장의 요구(상속·증여재산의 확인, 체납자의 재산조회 등)에 의한 거래정보 등을 제공하는 경우
- 동일 금융회사의 내부 또는 금융회사 상호간에 업무상 필요한 정보 등을 제공하는 경우
- 타법률의 규정에 의하여 정보제공이 가능한 경우

| 정답해설 | ② 「금융실명거래 및 비밀보장에 관한 법률」상 원칙적으로 개인의 실명확인증표는 주민등록증이다. 다만, 예외적으로 본인임을 확인할 수 있는 운전면허증, 여권, 청소년증, 경로우대증, 노인복지카드, 장애인복지카드, 학생증 등도 실명확인증표가 될 수 있다. 납세번호증과 고유번호증은 임의단체의 실명확인증표가 된다.

┌─ | 함께 보는 이론 | 실명확인증표 ─
- **개인**: 주민등록증이 원칙이나, 국가기관, 지방자치단체, 「유아교육법」·「초·중등교육법」·「고등교육법」에 의한 학교의 장이 발급한 것으로 성명, 주민등록번호가 기재되어 있고 부착된 사진에 의해 본인임을 확인할 수 있는 유효한 증표(운전면허증, 여권, 청소년증, 경로우대증, 노인복지카드, 장애인복지카드, 학생증 등)도 실명확인증표가 될 수 있음
- **법인**: 사업자등록증, 고유번호증, 사업자등록증명원이 실명확인증표가 됨. 사업자등록증 사본은 동일 금융회사 내부에서 원본을 대조·확인한 경우에 사용 가능
- **임의단체**: 납세번호 또는 고유번호가 있는 경우에는 납세번호증 또는 고유번호증이 실명확인증표가 됨. 다만, 납세번호 또는 고유번호가 없는 경우에는 대표자 개인의 실명확인증표가 됨
- **외국인**: 외국인의 경우에는 외국인등록증, 여권 등이 실명확인증표가 됨

| 정답해설 | ② 금융회사 등에 종사하는 자는 명의인 서면요구나 동의를 받지 않는 한 타인에게 금융거래 정보나 자료 등을 제공 또는 누설하여서는 안 되며 누설한 경우 5년 이하의 징역 또는 5,000만 원 이하의 벌금에 처한다(「금융실명거래 및 비밀보장에 관한 법률」 제4조 제1항 및 제6조 제1항).

| 정답해설 | ② 금융회사의 지배구조에 관한 법률은 금융회사가 효과적인 내부통제제도를 구축·운영해야 하는 법적인 근거를 제시하고 있다. 동법 제24조에서는 '금융회사는 법령을 준수하고 경영을 건전하게 하며 주주 및 이해관계자 등을 보호하기 위하여 금융회사의 임직원이 직무를 수행할 때 준수하여야 할 기준 및 절차(내부통제기준)를 마련하여야 한다.'라고 규정하고 있다.

| 정답해설 | ④ 금융소비자보호법은 설명의무 위반에 따른 손해배상청구 소송 시 고의·과실에 대한 입증책임을 소비자가 아닌 금융회사가 입증하도록 하였다.

| 정답해설 | ③ 투자성 상품·금융상품자문은 계약서류 제공일 또는 계약체결일로부터 7일 이내에 청약철회권을 사용할 수 있다.

┌─ | 함께 보는 이론 | 금융상품 유형별 청약 철회 숙려기간 ─

구분	숙려기간
보장성	보험증권 수령일로부터 15일과 청약일로부터 30일 중 먼저 도래하는 기간 이내
투자성·금융상품자문	계약서류 제공일 또는 계약체결일로부터 7일 이내
대출성	계약서류 제공일, 계약체결일 또는 계약에 따른 금전·재화 등 제공일로부터 14일 이내

CHAPTER 10 | 기타사항
문제편 P.62

01	②	02	④	03	③	04	④	05	①
06	③	07	②	08	④	09	①	10	③
11	③	12	②	13	③	14	①	15	④
16	②	17	②						

| 정답해설 | (1) 종합과세되는 금융소득금액(정기예금 이자 + 환매조건부채권 이자): 85,100,000원

ㄱ 비과세 되는(우리사주 배당금, 농업회사법인 출자금 배당) 금융소득은 과세대상이 아니고, 분리과세 되는 금융소득은 원천징수로 납세의무가 종결되므로 금융소득 종합과세 대상에서 제외된다.

ⓛ 기준금액 초과 금융소득

$$85,100,000원 - 20,000,000원 = 65,100,000원$$

(2) 종합소득 산출세액의 계산방법

㉠ 금융소득을 기본세율로 과세 시 산출세액

$$\boxed{(2천만\ 원\ 초과\ 금액 - 종합소득\ 공제) \times 기본세율 + 2천만\ 원 \times 14\%}$$

$$= \{(65,100,000 - 5,100,000) \times 기본세율\}$$
$$- 누진공제 + (20,000,000원 \times 14\%)$$
$$= (60,000,000 \times 24\% - 5,220,000) + 2,800,000$$
$$= 14,400,000 - 5,220,000 + 2,800,000 = 11,980,000원$$

ⓛ 금융소득을 원천징수세율로 과세 시 산출세액

$$\boxed{금융소득 \times 14\%}$$

$$= 85,100,000 \times 14\% = 11,914,000원$$

(3) 종합소득산출세액은 (2)의 ㉠과 ⓛ 중 큰 금액인 11,980,000원이 된다.

┌ **함께 보는 이론 | 종합소득세 기본세율** ─

과세표준	세율	누진공제액
1,200만 원 이하	과세표준 × 6%	−
1,200만 원 초과 4,600만 원 이하	72만 원 + (1,200만 원을 초과하는 금액의 15%)	108만 원
4,600만 원 초과 8,800만 원 이하	582만 원 + (4,600만 원을 초과하는 금액의 24%)	522만 원
8,800만 원 초과 1억 5천만 원 이하	1,590만 원 + (8,800만 원을 초과하는 금액의 35%)	1,490만 원
1억 5천만 원 초과 3억 원 이하	3,760만 원 + (1억 5천만 원을 초과하는 금액의 38%)	1,940만 원
3억 원 초과 5억 원 이하	9,460만 원 + (3억 원을 초과하는 금액의 40%)	2,540만 원
5억 원 초과	1억 7,460만 원 + (5억 원을 초과하는 금액의 42%)	3,540만 원
10억 원 초과	3억 8,460만 원 + (10억 원을 초과하는 금액의 45%)	6,540만 원

---

02 기타사항 > 자금세탁방지제도 　　　　답 ④

| 정답해설 | ④ 옳은 것은 ㄷ, ㄹ이다.

| 오답해설 | ㄱ. 금융정보분석기구(FIU)는 금융기관 등으로부터 자금세탁 관련 의심거래를 수집·분석하여 불법거래, 자금세탁행위 또는 공중협박 자금조달행위와 관련된다고 판단되는 금융거래 자료를 법 집행기관에 제공한다.

ㄴ. 고객확인제도는 금융회사가 고객과 거래시 자금세탁행위 등의 우려가 있는 경우 실제 당사자 여부 및 금융거래 목적을 확인하는 제도로, 금융실명제를 토대로 하되 금융실명제가 포함하지 않고 있는 사항을 보완하는 차원에서 특정금융정보법에 근거를 두고 2006년 1월 18일부터 이 제도를 도입하였다. 2010년 7월 새롭게 제정·시행된 자금세탁방지 및 공중협박자금조달금지 업무규정(FIU고시)에서는 고객확인제도의 이행사항을 상세하게 규정하고 있다.

---

03 기타사항 > 자금세탁방지제도 　　　　답 ③

| 정답해설 | ③ 금융정보분석원(KoFIU)은 보고된 혐의거래 내용과 외환전신망 자료, 신용정보, 외국 FIU의 정보 등 자체적으로 수집한 관련 자료를 종합·분석한 후 불법거래 또는 자금세탁행위와 관련된 거래라고 판단되는 때에는 해당 금융거래자료를 검찰청·경찰청·국세청·관세청·금융위원회·선거관리위원회 등 법집행기관에 제공한다. 이때 법집행기관은 거래내용을 조사·수사하여 기소 등의 의법조치를 하게 된다.

---

04 기타사항 > 자금세탁방지제도 　　　　답 ④

| 정답해설 | ④ 고객확인제도(CDD)는 금융회사가 고객과 거래 시 고객의 성명과 실지명의 이외에 주소·연락처 등을 추가로 확인하고, 자금세탁행위 등의 우려가 있는 경우 실제 당사자 여부 및 금융거래 목적을 확인하는 제도이다.

| 오답해설 | ① 채권의 분류 중 발행주체에 따라 국채시장(국가), 지방채시장(지방자치단체), 특수채시장(특수한 법률에 의해 설립된 특수 법인, 토지공사나 LH공사 등), 금융채시장(금융기관), 회사채시장(주식회사) 등으로 나눌 수 있다. 환매조건부채권은 발행조건에 따른 채권의 분류에 해당한다.

② 중소기업은행은 특수은행으로, 「은행법」이 아닌 개별적인 특별법에 의해 설립되어 은행업무를 핵심업무로 취급하고 있는 금융기관이다. 한국산업은행, 한국수출입은행, 중소기업은행, 농업협동조합중앙회 및 수산업협동조합중앙회 등이 특수은행에 해당한다.

③ 개인별 연간 금융소득(이자·배당소득)이 2천만 원 이하일 경우에는 원천징수(15.4%)하고, 2천만 원을 초과하는 금융소득은 근로소득·사업소득·연금소득 등 다른 소득과 합산하여 누진세율(소득 수준에 따라 6~42%의 세율 적용) 적용 및 종합과세 한다.

---

05 기타사항 > 보호대상 금융회사 　　　　답 ①

| 오답해설 | ② 농·수협지역조합, 신용협동조합, 새마을금고는 현재 예금보험공사의 보호대상 금융회사는 아니며, 관련 법률에 따른 자체 기금에 의해 보호된다.

③ 우체국의 경우 예금보험공사의 보호대상 금융회사는 아니지만, 「우체국예금·보험에 관한 법률」 제4조(국가의 책임)에 의거하여 우체국예금(이자 포함)과 우체국보험 계약에 따른 보험금 등 전액에 대하여 국가에서 지급을 책임지고 있다.

④ 정부, 지방자치단체(국·공립학교 포함), 한국은행, 금융감독원, 예금보험공사, 부보금융회사의 예금은 보호대상에서 제외한다.

06 기타사항 > 보호대상 금융상품 답 ③

| 정답해설 | ③ 보험회사의 예금보호대상 금융상품으로 운용되는 확정기여형 퇴직연금제도 및 개인형퇴직연금제도의 적립금은 보호금융상품이지만, 확정급여형 퇴직연금제도의 적립금은 비보호 금융상품이다.

07 기타사항 > 자금세탁방지제도 답 ②

| 정답해설 | ② 1백만 원 이하의 원화송금(무통장입금 포함) 및 선불카드 금액 모두 기준금액 산정 시 제외거래 대상에 해당한다.

┤ 함께 보는 이론 ├ 고액현금거래보고제도(CTR) 기준금액 산정 시 제외거래

- 1백만 원 이하의 원화송금(무통장입금 포함) 금액
- 1백만 원 이하에 해당하는 외국통화 매입·매각 금액
- 금융실명법상 실명확인 생략 가능한 각종 공과금의 수납·지출 금액
- 법원공탁금, 정부보관금, 송달료를 지출한 금액
- 은행지로장표에 의하여 수납한 금액
- 1백만 원 이하의 선불카드 금액

08 기타사항 > 고객확인제도 답 ④

| 정답해설 | ④ 영리법인의 경우 실지명의, 업종, 본점 및 사업장 소재지, 연락처, 대표자 성명, 생년월일 및 국적으로 신원확인 한다.

┤ 함께 보는 이론 ├ 고객별 신원확인사항

구분	신원확인사항 (「특정 금융거래정보법 시행령」 제10조의4)
개인	실지명의(금융실명법 제2조 제4호의 실지명의), 주소, 연락
영리법인	실지명의, 업종, 본점 및 사업장 소재지, 연락처, 대표자 성명, 생년월일 및 국적
비영리법인 및 기타 단체	실지명의, 설립목적, 주된 사무소 소재지, 연락처, 대표자 성명, 생년월일 및 국적
외국인 및 외국단체	위의 분류에 의한 각각의 해당 사항, 국적, 국내 거소 또는 사무소 소재지

09 기타사항 > 예금자 보호 답 ①

| 정답해설 | ① 예금자 보호 금융상품에 해당하는 것은 ㄱ, ㄴ, ㄹ 이다.

┤ 함께 보는 이론 ├ 보호금융상품 vs 비보호금융상품

구분	보호	비보호
은행	• 요구불예금 (보통예금, 기업자유예금, 당좌예금 등) • 저축성예금 (정기예금, 주택청약예금, 표지어음 등)	• 양도성예금증서(CD) • 환매조건부채권(RP) • 금융투자상품(수익증권 뮤추얼펀드, MMF 등)

구분	보호	비보호
	• 적립식예금 (정기적금, 주택청약부금, 상호부금 등) • 외화예금 • 예금보호대상 금융상품으로 운용되는 확정기여형 퇴직연금제도 및 개인형 퇴직연금제도의 적립금 • 개인종합자산관리계좌(ISA)에 편입된 금융상품 중 예금보호대상으로 운용되는 금융상품 • 원본이 보전되는 금전신탁 등	• 특정 금전신탁 등 실적배당형 신탁 • 은행 발행채권 • 주택청약저축, 주택청약종합저축 등 • 개발신탁
보험회사	• 개인이 가입한 보험계약 • 퇴직보험 • 변액보험계약 특약 • 변액보험계약 최저사망보험금·최저연금적립금·최저중도인출금 등 최저보증 • 예금보호대상 금융상품으로 운용되는 확정기여형 퇴직연금제도 및 개인형 퇴직연금제도의 적립금 • 개인종합자산관리계좌(ISA)에 편입된 금융상품 중 예금보호대상으로 운용되는 금융상품 • 원본이 보전되는 금전신탁 등	• 보험계약자 및 보험료납부자가 법인인 보험계약 • 보증보험계약 • 재보험계약 • 변액보험계약 주계약(최저사망보험금·최저연금적립금·최저중도인출금 등 최저보증 제외) 등 • 확정급여형 퇴직연금제도의 적립금

10 기타사항 > 금융소득 종합과세 답 ③

| 정답해설 | ③ 종합과세란 종합소득 중 비과세소득과 분리과세 소득을 제외한 소득을 합산하여 누진세율을 적용하는 과세방법 을 말한다.

11 기타사항 > 자금세탁방지제도 답 ③

| 정답해설 | ③ 순서대로 ⓒ, ⓛ, ㉠, ⓔ의 연결이 적절하다.
ㄱ. ⓒ 고객확인제도(CDD)
ㄴ. ⓛ 고액현금거래보고제도(CTR)
ㄷ. ㉠ 의심거래보고제도(STR)
ㄹ. ⓔ 강화된 고객확인의무(EDD)

┤ 함께 보는 이론 ├

- **고객확인제도(CDD; Customer Due Diligence):** 금융회사가 고객과 거래시 고객의 성명과 실지명의 이외에 주소, 연락처 등을 추가로 확인하고, 자금세탁행위 등의 우려가 있는 경우 실제 당사자 여부 및 금융거래 목적을 확인하는 제도
- **고액현금거래보고제도(CTR; Currency Transaction Reporting System):** 일정금액 이상의 현금거래를 KoFIU에 보고토록 한 제도이다. 1일 거래일 동안 1천만 원 이상의 현금을 입금하거나 출금한 경우 거래자의 신원과 거래일 시, 거래금액 등 객관적 사실을 전산으로 자동 보고토록 한 제도
- **의심거래보고제도(STR; Suspicious Transaction Report):** 금융거래(카지노에서의 칩 교환 포함) 등과 관련하여 수수한 재산이 불법재산이라고 의심되는 합당한 근거가 있거나 금융거래 등의 상대방이 자금세탁행위를 하고 있다고 의심되는 합당한 근거가 있는 경우 이를 금융정보분석원장에게 보고토록 한 제도

- 강화된 고객확인제도(EDD; Enhanced Due Diligence): 고객별·상품별 자금세탁 위험도를 분류하고 자금세탁위험이 큰 경우에는 더욱 엄격한 고객확인, 즉 실제 당사자 여부 및 금융거래 목적과 거래자금의 원천 등을 확인하도록 하는 제도

---

12 기타사항 > 자금세탁방지제도　　답 ①

| 정답해설 | ① 의심되는 합당한 근거가 있는 경우 및 「범죄수익은닉의 규제 및 처벌 등에 관한 법률」 제5조 제1항 및 「공중 등 협박목적 및 대량살상무기확산을 위한 자금조달행위의 금지에 관한 법률」 제5조 제2항에 따라 관할 수사기관에 신고한 경우 지체 없이 의무적으로 금융정보분석원에 의심거래보고를 하여야 한다.

| 오답해설 | ② 의심거래보고를 허위보고 하는 경우 1년 이하의 징역 또는 1천만 원 이하의 벌금, 미보고하는 경우 3천만 원 이하의 과태료 부과도 가능하다.
③ 의심거래보고를 하지 않는 경우에는 관련 임직원에 대한 징계 및 기관에 대한 시정명령과 과태료부과 등 제재처분이 가능하다.
④ 금융회사가 금융거래 등의 상대방과 공모하여 의심거래보고를 하지 않거나 허위보고를 하는 경우에는 6개월의 범위 내에서 영업정지처분도 가능하다.

---

13 기타사항 > 자금세탁방지제도　　답 ②

| 정답해설 | ② 2010년 6월 30일부터 의심거래보고 기준금액이 2천만 원에서 1천만 원으로 하향 조정되었고, 2013년 8월 13일부터 의심거래보고 기준금액은 삭제되었다.

---

14 기타사항 > 자금세탁방지제도　　답 ①

| 오답해설 | ② 계좌의 신규개설은 고객이 금융기관에서 예금계좌, 위탁매매계좌 등을 개설하는 경우뿐만 아니라 일반적으로 금융기관과 계속적인 금융거래를 개시할 목적으로 계약을 체결하는 것을 말한다. 예를 들어 여신, 보험·공제계약, 대출·보증·팩토링 계약의 체결, 양도성예금증서, 표지어음의 발행, 금고대여 약정, 보관어음 수탁 등이 포함된다.
③ 개인의 경우 고객별 신원확인사항은 실지명의, 주소, 연락처이며, 영리법인의 경우 실지명의, 업종, 본점 및 사업장 소재지, 연락처, 대표자의 성명, 생년월일 및 국적이다.
④ 금융기관은 실제당사자 여부가 의심되는 등 고객이 자금세탁행위를 할 우려가 있는 경우에는 고객별 신원확인 외에 고객의 실제 당사자 여부 및 금융거래 목적까지 확인하여야 한다.

---

15 기타사항 > 금융정보자동교환을 위한 국제협정　　답 ④

| 정답해설 | ④ 예금자보호제도는 원금과 소정의 이자를 합하여 1인당 최고 5천만 원(세전)까지 예금을 보호하고 있다. 또한, 2015년 2월 26일부터는 예금보호대상 금융상품으로 운용되는 확정기여형 퇴직연금제도 또는 개인퇴직연금제도의 적립금을 합하여 가입자 1인당 최고 5천만 원(세전)까지 다른 예금과 별도로 보호하고 있다. 보호금액 5천만 원은 예금의 종류별 또는 지점별 보호금액이 아니라 동일한 금융회사 내에서 예금자 1인이 보호받을 수 있는 총 금액이다.

〈보기 1〉 갑(甲) 예금자

A은행 1지점 ○○적금	원금 2,000만 원, 이자 30만 원	
A은행 1지점 YY적금	원금 2,000만 원, 이자 20만 원	5,000만 원만 보호
A은행 2지점 CC적금	원금 3,000만 원, 이자 50만 원	
A은행 2지점 개인형 퇴직연금	예금자보호형 적립금 5,000만 원	5,000만 원 보호
총 보호한도		1억 원

〈보기 2〉 을(乙) 예금자

A은행 1지점 XX적금	원금 2,000만 원, 이자 50만 원	2,050만 원 보호
B은행 1지점 DD적금	원금 1,500만 원, 이자 20만 원	1,520만 원 보호
C은행 2지점 CC정기예금	원금 5,000만 원, 이자 50만 원	5,000만 원만 보호
총 보호한도		8,570만 원

---

16 기타사항 > 비과세 금융소득　　답 ②

| 정답해설 | ㄹ. 세금우대종합저축의 이자·배당, ㅁ. 집합투자증권의 배당소득에 대한 과세특례는 「조세특례제한법」에 의한 분리과세 금융소득이다.

| 오답해설 | ㄱ, ㄴ, ㄷ. 「조세특례제한법」에 의한 비과세 금융소득이다.

┤ 함께 보는 이론 ├ 종합과세 제외 금융소득

| | 소득세법 | • 「공익신탁법」에 의한 공익신탁의 이익
• 장기저축성 보험의 보험차익 |
| 비과세 | 조세특례제한법 | • 개인연금저축의 이자·배당
• 장기주택마련저축의 이자·배당
• 비과세종합저축의 이자·배당(1명당 저축원금 5천만 원 이하)
• 조합 등 예탁금의 이자 및 출자금에 대한 배당
• 재형저축에 대한 이자·배당
• 농어가목돈마련저축의 이자
• 우리사주조합원이 지급받는 배당
• 농업협동조합근로자의 자사출자지분 배당
• 영농·영어조합법인의 배당
• 농업회사법인 출자금의 배당
• 재외동포전용 투자신탁 등의 배당(1억 원 이하)
• 녹색예금, 녹색채권의 이자와 녹색투자신탁 등의 배당
• 경과규정에 의한 국민주택
• 개인종합자산관리계좌(ISA)에서 발생하는 금융소득(이자소득과 배당소득)의 합계액 중 200만 원 또는 400만 원까지 |

	소득세법	• 부동산 경매입찰을 위하여 법원에 납부한 보증금 및 경락대금에서 발생하는 이자(14%) • 실지명의가 확인되지 아니하는 이자(42%) • 17.12.31. 이전에 가입한 10년 이상 장기채권(3년 이상 계속하여 보유)으로 분리과세를 신청한 이자와 할인액(30%) • 직장공제회 초과반환금(기본세율) • 수익을 구성원에게 배분하지 아니하는 개인으로 보는 법인격 없는 단체로서 단체명을 표기하여 금융거래를 하는 단체가 금융회사 등으로부터 받는 이자 · 배당(14%) • 금융소득(비과세 또는 분리과세분 제외)이 개인별로 연간 2천만 원(종합과세기준 금액) 이하인 경우(14% 또는 25%)

분리
과세
	조세특례
	제한법
		• 발행일부터 최종 상환일까지의 기간이 7년 이상인 사회기반시설에 대한 「민간투자법」 제58조 제1항의 규정에 의한 사회기반시설채권으로서 14.12.31.까지 발행된 채권의 이자(14%)
		• 영농 · 영어조합법인의 배당(5%)
		• 세금우대종합저축의 이자 · 배당(9%)
		• 재외동포전용투자신탁 등의 배당(5%)
		• 집합투자증권의 배당소득에 대한 과세특례(5%, 14%)
		• 고위험고수익투자신탁 등에 대한 이자 배당(14%)
		• 개인종합자산관리계좌(ISA)에서 발생하는 금융소득(이자소득과 배당소득)의 비과세 한도(200만 원, 400만 원)를 초과하는 금액(9%)
		• 특정사회기반시설(뉴딜 인프라) 집합투자기구 투자자 배당소득(9%)
		• 투융자집합투자기구 투자자 배당소득(14%)
		※ 조건부 과세대상
		   - 2016. 1.1. 이후 선박투자회사로부터 받은 배당소득
		   - 2017. 1.1. 이후 해외자원개발투자회사 · 해외자원개발투자전문회사로부터 받은 배당소득

	금융 실명법	• 비실명금융자산으로서 금융회사 등을 통해 지급되는 이자 · 배당(90%) • 「금융실명거래 및 비밀보장에 관한 법률」에 의하여 발행된 비실명채권에서 발생된 이자(2000.12.31.까지 20%, 2001.1.1. 이후 15%)

17 기타사항 > 금융소득 종합과세   답 ②

| 오답해설 | ① 「소득세법」에서는 이자소득과 배당소득 둘 다 유형별 포괄주의에 의하여 과세범위를 규정하고 있다.

③ 금융소득 중 비과세 및 분리과세 소득을 제외한 금융소득이 2천만 원을 초과하는 경우 금융소득 전체를 종합과세한다.

④ 「소득세법」 제62조의 규정에 따라 종합과세방식(기준금액을 초과하는 금융소득을 다른 종합소득과 합산하여 계산하는 방식)과 분리과세방식(금융소득과 다른 종합소득을 구분하여 계산하는 방식)에 의해 계산된 금액 중 큰 금액을 산출세액으로 한다.

당신이 상상할 수 있다면 그것을 이룰 수 있고,
당신이 꿈꿀 수 있다면 그 꿈대로 될 수 있다.

– 윌리엄 아더 워드(William Arthur Ward)

| 챕터별 키워드 & 취약영역 체크 |

CHAPTER 01 보험일반 이론		CHAPTER 02 생명보험 이론		CHAPTER 03 보험윤리와 소비자보호		CHAPTER 04 생명보험과 제3보험		CHAPTER 05 보험계약법(인보험편)	
틀린개수 ____ / 7개		틀린개수 ____ / 24개		틀린개수 ____ / 11개		틀린개수 ____ / 11개		틀린개수 ____ / 19개	
01	위험과 보험	01	생명보험 계약	01	보험범죄 방지활동	01	생명보험 용어해설	01	보험계약
02	위험과 보험	02	현금흐름방식	02	보험모집 준수사항	02	생명보험 상품	02	보험계약의 고지의무
03	위험과 보험	03	보험료 계산의 기초	03	보험모집 준수사항	03	생명보험 상품	03	보험계약의 법적 성질
04	생명보험의 역사	04	보험료 계산의 기초	04	보험영업윤리	04	생명보험 상품	04	보험계약의 요소
05	위험과 보험	05	보험료 계산의 기초	05	보험영업윤리	05	제3보험	05	보험계약관계자
06	위험과 보험	06	생명보험 계약	06	보험범죄 방지활동	06	생명보험 상품	06	보험계약의 효과
07	위험과 보험	07	생명보험 계약	07	보험범죄 방지활동	07	보험모집 준수사항	07	보험계약의 성립
		08	생명보험의 기본원리	08	보험소비자 보호	08	생명보험 상품	08	보험계약의 책임개시 및 철회
		09	배당	09	보험모집 준수사항	09	생명보험 상품	09	보험계약
		10	보험료 계산의 기초	10	보험소비자 보호	10	제3보험	10	고지의무
		11	보험료 계산의 기초	11	보험모집 준수사항	11	제3보험	11	보험계약
		12	세액공제					12	보험계약의 무효
		13	보험료 계산의 기초					13	보험계약관계자
		14	생명보험 계약					14	보험계약의 특성
		15	언더라이팅, 생명표					15	보험계약의 고지의무
		16	생명보험 계약					16	철회, 무효, 취소, 실효
		17	생명보험 계약					17	보험계약의 성립과 체결
		18	보험료 계산의 기초					18	고지의무
		19	보험료 계산의 기초					19	철회, 무효, 취소, 실효
		20	생명보험 세제						
		21	생명보험 세제						
		22	생명보험 세제						
		23	생명보험 세제						
		24	생명보험 세제						

☑ 챕터별 키워드로 본인의 취약영역 확인 후, 취약영역에 해당하는 문제와 이론은 꼼꼼하게 다시 점검하세요!

CHAPTER 06 우체국보험 일반현황		CHAPTER 07 우체국보험 상품				CHAPTER 08 우체국보험 모집 및 언더라이팅		CHAPTER 09 우체국보험 계약유지 및 보험금 지급		CHAPTER 10 리스크관리 및 자금운용 등	
틀린개수 _____ / 8개		틀린개수 _____ / 37개				틀린 개수 _____ / 11개		틀린 개수 _____ / 13개		틀린개수 _____ / 7개	
01	우체국보험의 역사	01	저축성 보험 과세	31	보장성 보험	01	보험계약의 청약	01	환급금 대출	01	자금운용
02	우체국보험	02	보장성 보험	32	보장성 보험	02	우체국보험 모집	02	보험료 납입	02	자금운용
03	우체국보험의 근거	03	보장성 보험	33	보장성 보험	03	우체국보험 모집	03	보험료 할인율	03	재무건전성 관리
04	우체국보험의 업무범위	04	연금보험	34	저축성 보험	04	우체국보험 모집	04	계약유지업무	04	리스크관리
05	우체국보험의 특징	05	보험상품	35	상속·증여 관련 세제	05	우체국보험 모집	05	계약유지업무	05	리스크관리
06	타기관 보험과의 비교	06	연금저축보험 수령 시 세제	36	보험 관련 세제	06	우체국보험 모집	06	보험료 지급	06	우체국보험 자금운용
07	재원	07	개별보험상품	37	연금보험	07	보험계약의 효력	07	보험료의 납입방법	07	재무건전성 관리
08	보험적립금	08	계약보험금 한도액			08	언더라이팅	08	보험금 지급		
		09	보험 관련 세제			09	보험계약의 효력	09	보험금 지급		
		10	보장성 보험 세액공제			10	보험계약의 효력	10	보험료의 납입유예		
		11	보장성 보험			11	보험계약의 효력	11	계약 유지업무		
		12	보장성 보험					12	보험료의 할인		
		13	보장성 보험					13	보험료의 할인		
		14	보장성 보험								
		15	보장성 보험								
		16	보장성 보험, 저축성 보험								
		17	보장성 보험								
		18	보장성 보험								
		19	보장성 보험								
		20	보장성 보험								
		21	보험료 납입								
		22	상속세								
		23	우체국 연금보험								
		24	보장성 보험								
		25	보장성 보험								
		26	보장성 보험								
		27	보장성 보험								
		28	보장성 보험								
		29	보장성 보험								
		30	보장성 보험								

➡ 나의 취약영역: _____

01	③	02	③	03	①	04	④	05	①
06	①	07	①						

01   보험일반 이론 > 위험과 보험   답 ③

| **정답해설** | ③ 동태적 위험(산업구조 변화, 물가변동, 생활양식 변화, 소비자 기호 변화, 정치적 요인 등)은 사회적인 특정 징후로 예측이 가능한 면도 있으나, 위험의 영향이 광범위하며 발생 확률을 통계적으로 측정하기 어렵다.

| **오답해설** | ① 위험은 사건 발생에 연동되는 결과에 따라 순수위험과 투기적 위험으로 분류하며, 위험의 발생 상황에 따라 정태적 위험(개인적 위험)과 동태적 위험(사회적 위험)으로 분류한다.
② 손해보험 중 특종보험은 해상·화재·자동차·보증·장기보험 등을 제외한 모든 형태의 보험으로 상해보험, 건설공사보험, 항공보험, 유리보험, 동물보험, 배상책임보험 및 도난보험 등 기타보험이 이에 해당한다.
④ 보험의 대상이 되는 불확실성(위험)의 조건 중 '비재난적 손실'이란 보험회사 또는 인수집단의 능력으로 보상이 가능한 규모의 손실을 의미한다. '한정적 측정가능 손실'은 피해의 발생원인, 발생시점, 장소, 피해의 정도가 명확히 식별 가능하고 손실금액을 측정할 수 있어야 하며, 이를 위해서는 객관적 자료 수집과 처리를 통해 정확한 보험금 지급 및 적정 보험료 산정이 가능해야 한다.

02   보험일반 이론 > 위험과 보험   답 ③

| **정답해설** | ③ 순서대로 ㉢, ㉠, ㉣, ㉡의 연결이 적절하다.
ㄱ. ㉢ 투기적 위험   ㄴ. ㉠ 순수위험
ㄷ. ㉣ 동태적 위험   ㄹ. ㉡ 정태적 위험

| **함께 보는 이론** |
- **투기적 위험**: 주식투자, 복권, 도박 등과 같이 경우에 따라 불확실성의 결과가 이익 또는 손실의 발생여부로 나뉨
- **순수위험**: 손실이 발생하거나 발생하지 않는 불확실성이며, 사건 발생이 곧 손실의 발생이므로 이익이 발생하지 않음
- **동태적 위험**: 시간경과에 따른 사회·경제적 변화와 관계가 있는 위험으로 산업구조 변화, 물가변동, 생활양식 변화, 소비자 기호변화, 정치적 요인 등 사회의 동적 변화에 따라 발생할 수 있는 불확실성임
- **정태적 위험**: 시간에 따른 사회·경제적 변화와 관계없이 발생할 수 있는 위험으로 자연재해, 인적원인에 의한 화재·상해 등, 그리고 고의적인 사기·방화 등을 예로 들 수 있음

03   보험일반 이론 > 위험과 보험   답 ①

| **오답해설** | ② 보험의 실무상으로 손해보험과 생명보험으로 분류하기도 한다. 손해보험에는 화재보험, 해상보험, 자동차보험, 보증보험, 장기(손해)보험, 특종보험이 있고, 생명보험에는 개인보험, 단체보험 등이 있다.
③ 위험은 사건발생에 연동되는 결과에 따라 순수위험(조기사망, 화재, 자연재해, 교통사고)과 투기적 위험(주식투자, 복권, 도박)으로 분류할 수 있다.
④ 위험의 발생상황에 따라 정태적 위험(개인적 위험, 인적 원인에 의한 화재·상해)과 동태적 위험(사회적 위험, 산업구조 변화, 물가변동)으로도 구분이 가능하다.

04   보험일반 이론 > 생명보험의 역사   답 ④

| **정답해설** | ④ 1980년대 경제 고속성장 및 가계소득 증가로 생명보험산업도 고도성장을 이룰 수 있었다. → 1990년대 보험시장 개방, 금융자율화 정책 등으로 생명보험 시장 내에서도 본격적인 경쟁이 시작되었으며, 규모 위주 성장 전략에 따른 과다한 실효 해약 등으로 경영부실이 확대되기 시작하였다. → 결국 1997년 IMF 외환위기가 발생하고 1998년 4개 생명보험회사의 허가가 취소되는 등 생명보험업계의 대규모 구조조정이 이루어진다.

05   보험일반 이론 > 위험과 보험   답 ①

| **정답해설** | ① 정태적 위험은 보험의 대상이 되지만, 동태적 위험은 보험의 대상이 되기 어려운 특성을 가진다.

| **함께 보는 이론** | 정태적 위험과 동태적 위험
- **정태적 위험**: 손실만을 발생시키는 순수위험적 성격을 가지고 있으며, 사회적인 것이 아닌 개인적인 위험으로 개별적 사건 발생은 우연적·불규칙적이나, 집단적으로 관찰 시 일정한 확률을 가지기 때문에 예측이 가능하여 대부분 보험의 대상이 됨
- **동태적 위험**: 정태적 위험과 달리 경제적 손실을 발생시킬 가능성과 동시에 이익을 창출할 기회, 사업기회 등을 제공함으로써 손실 혹은 이익을 초래하는 불확실성으로 투기성 위험과 함께 보험의 대상이 되기 어려운 특성을 가짐

06   보험일반 이론 > 위험과 보험   답 ①

| **정답해설** | ① 순서대로 ㉡, ㉣, ㉠, ㉢의 연결이 적절하다.
ㄱ. ㉡ 한정적 측정가능 손실
ㄴ. ㉣ 비재난적 손실
ㄷ. ㉠ 다수의 동질적 위험단위
ㄹ. ㉢ 측정 가능한 손실확률

07 보험일반 이론 > 위험과 보험 답 ①

| 정답해설 | ① 순서대로 ㉣, ㉥, ㉧, ㉤의 연결이 적절하다.

ㄱ. ㉣ 보증보험　　ㄴ. ㉥ 특종보험

ㄷ. ㉧ 연금보험　　ㄹ. ㉤ 장기(손해)보험

CHAPTER 02 | 생명보험 이론

문제편 P.73

01	②	02	③	03	④	04	③	05	④
06	④	07	③	08	②	09	②	10	④
11	②	12	②	13	③	14	④	15	①
16	③	17	②	18	④	19	④	20	②
21	①	22	②	23	②	24	③		

01 생명보험 이론 > 생명보험 계약 답 ②

| 정답해설 | ② 옳은 것은 ㄱ, ㄹ이다.

| 오답해설 | ㄴ. 생명보험에서 피보험자와 보험계약자가 각각 다른 사람일 경우 '타인의 생명보험'이라고 한다. / '타인을 위한 보험'은 보험수익자와 보험계약자가 각각 다른 사람일 경우를 말한다.

ㄷ. 계약자가 보험계약 시 보험수익자를 지정하지 않은 경우, 생존보험금 발생 사고 시 보험수익자는 보험계약자이다.

02 생명보험 이론 > 현금흐름방식 답 ③

| 오답해설 | ① 현금흐름방식은 3이원을 포함한 다양한 기초율을 적용한다.

② 3이원방식의 장점이다.

④ 계리적 가정에는 위험률, 해지율, 손해율, 사업비용 등이 있다. 경제적 가정에는 투자수익률, 할인율, 적립이율 등이 있다.

| 함께 보는 이론 | 3이원방식과 현금흐름방식 비교

구분	3이원방식	현금흐름방식
기초율 가정	• 3이원: 위험률, 이자율, 사업비율	• 3이원을 포함한 다양한 기초율 – 경제적 가정: 투자수익률, 할인율, 적립이율 등 – 계리적 가정: 위험률, 해지율, 손해율, 사업비용 등
기초율 가정 적용	• 보수적 표준기초율 일괄 가정 • 기대이익 내재	• 각 보험회사별 최적 가정 • 기대이익 별도 구분
장점	• 보험료 산출이 비교적 간단 • 기초율 예측 부담 경감	• 상품개발 시 수익성 분석을 동시에 할 수 있으며 상품개발 후 리스크 관리 용이 • 새로운 가격요소 적용으로 정교한 보험료 산출 가능
단점	• 상품개발 시 별도의 수익성 분석 필요 • 상품개발 후 리스크 관리 어려움	• 정교한 기초율 예측 부담 • 산출방법이 복잡하고, 전산시스템 관련 비용이 많음

03 생명보험 이론 > 보험료 계산의 기초 답 ④

| 정답해설 | ④ 보험료는 수지상등의 원칙에 의거하여 예정사망률(예정위험률), 예정이율, 예정사업비율의 3대 예정률을 기초로 계산한다.

| 함께 보는 이론 | 3대 예정률과 보험료의 관계

구분	예정사망률	예정이율	예정사업비율
높음	사망보험 보험료는 올라가고, 생존보험 보험료는 내려감	보험료는 내려감	보험료는 올라감
낮음	사망보험 보험료는 내려가고, 생존보험 보험료는 올라감	보험료는 올라감	보험료는 내려감

04 생명보험 이론 > 보험료 계산의 기초 답 ③

| 정답해설 | ③ 예정사업비율이 낮아지면 보험료는 내려가고, 예정사업비율이 높아지면 보험료는 올라가는데, 이 경우 보험료는 순보험료가 아닌 부가보험료에 영향을 주게 된다. 즉, 예정사업비율이 높아지면 부가보험료가 올라간다.

| 함께 보는 이론 | 영업보험료의 구성

순보험료	위험(사망)보험료	사망보험금 지급의 재원	예정사망률, 예정이율
	저축(적립)보험료	만기보험금 지급의 재원	
부가보험료	신계약비	계약체결비용	예정사업비율
	유지비	계약관리비용 – 유지 관련 비용	
	수금비	계약관리비용 – 기타비용	

05 생명보험 이론 > 보험료 계산의 기초 답 ④

| 정답해설 | ④ 부가보험료는 신계약비, 유지비 및 수금비로 구분하며 예정사업비율에 기초하여 계산한다.

06 생명보험 이론 > 생명보험 계약 답 ④

| 정답해설 | ④ 보험사고 발생 시 보험자에게 보험금 지급을 청구·수령할 수 있는 권리를 가진 사람은 '보험수익자'이다.

07　생명보험 이론 > 생명보험 계약　답 ③

| 정답해설 | ③ 보험료는 보험계약자가 보험사고에 의한 보장을 받기 위해 보험자(보험회사)에게 지급하여야 할 금액이며, 보험금은 보험사고가 발생하였을 때 보험자(보험회사)가 지급하는 금액이다.

┌─| 함께 보는 이론 | 보험계약의 요소 ─────────────

- 보험목적물(보험대상): 보험사고 발생의 객체로 생명보험에서는 피보험자의 생명 또는 신체를 말하며, 보험의 목적물은 보험자(보험회사)가 배상하여야 할 범위와 한계를 정해줌
- 보험사고(보험금 지급사유): 보험에 담보된 재산 또는 생명이나 신체에 관하여 보험자(보험회사)가 보험금 지급을 약속한 사고, 즉 위험이 발생하는 것을 말함
- 보험금: 보험기간 내 보험사고가 발생하였을 때 보험자(보험회사)가 지급해야 하는 금액으로, 보험금은 보험계약 체결 시 보험자와 보험계약자 간 합의에 의해 설정할 수 있음
- 보험기간: 보험에 의한 보장이 제공되는 기간으로(위험기간 또는 책임기간), 「상법」에서는 보험자의 책임을 최초의 보험료를 지급받은 때로부터 개시한다고 규정함
- 보험료: 보험계약자가 보험사고에 의한 보장을 받기 위하여 보험자(보험회사)에게 지급해야 할 금액으로, 만약 보험료를 납부하지 않는다면 그 계약은 해제 혹은 해지됨
- 보험료 납입기간
  - 전기납보험: 보험료 납입을 보험기간(보장기간)의 전 기간에 걸쳐서 납부
  - 단기납보험: 보험료의 납입기간이 보험기간보다 짧은 기간에 종료

08　생명보험 이론 > 생명보험의 기본원리　답 ②

| 정답해설 | ② ㉠ 대수의 법칙, ㉡ 수지상등의 원칙에 대한 내용이다.

┌─| 함께 보는 이론 | 생명보험의 기본원리 ─────────────

대수의 법칙	측정대상의 숫자 또는 측정횟수가 많아지면 많아질수록 예상치가 실제치에 근접한다는 원칙
생명표	• 대수의 법칙에 따라 연령별 생사잔존상태(생존자 수, 사망자 수, 생존율, 평균여명)를 나타낸 표 • 국민생명표와 경험생명표로 분류됨
수지상등의 원칙	보험계약자가 납입하는 보험료 총액과 보험회사가 지급하는 보험금 및 사업비 등 지출비용의 총액이 동일한 금액이 되도록 하는 것

09　생명보험 이론 > 배당　답 ②

| 정답해설 | ② 생명보험회사는 계약자배당금을 현금지급 · 납입할 보험료와 상계 · 보험금 또는 제환급금 지급 시 가산방법 중 계약자가 선택하는 방법에 따라 지급하여야 한다.

10　생명보험 이론 > 보험료 계산의 기초　답 ④

| 정답해설 | ④ 현금흐름방식은 기존의 3이원방식 가격요소와 함께 계약유지율, 판매량, 투자수익률 등 다양한 가격요소를 반영하여 보험료를 산출하는 방식이다. 기존의 3이원을 조합하여 정해진 수식으로 보험료를 산출하는 방식이 아닌 다양한 기초율을 가정하여 미래 현금흐름을 예측하고, 이에 따른 목표 수익률을 만족시키는 영업보험료를 역으로 산출하는 방식을 통해 보험회사는 상품개발의 유연성을 제고할 수 있고 보험소비자는 상품선택의 폭을 확대할 수 있다.

11　생명보험 이론 > 보험료 계산의 기초　답 ②

| 정답해설 | ② 평준보험료는 정해진 시기에 매번 납입하는 보험료의 액수가 동일한 산정방식으로 사망률(위험률)이 낮은 계약 전반기 동안에 납입된 평준보험료는 보험금 및 비용 지급분 대비 크다. 이렇게 남은 보험료에 이자가 붙어 기금이 조성되며, 사망률(위험률)이 높아지는 계약 후반기에 이 기금과 납입된 평준보험료가 보험금 및 비용 지급에 사용된다. 즉, 동일한 보험료를 납입함으로써 계약 후반기에 늘어나는 보험금 지급에 대비하여 전반기에 미리 기금을 조성해 놓는 방식이다.

12　생명보험 이론 > 세액공제　답 ②

| 오답해설 | ① 과세 기간 중 보장성 보험을 해지할 경우 해지 시점까지 납입한 보험료에 대해 세액공제가 가능하며, 이미 세액공제 받은 보험료에 대한 추징 또한 없다.
③ 일용근로자를 제외한 근로소득자가 기본공제대상자를 피보험자로 하는 일반 보장성 보험에 가입한 경우 과세기간에 납입한 보험료(100만 원 한도)의 12%에 해당되는 금액을 종합소득 산출세액에서 공제받을 수 있다.
④ 근로소득자란 사장 · 임원 · 직원 등이며, 일용근로자는 제외한다. 다만, 개인사업자에게 고용된 직원이 근로소득자일 경우에는 세액공제 가능하다.

13　생명보험 이론 > 보험료 계산의 기초　답 ③

| 정답해설 | ③ 순보험료는 장래의 보험금 지급의 재원(財源)이 되는 보험료로, 위험보험료와 저축보험료로 분리할 수 있다.

위험보험료	사망보험금, 장해급여금 등 보험사고 발생 시 보험금 지급 재원이 되는 보험료
저축보험료	만기보험금, 중도급부금 등의 지원 재원이 되는 보험료

14 생명보험 이론 > 생명보험 계약   답 ④

| 정답해설 | ④ 순서대로 ⓒ, ⊙, ⓒ의 연결이 적절하다.
ㄱ. ⓒ 보험대리점, ㄴ. ⊙ 보험설계사, ㄷ. ⓒ 보험중개사

---

15 생명보험 이론 > 언더라이팅, 생명표   답 ①

| 정답해설 | ① ⊙ 언더라이팅, ⓒ 역선택에 해당한다.

---

16 생명보험 이론 > 생명보험 계약   답 ③

| 정답해설 | ③ 순서대로 ⓒ, ⓒ, ⓔ, ⊙의 연결이 적절하다.
ㄱ. ⓒ 자기를 위한 보험   ㄴ. ⓒ 타인의 생명 보험
ㄷ. ⓔ 타인을 위한 보험   ㄹ. ⊙ 자기의 생명 보험

---

17 생명보험 이론 > 생명보험 계약   답 ②

| 정답해설 | ② 옳은 것은 ㄱ, ㄷ이다.

| 오답해설 | ㄴ. 피보험자는 보험계약에서 정의한 보험사고가 발생함으로써 손해를 입는 사람을 말하며, 피보험자는 1인 또는 다수이든 상관없다. / 보험자는 위험을 인수하는 보험회사를 말하며, 보험자(보험회사)는 보험계약 당사자로서 보험계약자와 보험계약을 체결하고 유지된 계약에 대하여 보험금 지급사유가 발생하였을 경우 보험금을 지급할 의무가 있다.
ㄹ. 계약자가 보험계약 시 보험수익자를 지정하지 않은 경우 보험사고에 따라 보험수익자가 결정되는데 사망보험금은 <u>피보험자의 상속인이 보험수익자가 된다.</u>

---

18 생명보험 이론 > 보험료 계산의 기초   답 ④

| 정답해설 | ④ 3이원방식은 기초율 예측 부담이 경감되고, 보험료 산출이 비교적 간단하다.

┌ 함께 보는 이론 | 3이원방식과 현금흐름방식 장·단점 ─

구분	3이원방식	현금흐름방식
장점	• 보험료 산출이 비교적 간단 • 기초율 예측 부담 경감	• 상품개발 시 수익성 분석을 동시에 할 수 있으며 상품개발 후 리스크 관리 용이 • 새로운 가격요소 적용으로 정교한 보험료 산출 가능
단점	• 상품개발 시 별도의 수익성 분석 필요 • 상품개발 후 리스크 관리 어려움	• 정교한 기초율 예측 부담 • 산출방법이 복잡하고, 전산시스템 관련 비용이 많음

---

19 생명보험 이론 > 보험료 계산의 기초   답 ④

| 정답해설 | ④ 옳은 내용이다.

구분	3이원방식	현금흐름방식
장점	• 보험료 산출이 비교적 간단 • 기초율 예측 부담 경감	• 상품개발 시 수익성 분석을 동시에 할 수 있으며 상품개발 후 리스크 관리 용이함 • 새로운 가격요소 적용으로 정교한 보험료 산출 가능
단점	상품개발 시 별도의 수익성 분석 필요, 상품개발 후 리스크 관리의 어려움	• 정교한 기초율 예측 부담 • 산출방법이 복잡하고, 전산시스템 관련 비용이 많음
기초율 가정	3이원 (위험률, 이자율, 사업비율)	3이원 포함 다양한 기초율 • 경제적 가정: 투자수익률, 할인율, 적립이율 등 • 계리적 가정: 위험률, 해지율, 손해율, 사업비용 등
기초율 가정적용	• 보수적 표준기초율 일괄 가정 • 기대이익 내재	• 각 보험회사별 최적가정 • 기대이익 별도 구분

---

20 생명보험 이론 > 생명보험 세제   답 ②

| 정답해설 | ② 옳은 것은 ㄱ, ㄴ 2개이다.

| 오답해설 | ㄷ. 기본공제대상자가 장애인일 경우 <u>연령에 상관없이 소득금액 요건만 충족 시</u> 세액공제가 가능하다.
ㄹ. 근로자 본인이 보험료 납입 시 피보험자가 자녀인 경우 연간 소득금액 100만 원 이하이면서 연령이 만 20세 이하인 경우 보장성 보험료 세액공제가 가능하다.

---

21 생명보험 이론 > 생명보험 세제   답 ①

| 정답해설 | ① 보장성 보험료 세액공제 적용 가능한 경우는 ㄷ 1개이다.
ㄷ. 근로소득자 본인이 보험료를 납입하는 각 보장성 보험의 피보험자가 연간 소득 100만 원 미만의 부양가족 중 만 20세 형제일 경우: 세액공제 적용 대상

| 오답해설 | ㄱ. 근로소득자 본인이 보험료를 납입하는 보장성 보험의 피보험자가 연간 소득 100만 원을 초과하는 배우자인 경우: 소득요건 미충족으로 세액공제 적용 대상 아님
ㄴ. 근로소득자 본인이 보험료를 납입하는 각 보장성 보험의 피보험자가 연간 소득 100만 원 미만의 부양가족 중 만 59세 부모일 경우: 연령조건 미충족으로 세액공제 적용 대상 아님
ㄹ. 보장성 보험의 피보험자가 태아인 경우: 출생 전이므로 세액공제 적용 대상 아님

| **정답해설** | ② 연금계좌의 세액공제에 해당하는 옳은 지문은 ㄱ, ㄷ 2개이다.

| **오답해설** | ㄴ. 퇴직연금계좌는 퇴직연금을 지급받기 위해 가입하는 계좌로 확정급여형(DB형), 확정기여형(DC형) 및 개인형 퇴직연금(IRP) 등이 있다. 이 중 확정급여형(DB형) 퇴직연금은 세액공제 대상에서 제외된다.

ㄹ. 보장성 보험료 세액공제가 근로소득자에 한해 가능한 것과 달리 연금계좌의 세액공제는 근로소득 외의 종합소득이 있는 경우에도 가능하다.

| **정답해설** | ② 저축성 보험의 보험차익 비과세에 해당하는 옳은 지문은 ㄷ, ㄹ 2개이다.

| **오답해설** | ㄱ. 저축성 보험의 보험차익은 보험계약에 따라 만기 또는 해지환급금(피해자 사망, 질병, 부상, 상해 등에 따른 보험금은 제외) 등에서 납입보험료 총액을 뺀 금액을 뜻한다.

ㄴ. 일반적으로 저축성 보험의 보험차익은 이자소득으로 「소득세법」상 과세대상이지만 조건 충족 시 이자소득세가 비과세된다.

| **정답해설** | ③ 옳은 것은 ㄱ, ㄴ, ㄷ 3개이다.

| **오답해설** | ㄹ. 고령자, 장애인 등에 대한 복지강화와 생활안정 지원 등을 위해 한시적으로 운용되는 상품이기 때문에 2025년 12월 31일까지 가입이 가능하다.

CHAPTER 03 | 보험윤리와 소비자보호   문제편 P.80

01	③	02	③	03	④	04	①	05	③
06	④	07	②	08	③	09	③	10	③
11	④								

| **정답해설** | ③ ㉠은 연성사기, ㉡은 역선택에 대한 설명이다.

| **함께 보는 이론** | 보험범죄의 종류와 보험범죄와 구별되는 유형 |

• 보험범죄의 종류

연성사기 (Soft fraud)	우연히 발생한 보험사고의 피해를 부풀려 실제 발생한 손해 이상의 과다한 보험금을 청구하는 행위이며 그 유형으로는 경미한 질병·상해에도 장기간 입원하는 행위, 보험료 절감을 위해 보험가입 시 보험회사에 허위 정보를 제공(고지의무 위반)하는 행위 등
경성사기 (Hard fraud)	보험계약에서 담보하는 재해, 상해, 도난, 방화, 기타의 손실을 의도적으로 각색 또는 조작하는 행위를 말하며 그 유형으로는 피보험자의 신체에 상해를 입히거나 방화·살인 등 피보험자를 해치는 행위 또는 생존자를 사망한 것으로 위장함으로써 보험금을 받으려는 행위가 이에 속함

• 보험범죄와 구별되는 유형

도덕적 해이	경우에 따라서 보험범죄로 규정하기는 어려우나, 보험사고의 발생가능성을 높이거나 손해를 증대시킬 수 있는 보험계약자 또는 피보험자의 고의 또는 불성실에 의한 행동으로 보험계약자 또는 피보험자가 직접적으로 보험제도를 악용·남용하는 행위에 의해 야기되는 내적 도덕적 해이와 피보험자와 관계있는 의사, 병원, 변호사 등이 간접적으로 보험을 악용·남용하는 행위에 의해 위험을 야기하는 외적 도덕적 해이로 구분 가능
역선택	보험계약에 있어 역선택이란 특정군의 특성에 기초하여 계산된 위험보다 높은 위험을 가진 집단이 동일 위험군으로 분류되어 보험계약을 체결함으로써 그 동일 위험군의 사고발생률을 증가시키는 현상

| **정답해설** | ③ 보험안내자료에는 보험회사의 장래의 이익 배당 또는 잉여금 분배에 대한 예상에 관한 사항을 적지 못한다. 다만, 보험계약자의 이해를 돕기 위하여 필요하다고 인정하여 정하는 경우에는 그러하지 아니하다.

| **함께 보는 법령** | 「보험업법」 |

제95조(보험안내자료) ① 모집을 위하여 사용하는 보험안내자료(이하 "보험안내자료"라 한다)에는 다음 각 호의 사항을 명백하고 알기 쉽게 적어야 한다.

1. 보험회사의 상호나 명칭 또는 보험설계사·보험대리점 또는 보험중개사의 이름·상호나 명칭
2. 보험 가입에 따른 권리·의무에 관한 주요 사항
3. 보험약관으로 정하는 보장에 관한 사항
3의2. 보험금 지급제한 조건에 관한 사항
4. 해약환급금에 관한 사항
5. 「예금자보호법」에 따른 예금자보호와 관련된 사항
6. 그 밖에 보험계약자를 보호하기 위하여 대통령령으로 정하는 사항

② 보험안내자료에 보험회사의 자산과 부채에 관한 사항을 적는 경우에는 제118조에 따라 금융위원회에 제출한 서류에 적힌 사항과 다른 내용의 것을 적지 못한다.

③ 보험안내자료에는 보험회사의 장래의 이익 배당 또는 잉여금 분배에 대한 예상에 관한 사항을 적지 못한다. 다만, 보험계약자의 이해를 돕기 위하여 금융위원회가 필요하다고 인정하여 정하는 경우에는 그러하지 아니하다.

④ 방송·인터넷 홈페이지 등 그 밖의 방법으로 모집을 위하여 보험회사의 자산 및 부채에 관한 사항과 장래의 이익 배당 또는 잉여금 분배에 대한 예상에 관한 사항을 불특정다수인에게 알리는 경우에는 제2항 및 제3항을 준용한다.

---

03 보험윤리와 소비자보호 > 보험모집 준수사항　　답 ④

| 정답해설 | ④ 계약을 해지하고자 하는 경우에는 보험계약자가 계약을 해지하기 전에 안전성 및 신뢰성이 확보되는 방법을 이용하여 보험계약자 본인임을 확인받은 경우에 한정한다.

┤ 함께 보는 법령 「보험업법」├

제96조(통신수단을 이용한 모집·철회 및 해지 등 관련 준수사항) ① 전화·우편·컴퓨터통신 등 통신수단을 이용하여 모집을 하는 자는 제83조에 따라 모집을 할 수 있는 자이어야 하며, 다른 사람의 평온한 생활을 침해하는 방법으로 모집을 하여서는 아니 된다.
② 보험회사는 다음 각 호의 어느 하나에 해당하는 경우 통신수단을 이용할 수 있도록 하여야 한다.
　1. 보험계약을 청약한 자가 청약의 내용을 확인·정정 요청하거나 청약을 철회하고자 하는 경우
　2. 보험계약자가 체결한 계약의 내용을 확인하고자 하는 경우
　3. 보험계약자가 체결한 계약을 해지하고자 하는 경우(보험계약자가 계약을 해지하기 전에 안전성 및 신뢰성이 확보되는 방법을 이용하여 보험계약자 본인임을 확인받은 경우에 한정한다)
③ 제1항에 따른 통신수단을 이용하여 모집을 하는 방법과 제2항에 따른 통신수단을 이용한 청약 철회 등을 하는 방법에 관하여 필요한 사항은 대통령령으로 정한다.

---

04 보험윤리와 소비자보호 > 보험영업윤리　　답 ①

| 정답해설 | ① 보험회사는 보험상품에 대한 판매광고 시, 보험협회의 상품광고 사전심의 대상이 되는 보험상품에 대해서는 보험협회로부터 심의필을 받아야 하며, 공정한 거래질서를 해치거나 보험소비자의 윤리적·정서적 감정을 훼손하는 내용을 제외해야 한다.

---

05 보험윤리와 소비자보호 > 보험영업윤리　　답 ③

| 정답해설 | ③ 영업행위의 내부통제 강화에 대한 설명이다.

┤ 함께 보는 이론 | 보험회사 영업행위 윤리준칙의 주요내용 ├

- **영업활동 기본원칙**: 보험소비자 권익 제고를 위해 신의성실, 공정한 영업풍토 조성, 보험관계 법규 준수 등 보험상품 판매 과정에서 준수해야 할 기본원칙
- **판매 관련 보상체계의 적정성 제고**: 보험소비자의 권익 침해를 방지하기 위해 평가 및 보상체계에 판매실적 외 불완전판매건수, 고객수익률, 소비자만족도, 계약 관련 서류 충실성 등 관련 요소들을 충분히 반영하여 운영
- **영업 행위 내부통제 강화**: 윤리준칙 준수 여부에 대한 주기적 점검 및 위법·부당행위 내부 신고제도 운영 등
- **보험소비자와의 정보 불균형 해소**: 충실한 설명의무 이행, 계약체결 및 유지 단계에서 필요한 정보 제공 등

- **합리적 분쟁해결 프로세스 구축**: 독립적이고 공정한 민원처리를 위한 민원관리 시스템 구축, 분쟁방지 및 효율적 처리방안 마련 등

---

06 보험윤리와 소비자보호 > 보험범죄 방지활동　　답 ④

| 정답해설 | ④ 과거에는 연성사기가 보험범죄의 대부분을 차지했으나, 최근에는 보험금을 편취할 목적으로 고의의 보험사고를 일으키는 경성사기가 증가하고 있다.

---

07 보험윤리와 소비자보호 > 보험범죄 방지활동　　답 ②

| 정답해설 | ② 순서대로 ⓒ, ⓛ, ⓔ, ⓖ의 연결이 적절하다.
ㄱ. ⓒ 보험금 과다청구
ㄴ. ⓛ 보험사고 위장 또는 허위사고
ㄷ. ⓔ 고의적인 보험사고 유발
ㄹ. ⓖ 사기적 보험계약 체결

---

08 보험윤리와 소비자보호 > 보험소비자 보호　　답 ③

| 정답해설 | ③ 30+60 = 90
금융회사, 예금자 등 금융수요자 및 기타 이해관계자는 금융 관련 분쟁 발생 시 금융감독원에 분쟁의 조정을 신청할 수 있다. 금융감독원은 분쟁 관계당사자에게 내용을 통지하고 합의를 권고할 수 있으며, 분쟁조정 신청일 이후 30일 이내로 합의가 이루어지지 않는 경우 금융감독원장은 지체 없이 이를 금융분쟁조정위원회로 회부해야 한다. 금융분쟁조정위원회는 조정 회부로부터 60일 이내 이를 심의하여 조정안을 마련해야 하며 금융감독원장은 신청인과 관계당사자에게 이를 제시하고 수락을 권고할 수 있다. 관계당사자가 조정안을 수락한 경우 해당 조정안은 재판상 화해와 동일한 효력을 갖는다.

---

09 보험윤리와 소비자보호 > 보험모집 준수사항　　답 ③

| 정답해설 | ③ 옳은 것은 ㄴ, ㄷ, ㄹ이다.

| 오답해설 | ㄱ. 보험회사의 임직원(대표이사, 사외이사, 감사 및 감사위원은 제외)은 보험을 모집할 수 있는 자격이 있다.

---

10 보험윤리와 소비자보호 > 보험소비자 보호　　답 ③

| 정답해설 | ③ 금융분쟁조정위원회는 조정 회부로부터 60일 이내 이를 심의하여 조정안을 마련해야 한다.

- 금융회사, 예금자 등 금융수요자 및 기타 이해관계자는 금융 관련 분쟁 발생 시 금융감독원에 분쟁의 조정을 신청할 수 있음
- 금융감독원은 분쟁 관계당사자에게 내용을 통지하고 합의를 권고할 수 있으며, 분쟁조정 신청일 이후 30일 이내로 합의가 이루어지지 않는 경우 금융감독원장은 지체 없이 이를 금융분쟁조정위원회로 회부해야 함
- 금융분쟁조정위원회는 조정 회부로부터 60일 이내 이를 심의하여 조정안을 마련해야 하며 금융감독원장은 신청인과 관계당사자에게 이를 제시하고 수락을 권고할 수 있음
- 관계당사자가 조정안을 수락한 경우 해당 조정안은 재판상 화해와 동일한 효력을 가짐

- **저축성 보험**: 생명보험 고유의 기능인 위험 보장보다는 생존 시에 보험금이 지급되는 저축 기능을 강화한 보험(목돈 마련에 유리한 고수익 상품)
- **보장성 보험**: 주로 사망, 질병, 재해 등 각종 위험 보장에 중점을 둔 보험
- **교육보험**: 자녀의 교육자금을 종합적으로 마련할 수 있도록 설계된 보험
- **연금보험**: 소득의 일부를 일정 기간 적립했다가 노후에 연금을 수령하여 일정 수준의 소득을 계속 유지함으로써 노후의 생활능력을 보호하기 위한 보험
- **변액보험**: 계약자가 납입한 보험료를 특별계정을 통하여 기금을 조성한 후 주식, 채권 등에 투자하여 발생한 이익을 보험금 또는 배당으로 지급하는 상품
  예 변액종신보험, 변액연금보험, 변액유니버설보험 등
- **CI(Critical Illness)보험**: 중대한 질병이며 치료비가 고액인 암, 심근경색, 뇌출혈 등에 대한 급부를 중점적으로 보장하여 주는 보험

| **11** | 보험윤리와 소비자보호 > 보험모집 준수사항 | 답 ④ |

| 정답해설 | ④ 순서대로 ㄹ, ㄱ, ㄷ, ㄴ의 연결이 적절하다.
ㄱ. ㄹ 대출성 상품　　　ㄴ. ㄱ 보장성 상품
ㄷ. ㄷ 예금성 상품　　　ㄹ. ㄴ 투자성 상품

CHAPTER 04 | 생명보험과 제3보험　　　문제편 P.83

01	④	02	①	03	①	04	②	05	②
06	②	07	①	08	④	09	②	10	②
11	④								

| **01** | 생명보험과 제3보험 > 생명보험 용어해설 | 답 ④ |

| 정답해설 | ④ 생명보험 상품은 스스로의 필요에 의해 자발적으로 가입하기도 하지만 대부분의 경우 보험판매자의 권유와 설득에 의해 가입하게 되는 비자발적인 상품이다.

| **02** | 생명보험과 제3보험 > 생명보험 상품 | 답 ① |

| 정답해설 | ① 종신보험은 보험기간을 정하지 않고 피보험자가 일생을 통하여 언제든지 사망하였을 때 보험금을 지급하는 보험이다.

- **사망보험**: 피보험자가 보험기간 중 사망하였을 때 보험금이 지급되는 보험
  - **정기보험**: 보험기간을 미리 정해 놓고 피보험자가 그 기간 내에 사망하였을 때 보험금이 지급되는 보험
  - **종신보험**: 보험기간을 정하지 않고 피보험자가 일생을 통하여 언제든지 사망하였을 때 보험금이 지급되는 보험
- **생존보험**: 피보험자가 보험기간이 끝날 때까지 살아 있을 때에만 보험금이 지급되는 보험
- **생사혼합보험(양로보험)**: 사망보험의 보장 기능과 생존보험의 저축 기능을 결합한 보험

| **03** | 생명보험과 제3보험 > 생명보험 상품 | 답 ① |

| 정답해설 | ① 바르게 연결된 것은 ㄹ 1개이다.
ㄹ. 피보험자의 수에 따라 – 개인보험(단생, 연생), 단체보험

| 오답해설 | ㄱ. 보험상품 성격에 따라 – 저축성, 보장성, 교육, 연금(개인, 퇴직), 양로보험
ㄴ. 배당유무에 따라 – 배당보험, 무배당보험 / 가입시 건강진단 유무에 따라 – 건강진단보험(유진단보험), 무진단보험
ㄷ. 주된 보장에 따라 – 사망(정기, 종신)보험, 생존보험, 생사혼합보험

| **04** | 생명보험과 제3보험 > 생명보험 상품 | 답 ② |

| 정답해설 | ② 옳은 것은 ㄱ, ㄴ, ㄷ이다.
ㄱ. 종신보험은 보험기간을 정하지 않고 피보험자가 일생을 통하여 언제든지 사망했을 때 보험금을 지급하는 보험이다.
ㄴ. 보장성 보험은 주로 사망, 질병, 재해 등 각종 위험보장에 중점을 둔 보험으로, 보장성 보험은 만기 시 환급되는 금액이 없거나 기 납입 보험료보다 적거나 같다.
ㄷ. 변액보험은 계약자가 납입한 보험료를 특별계정을 통하여 기금을 조성한 후 주식, 채권 등에 투자하여 발생한 이익을 보험금 또는 배당으로 지급하는 상품이다.

| 오답해설 | ㄹ. CI(Critical Illness)보험은 중대한 질병이며 치료비가 고액인 암, 심근경색, 뇌출혈 등에 대한 급부를 중점적으로 보장하여 주는 보험으로 생존시 고액의 치료비, 장해에 따른 간병비, 사망시 유족들에게 사망보험금 등을 지급해주는 상품이다.

| **05** | 생명보험과 제3보험 > 제3보험 | 답 ② |

| 정답해설 | ② 옳은 내용이다.

구분	생명보험	손해보험	제3보험
보상방법	정액보상	실손보상	정액보상, 실손보상
피보험자	보험사고 대상	손해에 대한 보상받을 권리를 가진 자	보험사고 대상

피보험이익	원칙적으로 불인정	인정	원칙적으로 불인정
보험사고 대상	사람의 생존 또는 사망	피보험자 재산상의 손해	신체의 상해, 질병, 간병

---

06 생명보험과 제3보험 > 생명보험 상품　　　　답 ②

| 정답해설 | ② 계약자 배당금 유무에 따라 배당금이 있는 (유)배당보험과 배당금이 없는 무배당보험으로 분류된다. / 저축성 보험, 보장성 보험, 교육보험, 연금보험, 양로보험은 보험상품 성격에 따른 분류이다.

---

07 생명보험과 제3보험 > 보험모집 준수사항　　　　답 ①

| 정답해설 | ① 같은 보험회사에 소속된 다른 보험설계사에게 보험계약의 모집을 위탁하는 행위는 금지행위에 해당하지 않는다.

┤ 함께 보는 법령 |「보험업법」├

제97조(보험계약의 체결 또는 모집에 관한 금지행위) ① 보험계약의 체결 또는 모집에 종사하는 자는 그 체결 또는 모집에 관하여 다음 각 호의 어느 하나에 해당하는 행위를 하여서는 아니 된다.

5. 보험계약자 또는 피보험자로 하여금 이미 성립된 보험계약(이하 이 조에서 "기존보험계약"이라 한다)을 부당하게 소멸시킴으로써 새로운 보험계약(대통령령으로 정하는 바에 따라 기존보험계약과 보장 내용 등이 비슷한 경우만 해당한다. 이하 이 조에서 같다)을 청약하게 하거나 새로운 보험계약을 청약하게 함으로써 기존보험계약을 부당하게 소멸시키거나 그 밖에 부당하게 보험계약을 청약하게 하거나 이러한 것을 권유하는 행위

6. 실제 명의인이 아닌 자의 보험계약을 모집하거나 실제 명의인의 동의가 없는 보험계약을 모집하는 행위

7. 보험계약자 또는 피보험자의 자필서명이 필요한 경우에 보험계약자 또는 피보험자로부터 자필서명을 받지 아니하고 서명을 대신하거나 다른 사람으로 하여금 서명하게 하는 행위

8. 다른 모집 종사자의 명의를 이용하여 보험계약을 모집하는 행위

9. 보험계약자 또는 피보험자와의 금전대차의 관계를 이용하여 보험계약자 또는 피보험자로 하여금 보험계약을 청약하게 하거나 이러한 것을 요구하는 행위

10. 정당한 이유 없이 「장애인차별금지 및 권리구제 등에 관한 법률」 제2조에 따른 장애인의 보험가입을 거부하는 행위

11. 보험계약의 청약철회 또는 계약 해지를 방해하는 행위

---

08 생명보험과 제3보험 > 생명보험 상품　　　　답 ④

| 정답해설 | ④ 보장성 보험은 주로 사망, 질병, 재해 등 각종 위험 보장에 중점을 둔 보험으로, 만기 시 환급되는 금액이 없거나 기납입 보험료보다 적거나 같다. 저축성 보험은 생존 시에 보험금이 지급되는 저축 기능을 강화한 보험으로 목돈 마련에 유리한 고수익 상품이다.

---

09 생명보험과 제3보험 > 생명보험 상품　　　　답 ②

| 정답해설 | ② 계약자 선택과 무관하게 주계약에 고정시켜 판매되는 특약은 고정부가특약이다.

┤ 함께 보는 이론 | 특약의 분류 ├

독립성에 따라	독립특약	별도의 독립된 상품으로 개발되어 어떤 상품에든지 부가될 수 있는 특약
	종속특약	특정상품에만 부가할 목적으로 개발되어 다른 상품에는 부가하지 못하는 특약
필수가입 여부에 따라	고정부가특약	계약자 선택과 무관하게 주계약에 고정시켜 판매되는 특약
	선택부가특약	계약자가 선택하는 경우에만 부과되는 특약

---

10 생명보험과 제3보험 > 제3보험　　　　답 ②

| 정답해설 | ② 제3보험은 우연한 사고로 인한 신체의 상해에 대한 치료 등에 소요되는 비용을 보장하는 '상해보험'과 질병 또는 질병으로 인한 입원·수술 등에 소요되는 비용을 보장하는 '질병보험', 그리고 치매 또는 일상생활장해 등으로 타인의 간병을 필요로 하는 상태로 진단받았거나 그와 관련한 소요 비용을 보장하는 '간병보험'이 있다.

---

11 생명보험과 제3보험 > 제3보험　　　　답 ④

| 정답해설 | ④ 손해보험회사에서 판매하는 질병사망 특약의 보험기간은 80세 만기, 보험금액 한도는 개인당 2억 원 이내로 부가할 수 있으며, 만기 시 지급하는 환급금이 납입보험료 합계액 범위 내여야 하는 요건이 충족하는 경우 제3보험의 겸영이 가능하다.

┤ 함께 보는 이론 | 제3보험(질병사망)의 특약에 따른 겸영 가능 요건 ├

구분	생명보험	손해보험
보험만기		80세 이하
보험금액	제한 없음	개인당 2억 원 이내
만기환급금		납입보험료 합계액 범위 내

01	④	02	④	03	②	04	④	05	②
06	②	07	②	08	④	09	②	10	②
11	③	12	④	13	③	14	④	15	③
16	①	17	②	18	①	19	③		

01　보험계약법(인보험편) > 보험계약　답 ④

| 정답해설 | ④ 옳은 내용이다.

| 오답해설 | ① 고지의무자란 보험계약법상 고지할 의무를 부담하는 보험계약자, 피보험자 및 이들의 대리인이다. / 보험수익자에게는 고지의무가 부여되지 않는다.
② 보험계약자는 보험가입증서(보험증권)를 받은 날부터 15일 이내에 그 청약을 철회할 수 있다.
③ 보험자는 계약을 체결한 날부터 3년이 지났을 때에는 고지의무위반으로 인한 계약해지를 할 수 없다.

02　보험계약법(인보험편) > 보험계약의 고지의무　답 ④

| 정답해설 | ㄷ. 고지의무 위반에 대해 해지할 수 없는 경우는 다음과 같다.

- 보험자가 계약 당시에 고지의무 위반사실을 알았거나 중대한 과실로 알지 못한 경우
- 보험자가 고지의무 위반사실을 안 날로부터 1개월 이상 지났거나 보장개시일부터 보험금 지급사유가 발생하지 않고 2년 이상 지났을 때
- 계약을 체결한 날부터 3년이 지났을 때
- 보험을 모집한 자(이하 "모집자 등"이라 함)가 계약자 또는 피보험자에게 고지할 기회를 주지 않았거나 계약자 또는 피보험자가 사실대로 고지하는 것을 방해한 경우, 계약자 또는 피보험자에게 사실대로 고지하지 않게 하였거나 부실한 고지를 권유했을 때. 다만, 모집자 등의 행위가 없었다 하더라도 계약자 또는 피보험자가 사실대로 고지하지 않거나 부실한 고지를 했다고 인정되는 경우에는 계약을 해지하거나 보장을 제한할 수 있음

※ 일반적으로 약관상에는 계약자 보호를 위해 상법 규정보다 강화된 규정을 두고 있다.

ㄹ. 고지의무를 위반한 사실 또는 위험이 현저하게 변경되거나 증가된 사실이 보험사고 발생에 영향을 미치지 아니하였음이 증명된 경우에는 보험금을 지급할 책임이 있다(「상법」 제655조).

| 오답해설 | ㄱ. 고지의무자는 「보험계약법」상 고지할 의무를 부담하는 보험계약자, 피보험자 및 이들의 대리인이며, 보험수익자는 고지의 의무가 부여되지 않는다.
ㄴ. 고지의무는 계약 청약 시뿐만 아니라 부활 시에도 이행하여야 한다.

03　보험계약법(인보험편) > 보험계약의 법적 성질　답 ②

| 정답해설 | ㄱ. 사행계약성, ㄴ. 계속계약성, ㄷ. 부합계약성에 대한 내용이다.

┤ 함께 보는 이론 | 보험계약의 법적 성질 ├─

- **낙성계약**: 보험계약은 보험계약자의 청약과 동시에 최초 보험료를 미리 납부하는 것이 보험거래의 관행이므로 보험계약은 요물계약처럼 운용되고 있음. 그러나 보험계약은 본질적으로 낙성계약이므로, 보험료의 선납이 없어도 보험계약은 유효하게 성립됨. 다만, 최초 보험료의 납부 없이는 보험자의 책임이 개시하지 않음
- **불요식계약**: 보험계약은 보험계약에 대해 특별한 방식을 요구하지 않는 불요식계약임. 따라서 보험계약은 서면으로 체결되지 않아도 효력이 있음. 그러나 실제의 보험실무에서는 정형화된 보험계약 청약서가 이용되고 있음
- **쌍무계약**: 보험계약은 보험자와 보험계약자 사이에 이루어지는 채권계약으로서, 계약이 성립하면 보험계약자는 보험료 납부의무를 가지게 되며 보험자는 보험사고의 발생을 조건으로 보험금 지급의무를 부담함
- **부합계약성**: 보험계약은 다수인을 상대로 체결되고 보험의 기술성과 단체성으로 인하여 그 정형성이 요구되므로 부합계약에 속함. 보험계약은 일반적으로 보험회사가 미리 작성한 보통보험약관을 매개로 체결되는데 보험계약자는 약관을 승인하거나 거절하는 형식을 취하므로 약관해석 시 작성자 불이익의 원칙을 두고 있음
- **상행위성**: 영리보험에 있어서 보험계약은 상행위성이 인정되며 이를 영업으로 하는 보험자가 상인이 됨. 따라서 보험계약에도 상행위에 관한 규정이 적용되나 그 특수성으로 인해 많은 제약을 받음
- **사행계약성**: 보험계약에서 보험자의 보험금 지급의무는 우연한 사고의 발생을 전제로 하고 있으나 정보의 비대칭성으로 보험범죄나 인위적 사고의 유발과 같은 도덕적 위험이 내재해 있으며 이를 규제하기 위하여 피보험이익, 실손보상원칙, 최대선의 원칙 등을 두고 보험의 투기화를 막는 제도적 장치가 존재함
- **최대선의성과 윤리성**: 일반적으로 보험계약은 보험자의 보험금 지급책임이 우연한 사고의 발생에 의해 발생하는 소위 사행성계약이므로 보험계약자 측의 선의가 반드시 요청됨
- **계속계약성**: 보험계약은 보험회사가 일정 기간 안에 보험사고가 발생하면 보험금을 지급하는 것을 내용으로 하여 그 기간 동안에 보험관계가 지속되는 계속계약의 성질을 지니며, 「상법」상 독립한 계약임. 따라서 보험계약자 등은 보험료를 모두 납부한 후에도 보험자에 대한 통지 의무와 같은 보험계약상의 의무를 짐

04　보험계약법(인보험편) > 보험계약의 요소　답 ④

| 정답해설 | ④ 보험기간은 보험에 의한 보장이 제공되는 기간으로, 「상법」에서는 보험자의 책임을 최초의 보험료를 지급받은 때로부터 개시한다고 규정하고 있다.

┤ 함께 보는 법령 | 「상법」 ├─

제656조(보험료의 지급과 보험자의 책임개시) 보험자의 책임은 당사자 간에 다른 약정이 없으면 최초의 보험료의 지급을 받은 때로부터 개시한다.

| **정답해설** | ② 생명보험 계약에서 보험계약자와 피보험자가 서로 다른 경우를 '타인의 생명보험'이라고 하며, 보험계약자와 보험수익자가 서로 다른 경우를 '타인을 위한 보험'이라고 한다. 보험수익자가 여러 명인 경우에는 대표자를 지정하여야 하며, 보험수익자의 지정과 변경권은 보험계약자에게 있다.

| **오답해설** | ① 보험계약을 부활하였다 하더라도 보험계약이 실효된 이후 시점부터 부활될 때까지의 기간에 발생한 모든 보험사고에 대하여 보험자는 책임을 지지 않는다.
③ 보험계약의 <u>무효</u>란 무효사유에 의하여 계약의 법률상 효력이 <u>처음부터 발생하지 않은 것</u>을 말하며, 보험계약의 <u>취소</u>란 계약이 처음에는 <u>유효하게 성립</u>되었으나 <u>계약 이후에 취소사유의 발생</u>으로 계약의 법률상 효력이 계약시점으로 소급되어 없어지는 것을 말한다.
④ 보험계약자 또는 피보험자는 청약 시 청약서에서 질문한 사항에 대해 보험자에게 사실대로 알려야 하는데, 이를 고지의무라고 한다. 고지의무는 계약 청약 시뿐 아니라 <u>부활 시에도 이행하여야 한다.</u>

| **정답해설** | ② <u>보험사고가 발생하기 전에는 보험계약자는 언제든지 계약의 전부 또는 일부를 해지할 수 있다.</u> 그러나 타인을 위한 보험의 보험계약의 경우에는 보험계약자는 그 타인의 동의를 얻지 않거나 보험증권을 소지하지 않으면 그 계약을 해지하지 못한다(「상법」 제649조 제1항).

| **오답해설** | ① 보험계약자는 보험수익자를 지정 또는 변경할 권리가 있다(동법 제733조 제1항).
③ 15세 미만자, 심신상실자 또는 심신박약자의 사망을 보험사고로 한 보험계약은 무효로 한다(동법 제732조).
④ 타인의 사망을 보험사고로 하는 보험계약에는 보험계약 체결 시에 그 타인의 서면에 의한 동의를 얻어야 한다(동법 제731조 제1항).

┤ **함께 보는 법령** | 「상법」 ├

제730조(생명보험자의 책임) 생명보험계약의 보험자는 피보험자의 사망, 생존, 사망과 생존에 관한 보험사고가 발생할 경우에 약정한 보험금을 지급할 책임이 있다.
제731조(타인의 생명의 보험) ① <u>타인의 사망을 보험사고로 하는 보험계약에는 보험계약 체결 시에 그 타인의 서면에 의한 동의를 얻어야 한다.</u>
② 보험계약으로 인하여 생긴 권리를 피보험자가 아닌 자에게 양도하는 경우에도 제1항과 같다.
제732조(15세 미만자 등에 대한 계약의 금지) <u>15세 미만자, 심신상실자 또는 심신박약자의 사망을 보험사고로 한 보험계약은 무효로 한다.</u> 다만, 심신박약자가 보험계약을 체결하거나 제735조의3에 따른 단체보험의 피보험자가 될 때에 의사능력이 있는 경우에는 그러하지 아니하다.

제732조의2(중과실로 인한 보험사고 등) ① 사망을 보험사고로 한 보험계약에서는 사고가 보험계약자 또는 피보험자나 보험수익자의 중대한 과실로 인하여 발생한 경우에도 보험자는 보험금을 지급할 책임을 면하지 못한다.
② 둘 이상의 보험수익자 중 일부가 고의로 피보험자를 사망하게 한 경우 보험자는 다른 보험수익자에 대한 보험금 지급 책임을 면하지 못한다.
제733조(보험수익자의 지정 또는 변경의 권리) ① <u>보험계약자는 보험수익자를 지정 또는 변경할 권리가 있다.</u>
② 보험계약자가 제1항의 지정권을 행사하지 아니하고 사망한 때에는 피보험자를 보험수익자로 하고 보험계약자가 제1항의 변경권을 행사하지 아니하고 사망한 때에는 보험수익자의 권리가 확정된다. 그러나 보험계약자가 사망한 경우에는 그 승계인이 제1항의 권리를 행사할 수 있다는 약정이 있는 때에는 그러하지 아니하다.
③ 보험수익자가 보험존속 중에 사망한 때에는 보험계약자는 다시 보험수익자를 지정할 수 있다. 이 경우에 보험계약자가 지정권을 행사하지 아니하고 사망한 때에는 보험수익자의 상속인을 보험수익자로 한다.
④ 보험계약자가 제2항과 제3항의 지정권을 행사하기 전에 보험사고가 생긴 경우에는 피보험자 또는 보험수익자의 상속인을 보험수익자로 한다.
제734조(보험수익자지정권 등의 통지) ① 보험계약자가 계약체결 후에 보험수익자를 지정 또는 변경할 때에는 보험자에 대하여 그 통지를 하지 아니하면 이로써 보험자에게 대항하지 못한다.

| **정답해설** | ② 보험자가 보험계약자로부터 보험계약의 청약과 함께 보험료 상당액의 전부 또는 일부를 받은 경우에 그 청약을 승낙하기 전에 보험계약에서 정한 보험사고가 생긴 때에는 그 청약을 거절할 사유가 없는 한 보험자는 보험계약상의 책임을 진다(「상법」 제638조의2 제3항).

| **오답해설** | ① 보험계약 관계자에는 보험자, 보험계약자, 피보험자, 보험수익자가 있으며, 이 중 보험계약의 당사자란 보험료를 내는 보험계약자와 보험금을 지급하는 보험자를 말한다.
③ 타인의 사망을 보험사고로 하는 보험계약에는 보험계약 체결 시에 그 타인의 서면에 의한 동의를 얻어야 한다(동법 제731조 제1항).
④ 15세 미만자, 심신상실자 또는 심신박약자의 사망을 보험사고로 한 보험계약은 무효로 한다(동법 제732조).

┤ **함께 보는 법령** | 「상법」 ├

제638조의2(보험계약의 성립) ③ <u>보험자가 보험계약자로부터 보험계약의 청약과 함께 보험료 상당액의 전부 또는 일부를 받은 경우에 그 청약을 승낙하기 전에 보험계약에서 정한 보험사고가 생긴 때에는 그 청약을 거절할 사유가 없는 한 보험자는 보험계약상의 책임을 진다.</u> 그러나 인보험계약의 피보험자가 신체검사를 받아야 하는 경우에 그 검사를 받지 아니한 때에는 그러하지 아니하다.

| **정답해설** | ④ 보험자의 책임은 당사자 간에 다른 약정이 없으면 <u>최초의 보험료의 지급을 받은 때로부터</u> 개시한다. / 보험계약자는 보험가입증서(보험증권)를 받은 날부터 15일 이내에 청약을 철회할 수 있다. 다만, 진단계약, 보험기간이 1년 미만인 계약 또는 전문보험계약자가 체결한 계약은 청약을 철회할 수 없으며, 청약일로부터 30일이 초과한 계약도 청약철회가 불가하다.

※ 일자 계산은 초일 불산입을 적용하므로 3일 보험가입증서를 받은 경우 18일까지 청약철회가 가능하다.

| **오답해설** | ① 보험증서란 계약 성립한 후 보험계약 당사자 간의 계약 내용을 나타낼 뿐 계약의 성립요건은 아니다. 따라서 배달착오 등으로 인하여 보험계약자에게 보험증서가 도달되지 못한 경우에도 <u>보험계약은 유효하게 성립한 것</u>이다.

③ 보험자는 보험금액의 지급에 관하여 약정기간이 있는 경우에는 그 기간 내에 약정기간이 없는 경우에는 보험사고발생 통지(「상법」 제657조 제1항)를 받은 후 지체 없이 지급할 보험금액을 정하고 그 정하여진 날부터 <u>10일</u> 내에 피보험자 또는 보험수익자에게 보험금액을 지급하여야 한다.

④ 보험계약의 일부 또는 전부가 무효인 경우 보험계약자와 피보험자가 선의이며 중대한 과실이 없는 때에는 보험자는 <u>납입보험료의 일부 또는 전부를 반환할 의무를 진다.</u>

| **정답해설** | ② 1+2+3=6이다.

• 보험자가 고지의무 위반사실을 안 날로부터 <u>1개월</u> 이상 지났거나 보장개시일부터 보험금 지급사유가 발생하지 않고 <u>2년</u> 이상 지났을 때이다.

• 계약을 체결한 날부터 <u>3년</u>이 지났을 때에 계약해지할 수 없는 경우이다.

┌ **함께 보는 이론** | 고지의무 위반 시 해지 불가사유 ─

• 체신관서가 계약 당시에 고지의무 위반사실을 알았거나 과실로 알지 못한 때

• 체신관서가 고지의무 위반사실을 안 날로부터 1개월 이상 지났거나 또는 보장시일부터 보험금 지급사유가 발생하지 않고 2년이 지났을 때

• 계약을 체결한 날부터 3년이 지났을 때

• 보험을 모집한 자가 계약자 또는 피보험자에게 고지할 기회를 주지 않았거나 계약자 또는 피보험자가 사실대로 고지하는 것을 방해한 경우. 계약자 또는 피보험자에게 사실대로 고지하지 않게 하였거나 부실한 고지를 권유했을 때

| **정답해설** | ③ 보험료 미납으로 실효(해지)될 상태에 있는 보험계약에 대하여 계약자의 신청이 있는 경우 해약환급금 범위 내에서 자동대출(환급금대출)하여 보험료를 납입할 수 있다. 보험료의 자동대출 납입 기간은 최초 자동대출 납입일부터 <u>1년</u>을 한도로 하며 그 이후의 기간에 대한 보험료의 자동대출 납입을 위해서는 재신청을 하여야 한다.

| **정답해설** | ④ 보험계약 당시에 보험사고가 이미 발생하였거나 또는 발생할 수 없는 것인 때에는 그 계약은 <u>무효</u>로 한다(「상법」 제644조).

| **오답해설** | ①「상법」 제638조

② 동법 제638조의2

③ 동법 제640조

┌ **함께 보는 법령** |「상법」

제638조(보험계약의 의의) 보험계약은 당사자 일방이 약정한 보험료를 지급하고 재산 또는 생명이나 신체에 불확정한 사고가 발생할 경우에 상대방이 일정한 보험금이나 그 밖의 급여를 지급할 것을 약정함으로써 효력이 생긴다.

제638조의2(보험계약의 성립) ① 보험자가 보험계약자로부터 보험계약의 청약과 함께 보험료 상당액의 전부 또는 일부의 지급을 받은 때에는 다른 약정이 없으면 30일 내에 그 상대방에 대하여 낙부의 통지를 발송하여야 한다. 그러나 인보험계약의 피보험자가 신체검사를 받아야 하는 경우에는 그 기간은 신체검사를 받은 날부터 기산한다.

② 보험자가 제1항의 규정에 의한 기간 내에 낙부의 통지를 해태한 때에는 승낙한 것으로 본다.

③ 보험자가 보험계약자로부터 보험계약의 청약과 함께 보험료 상당액의 전부 또는 일부를 받은 경우에 그 청약을 승낙하기 전에 보험계약에서 정한 보험사고가 생긴 때에는 그 청약을 거절할 사유가 없는 한 보험자는 보험계약상의 책임을 진다. 그러나 인보험계약의 피보험자가 신체검사를 받아야 하는 경우에 그 검사를 받지 아니한 때에는 그러하지 아니하다.

제640조(보험증권의 교부) ① 보험자는 보험계약이 성립한 때에는 지체 없이 <u>보험증권을 작성하여 보험계약자에게 교부하여야 한다.</u> 그러나 보험계약자가 보험료의 전부 또는 최초의 보험료를 지급하지 아니한 때에는 그러하지 아니하다.

② 기존의 보험계약을 연장하거나 변경한 경우에는 보험자는 그 보험증권에 그 사실을 기재함으로써 보험증권의 교부에 갈음할 수 있다.

제644조(보험사고의 객관적 확정의 효과) 보험계약당시에 보험사고가 이미 발생하였거나 또는 발생할 수 없는 것인 때에는 그 계약은 무효로 한다. 그러나 당사자 쌍방과 피보험자가 이를 알지 못한 때에는 그러하지 아니하다.

| **정답해설** | ③ 보험수익자가 보험존속 중에 사망한 때에는 보험계약자는 다시 보험수익자를 지정할 수 있고, 이 경우에 보험계약자가 지정권을 행사하지 아니하고 사망한 때에는 <u>보험수익자의 상속인을 보험수익자로 한다.</u>

제733조(보험수익자의 지정 또는 변경의 권리) ① 보험계약자는 보험수익자를 지정 또는 변경할 권리가 있다.

② 보험계약자가 제1항의 지정권을 행사하지 아니하고 사망한 때에는 피보험자를 보험수익자로 하고 보험계약자가 제1항의 변경권을 행사하지 아니하고 사망한 때에는 보험수익자의 권리가 확정된다. 그러나 보험계약자가 사망한 경우에는 그 승계인이 제1항의 권리를 행사할 수 있다는 약정이 있는 때에는 그러하지 아니하다.

③ 보험수익자가 보험존속 중에 사망한 때에는 보험계약자는 다시 보험수익자를 지정할 수 있다. 이 경우에 보험계약자가 지정권을 행사하지 아니하고 사망한 때에는 보험수익자의 상속인을 보험수익자로 한다.

④ 보험계약자가 제2항과 제3항의 지정권을 행사하기 전에 보험사고가 생긴 경우에는 피보험자 또는 보험수익자의 상속인을 보험수익자로 한다.

---

14 보험계약법(인보험편) > 보험계약의 특성 　　답 ②

| 정답해설 | ② 순서대로 ⓒ, ⓒ, ⓒ, ⓒ의 연결이 적절하다.
ㄱ. ⓒ 기술성 ㄴ. ⓒ 단체성
ㄷ. ⓒ 사익조정성(영리성) ㄹ. ⓒ 상대적 강행법성

---

15 보험계약법(인보험편) > 보험계약의 고지의무 　　답 ③

| 정답해설 | ③ 보험계약자 또는 피보험자는 청약 시 청약서에서 질문한 사항에 대해 보험자에게 사실대로 알려야 하는데, 이를 고지의무라고 한다. 고지의무는 계약 청약 시뿐만 아니라 부활 시에도 이행하여야 한다.

---

16 보험계약법(인보험편) > 철회, 무효, 취소, 실효 　　답 ①

| 오답해설 | ② 보험계약이 '무효'인 경우 보험금 지급사유가 발생하더라도 보험금 지급을 하지 않는다. 보험계약이 '취소'인 경우 보험자는 납입한 보험료에 일정 이자를 합한 금액을 계약자에게 반환한다.

③ 보험계약의 '실효'란 특정 원인이 발행하여 계약의 효력이 장래에 소멸되는 것을 말한다. '취소'의 경우 계약 시점으로 소급되어 없어지는 데 반해, '실효'는 장래에 대해서만 효력을 가진다.

④ 보험회사가 파산선고를 받고 3개월이 경과하였을 때, 감독당국으로부터 허가취소를 받았을 때, 법원으로부터 해산명령을 받고 3개월 경과하였을 때는 '당연실효'사유이다.

구분	보험계약 무효	보험계약 취소
요건	• 사기에 의한 초과, 중복보험 • 기발생 사고 • 피보험자의 자격미달(사망보험의 경우)	• 보험자의 법률 위반이 존재할 때 • '3대기본지키기'를 미이행 했을 때 　– 고객 자필 서명 　– 청약서 부본 전달 　– 약관 설명 및 교부
효력	보험금 지급사유가 발생하더라도 보험금 지급을 하지 않음	보험자는 납입한 보험료에 일정 이자를 합한 금액을 계약자에게 반환

---

17 보험계약법(인보험편) > 보험계약의 성립과 체결 　　답 ②

| 정답해설 | ② 옳은 것은 ㄴ, ㄷ이다.

| 오답해설 | ㄱ. 보험자가 보험계약자로부터 보험계약의 청약과 함께 보험료 상당액의 전부 또는 일부의 지급을 받은 때에는 다른 약정이 없으면 30일 내에 그 상대방에 대하여 낙부의 통지를 발송하여야 한다.

ㄹ. 보험증서(보험증권)는 계약 성립한 후 보험계약 당사자 간의 계약 내용을 나타낼 뿐 계약의 성립요건은 아니다. 따라서 배달착오 등으로 인하여 보험계약자에게 보험증서가 도달되지 못한 경우에도 보험계약은 유효하게 성립한 것이다.

---

18 보험계약법(인보험편) > 고지의무 　　답 ①

| 정답해설 | ① 1+3+1+1+1 = 7

ㄱ. 보험계약 당시에 보험계약자 또는 피보험자가 고의 또는 중대한 과실로 인하여 중요한 사항을 고지하지 아니하거나 부실의 고지를 한 때에는 보험자는 그 사실을 안 날로부터 1월 내에, 계약을 체결한 날로부터 3년 내에 한하여 계약을 해지할 수 있다. 그러나 보험자가 계약당시에 그 사실을 알았거나 중대한 과실로 인하여 알지 못한 때에는 그러하지 아니하다

ㄴ. 보험기간 중에 보험계약자 또는 피보험자가 사고발생의 위험이 현저하게 변경 또는 증가된 사실을 안 때에는 지체 없이 보험자에게 통지하여야 한다. 이를 해태한 때에는 보험자는 그 사실을 안 날로부터 1월 내에 한하여 계약을 해지할 수 있다.

ㄷ. 보험자가 위험변경증가의 통지를 받은 때에는 1월 내에 보험료의 증액을 청구하거나 계약을 해지할 수 있다.

ㄹ. 보험기간 중에 보험계약자, 피보험자 또는 보험수익자의 고의 또는 중대한 과실로 인하여 사고발생의 위험이 현저하게 변경 또는 증가된 때에는 보험자는 그 사실을 안 날부터 1월 내에 보험료의 증액을 청구하거나 계약을 해지할 수 있다.

| 정답해설 | ③ ㉠은 15, ㉡ 30이 들어간다.

보험계약자는 보험가입증서(보험증권)를 받은 날부터 15일 이내에 청약을 철회할 수 있다. 다만, 진단계약, 보험기간이 1년 미만인 계약 또는 전문보험계약자가 체결한 계약은 청약을 철회할 수 없으며, 청약일로부터 30일이 초과한 계약도 청약철회가 불가하다.

CHAPTER 06 | 우체국보험 일반현황
문제편 P.91

01	②	02	②	03	③	04	③	05	②
06	①	07	③	08	④				

| 01 | 우체국보험 일반현황 > 우체국보험의 역사 | 답 ② |

| 정답해설 | ② ㉠ 1929, ㉡ 양로보험, 국민생명보험이 들어간다.

- 우체국보험은 1929년 5월에 제정된 「조선간이생명보험령」에 따라 1929년 10월에 조선총독부 체신국에서 종신보험과 양로보험을 판매하기 시작한 것을 시초로 하고 있다.
- 1952년 12월에 「국민생명보험법」 및 「우편연금법」을 제정하면서 '간이생명보험'을 '국민생명보험'으로 개칭하고 취급상품도 생명보험 4종과 연금보험 4종으로 확대하여 사업을 지속하였다.

| 02 | 우체국보험 일반현황 > 우체국보험 | 답 ② |

| 정답해설 | ② 우체국보험은 정부가 운영하는 국영보험으로, 사업 전반에 대해 매년 국회·감사원의 감독 및 감사를 받는다.

┌ **함께 보는 법령 |** 「우체국예금·보험에 관한 법률」

제3조(우체국예금·보험사업의 관장) 우체국예금사업과 우체국보험사업은 국가가 경영하며, 과학기술정보통신부장관이 관장한다.

제3조의2(건전성의 유지·관리) ① 과학기술정보통신부장관은 우체국예금·보험사업에 대한 건전성을 유지하고 관리하기 위하여 필요한 경우에는 금융위원회에 검사를 요청할 수 있다.
② 과학기술정보통신부장관은 우체국예금·보험사업의 건전한 육성과 계약자 보호를 위하여 금융위원회와 협의하여 건전성을 유지하고 관리하기 위하여 필요한 기준을 정하고 고시하여야 한다.

제4조(국가의 지급 책임) 국가는 우체국예금(이자를 포함한다)과 우체국보험계약에 따른 보험금 등의 지급을 책임진다.

제6조(업무취급의 제한) ① 과학기술정보통신부장관은 전시·사변, 천재지변, 그 밖의 부득이한 사유가 있을 때에는 과학기술정보통신부령으로 정하는 바에 따라 우체국예금과 우체국보험에 관한 업무취급을 제한하거나 정지할 수 있다.
② 과학기술정보통신부장관은 제1항에 따라 예금·보험에 관한 업무취급을 제한하거나 정지한 경우에는 그 내용을 공고하여야 한다.

| 03 | 우체국보험 일반현황 > 우체국보험의 근거 | 답 ③ |

| 정답해설 | ③ 우체국보험적립금은 「우체국보험특별회계법」 제4조에 그 근거를 두고 있다.

| 04 | 우체국보험 일반현황 > 우체국보험의 업무범위 | 답 ③ |

| 정답해설 | ③ 옳은 것은 ㄱ, ㄷ, ㄹ 3개이다.

| 오답해설 | ㄴ. 국가가 경영하고 과학기술정보통신부 장관이 관장(「우체국예금·보험에 관한 법률」 제3조)하며, 감사원의 감사와 국회의 국정감사를 받고 있다.

| 05 | 우체국보험 일반현황 > 우체국보험의 특징 | 답 ② |

| 정답해설 | ② 우체국보험은 국가가 운영함에 따라 정부예산회계 관계법령의 적용을 받고 있으며 「우체국보험 건전성 기준」 제34조에 따라 외부 회계법인의 검사를 받고 있다.

| 06 | 우체국보험 일반현황 > 타기관 보험과의 비교 | 답 ① |

| 오답해설 | ② 우체국보험은 변액보험, 퇴직연금, 손해보험 상품 취급이 불가능하다.
③ 계약보험금 한도액은 보험종류별로 피보험자 1인당 4천만 원으로 하되, 연금보험(단, 연금저축계좌에 해당하는 보험은 제외)의 최초 연금액은 피보험자 1인당 1년에 900만 원 이하로 한다. 다만, 연금보험 중 「소득세법 시행령」 제40조의2 제2항 제1호에 따른 연금저축계좌에 해당하는 보험의 보험료 납입금액은 피보험자 1인당 연간 900만원 이하로 한다.
④ 우체국보험은 국가가 전액 지급을 보장하며, 과학기술정보통신부, 감사원, 국회, 금융위원회 등의 감독을 받고 있다. / 금융위원회와 금융감독원은 민영보험을 감독한다.

| 07 | 우체국보험 일반현황 > 재원 | 답 ③ |

| 정답해설 | ③ 우체국예금의 공익준비금의 경우 정부예산에서 재원으로 삼고 있는데 반해, 우체국보험의 공익준비금은 ㉠ 전 회계연도 적립금 이익잉여금의 5% 이내, ㉡ 그린보너스저축보험 전년도 책임준비금의 0.05% 이내에서 재원을 마련하고 있다.

| 08 | 우체국보험 일반현황 > 보험적립금 | 답 ④ |

| 정답해설 | ④ 공익사업의 재원은 전(前) 회계연도에 대한 적립금 결산에 따른 이익잉여금의 100분의 5 이내의 금액으로 조성한다. 이 경우 적립금의 운용으로 발생한 전년도 당기순이익과 적

립금의 재무건전성을 고려하여야 한다(「우체국보험특별회계법 시행규칙」 제16조).

| 오답해설 | ① 동법 제4조 제1항
② 동법 제4조 제2항
③ 동법 제5조, 제6조

CHAPTER 07	우체국보험 상품							문제편 P.93
01	③	02	②	03	②	04	①	05	④
06	③	07	②	08	④	09	③	10	④
11	③	12	③	13	④	14	①	15	④
16	④	17	③	18	①	19	①	20	②
21	③	22	④	23	①	24	③	25	①
26	④	27	①	28	③	29	③	30	④
31	③	32	③	33	④	34	②	35	①
36	②	37	④						

01 우체국보험 상품 > 저축성 보험 과세 　　　　답 ③

| 정답해설 | ③ 옳은 것은 ㄱ, ㄴ, ㄹ 3개이다.

| 오답해설 | ㄷ. 2017년 4월 1일 이후부터 가입한 보험계약에 한하여 보험계약자 1명당 매월 납입하는 보험료 합계액이 150만 원 이하인 경우 보험차익을 비과세한다.

02 우체국보험 상품 > 보장성 보험 　　　　답 ②

| 오답해설 | ① 무배당 우체국당뇨안심보험 2109의 당뇨보장개시일은 계약일(부활일)부터 그날을 포함하여 1년이 지난날의 다음날이다.
③ 무배당 우리가족암보험 2109의 암보장개시일은 계약일(부활일)부터 그날을 포함하여 90일이 지난날의 다음날이다. 단, 피보험자 나이가 15세 미만인 경우 암보장개시일은 계약일(부활일)로 한다.
④ 무배당 우체국요양보험 2109의 장기요양상태 보장개시일은 계약일(부활일)부터 그날을 포함하여 180일이 지난날의 다음날이다. 단, 재해를 직접적인 원인으로 장기요양상태가 발생한 경우 장기요양상태 보장개시일은 계약일(부활일)로 한다.

03 우체국보험 상품 > 보장성 보험 　　　　답 ②

| 오답해설 | ① 보장내용 변경주기는 5년이며, 종신까지 재가입이 가능하다.
③ 갱신 직전 '무사고 할인판정기간' 동안 보험금 지급 실적이 없는 계약을 대상으로 갱신일(또는 재가입일)부터 차기보험기간 1년 동안의 보험료의 10%를 할인해준다.
④ 비급여실손의료비특약의 갱신보험료는 갱신 직전 '요율상대도 판정기간' 동안의 비급여특약에 따른 보험금 지급실적을 고려하여 보험료 갱신 시 순보험료(비급여특약의 순보험료 총액을 대상)에 요율 상대도(할인·할증요율)를 적용한다.

04 우체국보험 상품 > 연금보험 　　　　답 ①

| 오답해설 | ② 어깨동무연금보험 2109는 장애인전용연금보험으로, 20세부터 연금수급이 가능하다.
③ 무배당 우체국연금보험 2109는 관련 세법에서 정하는 요건에 부합하는 경우 이자소득을 비과세하며, 금융소득종합과세에서도 제외한다.
④ 우체국연금저축보험 2109의 추가납입보험료는 계약일 이후 1개월이 지난 후부터 (연금개시나이−1)세 계약 해당일까지 납입이 가능하다.

05 우체국보험 상품 > 보험상품 　　　　답 ④

| 오답해설 | ① 무배당 우체국안전벨트보험 2109의 보험료는 성별에 따른 차이는 있으나 나이(연령)에 관계 없이 동일한 보험료이다.
② 우체국연금저축보험 2109의 경우, 연금 지급구분에는 종신연금형, 확정기간연금형이 있다. 우체국연금보험 2109의 경우, 연금 지급구분에는 종신연금형, 상속연금형, 확정기간연금형, 더블연금형이 있다.
③ 무배당 우체국요양보험 2109에 가입한 피보험자가 장기요양(1~2등급) 진단을 받은 경우, 사망보험금 일부를 선지급하여 노후요양비을 지원한다.

06 우체국보험 상품 > 연금저축보험 수령 시 세제 　　　　답 ③

| 정답해설 | 산출세액(지방소득세 포함) 계산은 다음과 같다.
• 연금수령 한도 이내의 연금소득 금액은 연금소득세 적용
1,200,000원×4.4%(종신연금형)=52,800원
• 연금수령 한도 초과 연금액은 기타소득세 적용
1,000,000원×16.5%(기타소득세)=165,000원
• 합산 시: 52,800원+165,000원=217,800원이다.

연금저축보험의 지급금액이 다음의 내용을 충족할 경우에는 연금소득으로 인정하여 연금소득세를 부과함. 단, 연간 연금액이 연금수령 한도를 초과하는 경우, 그 초과 금액은 연금 외 소득으로 간주하여 기타소득세(지방소득세 포함 16.5%)를 부과함

구분	연금수령 요건
1	가입자가 만 55세 이후 연금수령 개시를 신청한 후 인출할 것
2	연금계좌 가입일부터 5년이 경과된 후에 인출할 것
3	과세기간 개시일 현재 연금수령 한도 이내에서 인출할 것 • 과세기간 개시일: 연금수령 개시를 신청한 날이 속하는 과세기간에는 연금수령 개시를 신청한 날로 함 • 연금수령 한도 $= \dfrac{\text{연금계좌의 평가액}}{(11 - \text{연금수령연차})} \times \dfrac{120}{100}$ • 연금수령연차: 최초로 연금수령할 수 있는 날이 속하는 과세기간을 기산연차로 하여 그 다음 과세기간을 누적 합산한 연차를 말하며, 연금수령연차가 11년 이상이면 위의 계산식을 미적용

---

07 우체국보험 상품 > 개별보험상품　　답 ②

| 오답해설 | ① 우체국연금저축보험의 연금개시 나이는 만 55세부터이다.

③ 무배당 우체국간편가입건강보험(갱신형)의 경우 주계약은 종신까지 갱신 가능하고, 무배당 간편사망보장특약은 85세까지 갱신 가능하다.

④ 무배당 우체국든든한종신보험은 보험료 납입기간 중 계약이 해지될 경우, 예정해약환급금은 1종(해약환급금 50% 지급형)이 2종(표준형)보다 적다.

(무)우체국연금보험	45세~75세 (더블연금형: 45세~70세)
(무)우체국개인연금보험(이전형)	만 55세~80세
(무)우체국온라인연금저축보험	만 55세~80세
(유)우체국연금저축보험	만 55세~80세
(유)어깨동무연금보험	20세~80세(30년 보증지급: 20세~70세)

• 보험 나이: 계약일 현재 피보험자의 실제 만 나이를 기준으로 6개월 미만의 끝수는 버리고 6개월 이상의 끝수는 1년으로 하여 계산하며, 이후 매년 계약해당일에 나이가 증가하는 것으로 함
• 보험 나이 계산 예시
　－ 생년월일: 1988년 10월 2일
　－ 현재(계약일): 2016년 4월 13일
　⇒ 2016년 4월 13일 － 1988년 10월 2일 = 27년 6월 11일 = 28세

---

08 우체국보험 상품 > 계약보험금 한도액　　답 ④

| 오답해설 | ① 법 제46조의2 제2항에 따른 재보험의 가입 한도는 사고 보장을 위한 보험료(순보험료)의 100분의 80 이내로 한다 (「우체국예금·보험에 관한 법률 시행규칙」 제60조의2).

② 우체국보험에는 보장성 보험, 저축성 보험, 연금보험이 있다.

---

③ 계약보험금 한도액은 보험종류별(연금보험 제외)로 피보험자 1인당 4천만 원이다.

제36조(계약보험금 및 보험료의 한도) ① 법 제28조에 따른 계약보험금 한도액은 보험종류별(제35조 제1항 제3호의 연금보험은 제외한다)로 피보험자 1인당 4천만 원(제35조 제1항 제1호의 보장성 보험 중 우체국보험 사업을 관장하는 기관의 장이 「국가공무원법」 제52조에 따라 그 소속 공무원의 후생·복지를 위하여 실시하는 단체보험상품의 경우에는 2억 원으로 한다)으로 하되, 보험종류별 계약보험금 한도액은 우정사업본부장이 정한다.
② 제35조 제1항 제3호의 연금보험(「소득세법 시행령」 제40조의2 제2항 제1호에 따른 연금저축계좌에 해당하는 보험은 제외한다)의 최초 연금액은 피보험자 1인당 1년에 900만 원 이하로 한다.
③ 제35조 제1항 제3호의 연금보험 중 「소득세법 시행령」 제40조의2 제2항 제1호에 따른 연금저축계좌에 해당하는 보험의 보험료 납입금액은 피보험자 1인당 연간 900만 원 이하로 한다.

---

09 우체국보험 상품 > 보험 관련 세제　　답 ③

| 오답해설 | ① 무배당 어깨동무보험의 경우, 연간 납입보험료 100만 원 한도 내에서 연간 납입보험료의 15%가 세액공제 금액이 된다.

② 무배당 그린보너스저축보험플러스에 대한 보험자의 비과세 요건은 월적립식, 종신형, 일시납예치형으로 구분하여 다르게 나타난다. 보험계약자, 피보험자, 보험수익자가 동일해야 하는 요건은 저축성 보험 중 월적립식이 아닌 종신형에 대한 비과세 요건에 해당한다.

④ 우체국연금저축보험에 가입한 만 65세 연금소득자가 종신연금형으로 연금수령 시 연금소득에 대해 적용되는 세율은 종신연금형을 기준으로 한다. 무배당 우체국연금보험은 세액공제는 되지 않지만 10년 이상 유지한 후 연금수령 시 이자소득 비과세 및 금융소득종합과세가 제외되어 연금소득세 비과세가 적용되는 상품이다.

• 연금 계좌 세액공제 납입 한도 및 공제율

종합소득금액 (근로소득만 있는 경우 총급여액)	세액공제 대상 납입한도 (퇴직연금 합산 시)	공제율
4천 500만 원 이하 (5천 500만 원 이하)	600만 원 (900만 원)	15%
4천 500만 원 초과 (5천 500만 원 초과)		12%

• 연금소득 원천징수 세율

구분	세율	
	나이(연금수령일 현재)	세율(지방소득세 포함)
연금소득자의 나이에 따른 세율	만 70세 미만	5.5%
	만 70세 이상 만 80세 미만	4.4%
	만 80세 이상	3.3%
종신연금형	4.4%(지방소득세 포함)	

※ 위 두 가지를 동시 충족하는 경우에는 낮은 세율을 적용함

- 연금저축보험 vs 연금보험
  - 연금저축보험은 납입 시 세액공제혜택을 받고, 수령 시 연금소득세를 납부함
  - 연금보험은 납입 시 세액공제혜택이 없고, 수령 시 비과세됨

구분	연금저축보험	연금보험
세액공제 (연말정산)	세액공제 있음 (13.2 ~ 16.5%)	세액공제 없음 (혜택 없음)
연금수령 시	연금소득세 부과 (3.3 ~ 5.5%)	비과세
보험해지 시	5년 안에 해지하면 기타 소득세(16.5%) 부과	10년 안에 해지하면 이자소득세(15.4%) 부과
세금혜택을 받기 위한 연금개시 연령	만 55세 이후 가능 (수령시기 선택 가능)	45세 이후 가능 (수령시기 선택 가능)
우체국상품 종류	우체국연금저축보험	무배당 우체국연금보험

---

10 우체국보험 상품 > 보장성 보험 세액공제   답 ④

| **정답해설** | ④ 보장성 보험의 세액공제는 근로소득자(일용근로자 제외)가 보장성 보험에 가입한 경우, 납입한 보험료(연간 100만 원 한도)의 12%에 해당하는 금액을 해당 과세기간의 종합소득산출세액에서 공제해주는 제도이다.

| **오답해설** | ① 보장성 보험은 주로 사망, 질병, 재해 등 각종 위험보장에 중점을 둔 보험으로, 만기 시 환급되는 금액이 없거나 기 납입 보험료보다 적거나 같다.
② 세액공제 대상 보험계약은 보험계약 또는 보험료 납입 영수증에 보장성 보험으로 표시된 보장성 보험(특약보험료 포함)이다.
③ 보험료는 수지상등의 원칙에 의거하여 예정사망률(예정위험률), 예정이율, 예정사업비율의 3대 예정률을 기초로 계산한다.

---

11 우체국보험 상품 > 보장성 보험   답 ③

| **정답해설** | ③ 제시된 내용은 무배당 우체국건강클리닉보험(갱신형)에 해당한다.

┌ | **함께 보는 이론** | 우체국보험 상품별 특징 ─

- 무배당 우체국New100세건강보험 2203
  - 뇌·심질환을 진단, 입원, 수술까지 종합적으로 보장하고, 비갱신형으로 설계하여 보험료 인상 없이 최대 100세까지 집중보장[주계약 및 특약(비갱신형)]
  - 다양한 특약을 추가하여 추가 진단비, 입원, 수술, 2대질병통원, 후유장해까지 보장
  - 해약환급금 50% 지급형 선택 시 표준형보다 저렴한 보험료로, 표준형과 동일한 보장혜택 제공
  - 다양한 소비자 필요에 따라 특약을 갱신 및 비갱신으로 선택하여 가입 가능
  - 주계약 및 특약(비갱신형)의 보험기간을 80·90·100세 만기로 다양화
  - **납입면제**: 보험료 납입 면제로 부담을 낮추고 안정적인 보장 제공
  - "국민체력100" 체력 인증 시 보험료 지원혜택 제공
  - **세제혜택**: 근로소득자는 납입보험료(연간 100만 원 한도)에 대하여 12% 세액공제
- 무배당 우체국급여실손의료비보험(갱신형) 2109
  - 부담 없는 가격의 의료비 전문보험

  - 한번 가입으로 평생 의료비 걱정 끝
  - 입원·통원 합산 5천만 원, 통원(외래 및 처방 합산) 회당 20만 원까지 보장
  - 보험금 지급실적이 없는 경우 보험료 할인혜택
  - 개인별 의료이용량에 따라 보험료 차등(할인·할증) 적용
  - 주계약 종합형 및 비급여특약 의무가입으로 보장공백 최소화
  - **세제혜택**: 근로소득자 납입 보험료(연간 100만 원 한도) 12% 세액공제
- 무배당 우체국건강클리닉보험(갱신형) 2109
  - 3대질병 진단(최대 3,000만 원), 중증수술(최대 500만 원) 및 중증장해(최대 5,000만 원) 고액 보장
  - 각종 질병, 사고 및 주요 성인질환 종합 보장
  - 0세부터 65세까지 가입 가능한 건강보험
  - 10년 만기 생존 시마다 건강관리자금 지급
  - '국민체력100' 체력 인증 시 보험료 지원혜택 제공
  - 근로소득자는 납입보험료(연간 100만 원 한도)에 대하여 12% 세액공제
- 무배당 우체국간편가입건강보험(갱신형) 2109
  - 병이 있거나 고령이어도 3가지(건강 관련) 간편고지로 간편하게 가입 가능
  - 입원비·수술비 중심의 실질적인 치료비 지급, 다양한 특약 부가 가능
  - 종신갱신형으로 종신토록 의료비 보장 가능
    ※ 다만, 사망보장은 최대 85세까지 보장
  - 15년 만기 생존 시마다 건강관리자금 지급(주계약)

---

12 우체국보험 상품 > 보장성 보험   답 ③

| **정답해설** | ③ 무배당 우체국온라인암보험은 보험료 인상 없이 처음과 동일한 보험료로 보험기간 동안 보장받을 수 있다.

---

13 우체국보험 상품 > 보장성 보험   답 ④

| **정답해설** | ④ 우리가족암보험, 무배당 우체국치아보험, 우체국요양보험은 보장성 보험 상품에 해당한다.

┌ | **함께 보는 이론** | 우체국보험의 종류 ─

보장성 보험 (42종)	• 무배당 우체국든든한종신보험 2109 • 부배당 우체국New100세건강보험 2203 • 무배당 우체국와이드건강보험 2112 • 무배당 우리가족암보험 2109 • 무배당 어깨동무보험 2109 • 무배당 우체국예금제휴보험 2109 • 무배당 우체국단체보장보험 2301 • 무배당 우체국안전벨트보험 2109 • 무배당 우체국급여실손의료비보험(갱신형) 2109 • 무배당 우체국급여실손의료비보험(계약전환·단체개인전환·개인중지재개용)(갱신형) 2109 • 무배당 우체국건강클리닉보험(갱신형) 2109 • 무배당 우체국하나로OK보험 2109 • 무배당 우체국실속정기보험 2109 • 무배당 우체국더든든한자녀지킴이보험 2203 • 무배당 에버리치상해보험 2109 • 무배당 우체국노후실손의료비보험(갱신형) 2109 • 무배당 우체국간편실손의료비보험(갱신형) 2109 • 무배당 만원의행복보험 2109

보장성 보험 (42종)	• 무배당 우체국간편가입건강보험(갱신형) 2109 • 무배당 우체국더간편건강보험(갱신형) 2109 • 무배당 우체국치아보험(갱신형) 2109 • 무배당 내가만든희망보험 2109 • 무배당 우체국당뇨안심보험 2109 • 무배당 우체국나르미안전보험 2109 • 무배당 win-win단체플랜보험 2109 • 무배당 우체국온라인착한안전보험 2109 • 무배당 우체국온라인암보험 2109 • 무배당 우체국온라인정기보험 2109 • 무배당 우체국온라인와이드암보험 2112 • 무배당 우체국온라인요양보험 2112 • 무배당 우체국통합건강보험 2109 • 무배당 우체국치매간병보험 2109 • 무배당 우체국요양보험 2109 • 무배당 우체국온라인당뇨보험 2109 • 무배당 우체국온라인어린이보험 2109 • 무배당 우체국온라인3대질병보험 2109 • 무배당 온라인내가만든희망보험 2109 • 무배당 우체국온라인미니암보험 2112 • 무배당 우체국온라인입원수술보험 2112 • 무배당 우체국온라인종합건강보험(갱신형) 2201 • 무배당 우체국온라인종신보험 2201 • 무배당 우체국온라인치매간병보험 2201
저축성 보험 (5종)	• 무배당 청소년꿈보험 2109 • 무배당 그린보너스저축보험플러스 2203 • 무배당 파워적립보험 2109 • 무배당 우체국온라인저축보험 2109 • 무배당 알찬전환특약 2109
연금보험 (6종)	• 무배당 우체국연금보험 2109 • 우체국연금저축보험 2109 • 무배당 우체국연금저축보험(이전형) 2109 • 무배당 우체국온라인연금저축보험 2109 • 무배당 우체국개인연금보험(이전형) 2109 • 어깨동무연금보험 2109

---

14 우체국보험 상품 > 보장성 보험 답 ①

| 정답해설 | ① 우체국의 장애인전용 무배당 어깨동무보험은 보험수익자가 장애인인 경우 연간 4,000만 원 한도에서 증여세 면제 혜택이 있다.

| 오답해설 | ② 1종(생활보장형)은 50세 이상의 자가 가입할 경우 80세 만기 5년납에 한한다.

③ 2종(암보장형)의 피보험자 가입 나이는 0~70세이다.

④ 3종(상해보장형)은 가입 후 매 2년마다 건강진단자금을 지급하므로, 각종 질환의 조기진단 및 사전예방자금으로 활용 가능하다.

---

15 우체국보험 상품 > 보장성 보험 답 ④

| 정답해설 | ④ 무배당 우체국요양보험은 장기요양 1~2등급으로 진단 확정되고, 매년 생존 시 최대 5년 동안 간병자금을 매월 지급(장기요양간병비특약 가입 시, 최대 60개월 한도)한다.

---

16 우체국보험 상품 > 보장성 보험, 저축성 보험 답 ④

| 오답해설 | ① 저축성 보험의 경우 2017년 4월 1일 이후 계약은 최초로 보험료를 납입한 날부터 만기일 또는 중도해지일까지의 기간이 10년 이상으로서, 계약자 1명당 납입할 보험료 합계액이 1억 원 이하인 저축성 보험은 보험차익 비과세 요건에 해당한다 (월 적립식 또는 종신형연금으로 분류되지 않은 경우).

② 연금저축보험을 중도에 해지하는 경우에는 분리과세를 적용한다. 이러한 경우에는 일반 연금 외 수령으로 기타소득세(지방소득세 포함 16.5%)가 부과되나, 만약 부득이한 사유로 인한 연금 외 수령이 인정되는 경우에는 연금소득세(지방소득세 포함 3.3~5.5%)를 부과한다.

③ 장애인전용보험은 근로소득자가 기본공제대상자 중 장애인을 피보험자 또는 보험수익자로 하는 보험을 가입한 경우, 근로소득자가 실제로 납입한 보험료(연간 100만 원 한도)의 15%에 해당하는 금액을 해당 과세기간의 종합소득산출세액에서 공제받을 수 있다.

---

17 우체국보험 상품 > 보장성 보험 답 ③

| 정답해설 | ③ 장애인전용 무배당 어깨동무보험(2종)에서 암 보장 개시일은 계약일(부활일)로부터 그 날을 포함하여 90일이 지난 날의 다음 날로 하며, 피보험자 나이가 15세 미만인 경우의 암 보장 개시일은 계약일(부활일)로 한다.

---

18 우체국보험 상품 > 보장성 보험 답 ①

| 정답해설 | ① 입원·통원 합산 5천만 원, 통원(외래 및 처방 합산) 회당 20만 원까지 보장된다.

---

19 우체국보험 상품 > 보장성 보험 답 ①

| 오답해설 | ② 무배당 우체국더간편건강보험(갱신형) 2109는 1가지(건강관련) 간편고지로 간편하게 가입할 수 있고, 암보장형, 2대질병보장형으로 구성하여 꼭 필요한 보장만 가입 가능하다. 또한 15년 만기 생존 시마다 건강관리자금을 지급(주계약)한다.

③ 무배당 우체국당뇨안심보험 2109는 당뇨 중증도(당화혈색소 6.5%/7.5%/9.0%)에 따라 체계적인 보장금액 설정할 수 있다. 당뇨보장개시일은 계약일(부활일)부터 그 날을 포함하여 1년이 지난날의 다음날로 한다.

④ 무배당 우체국온라인3대질병보험 2109는 50% 이상 장해상태가 되었거나, 암, 뇌출혈 또는 급성심근경색증으로 진단 시 보험료 납입을 면제한다. 또한 비갱신형 상품으로 보험료 인상없이 처음과 동일한 보험료로 만기까지 보장된다.

| 오답해설 | ① 무배당 우체국온라인착한안전보험 2109의 보험료는 성별에 따른 차이는 있으나, 나이(연령)에 관계없이 동일한 보험료(주계약 기준)가 적용된다.

③ 무배당 내가만든희망보험 2109는 보험기간 중 매 10년마다 생존 시 건강관리자금 지급하지만, / 무배당 온라인내가만든희망보험 2109는 건강관리자금을 지급하지 않는다.

④ 무배당 우체국온라인요양보험 2112는 장기요양(1~4등급)으로 진단 시 사망보험금의 일부를 선지급하여 노후 요양비를 지원한다. 30세부터 최대 65세까지 폭 넓게 가입 가능한 요양보험이다. / 무배당 우체국요양보험 2109는 30세부터 70세까지 가입 가능하다.

┤ 함께 보는 이론 ┃ 우체국 온라인보험 상품 ├

- **무배당 우체국온라인착한안전보험 2109**
  - 교통사고 및 재해사고 위주의 보장으로 우체국 최저가 보험료 설계
  - 성별에 따른 차이는 있으나 나이에 관계 없이 동일한 보험료(주계약 기준)
  - 재해로 인한 사망 및 장해와 교통사고에 대한 의료비(중환자실 입원 등) 집중 보장
  - 특약을 통해 재해로 인한 사망, 입원, 수술 등 보장 가능
  - 근로소득자는 납입한 보험료(연간 100만 원 한도)에 대하여 12% 세액공제
- **무배당 우체국온라인정기보험 2109**
  - 보험료 납입면제 및 고액계약 할인으로 보험 부담을 완화
  - 생존기간 6개월 이내 판단 시 사망보험금의 60%를 선지급
  - 비갱신형 상품으로 보험료 변동 없이 처음과 동일한 보험료로 보험기간동안 보장
  - 근로소득자는 납입한 보험료(연간 100만 원 한도)에 대하여 12% 보험 세액공제
- **무배당 온라인내가만든희망보험 2109**
  - 각종 질병과 사고 보장을 본인이 선택하여 설계 가능
  - 3대질병 진단(최대 2,000만 원) 및 뇌경색증진단(최대 500만 원) 보장(3대질병보장 가입 시)
  - 12대성인질환 보장(생활보장 가입 시)
  - 50% 장해 시 또는 3대질병 최초 진단 시 보험료 납입 면제 및 비갱신형 상품으로 보험료 변동 없음[10, 20, 30년 만기]
  - 근로소득자는 납입한 보험료(연간 100만 원 한도)에 대하여 12% 세액공제
- **무배당 내가만든희망보험 2109**
  - 각종 질병과 사고 보장을 본인이 선택하여 설계 가능
  - 3대질병 진단(최대 2,000만 원) 및 뇌경색증진단(최대 500만 원) 보장(3대질병보장 가입 시)
  - 12대성인질환 보장(생활보장 가입 시)
  - 50% 장해 시 또는 3대질병 최초 진단 시 보험료 납입 면제 및 비갱신형 상품으로 보험료 변동 없음[10, 20, 30년 만기]
  - 20세부터 60세까지 가입 가능한 건강보험
  - 보험기간 중 매 10년 마다 생존 시 건강관리자금 지급
  - 근로소득자는 납입한 보험료(연간 100만 원 한도)에 대하여 12% 세액공제
- **무배당 우체국요양보험 2109**
  - 장기요양(1~2등급) 진단 시 사망보험금 일부를 선지급하여 노후요양비 지원
  - 비갱신형으로 설계하여 보험료 상승 없이 동일한 보험료로 보험기간 만기까지 사망과 요양 보장

  - 장기요양 1~2등급으로 진단 확정되고, 매년 생존 시 최대 5년 동안 간병자금 매월 지급(장기요양간병비특약 가입 시, 최대 60개월 한도)
  - 특약 가입 시, 장기요양 1등급부터 최대 5등급까지 진단보험금을 원하는 대로 설계 가능
  - 30세부터 70세까지 가입 가능
  - 근로소득자는 납입한 보험료(연간 100만 원 한도)에 대하여 12% 세액공제
- **무배당 우체국온라인요양보험 2112**
  - 장기요양(1~4등급)으로 진단 시 사망보험금의 일부를 선지급하여 노후 요양비를 지원
  - 비갱신형으로 설계하여 보험료 상승 부담 없이 보험기간 만기까지 노후 대비 사망과 요양 보장을 한 번에 제공
  - 30세부터 최대 65세까지 폭 넓게 가입 가능한 요양보험
  - 근로소득자는 납입보험료(연간 100만 원 한도)에 대하여 12% 세액공제

| 정답해설 | ③ 무배당 온라인미니암보험 2112는 월납, 연납, 일시납으로 납입방법을 다양하게 선택 가능하다.

┤ 함께 보는 이론 ┃ 우체국 온라인보험 상품 ├

- **무배당 우체국온라인3대질병보험 2109**
  - 경증질환(소액암, 뇌혈관질환 및 허혈성심장질환)부터 중증질환(암·뇌출혈·급성심근경색증)까지 체계적으로 보장
  - 50% 이상 장해상태가 되었거나, 암, 뇌출혈 또는 급성심근경색증으로 진단 시 보험료 납입을 면제
  - 비갱신형 상품으로 보험료 인상없이 처음과 동일한 보험료로 만기까지 보장
  - 근로소득자는 납입한 보험료(연간 100만 원 한도)에 대하여 12% 세액공제
- **무배당 우체국온라인와이드암보험 2112**
  - 암으로 진단 시 사망보험금의 일부를 선지급하여 치료비를 지원
  - 암으로 재진단 시 계속 보장하고, 선진 항암치료기법인 표적항암약물허가 치료를 보장하여 암 환자의 삶의 질 개선 및 치료비 부담을 완화(해당 특약 가입 시)
  - 보험료 납입면제 및 고액계약 할인(주계약 보험료)으로 보험료 부담을 완화
  - 근로소득자는 납입보험료(연간 100만 원 한도)에 대하여 12% 세액공제
- **무배당 온라인미니암보험 2112**
  - 저렴한 보험료로 남성특정암 진단 시 최대 1,000만 원을 지급(남성특정암보장형 가입 시)
  - 저렴한 보험료로 여성특정암 진단 시 최대 1,000만 원을 지급(여성특정암보장형 가입 시)
  - 월납, 연납, 일시납으로 납입방법을 다양하게 선택
  - 근로소득자는 납입보험료(연간 100만 원 한도)에 대하여 12% 세액공제
- **무배당 온라인입원수술보험 2112**
  - 건강보험의 핵심보장인 입원 및 수술을 보장하는 온라인전용 보험상품
  - 질병 또는 재해로 50% 이상 장해상태가 되었을 때 차회 이후의 보험료 납입을 면제
  - 비갱신형 상품으로 보험료 인상없이 처음과 동일한 보험료로 만기까지 보장
  - 근로소득자는 납입보험료(연간 100만 원 한도)에 대하여 12% 세액공제

22 우체국보험 상품 > 상속세   답 ④

| 정답해설 | ④ 「민법」상 사망보험금의 상속순위는 1순위는 직계비속과 배우자, 2순위는 직계존속과 배우자, 3순위는 형제자매, 4순위는 4촌 이내의 방계혈족이다.

23 우체국보험 상품 > 우체국 연금보험   답 ①

| 정답해설 | ① 관련 세법이 정한 바에 따라 납입한 보험료에 대하여 세액공제 혜택을 제공 받을 수 있는 것은 우체국 연금저축보험이다.

24 우체국보험 상품 > 보장성 보험   답 ③

| 정답해설 | ③ 보험계약자는 개별 보험계약자와 과학기술정보통신부장관을 공동 보험계약자로 하며, 개별 보험계약자를 대표자로 한다.

| 오답해설 | ① 성별·나이에 상관 없이 보험료가 1만 원(1년 만기 기준)이며, 단 한 번 납입으로 끝난다. 또한 1회 납입 1만 원(1년 만기 기준) 초과보험료는 체신관서가 공익자금으로 지원한다.

25 우체국보험 상품 > 보장성 보험   답 ①

| 정답해설 | ① 옳은 것은 ㄱ, ㄴ이다.

| 오답해설 | ㄷ. 무배당 우체국와이드건강보험 2112은 재진단암진단보험금 특약 가입 시 재진단암 보장개시일은 "첫 번째 재진단암 보장개시일"과 "두 번째 이후 재진단암 보장개시일"을 합한 것을 말하며, 첫 번째 재진단암 보장개시일은 "첫 번째 암(갑상선암, 기타피부암 및 대장점막내암 제외)" 진단 확정일부터 그 날을 포함하여 2년(갱신계약을 포함)이 지난 날의 다음 날이다. 두 번째 이후 재진단암 보장개시일은 직전 "재진단암(갑상선암, 기타피부암 및 대장점막내암 제외)" 진단 확정일부터 그 날을 포함하여 2년(갱신계약을 포함)이 지난 날의 다음날이다.
ㄹ. 무배당 우체국통합건강보험 2109의 특정파킨슨병보장개시일은 계약일(부활일)부터 그 날을 포함하여 1년이 지난 날의 다음날이다.

26 우체국보험 상품 > 보장성 보험   답 ④

| 정답해설 | ④ 옳지 않은 것은 ㄱ, ㄴ, ㄷ, ㄹ 4개이다.
ㄱ. 무배당 우체국치매간병보험 2109의 치매보장개시일은 주 계약일(부활일)부터 그날을 포함하여 1년이 지난날의 다음날이다. 다만, 질병으로 인한 "경도치매상태", "중등도치매상태" 및 "중증치매상태"가 없는 상태에서 재해로 인한 뇌의 손상

을 직접적인 원인으로 "경도치매상태", "중등도치매상태" 및 "중증치매상태"가 발생한 경우 치매보장개시일은 계약일(부활일)이다.
ㄴ. 무배당 우체국치아보험(갱신형) 2109의 치과치료보장개시일 및 촬영보장개시일은 계약일(부활일)부터 그 날을 포함하여 90일이 지난 날의 다음날이다. 단, 재해를 직접적인 원인으로 치과치료, 구내 방사선촬영 또는 파노라마촬영을 받은 경우 치과치료보장개시일 및 촬영보장개시일은 계약일(부활일)이다.
ㄷ. 무배당 우체국당뇨안심보험 2109의 당뇨보장개시일은 계약일(부활일)부터 그 날을 포함하여 1년이 지난날의 다음날이다.
ㄹ. 무배당 우체국요양보험 2109의 장기요양상태 보장개시일은 계약일(부활일)부터 그 날을 포함하여 180일이 지난날의 다음이다. 단, 재해를 직접적인 원인으로 장기요양상태가 발생한 경우 장기요양상태 보장개시일은 계약일(부활일)이다.

27 우체국보험 상품 > 보장성 보험   답 ①

| 정답해설 | ① 업무상 이륜차운전자를 제외한 플랫폼 경제 운송업 종사자가 피보험자 자격요건이다.
※ 플랫폼 경제 운송업 종사자: 디지털 플랫폼의 중개를 통해 일자리를 구하여 단속적(1회성, 비상시적, 비정기적) 일거리 건당 일정한 보수를 수취하거나, 고용계약을 체결하지 않고 특수고용직 형태로 노동을 수행하는 운송업 종사자

┤ 함께 보는 이론 | 무배당 우체국나르미안전보험의 특징 ├

- 운송업종사자 전용 공익형 교통상해보험
- 나이에 상관 없이 성별에 따라 1회 보험료 납입으로 보장 가능(1년 만기)
- 보험료의 50%를 체신관서가 공익재원으로 지원
- 교통재해로 인한 사망, 장해 및 교통사고에 대한 의료비(중환자실 입원 등) 보장

28 우체국보험 상품 > 보장성 보험   답 ③

| 정답해설 | ③ 충전[치아 치료 1개당 최대 15만 원(인레이·온레이 충전치료 시)] 및 크라운(치아 치료 1개당 최대 30만 원) 치료자금을 지급한다.

┤ 함께 보는 이론 | 무배당 우체국치아보험(갱신형) 2109 ├

- 보철치료(임플란트, 브릿지, 틀니), 크라운치료, 충전치료, 치수치료, 영구치발거, 치석제거(스케일링), 구내 방사선·파노라마 촬영, 잇몸질환치료 및 재해로 인한 치과치료 등을 보장하는 치과치료 전문 종합보험
- 특약 가입 시 임플란트(영구치발거 1개당 최대 150만 원), 브릿지(영구치발거 1개당 최대 75만 원), 틀니(보철물 1개당 최대 150만 원) 치료보험금 지급
- 충전[치아 치료 1개당 최대 15만 원(인레이·온레이 충전치료 시)] 및 크라운(치아 치료 1개당 최대 30만 원) 치료보험금 지급
- 근로소득자는 납입한 보험료(연간 100만 원 한도)에 대하여 12% 세액공제 혜택
- 피보험자 가입 당시 60세를 초과할 경우 보험가입금액 500만 원 고정

29　우체국보험 상품 > 보장성 보험　　　답 ②

| **정답해설** | ② 비갱신형으로 설계하여 보험료 상승 없이 동일한 보험료로 보험기간 만기까지 사망과 요양을 보장한다.

┤ 함께 보는 이론 ├ **무배당 우체국요양보험의 특징**

- 장기요양(1~2등급) 진단 시 사망보험금 일부를 선지급하여 노후요양비 지원
- 비갱신형으로 설계하여 보험료 상승없이 동일한 보험료로 보험기간 만기까지 사망과 요양 보장
- 장기요양상태(1~2등급)으로진단 확정되고, 매년 생존 시 최대 5년 동안 간병자금 매월 지급(장기요양간병비특약 가입 시, 최대 60개월 한도)
- 특약 가입 시, 장기요양 1등급부터 최대 5등급까지 진단자금을 원하는 대로 설계 가능
- 30세부터 70세까지 가입 가능
- 근로소득자는 납입한 보험료(연간 100만 원 한도)에 대하여 12% 세액공제
- 피보험자가 가입 당시 60세 초과인 경우 보험가입금액 2,000만 원 한도(주계약)
- 피보험자가 가입 당시 60세 초과인 경우 특약보험가입금액 500만 원 한도(특약)

30　우체국보험 상품 > 보장성 보험　　　답 ④

| **정답해설** | ④ 암진단생활비특약 가입 후 암 진단 시 소득상실을 보전하기 위해 암진단생활비가 매월 최고 50만 원씩 5년간 지급(1구좌 기준)된다.

┤ 함께 보는 이론 ├ **무배당 우리가족암보험의 특징**

- 보험료가 저렴하며 암 진단 시 3,000만 원까지 지급
- 고액암(백혈병, 뇌종양, 골종양, 췌장암, 식도암 등) 진단 시 6,000만 원까지 지급
- 한번 가입으로 평생 보장 가능(종신갱신형 혹은 100세 만기 중 선택)
- 고객의 필요에 따라 일반형 주계약 및 특약을 갱신(1종)·비갱신(2종) 선택형으로 가입 가능
- 실버형(3종)은 고연령이나 만성질환(고혈압 및 당뇨병환자)이 있어도 가입 가능
- (소액암진단특약) 일반형 가입 시 소액암진단보험금을 100만 원부터 최대 1,000만 원까지, 고객이 필요에 따라 진단보험금 선택
- (이차암보장특약 가입) 두 번째 암 진단 시 보장
- (이차암보장특약 가입) 암 진단 시 종신까지 보험료 납입면제
- (암진단생활비특약 가입) 암 진단 시 소득상실을 보전하기 위해 암진단생활비를 매월 최고 50만 원씩 5년간 지급(1구좌 기준)
- 근로소득자는 납입한 보험료(연간 100만 원 한도)에 대하여 12% 세액공제

31　우체국보험 상품 > 보장성 보험　　　답 ③

| **정답해설** | ③ (무)간편사망보장특약(갱신형) 2109의 경우, 피보험자의 84세 계약 해당일까지 갱신 가능하며 피보험자의 71세 이후에 도래하는 갱신계약의 보험기간 만료일은 피보험자의 85세 계약 해당일까지로 한다(계약자가 갱신 거절의사를 통지하면 계약 종료).

┤ 함께 보는 이론 ├ **무배당 우체국간편가입건강보험(갱신형)의 특징**

- 병이 있거나 고령이어도 3가지(건강 관련) 간편고지로 간편하게 가입 가능
- 입원비·수술비 중심의 실질적 치료비 지급. 다양한 특약 부가 가능
- 종신토록 의료비 보장 가능(종신갱신형). 다만, 사망보장은 최대 85세까지 보장
- 15년 만기 생존 시마다 건강관리자금 지급(주계약)

32　우체국보험 상품 > 보장성 보험　　　답 ③

| **정답해설** | ③ 옳은 것은 ㄱ, ㄷ, ㄹ이다.

| **오답해설** | ㄴ. 무배당 우체국더간편건강보험(갱신형) 2109는 피보험자 가입 당시 66세 이상인 경우 주계약 보험가입금액이 500만 원이다.

33　우체국보험 상품 > 보장성 보험　　　답 ④

| **정답해설** | ④ 옳은 것은 ㄷ, ㄹ이다.

| **오답해설** | ㄱ. 무배당 우체국온라인치매간병보험 2201은 "중증치매상태"로 최종 진단 확정되고, 매년 생존시 최대 15년 동안 중증치매진단간병자금을 매월 지급한다. 비갱신형 상품으로 보험료 인상 없이 처음과 동일한 보험료로 만기까지 보장된다.
ㄴ. 무배당 우체국온라인종신보험 2201은 고객의 보험료 부담을 완화하기 위해 보험가입금액 2천만 원 이상인 경우 보험료 1%를 할인한다.

34　우체국보험 상품 > 저축성 보험　　　답 ②

| **정답해설** | ② 옳은 것은 ㄱ, ㄴ, ㄷ이다.
ㄱ. 최초계약은 0세부터, 갱신계약은 1세부터, 재가입은 5세부터 가입할 수 있고, 임신 23주 이내의 태아도 가입 가능하다.
ㄴ. 보장내용 변경주기는 5년이고, 재가입 종료 나이는 종신까지이다.
ㄷ. 보험금 지급 실적이 없는 경우 보험료 할인은 2회차 갱신계약부터 적용하며, 주계약만 가입한 계약은 할인대상에서 제외된다.

35　우체국보험 상품 > 상속·증여 관련 세제　　　답 ①

| **정답해설** | ① 보험차익이란 보험계약에 따라 만기에 받는 보험금·공제금 또는 계약기간 중도에 해당 보험계약이 해지됨에 따라 받는 환급금에서 납입보험료를 뺀 금액을 의미한다. 보험차익은 「소득세법」상 이자소득으로 분류되어 이자소득세(지방소득세 포함 15.4%)가 과세된다. 다만, 저축성 보험의 보험차익 비과세 요건을 충족할 경우 이자소득세가 비과세된다.

36 우체국보험 상품 > 보장 관련 세제   답 ②

| **정답해설** | ② 옳은 것은 ㄱ, ㄴ, ㄷ이다.

| **오답해설** | ㄹ. 연금저축보험이 연금수령 요건에 부합하는 경우에는 그 지급금액은 연금소득으로 인정하여 연금소득세를 부과한다.[단, 연간 연금액이 연금수령한도를 초과하는 경우, 그 초과금액은 연금외소득으로 간주하여 기타소득세(지방소득세 포함 16.5%)를 부과함] 다만, 연간 연금액이 1,200만 원 이하인 경우에는 분리과세할 수 있고, 1,200만 원을 초과하면 종합과세를 또는 15% 분리과세를 선택할 수 있다.

37 우체국보험 상품 > 연금보험   답 ④

| **정답해설** | ④ 우체국연금보험은 10년 이상 유지 시 비과세 대상이 된다.

| 함께 보는 이론 | 무배당 우체국연금보험

- **보장 내용**: 실세금리 등을 반영한 신공시이율Ⅳ로 적립되며, 시중금리가 하락하더라도 최저 1.0%(다만, 가입 후 10년 초과 시 0.5%)의 금리가 보장됨
- **다양한 목적의 재테크 기회로 활용**
  - 종신연금형: 평생 동안 연금수령을 통한 생활비 확보가 가능하고, 조기 사망 시에도 20년 또는 100세까지 안정적인 연금을 수령할 수 있음
  - 상속연금형·확정기간연금형: 연금 개시 후에도 해지가 가능하므로 다양한 목적자금으로 활용이 가능함
  - 더블연금형: 연금 개시 후부터 80세 계약해당일 전일까지 암, 뇌출혈, 급성심근경색증, 장기요양상태(2등급 이내) 중 최초 진단 시 연금액이 두 배로 증가됨
- **45세 이후부터 연금 지급**: 노후를 위한 준비 가능
- **세제혜택**: 관련 세법에서 정하는 요건에 부합하는 경우 이자소득 비과세 및 금융소득종합과세 제외

CHAPTER 08 | 우체국보험 모집 및 언더라이팅   문제편 P.103

01	①	02	①	03	①	04	①	05	④
06	①	07	③	08	③	09	③	10	②
11	①								

01 우체국보험 모집 및 언더라이팅 > 보험계약의 청약   답 ①

| **정답해설** | ① 옳은 것은 ㄱ, ㄷ이다.

| **오답해설** | ㄴ. 타인계약(계약자와 피보험자가 다른 경우 또는 피보험자와 수익자가 다른 경우), 미성년자 계약 등은 전자청약이 불가하다.
ㄹ. 전자청약이 가능한 계약은 가입설계서를 발행한 계약으로 전자청약 전환을 신청한 계약에 한하며, 가입설계일로부터 10일(비영업일 포함) 이내에 한하여 전자청약을 할 수 있다.

02 우체국보험 모집 및 언더라이팅 > 우체국보험 모집   답 ①

| **오답해설** | ② 보험안내자료에 우체국보험의 장래의 이익의 배당 또는 잉여금의 분배에 대한 예상에 관한 사항을 기재하지 못한다. 다만, 보험계약자의 이해를 돕기 위하여 필요하다고 인정하는 경우에는 그러하지 아니하다.
③ 저축성 보험(금리확정형 보험은 제외) 계약의 경우 계약자가 보험계약 체결권유 단계에서 설명 의무사항을 설명받았고, 이를 이해하였음을 전화 등 통신수단을 통하여 청약 후 10일 이내에 확인을 받아야 한다.
④ 보험계약의 체결 시부터 보험금 지급 시까지의 주요 과정을 보험계약자에게 설명하여야 한다. 다만, 보험계약자가 설명을 거부하는 경우에는 그러하지 아니하다.

03 우체국보험 모집 및 언더라이팅 > 우체국보험 모집   답 ①

| **오답해설** | ② 보험모집 등과 관련하여 법령, 규정 및 준수사항 등을 위반하여 보험모집 자격을 상실한 후 3년이 경과되지 아니한 자는 우체국FC 등록이 제한된다.
③ 보험계약의 체결에 종사하는 자 또는 모집종사자는 그 체결 또는 모집과 관련하여 보험계약자 또는 피보험자에 대하여 3만 원을 초과하는 금품 등 특별이익을 제공하거나 그 제공을 약속하여서는 아니 된다.
④ 기존보험계약을 부당하게 소멸시키거나 소멸하게 하는 행위를 하였을 때에 보험계약자는 보험계약의 체결 또는 모집에 종사하는 자가 속하거나 모집을 위탁한 우정관서에 대하여 그 보험계약이 소멸한 날부터 6개월 이내에 소멸된 보험계약의 부활을 청구하고 새로운 보험계약은 취소할 수 있다. 보험계약의 부활 청구를 받은 우정관서는 특별한 사유가 없으면 소멸된 보험계약의 부활을 승낙하여야 한다.

04 우체국보험 모집 및 언더라이팅 > 우체국보험 모집   답 ①

| **정답해설** | ① '보험모집'이란 우체국과 보험계약이 체결될 수 있도록 중개하는 모든 행위(계약체결의 승낙은 제외)를 의미한다.

05 우체국보험 모집 및 언더라이팅 > 우체국보험 모집   답 ④

| **정답해설** | ④ 보험계약의 체결 시부터 보험금 지급 시까지의 주요 과정을 보험계약자에게 설명하여야 한다. 다만, 보험계약자가 설명을 거부하는 경우에는 그러하지 아니하다.

| 정답해설 | ①「우체국예금·보험에 관한 법률 시행규칙」제61조에 의해 체신관서의 직원과 우정사업본부장이 지정하는 개인 또는 법인은 보험의 모집을 할 수 있다.

─┤ 함께 보는 이론 | 우체국보험 모집자 ├─
- 우정사업본부 소속 공무원·별정우체국직원·상시집배원
- 우체국FC(Financial Consultant)
- 우체국TMFC(Tele-Marketing Financial Consultant)
- 우편취급국장, 그 밖에 우정사업본부장이 인정한 자

| 정답해설 | ③ 옳지 않은 것은 ㄱ, ㄴ, ㄹ이다.

ㄱ. 계약을 체결할 때 계약에서 정한 피보험자의 나이에 미달되었거나 초과되었을 경우 원칙적으로 무효이다. 다만, 체신관서가 나이의 착오를 발견하였을 때 이미 계약나이에 도달한 경우에는 유효한 계약으로 보나, 만 15세 미만자에 관한 예외가 인정되는 것은 아니다.

ㄴ. 타인의 사망을 보험금 지급사유로 하는 계약에서 계약을 체결할 때까지 피보험자의 서면에 의한 동의를 얻지 않은 경우는 원칙적으로 무효사유이다. 다만, 단체가 규약에 따라 구성원의 전부 또는 일부를 피보험자로 하는 계약을 체결하는 경우에는 이를 적용하지 않는다. 이때 단체보험의 보험수익자를 피보험자 또는 그 상속인이 아닌 자로 지정할 때에는 단체의 규약에서 명시적으로 정한 경우가 아니면 이를 적용한다.

ㄹ. 보험계약 시 보험모집자의 '3대 기본지키기'는 약관 및 청약서 부본 전달, 약관 주요 내용 설명, 계약자 및 피보험자의 자필서명이다. 만약, 모집자가 청약시 이러한 의무(3대 기본지키기)를 이행하지 않았을 경우에는 계약자는 3개월 이내에 취소권을 행사할 수 있다.

| 오답해설 | ㄷ. 만 15세 미만자, 심신상실자 또는 심신박약자를 피보험자로하여 사망을 보험금 지급사유로 한 계약의 경우 원칙적으로 무효사유이다. 다만, 심신박약자가 계약을 체결하거나 소속 단체의 규약에 따라 단체보험의 피보험자가 될 때에 의사능력이 있는 경우에는 계약이 유효하다.

| 정답해설 | ③ 언더라이팅 관련 제도 중 계약적부조사에 대한 설명이다. 환경적 언더라이팅이란 피보험자의 직업·취미·운전 등 환경적 위험등급에 따라 담보급부별 가입한도를 차등화하여 1인당 과도한 가입을 제한하고 역선택을 예방함으로써 우체국 보험사업의 건전성을 도모하는 제도이다.

─┤ 함께 보는 이론 | 언더라이팅 관련 제도 ├─

계약적부조사	적부조사자가 피보험자를 직접 면담 또는 전화를 활용하여 적부 주요 확인사항을 중심으로 확인하며, 계약적부조사서 상에 주요 확인사항 등을 기재하고 피보험자가 최종 확인하는 제도
특별조건부 계약	• 피보험자의 질병 등 신체적 위험을 측정하여 표준체로 인수가 불가할 경우 언더라이팅 관련 제매뉴얼 및 언더라이터의 판단에 의해 특별조건부로 계약을 인수하도록 하는 제도 • 우체국보험에서는 현재 '특정부위·질병 부담보'와 '특약 해지', '보험료 할증'을 적용하고 있음 • 특정부위·질병 부담보 제도: 피보험자의 특정부위·질병에 대한 병력으로 정상 인수가 불가한 경우, 해당 부위·질병에 일정한 면책기간을 설정하여 인수하는 제도 • 보험료 할증 제도: 피보험자의 위험정도(질병종류, 건강상태)에 따라 표준체 보험료에 위험도별 할증보험료를 부가하여 계약을 인수하는 제도 • 특약해지 제도: 특정질병으로 인한 생존치료금 발생 가능성이 높을 경우 주계약에 부가된 선택특약 가입분을 해지(거절)처리하여 보험금 지급사유를 사전에 차단하여 위험을 예방하고, 적극적인 계약 인수를 도모하는 제도
환경적 언더라이팅	피보험자의 직업·취미·운전 등 환경적 위험등급에 따라 담보급부별 가입한도를 차등화하여 1인당 과도한 가입을 제한하고 역선택을 예방함으로써 우체국 보험사업의 건전성을 도모하는 제도

| 정답해설 | ③ 만 15세 미만자, 심신상실자 또는 심신박약자를 피보험자로 하여 사망을 보험금 지급사유로 한 계약의 경우는 보험계약 무효사유에 해당한다. 다만, 심신박약자가 계약을 체결하거나 소속 단체의 규약에 따라 단체보험의 피보험자가 될 때에 의사능력이 있는 경우에는 계약이 유효하다.

| 정답해설 | ② 보험모집자가 청약 시 이러한 의무(3대 기본 지키기)를 이행하지 않았을 경우에는 계약자는 취소권을 행사할 수 있고, 체신관서는 이미 납입한 보험료에 보험료를 받은 기간에 대하여 환급금대출이율을 연단위 복리로 계산한 금액을 더하여 지급한다.

| 정답해설 | ① 옳은 것은 ㄴ 1개이다.

| 오답해설 | ㄱ. 전자청약이 가능한 계약은 가입설계서를 발행한 계약으로 전자청약 전환을 신청한 계약에 한하며, 가입설계일로부터 10일(비영업일 포함) 이내에 한하여 전자청약을 할 수 있다.

ㄷ. 전자청약서비스, 태블릿청약서비스를 이용하는 고객에게는 제2회 이후 보험료 자동이체 시 0.5%의 할인이 적용된다.

ㄹ. 우체국보험의 계약체결 대상자는 국내에 거주하는 자를 원칙으로 한다. 따라서 외국인이라 하더라도 국내에 거주 허가를 받은 자는 우체국보험에 가입할 수 있는 반면, 내국인이라도 외국에 거주하는 자는 가입할 수 없다.

CHAPTER 09	우체국보험 계약유지 및 보험금 지급	문제편 P.106

01	③	02	①	03	④	04	③	05	②
06	④	07	①	08	②	09	③	10	④
11	①	12	②	13	①				

01　우체국보험 계약유지 및 보험금 지급 > 환급금 대출　답 ③

| 정답해설 | ③ 옳은 내용이다.

| 오답해설 | ① 환급금 대출자격은 유효한 보험계약을 보유하고 있는 우체국보험 계약자로 한다.

② 연금보험을 포함한 저축성 보험(무배당 파워적립보험 2109 해당)은 해약환급금의 최대 95% 이내 1만 원 단위로 대출이 가능하다.

④ 보장성 보험(무배당 우체국하나로OK보험 2109 해당)은 해약환급금의 최대 85% 이내 1만 원 단위로 대출이 가능하다.

┤ 함께 보는 이론 | 환급금 대출 ├

대출요건	• 대출금액: 해약환급금의 95% 이내에서 1만 원 단위로 함 • 대출기간: 환급금 대출 대상계약의 보험기간(연금보험의 경우 연금개시 전) 내로 함	
보험종류별 대출금액	연금보험을 포함한 저축성 보험	해약환급금의 최대 95% 이내(즉시연금보험 및 우체국연금보험 1종은 최대 85% 이내)
	보장성 보험	해약환급금의 최대 85% 이내(실손보험 및 교육보험은 최대 80% 이내)

02　우체국보험 계약유지 및 보험금 지급 > 보험료 납입　답 ①

| 정답해설 | ① 옳은 것은 ㄷ 1개이다.

| 오답해설 | ㄱ. 보험료의 납입기간에 따라 전기납, 단기납으로 분류되며, 보험료의 납입주기는 연납부터 일시납까지 다양하다.

ㄴ. 보험료 자동이체 약정은 유지 중인 계약에 한해 처리가 가능하며, 관계법령 「전자금융거래법」 제15조(추심이체의 출금 동의)에 따라 예금주 본인에게만 신청·변경 권한이 있다.

ㄹ. 보험료의 자동대출납입 기간은 최초 자동대출납입일부터 1년을 한도로 하며, 그 이후의 기간에 대한 보험료의 자동대출 납입을 위해서는 계약자가 재신청을 하여야 한다.

03　우체국보험 계약유지 및 보험금 지급 > 보험료 할인율　답 ④

| 정답해설 | ④ 보험료 할인율이 높은 순서는 다음과 같다.

ㄹ. 의료수급권자 할인(5%) – ㄷ. 우리가족암보험 보험료 할인(3%) – ㄱ. 단체납입 할인(2%) – ㄴ. 고액계약 보험료 할인(1%)

┤ 함께 보는 이론 | 보험료의 할인 ├

• 선납할인: 선납할인은 향후의 보험료를 3개월분(2021. 9. 12. 이전 계약은 1개월분) 이상 미리 납입하는 경우의 할인이며, 할인율은 해당 상품약관에서 정한 예정이율(2017. 5. 19. 이후 상품)로 계산함

• 자동이체 할인: 「우체국예금·보험에 관한 법률 시행규칙」 제48조(보험료의 할인)에 의거 우정사업본부장은 보험계약자가 보험료(최초의 보험료 제외)를 자동이체(우체국 또는 은행)로 납입하는 계약에 대해 보험료의 2%에 해당하는 금액의 범위에서 할인 가능. 따라서 우체국보험은 계약체결 시기, 이체 금융기관, 청약방법 등에 따라 약 0.1~1.5%의 할인율을 적용하고 있음

• 단체납입 할인: 보험계약자는 5명 이상의 단체를 구성하여 보험료의 단체납입을 청구할 수 있으며, 우정사업본부장은 보험계약자가 보험료를 단체납입하는 경우에는 보험료의 2%에 해당하는 금액의 범위에서 보험료를 할인할 수 있음. 현재, 단체계약 할인율은 우체국 자동이체납입 할인율과 동일하며, 해당 단체가 자동이체 납입을 선택하여 자동이체로 납입하는 경우는 자동이체 할인과 중복하여 할인하지 아니함

• 다자녀 할인: 다자녀 할인은 두 자녀 이상을 둔 가구에 한하여, 보험료의 자동이체 납입 시 할인하는 제도, 할인율은 자녀수에 따라 0.5~1.0%까지 차등적용되며, 자동이체 할인과 중복할인이 가능

• 의료수급권자 할인: 의료급여 수급권자에게 실손의료비보험의 보험료를 할인하는 제도, 이때 「의료급여법」상의 '의료급여 수급권자'로서의 증명서류를 제출해야 하며 영업보험료의 5%를 할인

• 실손의료비보험 무사고 할인: 갱신 직전 보험기간 2년(2017. 5. 18. 이전 계약은 직전 보험기간) 동안 보험금이 지급되지 않은 경우 보험료를 할인하는 제도, 갱신 후 영업보험료의 5~10%를 할인

• 우리가족암보험 보험료 할인: 피보험자가 B형 간염 항체보유 시 영업보험료의 3%를 할인하는 B형 간염 항체보유 할인과 고혈압과 당뇨병이 모두 없을 때 할인되는 우리가족암보험 3종(실버형) 건강체 할인이 있으며, 이 경우 영업보험료의 5%를 할인함

• 고액계약 보험료 할인: 경제적 부담이 큰 고액보험에 대하여 보험가입금액 2천만 원 이상 가입 시 주계약 보험료에 대해서 1~3% 보험료 할인혜택을 적용. 보험가입금액 2천~3천만 원 미만(1%), 3천~4천만 원 미만(2%), 4천만 원(3%) 할인률을 적용. 대상상품은 (무)우체국하나로OK보험 2109, (무)우체국든든한종신보험 2109, (무)우체국통합건강보험 2109, (무)온라인정기보험 2109, (무)우체국와이드건강보험 2112가 있음

04　우체국보험 계약유지 및 보험금 지급 > 계약유지업무　답 ③

| 정답해설 | ③ 보험료 미납으로 실효(해지)될 상태에 있는 보험계약에 대하여 계약자의 신청이 있는 경우 해약환급금 범위 내에서 자동대출(환급금대출)하여 보험료를 납입할 수 있다. 보험료의 자동대출 납입 기간은 최초 자동대출 납입일부터 1년을 최고 한도로 하며, 그 이후의 기간은 보험계약자가 재신청을 하여야 한다.

| 오답해설 | ① 피보험자가 아닌 계약자가 계약의 부활을 청약할 수 있다.

② 보험계약자가 보험수익자를 변경하고자 할 경우에는 보험금의 지급사유가 발생하기 전에 <u>피보험자가</u> 서면으로 동의하여야 한다.

④ 보험계약자가 고의로 보험금 지급사유를 발생시킨 경우, 체신관서는 그 사실을 안 날부터 1개월 이내에 계약을 해지할 수 있으며 <u>해약환급금</u>을 보험계약자에게 지급한다.

┌ **함께 보는 법령** ┃「우체국예금·보험에 관한 법률」

제39조(보험계약의 부활) ① 보험계약자는 제37조 제1항에 따른 보험계약의 효력 상실 후 2년을 초과하지 아니하는 범위에서 보험약관에서 정하는 기간 이내에 미납보험료의 납입과 함께 실효된 보험계약의 부활을 청구할 수 있다.

---

05 우체국보험 계약유지 및 보험금 지급 > 계약유지업무 　　 답 ②

| 정답해설 | ② 우체국보험의 보험료 카드납부 취급대상은 TM(Tele Marketing), 온라인(인터넷, 모바일)을 통해 가입한 보장성 보험계약에 한해 처리가 가능하다. 초회보험료(1회), 계속보험료(2회 이후)를 대상으로 하고 있으며, 부활보험료는 제외한다.

---

06 우체국보험 계약유지 및 보험금 지급 > 보험금 지급 　　 답 ④

| 정답해설 | ④ 체신관서가 보험금 청구서류를 접수한 때에는 접수증을 교부하고 휴대전화 문자메시지 또는 전자우편 등으로도 송부하며, 그 서류를 접수한 날부터 <u>3영업일</u> 이내에 보험금을 지급하거나 보험료 납입을 면제한다. 다만, 보험금 지급사유 또는 보험료 납입면제 사유의 조사나 확인이 필요한 때에는 접수 후 10영업일 이내에 보험금을 지급하거나 보험료 납입을 면제한다. 체신관서가 보험금 지급사유를 조사·확인하기 위하여 지급기일 이내에 보험금을 지급하지 못할 것으로 예상되는 경우에는 그 구체적인 사유, 지급예정일 및 보험금 가지급제도에 대하여 피보험자 또는 보험수익자에게 즉시 통지한다. 다만, 지급예정일은 아래 〈보험금 지급예정일 30일 초과사유〉의 어느 하나에 해당하는 경우를 제외하고는 보험금 청구서류를 접수한 날부터 30영업일 이내에서 정한다.

┌ **함께 보는 이론** ┃ 보험금 지급예정일 30일 초과사유

- 소송제기
- 분쟁조정신청
- 수사기관의 조사
- 해외에서 발생한 보험사고에 대한 조사
- 체신관서의 조사요청에 대한 동의 거부 등 계약자, 피보험자 또는 보험수익자의 책임 있는 사유로 보험금 지급사유의 조사와 확인이 지연되는 경우
- 보험금 지급사유 등에 대해 제3자의 의견에 따르기로 한 경우

---

07 우체국보험 계약유지 및 보험금 지급 > 보험료의 납입 방법 　　 답 ①

| 정답해설 | ① 옳은 것은 ㄱ, ㄷ이다.

| 오답해설 | ㄴ. 우체국보험의 보험료 카드납부 취급대상은 TM(Tele Marketing), 온라인(인터넷, 모바일)을 통해 가입한 보장성 보험계약 및 2021년 이후 신규 출시한 대면채널의 <u>보장성 보험계약</u>에 한해 처리가 가능하다. 초회보험료(1회), 계속보험료(2회 이후)를 대상으로 하고 있으며, 부활보험료는 제외한다.

ㄹ. 보험료의 자동대출납입 기간은 최초 자동대출납입일부터 1년을 한도로 하며 그 이후의 기간에 대한 보험료의 자동대출납입을 위해서는 <u>재신청을 하여야 한다.</u>

---

08 우체국보험 계약유지 및 보험금 지급 > 보험금 지급 　　 답 ②

| 정답해설 | ② 사망보험금 선지급은 해당 약관 '선지급서비스특칙'에 의거하여, 보험기간 중에「의료법」제3조(의료기관) 제2항에서 정한 종합병원의 전문의 자격을 가진 자가 실시한 진단결과 피보험자의 남은 생존기간이 6개월 이내라고 판단한 경우에 체신관서가 정한 방법에 따라 <u>사망보험금액의 60%</u>를 선지급사망보험금으로 피보험자에게 지급하는 제도이다.

---

09 우체국보험 계약유지 및 보험금 지급 > 보험금 지급 　　 답 ③

| 정답해설 | ③ 소송 제기, 수사기관의 조사 중인 경우는 보험금 지급예정일 30일 초과사유에 해당한다.

┌ **함께 보는 이론** ┃ 보험금 지급

보험금 지급 면책사유	· 피보험자가 고의로 자신을 해친 경우. 다만, 다음 중 어느 하나에 해당하면 보험금을 지급하거나 보험료 납입을 면제함 　– 피보험자가 심신상실 등으로 자유로운 의사결정을 할 수 없는 상태에서 자신을 해친 경우 　– 계약의 보장개시일[부활(효력회복)계약의 경우는 부활(효력회복)청약일]부터 2년이 지난 후에 자살한 경우 · 보험수익자가 고의로 피보험자를 해친 경우. 다만, 그 보험수익자가 보험금의 일부 보험수익자인 경우에는 다른 보험수익자에 대한 보험금은 지급함 · 계약자가 고의로 피보험자를 해친 경우
보험금 지급예정일 30일 초과사유	· 소송 제기 · 분쟁조정신청 · 수사기관의 조사 · 해외에서 발생한 보험사고에 대한 조사 · 체신관서의 조사요청에 대한 동의 거부 등 계약자, 피보험자 또는 보험수익자의 책임 있는 사유로 보험금 지급사유의 조사와 확인이 지연되는 경우 · 보험금 지급사유 등에 대해 제3자의 의견에 따르기로 한 경우

---

10 우체국보험 계약유지 및 보험금 지급 > 보험료의 납입유예 　　 답 ④

| 오답해설 | ① 보험계약자가 보험료를 내지 아니하고 유예기간이 지난 때에는 그 보험계약은 효력을 잃는다. 「우체국예금·보험에 관한 법률 시행규칙」 제50조(보험료 납입 유예기간)에 따라 보험료 납입 유예기간은 해당 월분 보험료의 납입기일(계약자가 제2회 이후

의 보험료를 납입하기로 한 날을 의미)부터 납입기일이 속하는 달의 다음 다음달의 말일까지로 한다. 다만, 유예기간의 마지막 날이 영업일이 아닌 때에는 그 다음날로 한다.

② 계약자가 제2회 이후의 보험료를 납입기일까지 납입하지 않아 보험료 납입이 연체 중인 경우에 체신관서는 납입최고(독촉)하고, 유예기간이 끝나는 날까지 보험료가 납입되지 않은 경우 유예기간이 끝나는 날의 다음날에 계약은 해지(효력상실)된다.

③ 체신관서의 납입최고는 유예기간이 끝나기 15일 이전까지 서면(등기우편 등) 등으로 이루어지며 보험료 납입최고 안내사항에 대해 안내한다.

┌─ **┃ 함께 보는 이론 ┃ 보험료 납입최고 안내사항** ─
- 계약자(보험수익자와 계약자가 다른 경우 보험수익자를 포함)에게 유예기간 내에 연체보험료를 납입하여야 한다는 내용
- 유예기간이 끝나는 날까지 보험료를 납입하지 않을 경우 유예기간이 끝나는 날의 다음 날에 계약이 해지된다는 내용(이 경우 계약이 해지되는 때에는 즉시 해약환급금에서 환급금대출의 원금과 이자가 차감된다는 내용을 포함)

---

11 우체국보험 계약유지 및 보험금 지급 > 계약 유지업무 　답 ①

┃ 정답해설 ┃ ① 옳은 것은 ㄷ 1개이다.

┃ 오답해설 ┃ ㄱ. 보험료 납입기간에 따라 전기납, 단기납으로 분류된다.

ㄴ. 보험료 납입주기에 따라 연납, 6월납, 3월납, 월납, 일시납 등의 종류가 있다.

ㄹ. 자동이체 약정은 유지 중인 계약에 한해서 처리가 가능하며, 관계법령 「전자금융거래법」제15조(추심이체의 출금 동의)에 따라 예금주 본인에게만 신청·변경 권한이 있다.

---

12 우체국보험 계약유지 및 보험금 지급 > 보험료의 할인 　답 ②

┃ 정답해설 ┃ ② 순서대로 ㉡, ㉢, ㉣, ㉤의 연결이 적절하다.

ㄱ. ㉡ 자동이체 할인　　　ㄴ. ㉢ 단체납입 할인
ㄷ. ㉣ 의료수급권자 할인　ㄹ. ㉤ 고액계약 보험료 할인

---

13 우체국보험 계약유지 및 보험금 지급 > 보험료의 할인 　답 ①

┃ 정답해설 ┃ ① 옳은 것은 ㄷ 1개이다.

┃ 오답해설 ┃ ㄱ. 단체계약 할인율은 우체국 자동이체납입 할인율과 동일하며, 해당 단체가 자동이체납입을 선택하여 자동이체로 납입하는 경우는 자동이체 할인과 중복하여 할인하지 아니한다.

ㄴ. 자동이체 할인과 다자녀 할인은 중복할인이 가능하다.

ㄹ. 피보험자가 B형 간염 항체보유 시 영업보험료의 3%를 할인하는 B형 간염 항체보유 할인과 고혈압과 당뇨병이 모두 없을 때 할인되는 우리가족암보험 3종(실버형) 건강체 할인이 있으며, 이 경우 영업보험료의 5%를 할인하고 있다.

CHAPTER 10 ┃ 리스크관리 및 자금운용 등 　문제편 P.110

01	②	02	①	03	①	04	①	05	④
06	④	07	①						

---

01 리스크관리 및 자금운용 등 > 자금운용 　답 ②

┃ 정답해설 ┃ ② 적립금 운용계획은 「우정사업 운영에 관한 특례법」에 의한 우체국보험적립금분과위원회의 심의를 받아야 한다.

---

02 리스크관리 및 자금운용 등 > 자금운용 　답 ①

┃ 오답해설 ┃ ② 우정사업본부장은 해당 회계연도의 경영성과와 재무상태를 명확히 파악할 수 있도록 법령을 준수하여 결산서류를 명료하게 작성하여야 한다. 또한, 매 회계연도마다 적립금의 결산서를 작성하고 외부 회계법인의 검사를 받아야 한다.

③ 우정사업본부장은 경영의 투명성 확보를 위하여 아래 〈우체국보험 경영공시〉의 사항을 공시하여야 한다. 공시는 결산이 확정된 날로부터 1개월 이내에 보험계약자 등 이해관계자가 알기 쉽도록 간단명료하게 작성하여 우정사업본부 인터넷 홈페이지 등에 게시하여야 한다.

④ 우정사업본부장은 인터넷 홈페이지에 상품공시란을 설정하여 보험계약자 등이 판매상품에 관한 판매상품별 상품요약서, 사업방법서 및 보험약관(변경 전 보험약관 및 판매중지 후 2년이 경과되지 아니한 보험약관을 포함함)의 사항을 확인할 수 있도록 공시하여야 한다.

┌─ **┃ 함께 보는 이론 ┃ 우체국보험 경영공시** ─
- 조직 및 인력에 관한 사항
- 재무 및 손익에 관한 사항
- 자금조달·운영에 관한 사항
- 건전성·수익성·생산성 등을 나타내는 경영지표에 관한 사항
- 경영받침, 리스크관리 등 경영에 중요한 영향을 미치는 사항
- 관련법에 따라 금융위원회에 제출된 결산서류 및 기초서류에 대해 금융위원회의 의견 또는 권고에 관한 사항
- 그 밖에 이해관계자의 보호를 위하여 공시가 필요하다고 인정되는 사항

┌─ **┃ 함께 보는 이론 ┃ 우체국보험 상품공시** ─
- 보험안내서
- 판매상품별 상품요약서, 사업방법서 및 보험약관(변경 전 보험약관 및 판매중지 후 2년이 경과되지 아니한 보험약관을 포함함)
- 금리연동형 보험의 적용이율 및 환급금대출이율 등
- 계약자배당금 산출기준, 계약자배당율, 계약자배당준비금 부리이율
- 그 밖에 보험계약자의 보호를 위하여 필요하다고 인정되는 사항

03 리스크관리 및 자금운용 등 > 재무건전성 관리   답 ①

| **정답해설** | ① 재무적 리스크는 시장리스크, 신용리스크, 금리리스크, 유동성리스크, 보험리스크로 나누어지며, 특성상 주가 및 금리와 같은 데이터를 활용하여 특정한 산식을 통해 산출 및 관리가 가능한 계량적인 성격을 갖는다. 반면, 비재무적 리스크는 금융회사의 영업활동 또는 시스템 관리 등에 따라 발생할 수 있는 비정형화된 리스크로서 계량적인 산출과 관리가 어려운 리스크이다.

| **오답해설** | ② 우정사업본부장은 아래 〈자산건전성 분류 대상 자산〉에 해당하는 보유자산에 대해 건전성을 "정상", "요주의", "고정", "회수의문", "추정손실"의 5단계로 분류하여야 한다. 또한, "회수의문" 또는 "추정손실"로 분류된 자산(이하 "부실자산"이라 함)을 조기에 상각하여 자산의 건전성을 확보하여야 한다.

┌ **함께 보는 이론** | 자산건전성 분류 대상 자산 ─

- 대출채권
- 유가증권
- 보험미수금
- 미수금·미수수익
- 그 밖에 건전성 분류가 필요하다고 인정하는 자산

04 리스크관리 및 자금운용 등 > 리스크관리   답 ①

| **정답해설** | ① 옳은 것은 ㄱ 1개이다.

| **오답해설** | ㄴ. 운영리스크는 비재무적 리스크에 해당한다.

ㄷ. 재무적 리스크는 특성상 주가 및 금리와 같은 데이터를 활용하여 특정한 산식을 통해 산출 및 관리가 가능한 계량적인 성격을 갖는다.

ㄹ. 비재무적 리스크는 금융회사의 영업활동 또는 시스템 관리 등에 따라 발생할 수 있는 비정형화된 리스크로서 계량적인 산출과 관리가 어려운 리스크이다.

05 리스크관리 및 자금운용 등 > 리스크관리   답 ④

| **정답해설** | ④ 유동성리스크에 대한 설명이다.

┌ **함께 보는 이론** | 리스크의 종류 ─

재무 리스크	시장리스크	시장가격(주가, 이자율, 환율 등)의 변동에 따른 자산가치 변화로 손실이 발생할 리스크
	신용리스크	채무자의 부도, 거래 상대방의 채무불이행 등으로 인하여 손실이 발생할 리스크
	금리리스크	금리 변동에 따른 순자가산가치의 하락 등으로 재무상태에 부정적인 영향을 미칠 리스크
	유동성 리스크	자금의 조달, 운영기간의 불일치, 예기치 않은 자금 유출 등으로 지급불능상태에 직면할 리스크
	보험리스크	예상하지 못한 손해율 증가 등으로 손실이 발생할 리스크
비재무 리스크	운영리스크	부적절하거나 잘못된 내부의 업무 절차, 인력 및 시스템 또는 외부의 사건 등으로 인하여 손실이 발생할 리스크

┌ **함께 보는 이론** | 리스크(Risk)와 위험(Danger)의 관계 ─

구분	내용
리스크 (Risk)	예측하지 못한 사실 또는 행위로 인해 자본 및 수익에 부정적인 영향이 발생할 수 있는 잠재적 가능성 • 수익의 불확실성 또는 손실발생 가능성 • 불확실성 정도에 따른 보상 존재 • 통계적 방법을 통해 관리 가능 예 주식투자, 건강관리 등
위험 (Danger)	수익에 관계없이 손실만을 발생시키는 사건 • 적절한 보상이 주어지지 않음 • 회피함으로써 제거하거나 전가하는 것이 최선 예 자연재해, 화재, 교통사고 등

06 리스크관리 및 자금운용 > 우체국보험 자금운용   답 ④

| **정답해설** | ④ 우정사업본부장은 적립금 운용상황 및 결과를 매월 분석하여야 하며, 연간 분석 결과는 우체국보험적립금 운용분과위원회에 보고하여야 한다.

07 리스크관리 및 자금운용 > 재무건전성 관리   답 ①

| **오답해설** | ② 지급여력비율은 지급여력금액을 지급여력기준금액으로 나누어 산출한다(지급여력비율=지급여력금액÷지급여력기준금액). 이때, 지급여력기준금액은 보험사업에 내재된 다양한 리스크를 보험·금리·시장·신용·운영 리스크로 세분화하여 측정하며 지급여력금액은 기본자본과 보완자본을 합산한 후, 차감항목을 차감하여 산출한다.

③ 우정사업본부장은 우체국보험의 지급여력비율이 100% 미만인 경우로서 보험계약자에게 보험금을 지급하지 못할 우려가 있다고 판단되는 경우에는 경영개선계획을 수립·시행하여야 한다.

④ 우정사업본부장은 우체국보험의 자본의 적정성 유지를 위하여 지급여력비율은 100% 이상을 유지하도록 노력하여야 한다. 이는 우체국보험이 예상하지 못한 손실이 발생하더라도 이를 충당할 수 있는 자기자본을 보유하고 있음을 의미하며, 손실흡수를 통해 우체국보험의 지급능력을 보장하고, 나아가 금융시스템의 안정성을 확보하기 위한 중요한 수단이다.

┌ **함께 보는 이론** | 건전경영의 유지를 위한 준수사항 ─

- 자본의 적정성에 관한 사항
- 자산의 건전성에 관한 사항
- 그 밖에 경영의 건전성 확보를 위하여 필요한 사항

우리는 모두 별이고, 반짝일 권리가 있다.

– 마릴린 먼로

제**1**회 실전동형 모의고사

난이도	상 ㉛ 하
합격선	16개
맞힌 개수	

문제편 P.114

01	②	02	②	03	②	04	③	05	③
06	②	07	③	08	③	09	②	10	③
11	①	12	③	13	③	14	②	15	②
16	③	17	②	18	①	19	①	20	②

01 예금 > 예금업무 일반사항 답 ②

| 정답해설 | ② 옳은 것은 ㄱ, ㄷ이다.

| 오답해설 | ㄴ. 입금인은 증권을 입금시키고자 하는 경우 백지를 보충하여야 하며 금융회사는 백지보충의무를 부담하지 않는다(예금거래기본약관 제6조 제3항).
ㄹ. 파출수납 시 증권류의 교환 회부를 부탁받고 당일에 교환에 회부하지 않아 입금인에게 손해가 발생한 경우에는 금융회사의 선관주의 의무를 위반한 경우에 해당한다.

02 예금 > 예금업무 일반사항 > 예금의 입금과 지급 답 ②

| 정답해설 | ② 송금인의 단순착오로 인해 수취인의 계좌번호가 잘못 입력되어 이체가 완료된 경우 수취인의 동의 없이 송금액을 돌려받을 수 없다.

03 예금 > 예금업무 일반사항 답 ②

| 정답해설 | ② 옳은 것은 ㄷ, ㄹ 2개이다.

| 오답해설 | ㄱ. 상속은 사망한 시점에서 개시되며 사망한 사실이 가족관계등록부에 기재된 시점에서 개시되는 것은 아니다.
ㄴ. 유류분이란 유증에 의한 경우에 법정상속인 중 직계비속과 배우자는 법정상속의 2분의 1까지, 직계존속과 형제자매는 3분의 1까지 수증자에게 반환을 청구할 수 있는 권리를 말한다.

04 예금 > 금융경제일반 > 금리 답 ③

| 정답해설 | ③ 금리는 돈의 가치 변동, 즉 물가 변동 고려 여부에 따라 실질금리와 명목금리로 구분할 수 있다. 명목금리는 물가상승에 따른 구매력의 변화를 감안하지 않은 금리이며, 실질금리는 명목금리에서 물가상승률을 뺀 금리이다.

05 예금 > 우체국금융 서비스 > 해외송금서비스 답 ③

| 정답해설 | ③ 머니그램(MoneyGram) 해외송금은 수취인의 계좌번호 없이 당발송금이 가능하다.

06 예금 > 금융회사와 금융상품 답 ②

| 정답해설 | ② 옳은 것은 ㄱ, ㄴ 2개이다.

| 오답해설 | ㄷ. 2인 이상에게 투자를 권유하여 모은 금전 등을 투자자 등으로부터 일상적인 운영지시를 받지 않으면서 운용하고 그 결과를 투자자에게 배분하여 귀속시키는 것을 영업으로 하는 것은 '집합투자업'에 해당한다.
ㄹ. 금융상품은 금융투자상품과 비금융투자상품으로 구분된다. 처음에 투자한 원본의 손실가능성이 없는 상품을 비금융투자상품이라고 하며 은행의 예금이 대표적이다. 반면 금융투자상품은 원본의 손실가능성(이를 '투자성'이라 한다)이 있는 금융상품을 의미한다.

07 예금 > 저축과 금융투자에 대한 이해 > 저축과 금융투자 답 ③

| 정답해설 | ③ 투자위험을 관리하는 방법들 중 가장 대표적인 것은 자산배분을 통한 분산투자이다. 분산투자를 한다고 해서 모든 위험의 크기가 줄어드는 것은 아니다. 투자 가치에 영향을 미치는 원인에 따라 위험의 종류를 크게 두 가지로 나눈다. 분산투자를 통해 위험을 줄일 수 있는 부분을 분산가능위험 또는 비체계적 위험이라고 하고, 분산투자로도 그 크기를 줄일 수 없는 부분을 분산불가능위험 또는 체계적 위험이라고 한다.

08 예금 > 저축과 금융투자에 대한 이해 > 특수한 형태의 채권 답 ③

| 정답해설 | ③ 교환사채란 회사채의 형태로 발행되지만 일정 기간이 경과된 후 보유자의 청구에 의하여 발행회사가 보유 중인 다른 주식으로의 교환을 청구할 수 있는 권리가 부여된 사채이다. 전환사채의 경우에는 전환을 통해 발행회사의 주식을 보유하게 되는 반면, 교환사채의 경우는 발행회사가 보유 중인 타 회사의 주식을 보유하게 된다.

예금 > 금융회사와 금융상품 > 선물 및 옵션　　답 ②

| **정답해설** | ② 주가지수옵션은 매도자만 증거금이 필요하다.

10　예금 > 기타사항 > 금융소득 종합과세　　답 ③

| **정답해설** | (1) 종합과세(정기예금 이자+비상장법인 배당)되는 금융소득금액: 85,100,000원

　① 비과세(우리사주 배당금, 농업회사법인 출자금 배당)되는 금융소득은 과세대상이 아니고, 분리과세(세금우대종합저축의 이자)되는 금융소득은 원천징수로 납세의무가 종결되므로 금융소득 종합과세 대상에서 제외된다.

　② 기준금액 초과 금융소득:

　　85,100,000원−20,000,000원=65,100,000원

　③ 배당가산액: 3,300,000원(30,000,000원×11%)

(2) 종합소득 산출세액의 계산방법

　① 금융소득을 기본세율로 과세 시 산출세율

(2천만 원 초과 금액−종합소득금액+배당가산액) ×기본세율+2천만 원×14%

　　=｛(68,400,000원−8,400,000원)×기본세율｝

　　　−누진공제+(20,000,000원×14%)

　　=(60,000,000원×24%−5,220,000원)+2,800,000원

　　=14,400,000원−5,220,000원+2,800,000원

　　=11,980,000원

　② 금융소득을 원천징수세율로 과세 시 산출세액

금융소득×14%

　　=85,100,000원×14%=11,914,000원

(3) 배당세액공제는 ㉠, ㉡ 중 적은 금액인 66,000원

　㉠ 배당가산액: 3,300,000원

　㉡ 11,980,000원−1,914,000원=66,000원

(4) 종합소득산출세액은 ①, ② 중 큰 금액인 11,980,000원이 된다.

11　예금 > 내부통제 및 리스크관리 > 「금융실명거래 및 비밀보장에 관한 법률」　　답 ①

| **정답해설** | ① 「금융실명거래 및 비밀보장에 관한 법률」 제4조의2 제1항

| **오답해설** | ② 통보유예 요청을 받은 경우에는 통보유예 기간이 끝난 날부터 10일 안에 정보제공 사실을 명의인에게 서면으로 통보하여야 한다(「금융실명거래 및 비밀보장에 관한 법률」 제4조의2 제1항).

③ 금융거래정보 등을 제공한 경우에는 그 내용을 표준양식에 따라 기록·관리하여 5년간 보관하여야 한다(「금융실명거래 및 비밀보장에 관한 법률」 제4조의3).

④ 금융거래정보 등의 제공사실에 대한 통보의무를 위반한 경우에는 3,000만 원 이하의 과태료에 처한다(「금융실명거래 및 비밀보장에 관한 법률」 제7조).

12　보험 > 보험윤리와 소비자보호　　답 ③

| **정답해설** | ③ 옳은 것은 ㄱ, ㄷ, ㄹ 3개이다.

| **오답해설** | ㄴ. 보험계약자가 체결한 계약을 해지하고자 하는 경우에는 보험계약자가 계약을 해지하기 전에 안전성 및 신뢰성이 확보되는 방법을 이용하여 보험계약자 본임임을 확인받은 경우에 한정한다(「보험업법」 제96조 제2항 제3호). / 기존에는 계약 해지하고자 하는 경우에는 보험계약자가 계약을 체결하기 전에 통신수단을 이용한 계약해지에 동의한 경우에 한하여 가능하였지만 「보험업법」 개정으로 보험계약자 본인이 통신수단을 이용한 계약해지를 청구하는 것이 확인될 때에는 통신수단을 이용한 보험계약 해지가 가능하도록 함으로써 고령자·장애인 등 사회취약계층의 편의성을 증진하게 되었다.

┤ **함께 보는 법령** | 「보험업법」 ├

제96조(통신수단을 이용한 모집·철회 및 해지 등 관련 준수사항) ① 전화·우편·컴퓨터통신 등 통신수단을 이용하여 모집을 하는 자는 제83조에 따라 모집을 할 수 있는 자이어야 하며, 다른 사람의 평온한 생활을 침해하는 방법으로 모집을 하여서는 아니 된다.

② 보험회사는 다음 각 호의 어느 하나에 해당하는 경우 통신수단을 이용할 수 있도록 하여야 한다.

　1. 보험계약을 청약한 자가 청약의 내용을 확인·정정 요청하거나 청약을 철회하고자 하는 경우

　2. 보험계약자가 체결한 계약의 내용을 확인하고자 하는 경우

　3. 보험계약자가 체결한 계약을 해지하고자 하는 경우(보험계약자가 계약을 해지하기 전에 안전성 및 신뢰성이 확보되는 방법을 이용하여 보험계약자 본인임을 확인받은 경우에 한정한다)

③ 제1항에 따른 통신수단을 이용하여 모집을 하는 방법과 제2항에 따른 통신수단을 이용한 청약 철회 등을 하는 방법에 관하여 필요한 사항은 대통령령으로 정한다.

13　보험 > 생명보험 이론 > 보험수익자　　답 ③

| **정답해설** | ③ 보험계약자와 피보험자가 다른 '타인의 생명보험'일 경우 보험수익자 지정 또는 변경 시 피보험자의 동의가 필요하다.

14　보험 > 생명보험 이론　　답 ②

| **정답해설** | ② 옳은 것은 ㄱ, ㄷ, ㄹ이다.

| **오답해설** | ㄴ. 퇴직연금계좌는 퇴직연금을 지급받기 위해 가입하는 계좌로 확정급여형(DB형), 확정기여형(DC형) 및 개인형 퇴직연금(IRP) 등이 있다. 이 중 확정급여형(DB형) 퇴직연금은 세액공제 대상에서 제외된다.

15 보험 > 우체국보험 상품 > 복합형   답 ②

| 정답해설 | ② 옳지 않은 것은 ㄱ, ㅁ이다.

ㄱ. 보험료 고액 할인은 주계약 보험료(특약보험료 제외)에 한해 적용한다.

ㅁ. 무배당 어깨동무보험은 근로소득자가 납입한 보험료(연간 100만 원 한도)에 대하여 15% 세액공제되고, 증여세가 면제(보험수익자가 장애인인 경우 연간 4,000만 원 한도)된다.

16 보험 > 우체국보험 상품 > 개별보험상품   답 ③

| 오답해설 | ① 무배당 우체국든든한종신보험에 주계약 보험가입금액 2천만 원 이상 가입할 경우, 주계약 보험료에 한하여 할인이 적용된다. 특약보험료는 할인에서 제외된다.

② 무배당 내가만든희망보험은 20세부터 60세까지 가입 가능한 건강보험이다.

④ 어깨동무연금보험은 장애인 부모의 부양능력 약화 위험 및 장애아동을 고려하여 20세부터 연금수급이 가능하다.

17 예금 > 우체국금융 일반현황   답 ②

| 정답해설 | ② 옳은 것은 ㄱ, ㄷ 2개이다.

| 오답해설 | ㄴ. "보험사고"란 보험계약상 체신관서가 보험수익자에게 보험금이나 그 밖의 급여를 지급할 의무를 발생하게 하는 피보험자의 생명·신체에 관한 불확정한 사고를 말한다.

ㄹ. 거래중지계좌에의 편입은 매년 2회 하며, 상반기에는 5월 마지막 일요일에 편입하고 하반기에는 11월 마지막 일요일에 편입한다.

18 보험 > 보험계약법(인보험) > 고지의무   답 ①

| 정답해설 | ① 옳은 것은 ㄱ, ㄴ이나.

ㄱ. 고지의무 위반에 대해 해지할 수 없는 경우

- 보험자가 계약 당시에 고지의무 위반사실을 알았거나 과실로 알지 못한 경우
- 보험자가 고지의무 위반사실을 안 날로부터 1개월 이상 지났거나 보장개시일부터 보험금 지급사유가 발생하지 않고 2년 이상 지났을 때
- 계약을 체결한 날부터 3년이 지났을 때
- 보험을 모집한 자(이하 "모집자 등")가 계약자 또는 피보험자에게 고지할 기회를 주지 않았거나 계약자 또는 피보험자가 사실대로 고지하는 것을 방해한 경우, 계약자 또는 피보험자에게 사실대로 고지하지 않게 하였거나 부실한 고지를 권유했을 때. 다만, 모집자 등의 행위가 없었다 하더라도 계약자 또는 피보험자가 사실대로 고지하지 않거나 부실한 고지를 했다고 인정되는 경우에는 계약을 해지하거나 보장을 제한할 수 있음

※ 일반적으로 약관상에는 계약자 보호를 위해 「상법」 규정보다 강화된 규정을 두고 있다.

ㄴ. 보험사고가 발생한 후라도 보험자가 제650조, 제651조, 제652조 및 제653조에 따라 계약을 해지하였을 때에는 보험금을 지급할 책임이 없고 이미 지급한 보험금의 반환을 청구할 수 있다. 다만, 고지의무를 위반한 사실 또는 위험이 현저하게 변경되거나 증가된 사실이 보험사고 발생에 영향을 미치지 아니하였음이 증명된 경우에는 보험금을 지급할 책임이 있다(「상법」 제655조).

| 오답해설 | ㄷ. 고지의무자란 보험계약법상 고지할 의무를 부담하는 보험계약자, 피보험자 및 이들의 대리인이다. 그러나 보험수익자는 고지의무가 부여되지 않는다.

ㄹ. 고지의무는 계약 청약 시뿐만 아니라 부활 시에도 이행하여야 한다.

19 보험 > 보험계약법(인보험편) > 보험계약의 법적 성질   답 ①

| 정답해설 | ① ㄱ. 부합계약성, ㄴ. 사행계약성, ㄷ. 계속계약성에 해당하는 내용이다.

─| 함께 보는 이론 | 보험계약의 법적 성질 ─

- **낙성계약**: 보험계약은 보험가입자의 청약과 동시에 최초 보험료를 미리 납부하는 것이 보험거래의 관행이므로 보험계약은 요물계약처럼 운용됨. 그러나 보험계약은 본질적으로 낙성계약이므로, 보험료의 선납이 없어도 보험계약은 유효하게 성립함. 다만 최초 보험료의 납부 없이는 보험자의 책임이 개시하지 않음
- **불요식계약**: 보험계약은 보험계약에 대해 특별한 방식을 요구하지 않는 불요식계약으로 그 보험계약은 서면으로 체결되지 아니하여도 효력이 있음. 그러나 실제의 보험실무에서는 정형화된 보험계약 청약서가 이용되고 있음
- **쌍무계약**: 보험계약은 보험자와 보험계약자 사이에 이루어지는 채권계약으로서, 계약이 성립하면 보험계약자는 보험료 납부의무를 가지게 되며 보험자는 보험사고의 발생을 조건으로 보험금 지급의무를 부담함
- **부합계약성**: 보험계약은 다수인을 상대로 체결되고 보험의 기술성과 단체성으로 인하여 그 정형성이 요구되므로 부합계약에 속함. 보험계약은 일반적으로 보험회사가 미리 작성한 보통보험약관을 매개로 체결되는데 보험계약자는 약관을 승인하거나 거절하는 형식을 취하므로 약관 해석 시 작성자 불이익의 원칙을 두고 있음
- **상행위성**: 영리보험에 있어서 보험계약은 상행위성이 인정되며 이를 영업으로 하는 보험자가 상인이 됨. 따라서 보험계약에도 상행위에 관한 규정이 적용되나 그 특수성으로 인해 많은 제약을 받음
- **사행계약성**: 보험계약에서 보험자의 보험금 지급의무는 우연한 사고의 발생을 전제로 하고 있으나 정보의 비대칭성으로 보험범죄나 인위적 사고의 유발과 같은 도덕적 위험이 내재해 있으며 이를 규제하기 위하여 피보험이익, 실손보상원칙, 최대선의 원칙 등을 두고 보험의 투기화를 막는 제도적 장치가 있음
- **최대선의성과 윤리성**: 일반적으로 보험계약은 보험자의 보험금 지급책임이 우연한 사고의 발생에 의해 발생하는 소위 사행성 계약이므로 보험계약자 측의 선의가 반드시 요청됨
- **계속계약성**: 보험계약은 보험회사가 일정 기간 안에 보험사고가 발생하면 보험금을 지급하는 것을 내용으로 하여 그 기간 동안에 보험관계가 지속되는 계속계약의 성질을 지니며,「상법」상 독립한 계약임. 따라서 보험계약자 등은 보험료를 모두 납부한 후에도 보험자에 대한 통지 의무와 같은 보험계약상의 의무를 짐

| **정답해설** | ② 보장성 보험의 세액공제는 근로소득자가(일용근로자 제외)가 보장성 보험에 가입한 경우, 납입한 보험료(연간 100만 원 한도)의 12%에 해당하는 금액을 해당 과세기간의 종합소득산출세액에서 공제해주는 제도이다.

| **오답해설** | ① 보험료는 수지상등의 원칙에 의거하여 예정사망률(예정위험률), 예정이율, 예정사업비율의 3대 예정률을 기초로 계산한다.

③ 보장성 보험은 주로 사망, 질병, 재해 등 각종 위험보장에 중점을 둔 보험으로, 만기 시 환급되는 금액이 없거나 기납입 보험료보다 적거나 같다.

④ 세액공제 대상 보험계약은 보험계약 또는 보험료 납입 영수증에 보장성 보험으로 표시된 보장성 보험(특약보험료 포함)이다.

정답과 해설

제2회 실전동형 모의고사

문제편 P.120

01	③	02	④	03	①	04	②	05	①
06	④	07	④	08	①	09	①	10	③
11	①	12	④	13	②	14	②	15	③
16	③	17	④	18	④	19	③	20	②

---

01 예금 > 예금업무 일반사항 > 대리인과의 거래　　답 ③

| 정답해설 | ③ 피성년후견인 및 피한정후견인의 법정대리인인 후견인의 경우에는 그 대리권을 후견등기부로 확인한다.

┌ | 함께 보는 이론 | 대리관계의 확인 ─

	구분	대리인	확인서류
법정대리	제한능력자	미성년자	친권자, 후견인	가족관계등록부, 기본증명서
		피성년후견인, 피한정후견인	후견인	후견등기부
	부재자	부재자 재산관리인	법원의 선임심판서
	사망자	유언집행자, 상속재산관리인	사망자의 유언, 법원의 선임심판서
임의대리		통장상의 인감이 날인되거나 인감증명 또는 본인서명사실확인서가 붙어 있는 본인의 위임장 및 대리인의 주민등록증에 의해 확인

---

02 예금 > 전자금융　　답 ④

| 정답해설 | ④ 옳은 것은 ㄷ, ㄹ이다.

| 오답해설 | ㄱ. 선불카드 구매 시 현금, 체크카드 및 신용카드를 사용하며, 유효기간은 대부분 발행일로부터 5년이고 연회비는 없다. 단 개인 신용카드로 구매 및 충전할 수 있는 이용한도는 1인당 월 최대 100만 원(선불카드 금액과 상품권 금액 합산)이다.

ㄴ. 하이브리드 체크카드는 계좌 잔액범위 내에서는 체크카드로 결제되고 잔액이 소진되면 소액 범위 내에서 신용카드로 결제된다. 즉, 계좌 잔액이 부족한 상태에서 잔액을 초과하여 승인 신청이 되면 신청금액 전액이 신용카드로 결제되며, 부여 가능 최대 신용한도는 30만 원이다.

---

03 예금 > 우체국금융 상품 > 우체국예금 상품　　답 ①

| 정답해설 | ① ㄱ. 다드림통장, ㄴ. 우체국 희망지킴이 통장에 대한 설명은 옳은 내용이다.

| 오답해설 | ㄷ. 시니어 싱글벙글 정기예금은 여유자금 추가입금과 긴급자금 분할해지가 가능한 정기예금으로 만 50세 이상 중년층 고객을 위한 우대이율 및 세무, 보험 등 부가서비스를 제공한다.

ㄹ. 기업든든MMDA통장은 법인, 고유번호증을 부여받은 단체, 사업자등록증을 가진 개인사업자 등을 대상으로 예치금액별로 차등 금리를 적용하는 기업 MMDA 상품으로 입출금이 자유로운 예금이다.

---

04 예금 > 금융경제 일반 > 금리　　답 ②

| 정답해설 | ② ㉡의 수익률은 10만 원÷90만 원×100＝11.1%이고, ㉢의 수익률은 10만 원÷100만 원×100＝10%이므로 ㉡은 ㉢보다 수익률이 높다.

| 오답해설 |

㉠	수익률 10%	수익률 10%
㉡	할인율 10%	수익률 11.1%
㉢	이자율 10%	수익률 10%

① 표면금리는 겉으로 나타난 금리를 말한다. ㉠의 수익률과 ㉡의 할인율은 각각 10%이므로 표면금리는 동일하다.

③ 실질금리는 명목금리에서 물가상승률을 뺀 것을 의미한다. ㉠의 수익률과 ㉢의 이자율 10%에서 물가상승률 2%를 빼면 8%로 실질금리는 동일하다.

④ 수익률＝이자금액/채권가격의 공식을 이용하여, 이자금액을 파악할 수 있다. 수익률, 할인율, 이자율을 각각 10%로 가정하고, 액면가와 가입금액을 각각 100만 원으로 가정하면, ⓐ ㉠은 100만 원짜리 채권을 지금 산 뒤 1년 후 원금 100만 원과 이자금액 10만 원을 받게 된다. ⓑ ㉡은 100만 원짜리 채권을 지금 10만 원 할인된 90만 원에 사고 1년 후 원금 90만 원과 이자금액 10만 원을 받는 것과 같다. 즉, ㉠과 ㉡의 이자금액은 10만 원으로 동일하다.

05 예금 > 우체국금융상품 답 ①

| 정답해설 | ① 옳은 것은 ㄷ, ㄹ이다.

| 오답해설 | ㄱ. 국민기초생활수급자, 장애인, 한부모가족지원보호대상자는 이웃사랑정기예금과 우체국 새출발자유적금 패키지 중 새출발희망 가입대상자이다.

ㄴ. 헌혈자, 입양자, 장기·골수기증희망자, 농어촌읍면단위 거주자는 이웃사랑정기예금과 우체국 새출발자유적금 패키지 중 새출발행복 가입대상자이다.

06 예금 > 우체국금융 상품 > 공익형 예금상품 답 ④

| 정답해설 | ④ 이웃사랑정기예금, 소상공인정기예금은 거치식 공익형 예금상품이고, 장병내일준비적금은 적립식 공익형 예금상품이다.

┤ 함께 보는 이론 ├ 공익형 예금상품의 종류

수시입출식 예금	청년미래든든통장, 건설하나로통장	
	압류 방지	국민연금안심통장, 공무원연금평생안심통장, 행복지킴이통장, 희망지킴이통장, 호국보훈지킴이통장, 우체국취업이룸통장
적립식 예금	새출발자유적금, 장병내일준비적금	
거치식 예금	이웃사랑정기예금, 소상공인정기예금	

07 예금 > 우체국금융 상품 > 예금상품 답 ②

| 정답해설 | ② 우체국 퇴직연금 정기예금은 「근로자퇴직급여보장법」에서 정한 자산관리업무를 수행하는 퇴직연금사업자를 위한 전용 정기예금으로, 이 예금은 우정사업본부와 퇴직연금사업자의 사전 협약에 의해 가입이 가능하며, 우정사업본부가 정한 우체국에 한해 취급이 가능한 상품이다.

08 보험 > 보험계약법(인보험편) 답 ①

| 정답해설 | ① 옳지 않은 것은 ㄷ 1개이다.

ㄷ. 보험계약의 일부 또는 전부가 무효인 경우 보험계약자와 피보험자가 선의이며 중대한 과실이 없는 때에는 보험자는 납입보험료의 일부 또는 전부를 반환할 의무를 진다(「상법」 제648조).

09 예금 > 기타사항 > 자금세탁방지제도 답 ①

| 정답해설 | ① 금융정보분석원(KoFIU)은 보고된 혐의거래 내용과 외환전신망 자료, 신용정보, 외국 FIU의 정보 등 자체적으로 수집한 관련자료를 종합·분석한 후 불법거래 또는 자금세탁행위와 관련된 거래라고 판단되는 때에는 해당 금융거래자료를 검찰청·경찰청·국세청·관세청·금융위원회·선거관리위원회 등 법집행기관에 제공한다. 이때 법집행기관은 거래 내용을 조사·수사하여 기소 등의 의법조치를 하게 된다.

10 보험 > 우체국보험 일반현황 답 ③

| 정답해설 | ③ 옳은 것은 ㄴ, ㄷ, ㄹ이다.

| 오답해설 | ㄱ. 우체국보험은 4천만 원 이하의 소액보험(생명·신체·상해·연금 등) 상품개발과 판매 및 운영 사업을 하면서 기타 보험사업에 부대되는 환급금대출과 증권의 매매 및 대여를 업무범위로 하고 있다. 부동산의 취득·처분과 임대서비스도 업무범위에 포함된다.

11 보험 > 생명보험과 제3보험 > 생명보험 용어 답 ①

| 정답해설 | ① 순보험료는 장래의 보험금 지급의 재원(財源)이 되는 보험료로 위험보험료와 저축보험료로 분리할 수 있다. / 부가보험료는 보험회사가 보험계약을 체결, 유지 및 관리하기 위한 경비에 사용되는 보험료로 예정사업비율을 기초로 계산되며 신계약비, 유지비, 수금비로 구분된다.

12 보험 > 우체국보험 모집 및 언더라이팅 > 언더라이팅과 클레임 답 ④

| 정답해설 | ④ ㉠ 언더라이팅(Underwriting), ㉡ 클레임(Claim)에 대한 내용이다.

┤ 함께 보는 이론 ├ 언더라이팅(Underwriting): 계약심사

- 보험회사 입장에서 보험가입을 원하는 피보험자(보험대상자)의 위험을 각 위험집단으로 분류하여 보험 가입 여부를 결정(계약 인수·계약 거절·조건부 인수 등)하는 일련의 과정을 언더라이팅(계약심사)이라고 함
- 언더라이팅 과정 및 결과에 따라 보험회사는 보험계약 청약에 대한 승낙 여부와 보험료 및 보험금의 한도를 설정할 수 있음
- 언더라이터는 언더라이팅, 즉 보험계약의 위험을 평가하고 선택하며 위험인수기준과 처리절차(계약인수·계약거절·조건부인수)를 결정하는 직무를 수행하는 인력임
- 언더라이팅이 필요한 위험 대상은 크게 환경적·신체적·재정적· 도덕적 위험으로 분류할 수 있음

13 보험 > 우체국보험 상품 답 ②

| 정답해설 | ② 옳은 것은 ㄴ, ㄷ 2개이다.

| 오답해설 | ㄱ. 암보장개시일은 계약일(부활일)부터 그 날을 포함하여 90일이 지난 날의 다음 날로 한다. 다만, 피보험자 나이가 15세 미만인 경우 암보장개시일은 계약일(부활일)로 한다.

ㄹ. 이차암보장개시일은 첫 번째 암 진단 확정일부터 그 날을 포함하여 1년이 지난 날로 한다.

---

14 보험 > 생명보험 이론 > 보험료 계산의 기초   답 ②

| **정답해설** | ② 보험료는 수지상등의 원칙에 의거하여 예정사망률, 예정이율, 예정사업비율의 3대 예정율을 기초로 계산한다.

---

15 보험 > 우체국보험 상품 > 보장성 보험   답 ③

| **정답해설** | ③ 무배당 우체국온라인저축보험은 가입 1개월 유지 후 언제든지 해약해도 납입보험료의 100% 이상을 보장하는 신개념 저축보험이다.

---

16 보험 > 우체국보험 상품 > 보험 관련 세제   답 ③

| **정답해설** | ③ 비과세종합저축(보험)은 해당 저축에서 발생하는 이자소득 또는 배당소득에 대해서는 소득세를 부과하지 아니한다. 또한 만기뿐만 아니라 중도 해지 시에도 비과세가 적용된다.

---

17 예금 > 기타사항   답 ④

| **정답해설** | ④ 비과세(농업회사법인 출자금 배당)와 분리과세 금액(직장공제회 초과반환금과 법원에 납부한 보증금에 대한 이자)을 제외한 정기예금이자 금액이 10,000,000원으로 2천만 원을 초과하지 않으므로 종합과세는 되지 않는다.

┤ **함께 보는 이론** ├

구분	범위	원천징수 세율
무조건 분리과세	비실명 이자소득과 배당소득	42%(90%)
	직장공제회 초과반환금	기본세율
	법원보관금의 이자소득	14%
	조세특례제한법상 분리과세되는 이자소득, 배당소득	5%~14%
무조건 종합과세	원천징수 되지 않은 이자소득과 배당소득	~
	출자공동기업의 배당소득	25%
조건부 종합과세	일반적인 이자소득과 배당소득	14%
	비영업대금의 이익	25%

---

18 보험 > 보험계약법(인보험편) > 보험계약   답 ④

| **오답해설** | ① 보험계약의 무효란 무효사유에 의하여 계약의 법률상 효력이 처음부터 발생하지 않은 것을 말하며, 보험계약의 취소란 계약이 처음에는 유효하게 성립되었으나 계약 이후에 취

소사유의 발생으로 계약의 법률상 효력이 계약시점으로 소급되어 없어지는 것을 말한다.

② 보험계약자 또는 피보험자는 청약 시 청약서에서 질문한 사항에 대해 보험자에게 사실대로 알려야 하는데, 이를 고지의무라고 한다. 고지의무는 계약 청약 시뿐만 아니라 부활 시에도 이행하여야 한다.

③ 보험계약을 부활하였다 하더라도 보험계약이 실효된 이후 시점부터 부활될 때까지의 기간에 발생한 모든 보험사고에 대하여는 보험자는 책임을 지지 않는다.

---

19 보험 > 생명보험과 제3보험 > 생명보험 상품   답 ③

| **정답해설** | ③ 종신보험은 보험기간을 정하지 않고 일생을 통하여 언제든지 사망하였을 때 보험금을 지급하는 보험이다.

┤ **함께 보는 이론** | 생명보험 상품의 종류 ├

- **사망보험**: 피보험자가 보험기간 중 사망하였을 때 보험금을 지급하는 보험
  - 정기보험: 보험기간을 미리 정해놓고 그 기간 내에 사망하였을 때 보험금을 지급하는 보험
  - 종신보험: 보험기간을 정하지 않고 일생을 통하여 언제든지 사망하였을 때 보험금을 지급하는 보험
- **생존보험**: 피보험자가 만기까지 살아 있을 때에만 보험금이 지급되는 보험
- **생사혼합보험(양로보험)**: 사망보험의 보장 기능과 생존보험의 저축 기능을 결합한 보험
- **저축성 보험**: 생명보험 고유의 기능인 위험보장보다는 생존 시에 보험금이 지급되는 저축 기능을 강화한 보험으로 목돈 마련에 유리한 고수익 상품
- **보장성 보험**: 주로 사망, 질병, 재해 등 각종 위험보장에 중점을 둔 보험
- **연금보험**: 소득의 일부를 일정 기간 적립했다가 노후에 연금을 수령하여 일정수준의 소득을 계속 유지함으로써 노후의 생활능력을 보호하기 위한 보험
- **교육보험**: 자녀의 교육자금을 종합적으로 마련할 수 있도록 설계된 보험
- **변액보험**: 계약자가 납입한 보험료를 특별계정을 통하여 기금을 조성한 후 주식, 채권 등에 투자하여 발생한 이익을 보험금 또는 배당으로 지급하는 상품 **예** 변액 종신보험, 변액연금보험, 변액유니버설보험 등
- **CI(Critical Illness)보험**: 중대한 질병이며 치료비가 고액인 암, 심근경색, 뇌출혈 등에 대한 급부를 중점적으로 보장하여 주는 보험으로 생존 시 고액의 치료비, 장해에 따른 간병비, 사망 시 유족들에게 사망보험금 등을 지급해주는 상품

---

20 보험 > 보험계약법(인보험편) > 보험계약의 요소   답 ②

| **정답해설** | ② 보험기간은 보험에 의한 보장이 제공되는 기간으로 「상법」에서는 보험자의 책임을 최초의 보험료를 지급받은 때로부터 개시한다고 규정하고 있다.

┤ **함께 보는 법령** | 「상법」 ├

제656조(보험료의 지급과 보험자의 책임개시) 보험자의 책임은 당사자 간에 다른 약정이 없으면 최초의 보험료의 지급을 받은 때로부터 개시한다.

제3회 실전동형 모의고사

난이도	⑤ 중 하
합격선	14개
맞힌 개수	

01	①	02	①	03	③	04	③	05	①
06	②	07	②	08	②	09	②	10	④
11	③	12	②	13	②	14	②	15	①
16	③	17	③	18	④	19	②	20	④

---

01 예금 > 금융경제 일반 > 금리 　　　　답 ①

| 정답해설 | ① 기준금리란 중앙은행인 한국은행이 경기상황이나 물가수준, 금융·외환시장 상황, 세계경제의 흐름 등을 종합적으로 고려하여 시중에 풀린 돈의 양을 조절하기 위해 금융통화위원회의 의결을 거쳐 인위적으로 결정하는 정책금리이다. 명목금리는 물가상승에 따른 구매력의 변화를 감안하지 않은 금리이며, 우리가 돈을 빌리고 빌려줄 때에는 보통 명목금리로 이자를 계산한다.

---

02 예금 > 금융회사와 금융상품 > 금융상품 　　　　답 ①

| 정답해설 | ① 선물계약은 거래할 기초자산의 가격을 고정시킴으로써 위험을 제거하는 반면, 옵션계약은 미래에 가격이 불리한 방향으로 움직이는 것에 대비한 보호수단을 제공하고 가격이 유리한 방향으로 움직일 때에는 이익을 취할 수 있도록 해준다.

---

03 예금 > 우체국금융 서비스 　　　　답 ③

| 정답해설 | ③ 옳지 않은 것은 ㄴ, ㄷ이다.

ㄴ. 우체국 인터넷뱅킹과 모바일뱅킹 이용자 개인은 보안등급이 '안전등급'일 경우에 자금이체 한도는 1회 1억 원, 1일 5억 원이다. / 우체국 인터넷뱅킹 개인은 보안등급이 '일반등급'일 경우에 자금이체 한도는 1회 1천만 원, 1일 5천만 원이다.

ㄷ. 법인이 별도계약을 통해 한도 초과 약정을 하고자 할 경우 '안전등급'의 거래이용수단을 이용하고 관할 지방우정청장의 승인을 받아야 한다. 인터넷·모바일의 1일 자금이체한도는 합산하여 처리되고, 인터넷뱅킹의 '기본등급'은 본인거래(본인 우체국계좌 거래, 공과금 납부 등)에 한하여 적용된다.

---

04 예금 > 예금업무 일반사항 > 질권 설정 　　　　답 ③

| 정답해설 | ③ 질권 설정된 예금을 다른 종목의 예금으로 바꾼 경우, 특정한 사정이 없는 한 원칙적으로 두 예금채권 사이에는 동일성이 인정되지 않으므로 종전 예금채권에 설정된 담보권은 새로이 성립하는 예금채권에 미치지 않는다.

---

05 예금 > 우체국금융 일반현황 > 우체국금융 　　　　답 ①

| 정답해설 | ① 우체국금융은 「은행법」에 따른 은행업 인가를 받은 일반은행이나 「보험업법」에 따른 보험업 인가를 받은 보험회사와 달리 「우체국예금·보험에 관한 법률」 등 소관 특별법에 의해 운영되는 국영금융기관으로, 대출, 신탁, 신용카드 등 일부 금융 업무에 제한을 받고 있다.

---

06 예금 > 기타사항 　　　　답 ②

| 정답해설 | ② 옳은 것은 ㄱ, ㄴ이다.

| 오답해설 | ㄷ. 보험회사에 개인이 가입한 보험계약, 퇴직보험, 변액보험계약 특약 및 최저보증금, 확정기여형 퇴직연금(DC) 및 개인형 퇴직연금제도의 적립금(IRA), 원본이 보전되는 금전신탁 등은 보호대상 금융상품이다. / 확정기여형 퇴직연금(DC), 개인형퇴직연금(IRA)는 보호대상이지만, 확정급여형 퇴직연금(DB)은 예금자 보호대상이 아니다.

ㄹ. 보험회사에 보험계약자 및 보험료납부자가 법인인 보험계약, 보증보험계약, 재보험계약, 변액보험계약 주계약, 확정급여형 퇴직연금(DB)제도의 적립금 등은 예금자 보호대상 금융상품이 아니다.

---

07 보험 > 우체국보험 상품 　　　　답 ②

| 정답해설 | ② 옳은 것은 ㄱ, ㄴ 2개이다.

| 오답해설 | ㄷ. 금융재산상속공제는 순금융재산이 2천만 원 초과 시 순금융재산가액의 20% 또는 2천만 원 중 큰 금액으로 2억 한도에서 공제해 주는 제도이다.

ㄹ. 금융소득(이자, 배당)과 다르게 연금소득은 연간 연금액이 1,200만 원 이하인 경우에는 분리과세할 수 있고, 1,200만 원을 초과하면 종합과세를 또는 15% 분리과세를 선택할 수 있다.

| 정답해설 | ① 옳은 것은 ㄹ 1개이다.

| 오답해설 | ㄱ. 실명이 확인된 계좌에 의한 계속거래, 공과금 수납 및 100만 원 이하의 송금 등의 거래로서 대통령령으로 정하는 거래는 실명을 확인하지 아니할 수 있다.

ㄴ. 누구든지 「특정 금융거래정보의 보고 및 이용 등에 관한 법률」에 따른 불법재산의 은닉, 자금세탁행위 또는 공중협박자금조달행위 및 강제집행의 면탈, 그 밖에 탈법행위를 목적으로 타인의 실명으로 금융거래를 하여서는 아니 된다. 위 규정을 위반한 자는 5년 이하의 징역 또는 5천만 원 이하의 벌금에 처한다.

ㄷ. 금융회사 등의 임원 및 직원이 아닌 업무수탁자(대출모집인, 카드모집인, 보험모집인, 공제모집인 등)은 실명확인을 할 수 없다.

┌─ 함께 보는 이론 | 실명확인증표 ─

- 개인의 경우에는 주민등록증이 원칙이다. 다만, 국가기관, 지방자치단체, 유아교육법·초중등교육법·고등교육법에 의한 학교의 장이 발급한 것으로 성명, 주민등록번호가 기재되어 있고 부착된 사진에 의하여 본인임을 확인할 수 있는 유효한 증표(운전면허증, 여권, 청소년증, 경로우대증, 노인복지카드, 장애인복지카드, 학생증 등)도 실명확인증표가 될 수 있다.
- 법인의 경우에는 사업자등록증, 고유번호증, 사업자등록증명원이 실명확인증표가 된다. 사업자등록증사본은 동일 금융회사 내부에서 원본을 대조·확인한 경우에 사용이 가능하다. 임의단체의 경우에는 납세번호 또는 고유번호가 있는 경우에는 납세번호증 또는 고유번호증이 실명확인증표가 된다. 다만 납세번호 또는 고유번호가 없는 경우에는 대표자 개인의 실명확인증표가 된다. 외국인의 경우에는 외국인등록증, 여권 등이 실명확인증표가 된다.

| 오답해설 | ① 보장성 상품 – 보험증권을 받은 날부터 15일과 청약을 한 날부터 30일 중 먼저 도래하는 기간

③ 금융상품 자문 – 계약서류 제공일 또는 계약체결일로부터 7일 이내

④ 대출성 상품 – 계약서류 제공일, 계약체결일 또는 계약에 따른 금전·재화 등 제공일로부터 14일 이내

┌─ 함께 보는 이론 | 금융상품 유형별 청약 철회 숙려기간 ─

상품 구분	상품 유형별 숙려기간
보장성	보험증권 수령일로부터 15일과 청약일로부터 30일 중 먼저 도래하는 기간 이내
투자성·금융상품자문	계약서류 제공일 또는 계약체결일로부터 7일 이내
대출성	계약서류 제공일, 계약체결일 또는 계약에 따른 금전·재화 등 제공일로부터 14일 이내

| 정답해설 | ④ 옳지 않은 것은 ㄱ, ㄴ, ㄷ, ㄹ이다.

ㄱ. 「보험업법」에 따라 보험설계사·보험대리점 또는 보험중개사의 등록이 취소된 후 5년이 경과되지 아니한 자는 우체국FC로 등록할 수 없다.

ㄴ. 전자청약이 가능한 계약은 가입설계서를 발행한 계약으로 전자청약 전환을 신청한 계약에 한하며, 가입설계일로부터 10일(비영업일 포함)이내에 한하여 전자청약을 할 수 있다. 단, 타인계약(계약자와 피보험자가 다른 경우 또는 피보험자와 수익자가 다른 경우), 미성년자 계약 등은 전자청약이 불가하다.

ㄷ. 우체국보험의 계약체결 대상자는 국내에 거주하는 자를 원칙으로 한다. 따라서 외국인이라 하더라도 국내에 거주 허가를 받은 자는 우체국보험에 가입할 수 있는 반면, 내국인이라도 외국에 거주하는 자는 가입할 수 없다.

ㄹ. 저축성 보험(금리확정형보험은 제외) 계약의 경우 계약자가 보험계약 체결권유 단계에서 설명 의무사항을 설명 받았고, 이를 이해하였음을 전화 등 통신수단을 통하여 청약 후 10일 이내에 확인을 받아야 한다.

| 정답해설 | ③ 순수위험은 손실이 발생하거나 발생하지 않는 불확실성이며, 사건 발생이 곧 손실의 발생이므로 이익이 발생하지 않는다. 투기적 위험은 주식투자, 복권, 도박 등과 같이 경우에 따라 불확실성의 결과가 이익 또는 손실의 발생 여부로 나뉜다.

| 오답해설 | ① 보험계약자의 자격에는 제한이 없다. 다만, 만 19세 미만자의 경우 친권자 또는 법정대리인의 동의가 필요하다. 이외에도 피한정후견인, 피성년후견인의 경우에는 법정대리인의 동의를 필요로 한다.

③ 보험설계사, 보험중개사는 계약체결권, 고지수령권, 보험료 수령권에 대한 권한이 없다. 보험대리점은 계약체결권, 고지수령권, 보험료 수령권에 대한 권한이 있다.

④ 보험기간이란 보험에 의한 보장이 제공되는 기간으로 위험기간 또는 책임기간이라고 한다.

| 정답해설 | ② 연금소득자 또는 개인사업자 등은 보장성 보험에 가입하더라도 세액공제를 받을 수 없다.

14 보험 > 생명보험 이론 > 3이원방식과 현금흐름방식 답 ②

| 정답해설 | ② 현금흐름방식의 보험료 산출은 상품개발 시 수익성 분석을 동시에 할 수 있으며 상품개발 후 리스크관리가 용이하다.

15 보험 > 우체국보험 계약유지 및 보험금지급 답 ①

| 정답해설 | ① 옳은 것은 ㄱ 1개이다.

| 오답해설 | ㄴ. 우체국보험의 보험료 카드납부 취급대상은 TM(Tele Marketing), 온라인(인터넷, 모바일)을 통해 가입한 보장성 보험계약 및 대면채널의 보장성 보험 계약에 한해 처리가 가능하다. 초회보험료(1회), 계속보험료(2회 이후)를 대상으로 하고 있으며, 부활보험료는 제외한다.

ㄷ. 계약내용의 변경은 계약자의 이익을 보호하기 위하여 일정한 범위 내에서 계약의 내용을 변경할 수 있게 하여 계약을 유지시켜 나가는 제도이다. 계약자는 체신관서의 승낙을 얻어 보험료의 납입방법, 보험가입금액의 감액, 계약자, 기타 계약의 내용을 변경할 수 있다. / 보험종목 및 보험료 납입기간의 변경은 제외된다.

ㄹ. 계약자는 보험수익자를 변경할 수 있으며 이 경우에는 체신관서의 승낙이 필요하지는 않는다. 다만, 변경된 보험수익자가 체신관서에 권리를 대항하기 위해서는 계약자가 보험수익자가 변경되었음을 체신관서에 통지하여야 한다. 보험수익자를 변경하고자 할 경우에는 보험금의 지급사유가 발생하기 전에 피보험자가 서면으로 동의하여야 한다.

16 보험 > 생명보험과 제3보험 > 「보험업법」 답 ③

| 정답해설 | ③ 손해보험회사에서 판매하는 질병사망 특약의 보험기간은 80세 만기, 보험금액 한도는 개인당 2억 원 이내로 부가할 수 있으며, 만기 시 지급하는 환급금이 납입보험료 합계액 범위 이내여야 하는 요건이 충족하는 경우 제3보험의 겸영이 가능하다.

17 보험 > 보험계약법(인보험편) > 보험계약의 성립과 체결 답 ③

| 정답해설 | ③ 보험자는 계약이 성립한 때에는 보험증서를 교부한다. 그런데 보험증서의 교부 여부는 보험계약의 효력발생에 영향을 미치지 못한다. 보험증서(보험증권)는 계약 성립한 후 보험계약 당사자 간의 계약 내용을 나타낼 뿐 계약의 성립요건은 아니다. 따라서 배달착오 등으로 인해 보험계약자에게 보험증서가 도달하지 못한 경우에도 보험계약은 유효하게 성립한 것이다.

18 보험 > 우체국보험 상품 > 계약보험금 한도액 답 ④

| 정답해설 | ④ 세액공제 혜택이 없는 연금보험의 최초 연금액은 피보험자 1인당 1년에 900만 원 이하이다.

| 함께 보는 법령 | 「우체국예금·보험에 관한 법률 시행규칙」

제36조(계약보험금 및 보험료의 한도) ① 법 제28조에 따른 계약보험금 한도액은 보험종류별(제35조 제1항 제3호의 연금보험은 제외한다)로 피보험자 1인당 4천만 원(제35조 제1항 제1호의 보장성 보험 중 우체국보험사업을 관장하는 기관의 장이 「국가공무원법」 제52조에 따라 그 소속 공무원의 후생·복지를 위하여 실시하는 단체보험상품의 경우에는 2억 원으로 한다)으로 하되, 보험종류별 계약보험금 한도액은 우정사업본부장이 정한다.

② 제35조 제1항 제3호의 연금보험(「소득세법 시행령」 제40조의2 제2항 제1호에 따른 연금저축계좌에 해당하는 보험은 제외한다)의 최초 연금액은 피보험자 1인당 1년에 900만 원 이하로 한다.

③ 제35조 제1항 제3호의 연금보험 중 「소득세법 시행령」 제40조의2 제2항 제1호에 따른 연금저축계좌에 해당하는 보험의 보험료 납입금액은 피보험자 1인당 연간 900만 원 이하로 한다.

19 보험 > 우체국보험 상품 > 연금저축보험 수령 시 세제 답 ②

| 정답해설 | ② 산출세액(지방소득세 포함) 계산은 다음과 같다.

- 연금수령 한도 이내의 연금소득 금액은 연금소득세 적용
  1,000,000원×4.4%(종신연금형)=44,000원
- 연금수령 한도 초과 연금액은 기타소득세 적용
  2,000,000원×16.5%(기타소득세)=330,000원
- 합산 시: 44,000원+330,000원=374,000원

| 함께 보는 이론 | 연금소득세의 부과

구분	연금수령 요건
1	가입자가 만 55세 이후 연금수령 개시를 신청한 후 인출할 것
2	연금계좌 가입일부터 5년이 경과된 후에 인출할 것
3	과세기간 개시일 현재 연금수령 한도 이내에서 인출할 것 • 연금수령 개시를 신청한 날이 속하는 과세기간에는 연금수령 개시를 신청한 날로 함 • 연금수령 한도 = $\dfrac{\text{연금계좌의 평가액}}{(11-\text{연금수령연차})} \times \dfrac{120}{100}$ • 연금수령연차: 최초로 연금수령할 수 있는 날이 속하는 과세기간을 기산연차로 하여 그 다음 과세기간을 누적 합산한 연차를 말하며, 연금수령연차가 11년 이상이면 위 계산식 미적용

20 보험 > 리스크관리 및 자금운용 등 답 ④

| 정답해설 | ④ 옳지 않은 것은 ㄱ, ㄴ, ㄷ, ㄹ이다.

ㄱ. 재무적 리스크는 시장리스크, 신용리스크, 금리리스크, 유동성리스크, 보험리스크로 나눠지며, 특성상 주가 및 금리와 같은 데이터를 활용하여 특정한 산식을 통해 산출 및 관리가 가능한 계량적인 성격을 갖는다.

ㄴ. 비재무적 리스크는 금융회사의 영업활동 또는 시스템 관리 등에 따라 발생할 수 있는 비정형화된 리스크로서 계량적인 산출과 관리가 어려운 리스크이다.

ㄷ. 우정사업본부장은 경영의 투명성 확보를 위하여 아래 우체국 보험 경영공시의 사항을 공시하여야 한다. 공시는 결산이 확정된 날로부터 1개월 이내에 보험계약자 등 이해관계자가 알기 쉽도록 간단명료하게 작성하여 우정사업본부 인터넷 홈페이지 등에 게시하여야 한다.

ㄹ. 우정사업본부장은 인터넷 홈페이지에 상품공시란을 설정하여 보험계약자 등이 판매상품에 관한 판매상품별 상품요약서, 사업방법서 및 보험약관(변경 전 보험약관 및 판매중지 후 2년이 경과되지 아니한 보험약관을 포함함)의 사항을 확인할 수 있도록 공시하여야 한다.

여러분의 작은 소리
에듀윌은 크게 듣겠습니다.

본 교재에 대한 여러분의 목소리를 들려주세요.

공부하시면서 어려웠던 점, 궁금한 점,

칭찬하고 싶은 점, 개선할 점, 어떤 것이라도 좋습니다.

에듀윌은 여러분께서 나누어 주신 의견을

통해 끊임없이 발전하고 있습니다.

에듀윌 도서몰 book.eduwill.net
- 부가학습자료 및 정오표: 에듀윌 도서몰 → 도서자료실
- 교재 문의: 에듀윌 도서몰 → 문의하기 → 교재(내용, 출간) / 주문 및 배송

에듀윌 계리직공무원 단원별 문제집 금융상식(예금일반·보험일반)

발 행 일	2023년 3월 3일 초판
편 저 자	박상규
펴 낸 이	김재환
펴 낸 곳	(주)에듀윌
등록번호	제25100–2002–000052호
주 소	08378 서울특별시 구로구 디지털로34길 55
	코오롱싸이언스밸리 2차 3층

www.eduwill.net
대표전화 1600-6700

에듀윌 계리직공무원

단원별 문제집

해설편

에듀윌 계리직공무원

단원별 문제집 | 금융상식(예금일반·보험일반)

베스트셀러 1위 YES24 수험서 자격증 공무원 기능직 10급 기능직 기타 베스트셀러 1위
(2019년 3월, 9월~10월, 2021년 3월 월별 베스트)
※에듀윌 계리직공무원 단원별 문제집 우편 및 금융상식(기초영어 포함) 교재 기준

합격자 수 2,100% 수직 상승 2017/2022 에듀윌 공무원 과정 최종 환급자 수 기준

5년 연속 1위 2023, 2022, 2021 대한민국 브랜드만족도 계리직공무원 교육 1위 (한경비즈니스)
2020, 2019 한국브랜드만족지수 계리직공무원 교육 1위 (주간동아, G밸리뉴스)

고객의 꿈, 직원의 꿈, 지역사회의 꿈을 실현한다

펴낸곳 (주)에듀윌 **펴낸이** 김재환 **출판총괄** 김형석
개발책임 윤대권, 진현주 **개발** 박경선
주소 서울시 구로구 디지털로34길 55 코오롱싸이언스밸리 2차 3층
대표번호 1600-6700 **등록번호** 제25100-2002-000052호
협의 없는 무단 복제는 법으로 금지되어 있습니다.

에듀윌 도서몰 book.eduwill.net
• 부가학습자료 및 정오표: 에듀윌 도서몰 → 도서자료실
• 교재 문의: 에듀윌 도서몰 → 문의하기 → 교재(내용, 출간) / 주문 및 배송

에듀윌 직영학원에서
합격을 수강하세요

언제나 전문 학습 매니저와 상담이 가능한 안내데스크

고품질 영상 및 음향 장비를 갖춘 최고의 강의실

재충전을 위한 카페 분위기의 아늑한 휴게실

에듀윌의 상징 노란색의 환한 학원 입구

에듀윌 직영학원 대표전화

공인중개사 학원	02)815-0600	공무원학원	02)6328-0600	경찰학원	02)6332-0600
주택관리사 학원	02)815-3388	군무원학원	02)6166-0600	소방학원	02)6337-0600
전기기사학원	02)6268-1400	군간부학원	02)833-9093	면접학원	02)6275-0600
부동산아카데미	02)6736-0600	세무사·회계사 학원	02)6010-0600	편입학원	02)6419-0600
취업아카데미	02)6486-0600				

공무원학원
바로가기